U0516855

THiNKr
新思

新 一 代 人 的 思 想

The Dream Weaver

One Boy's Journey Through
the Landscape of Reality

JACK
BOWEN

少年伊安的
哲学冒险

[美] 杰克·鲍恩 著

姜昊骞 译

中信出版集团 | 北京

图书在版编目（CIP）数据

少年伊安的哲学冒险 /（美）杰克·鲍恩著；姜昊
骞译. -- 北京：中信出版社，2021.11
书名原文：The Dream Weaver: One Boy's Journey
Through the Landscape of Reality
ISBN 978-7-5217-3081-4

Ⅰ.①少… Ⅱ.①杰… ②姜… Ⅲ.①哲学－少年读
物 Ⅳ.① B-49

中国版本图书馆 CIP 数据核字（2021）第 087463 号

少年伊安的哲学冒险

著者：　　　[美] 杰克·鲍恩
译者：　　　姜昊骞
出版发行：中信出版集团股份有限公司
　　　　（北京市朝阳区惠新东街甲 4 号富盛大厦 2 座　邮编　100029）
承印者：　　天津丰富彩艺印刷有限公司

开本：880mm×1230mm　1/32　　　印张：16　　　　字数：357 千字
版次：2021 年 11 月第 1 版　　　　印次：2021 年 11 月第 1 次印刷
京权图字：01–2020–2543　　　　　书号：ISBN 978–7–5217–3081–4
定价：78.00 元

献给妈妈和爸爸。

因为你们赋予我的头脑与心灵。

但主要还是因为你们的爱。

你会同时拥抱心灵与头脑 / 踏上寻找与发现的旅程。

——《美丽色彩》

所获赞誉

一部激动人心的故事，让读者为哲学而感到惊奇。如果你为《苏菲的世界》倾倒，《少年伊安的哲学冒险》一定会让你入迷。

——克里斯托弗·菲利普斯，

《苏格拉底咖啡馆》(Socrates Café) 作者

杰克·鲍恩的小说如同《爱丽丝漫游奇境》一般，只不过奇境中是古往今来最伟大的哲学家和科学家。每一位想要理解如何将先哲智慧运用于当今世界的人，都一定要读这本书。了不起！

——温达·奥赖利，哲学博士，

《艺术游戏》(The Art Game) 作者，鸟笼出版社社长

《少年伊安的哲学冒险》是一部文笔精湛、情节流畅、机智而不拘一格的哲学导论。鲍恩的语言能力、叙事风格、富有新意的结构实在非常了不起……鲍恩的叙事天分和哲学功底让他取得了常人难以达到的成就。

——劳勃·赖希博士（ Dr. Rob Reich ），斯坦福大学教授

知识需要应用，这是这本书的基石 。

——迈克尔·克拉斯内（Michael Krasny），美国知名电台主持人

鲍恩笔下的老爷爷与伊安就像梅林与亚瑟王一样，他们通过一连串不同凡响的历险探究了多个重要议题——同一性、神、善恶、爱、伦理与道德……《少年伊安的哲学冒险》是一部探寻生命、科学与现实之意义的哲学奥德赛。

——苏珊娜·帕里，《幸运捕捉者》（*The Fortune Catcher*）作者

伊安深入探究了人的心智与哲学思想史，让读者不禁自己也开始提出大问题。这些问题确实值得思考。

——学习邦（Edutopia），非营利教育平台

《少年伊安的哲学冒险》以一种引人入胜的新颖方式，把传统哲学问题对人们的意义介绍给大众。

——雷金纳尔德·雷默（Reginald Raymer），
北卡罗来纳大学夏洛特分校教授

一部严肃而又活泼的哲学导论，逛书店的人都应该来一本。它强调激烈而平等的哲学辩论，这点尤为精彩。鲍恩对哲学立场的阐述可谓一针见血。

——让-保罗·韦塞尔博士（Dr. Jean-Paul Vessel），
新墨西哥州立大学哲学教授

目录

少年伊安的哲学冒险

推荐序

对一些人来说，哲学是人生中最大的快乐之一。思考人类存在的根本问题或者万物存在的基本问题，并为此阅读先哲著作、与友人探讨哲学议题——我们中有些人把这些思维的乐趣看得很高。哲学培育出的思维习惯是有价值的，一些与哲学相关的人，其思想和著作也十分重要。哲学是一份礼物。

每一代哲学家都有传承这份礼物的责任——将它传递给下一代中具备思维习惯的人，他们能够欣赏哲学、研究哲学，或许还能为哲学做出了不起的贡献。我们在这一点上做得不算太好。据我所知，每个六年级的班上至少有五六个潜在的哲学爱好者。他们会自发地思考同学们会不会都是机器人，甚至还没看《黑客帝国》就担心起自己是否生活在电影中那样的世界里，他们会思索过去与未来的区别，怀疑被老师视作理所当然的事情——包括知识和道德——会不会是错误的。如果我们向这些潜在的哲学家伸出手，课堂肯定会十分活跃，哲学专业的学生会和英文专业的一样多。我教了四十年哲学，有无数大四学生在本科后期才发现哲学，他们抱怨之前都没有人告诉他们学校里有哲学课，在哲学课堂上，人们会认真而富有想象力地探讨扰动他们思绪的深刻问题。

因此，当我发现杰克·鲍恩这本了不起的《少年伊安的哲学冒险》时，我格外高兴。一来，我在书的"前言"里发现了我编写的一本书——就是他在书店里晃悠时偶遇的那本关于个体同一性的蓝封面小书，它在他发现哲学意义的过程中发挥了重要作用，这让我感到高兴。二来，我发现《少年伊安的哲学冒险》正是一部面向大众的优秀哲学普及书。这本书会为读者打开一整个新世界，就像杰克·鲍恩偶遇我的书时的感受一样。你可曾怀疑过我们感知到的世界到底存不存在？经历了许多变化后，你还是你吗？我们所说的"对"与"错"真的有区别吗，或者说道德不过是文化环境强加于我们的一系列行为规范？如果你有过怀疑，这本书正是写给你的。

对话录常被认为是介绍与研究哲学的良好体裁。柏拉图、贝克莱、休谟的对话录一直是哲学导论课的重要材料。鲍恩将对话嵌入了一部可读性强、引人入胜的小说之中，让情节和人物领着读者在观点和问题之间循序渐进。他敏锐地探讨了众多哲学问题，从怀疑论和个体同一性出发，到信仰与知识，再到伦理与道德，深入而又不枯燥。正文以外，还配有图表、旁注、引语和阅读建议，简直把阅读书本的体验变得像浏览网页一样灵活。从伊安（本书主角）和他的家人朋友身上，现实中的潜在哲学家们肯定能看到自己的影子。我觉得自己是书中的老爷爷。

对于哲学家来说，《少年伊安的哲学冒险》是向下一代分享哲学这份馈赠的美妙方式。祝愿这本书的周年纪念版会与其初版一样，成为世间少有的那种书：哲学畅销书。

约翰·佩里（John Perry）

《哲学谈》节目主持人

斯坦福大学亨利·瓦德格雷夫·斯图尔特哲学讲席教授

前言

> 如果说我看得更远，那是因为我站在巨人的肩膀上。
>
> ——艾萨克·牛顿

> 头脑不是待填满的容器，而是待点燃的火焰。
>
> ——普鲁塔克[1]

一天下午，我在大学书店里寻找大四春季学期课程的教材时，发现自己来到了哲学区。我是误打误撞走进去的。我读的是人体生物学专业，物理学和心理学都是我的主修内容，而哲学区恰好在它俩边上。我当然不是专门去的。我当时根本不知道哲学意味着什么，也不知道哲学家是干什么的。正当我意识到自己来到了哲学区时，一本浅蓝色封面的书吸引了我的注意。书脊上用白字写着"个体同一性"（Personal Identity），与蓝色底色很搭。我回头张望，生怕有

---

[1] 普鲁塔克，古希腊哲学家，著有《希腊罗马名人传》。——编者注

人看见我在看哲学区的书，然后产生大家对这种事情会产生的惯常想法。我翻开书，发现是一本关于**自我**的文集：它讨论了作为人类和一个人意味着什么，我怎么就一直是同一个我；书中探讨了心灵和灵魂的概念；它运用了意识与大脑、记忆心理学等科学概念，还探究了人类的**本质**。

　　我坐在书架旁的机织地毯上读了起来，地毯扎得我痒痒的。我飞快地翻动书页，如饥似渴地读着，时而快速浏览，迫不及待地想看下面的内容，时而精读书中的文章，思考文中的问题。我一直读到差点赶不上接下来的活动——只有我明确知道地点，而且路上自行车不多的话才能卡点赶上。我走出书店骑上车，心中怀着从未体验过的思维兴致。我仿佛被领到了之前别人教给我的事实与信息的帷幕背后。在某种意义上，我真的感觉走入了一个新世界。

　　那一周，我每天下午都会回到书店。我坐在地上读那本书，好像发现了神秘宝藏。我得努力集中注意力于这一本书，忽略另外一些光是书名就激起我求知欲的书：《哲学家如何看待神》（*The God Question*）、《本然的观点》（*The View from Nowhere*）、《道德形而上学》（*The Metaphysics of Morals*）、《自由意志及其后果》（*Free Will and Its Consequences*）、《爱情哲学》（*The Philosophy of Love*）、《生命的意义》（*The Meaning of Life*）。但我还是坐下来，全神贯注地阅读那本蓝封面的宝藏。

　　我最终还是屈服了，把那本书买了下来，还买了其他好几本哲学区的书，然后到更舒服的地方阅读。我自己的故事便由此展开，个中曲折暂不赘述。不消说，故事的高潮就是我写下这篇前言的时刻，它揭开了另一个男孩的旅程，我有幸曾在他游历的世界里亲自走过一遭。

我还记得第一天见到那本小蓝书时的喜悦之情——那仿佛是我人生中第一次丰盈的体验，是我第一次被独特、强烈的审美感受击中。我迫不及待地想与本书读者分享那种感受，让他们也有机会踏上自己的旅程。

告读者

在接下来的伊安的冒险中，你会发现从头到尾都有旁注。我沉迷于这个故事，想更多地了解它。我由此意识到，伊安经历的一切都源于极其丰富的思想史：科学、心理学、历史学、社会学、宗教学，尤其是哲学。旁注本来只是为了满足我个人的好奇心，后来却几乎演变成了一份阅读指南，让读者明白伊安的旅程与古往今来最伟大的思想家的作品是如何联系在一起的。如此一来，这本书简直成了两本书：一本围绕着男孩冒险中的考验与磨砺，另一本则概述哲学以及它与我们自身的挣扎和启发之间的关系。

开场白

哲学家感到惊异，哲学起于惊异。

——柏拉图

一旦人们可以随意发问，谁也料不到他们会发现什么。

——约瑟夫·海勒，《第二十二条军规》

伊安沿着家附近的街道溜达。街道两旁的灌木丛在风中摇曳，阳光只能从树与树之间透过来。他将他刚刚画的《一片天空》夹在胳膊下面。"一片天空"，他这样叫它。天特别蓝，与云的白形成了鲜明的对照，就像一幅超现实主义的画似的，不过多了一分奇异的真实感。从记事起，伊安就对天空感兴趣。他很喜欢天空，就像其他人喜欢花朵或音乐一样。这与天空给他的某些感觉有关——天空每一刻都是不一样的，却又有些是不变的；天空明明就在他四周，可他只能从远处感知它；不同的人从云彩里会看到不同的东西；天空永远都在；还有，他的视野只能看到天空的一小部分，尽管那一小部分在伊安看来也是奇妙的。

他的画似乎更多是在表达感受，而非单纯的美感。他只用了蓝色、白色和黑色的颜料，没有其他的颜色。他的片片天空似乎并没有特别的艺术性，因为伊安最关心的是情感价值，尽管这或许恰恰为画作平添了艺术性。

他的卧室墙上挂着两幅他最喜欢的画。一幅是他四岁时画的第一片天空，基本就是蓝色和白色的涂鸦，非常抽象。另一幅是两年前他与亚历克西斯初次见面时一起画的，他们那会儿上六年级。不知今天这片天空又有怎样的情感价值。

他把它夹得紧紧的，守护着它，仿佛守护着一个很有意义的物件。伊安的肢体语言总是表露出他的乐天心态。也许你已经注意到了他的招牌笑容——完美的笑容，完美的牙齿，完美得几乎有点不完美了。他一蹦一跳的，大大的棕色眼睛总是兴高采烈。任何稍有异常的声响或物件都会马上引起他的注意，好像他的脑袋是银行金库里的移动侦测摄像头。

他那咖啡色的头发经常乱糟糟的，好像刚刚被爱孙心切的奶奶抓弄过的样子。不过，伊安从来没有奶奶。他的爸妈也有点怪，尽管伊安自己看不出来。毕竟，正如他自己意识到的那样，**如果你的世界就是你唯一知道的世界，你怎么会觉得它奇怪？**

"伊安！"他身后传来一声大喊。他没听见，因为他穿着平常那件灰色运动衫，戴着兜帽。

"伊安。"那男孩又说了一遍，伸手抓住了伊安的肩膀，就像要把他摇醒。伊安转过头，正看见神色激动的杰夫，他最好的朋友。"我有话跟你讲。"杰夫说话的时候喘着粗气，显然慌慌张张的，一改平时的镇定。

"伊安，我想通老爷爷的事了！就是一直跟你见面的那个家伙，或者你以为一直在见面的家伙，或者随你怎么看它[1]。"

"你把它想通了？"伊安说，仿佛惊讶于杰夫竟然以为自己知道它是什么。伊安非常喜欢自己刚画的那片天空，把它拿给杰夫看。

"画得不错。"杰夫敷衍地说，兴趣显然在别的事情上。

"是啊，"伊安说，好像对杰夫的热切视若无睹，"你知道，**这个蓝色**，是老爷爷眼睛的颜色。"

杰夫对画提起了兴趣，尽管还在摇晃身体以缓解兴奋之情。"你说过他有双**锐利**的眼睛，"他明知故问地对伊安说，"记得吧？"

"没错，"伊安的答语中带着一点沮丧，"一开始我害怕他。也害怕他要我相信的、传授给我的、展示给我的东西。但他的眼睛很接近天蓝色。我现在有点喜欢他了。我对他的看法完全改变了。"

杰夫点了点头，一边一起走，一边接着说："这么说，你也不害怕他的浓眉毛啦？我记得浓眉毛让他的整张脸都显得阴沉沉的。还有大胡子呢？还有那个小疤痕呢？"

"我知道，"伊安说，停下来仰望树上一只鸣叫的鸟儿，"但我刚才说了，我对他的看法已经变了。事实没变，只是我的看法不一样了。就说眉毛吧。我以前确实感觉眉毛遮住了他的眼睛，让他的脸阴沉沉的。但现在我有时候故意搞怪，就想看他朝我皱眉头的样子。还记得讲再造宇宙的那次吗？他那天皱眉的样子是我从没见过的。"

"再说胡子吧。我以前觉得他躲在胡子后面。现在我们说话的时候，他会坐下来捋胡子，好像那样会给他智慧，让他的脑子更厉

[1] 此处的"它"指代的是老爷爷。——译者注

害。还有伤疤，它一开始当然让他显得像坏蛋——每当风吹开他灰白色的头发，我都能看见它。他总是说，那是他思考太多的结果，用他的话说是'哲学的战场'。我觉得伤疤让他很有范儿。"伊安点着头，几乎是在为老爷爷而骄傲。

两人一边走着，伊安一边解释他对老爷爷的心态转变历程。杰夫还是焦躁不安，尽管现在对伊安的话多了一点兴趣。他思量着，按照伊安对老爷爷的看法，他会对自己要讲的理论有何反应。伊安家到了，他依然在讲自己的发现。"他的大手让人心安。他噘起的嘴唇能吐出最**绝妙的观点**。"杰夫鼓励似的点着头。

他们来到伊安家的大门口，那是一扇壮观的橡木大门，要用两只手（往往还需要一侧肩膀）才能推开。伊安请杰夫进去。

"你知道我不能进你家，"杰夫说着，又激动起来了，"这也是我想通的事情之一。"

"但我爸妈在等我呢，我今天本来不该出来画天空的。虽说我必须去，为了纪念我与老爷爷的最后一次会面，或者不如说是为了帮助我面对它。我已经回来迟了。"伊安似乎要掩盖什么，好像**他**才是知道**它**是什么的人。也可能他只是不想听杰夫要说的话。杰夫不可能搞明白的。

"伊安，"杰夫现在多了几分犹豫，带着压抑的激动，"关于你爸爸妈妈……"他顿了一下，"我也想通了。除了那些怪事发生的时候，他们从没和你一起外出过。关于我们最近所做的一切，你觉得我们的念头是从哪里来的？那些望远镜，还有那个疯狂的地方和其中的'人'，"他说"人"的时候用双手比了个引号，"我们去过的那个镇子，豪猪、老鼠、松鼠，一切的一切？你可以整晚都在外面，而且只有你**觉得**你会有麻烦时，你所谓的'爸妈'才会找你麻烦。"

伊安实在不愿多听。"我得进屋了。明天老样子，还在这里见。"

"不过，伊安，我还有个好消息。"伊安朝杰夫转过身来。"是关于亚历克西斯的。"

伊安笑了。"当然。明天见。"他抵住橡木大门，进去了。

有一天，就在不远的将来，走出这扇门的伊安终将理解他与老爷爷之间的种种意味着什么。还有他与杰夫、与亚历克西斯、与爸妈之间的种种。他还会发现自己，他的使命——成为一名织梦人。

老爷爷的话

> 未经省察的人生不值得过。
>
> ——苏格拉底

> 哲学的巨大优点在于，它不教我们思想的内容，而是教思想的方法。
>
> ——《泰晤士报》

我是"老爷爷"，至少伊安是这么叫我的。从一个方面看，这让我成了一个人，就像你一样。但在另一个非常重要的方面，我又和你不一样。不管怎么说，你将了解伊安，并了解我多年努力的成果。这项计划本不该流出我的世界，那是一个与你的世界略有不同的地方。在那里，我不向你解释，而是让你自己去体验。

最开始之所以把我的发现与历险留在我的世界里，是出于一部分现实理由：我不知该如何让你接触到它。显然，这个问题现在已经解决了——你正读着呢。另一部分因素是我本来只想着自己，没有意识到这与你有什么关系，而现在我明白了——你也应当像我们那样接触所有这些知识。

你在路途结束时会意识到，我们在旅行中获得的洞见与你的世界直接相关。伊安一直在为一个使命接受训练，这个使命对你未来的生活同样有着直接的影响。他和我的一大部分经历就是探究他身边的世界，审视他和其他人要如何融入世界。我想你可以说我们是在探索**真实**，暂时也没有更好的词。但要想明白我们是如何探索的，你必须和我们一起上路。

虽然这是一场关于真实的探险，但它朝向未知。现在我必须介绍一下"哲学"（philosophy）这个词了。它源于希腊语单词 philo（意思是"爱"）和 sophia（意思是"智慧"）。伊安就是一个真正的爱智者。伊安十四岁，正是再合适不过的年纪，他还足够年轻，能够真正去学习。常言道，小孩子是最好的哲学家。他们从来不怕问"为什么"，眼睛总是睁得大大的，许多事物都是第一次见。文明还没有灌输到他体内，人们称之为"教育"，或许更恰当的字眼是"驯化"。毕竟，只有孩子才能看到皇帝的新衣其实就是没有衣服。

我们之间的问答会引出极具启发性的答案，也会引向更深层的未知。我承认，这有那么一点危险。俗话说，"无知是福"；我们的发现有时让人很难消化，但那就是知识，很多人相信它好过无知。

在我看来，哲学就像犯罪现场调查。调查员考察现场时要问

"为什么"，而且任何事情都不能想当然。为什么这里有头发？为什么椅子是这样的？为什么门开着？为什么玻璃碎了？问题未必都会有答案，但调查员不会因此停止提问。**有了**答案的问题就不归"调查"部门管了，要交给其他部门，也许是鉴定或司法部门，答案在那里就成了**证据**的一环。你的世界就是我们要考察的案发现场。

与我们同行，往往不会马上让你得出答案。但这是旅行的长处，而非劣势。哲学总是游走在未知的边缘。

因此，我们——伊安、我，还有读者你——可以想问什么就问什么，百无禁忌。提问会让我们学会如何让思维"跳出框框"。（当然，如果每个人都到了框框外面，那我们偶尔也要回到框框**里面**——事实上，伊安就跳回来过几次。）而且，哲学讨论的不仅仅是"为什么"。对"是什么"和"怎么样"的探索同样重要，有助于我们界定问题。借助论证和逻辑的方法，能够阐明先前厘不清的问题，给出专属于哲学领域的答案。

你也可以参与我们的冒险，它是一个男孩的故事，也是哲学的故事。在精心的编排下，你可以同时体验两者。

这里简要说明一下编排情况。本书章节分为三个部分。

第一部分是伊安与我的夜游，通过伊安日记中描述的事件向你呈现。这是自述，因此保留他的原话会更好。

第二部分是次日早晨伊安与父母的谈话。我能从远处观察并记录他们的亲子"复盘会"。

第三部分也摘自伊安的日记，包括伊安的独自行动或者他与小伙伴杰夫的冒险。到了这里，伊安开始将他与我见面时获得的知识运用到自己的旅程中。

好了，你现在要和我们一起出发了。你拥有的知识与伊安刚踏上旅程时的一样多——或者更多。现在他要回屋了……我该开工了……

阅读讨论题

1. 你是否同意"无知是福"？试举一件你可以知道却宁愿不知道的事情，再举一件你应该知道却不知道的事情。
   你是否想知道：
   → 你的确切死亡日期（如果不愿意，那你想不想知道自己是否患上了绝症呢？）
   → 是否有人是出于你不知道的原因（你的社会地位、职场关系、外貌等）而喜欢你
   → 神是否存在
   → 人和宇宙是如何出现的
   → 你是否生活在一个远比看起来更残酷的虚假现实中（比如《黑客帝国》或《楚门的世界》）
2. 老爷爷用"驯化"和"灌输"来形容伊安所受的教育，其中是否暗含贬义？我们所了解的当代教育有哪些欠缺？
3. 在你看来，提出问题而不给出令人满意的答案有价值吗？有什么价值？
4. C. S. 刘易斯有言："友谊是不必要的，就像哲学一样……它对生存没有价值，而是为生存赋予价值。"如果他是对的，那么生活有什么必要成分呢？还有什么能"为生存赋予价值"？
5. 如果发生下列事件，你的人生观会如何变化？
   a. 你被判（当然是误判）五年有期徒刑。如果是二十五年有期徒刑呢？死刑呢？
   b. 你被告知只剩下一年寿命。瘫痪呢？
   c. 你赢了一百万美元。失去了所有财产呢？
   d. 你发现五年后就是世界末日。
6. 如果有人分别告诉你前几项中的事情，一周后又告诉你之前说错了（比方说，案件卷宗搞错了，或者你神奇地痊愈了），你会怎么办？

　　　　　　　　　　　　　　少年伊安的哲学冒险

第 1 章

知识

我在，故我思。

——《怀疑论者》杂志（*Skeptic*）的办刊宗旨

表象常常会骗人。

——《伊索寓言·披着羊皮的狼》（公元前 6 世纪）

我好像在做梦。我应该是在做梦吧，否则怎么会有人进我的房间呢？他就那么背对着我站着，好像在审视墙上的月亮海报，尽管它其实没什么意思。我一直喜欢月亮，因为它给我一种虽小犹大的感觉，好像什么事都无所谓，又好像什么事都有所谓。他只是捋着胡须，好像真的对海报感兴趣。

他到底是怎么进我房间的？我感到一种奇特的坦然。仿佛我意识到自己在做梦，于是不会害怕乃至惊醒，反而觉得他在那里也挺好。

你做没做过这样的梦⋯⋯你确信它就是真实的？如果你不能从梦里醒来，那会如何？你怎么知道梦境与现实世界的区别？

——《黑客帝国》

话说回来，我怎么知道自己是不是真在做梦？我其实感觉自己醒着，而且出于某种原因，感到他有权出现在我的房间。

他又走向一幅画着"平地球"的海报——那时的人们真的相信地球是平的。他点着头，就像读到赞同的句子时那样。接着，他那双显眼的大手挪到了1 001词汇图上。图的题目是"膨胀"。我很喜欢这个概念。他好像真的在挨个儿数单词。我已经数过了：1 001个。它物超所值——比常见的1 000个单词更划算。然后他又去了一个画框前，画中是被击打变形瞬间的棒球。他到底有没有意识到我在房间里，正隔着厚被子偷瞄他？

"伊安，我们怎么知道什么是真的在那里的呢？"他轻声问道，好像他本就该在那里似的。

"真的在那里？"我说。

"对。**实在**，如果你愿意这么称呼它的话。"

"好吧，要我说的话，就是看了，并且看见了。"

"当然。"他朝我转了过来。他的脸上有两道浓密的斜眉毛，下面是白胡子，上面是白头发，大大的鼻子上架着一副眼镜。他的笑容让这种形象更加特别，它令人安心，却也带着询问的意味，好像在说："答得好：看了，并且看见了。"他从口袋里掏出一个苹果。"看这个熟了的罗马苹果。你看到了什么？"

我从床上坐起来，抓起地板上的运动衫，套在T恤外面。我现在有一点慌，但还不至于真的担心。我答道："一个红色的、光滑的、大体上是球形的物体。"

"我同意。你描述一下红色。什么是红色？"

"**你**知道那是什么。这就是红色。你看。"我指着苹果，试着单单指向苹果的红色部分。我的回答确实不是很令人满意。"好吧，我猜红色代表愤怒，有时还代表爱。讽刺的是，它让人觉得饿——所以每家连锁快餐店的招牌上都有红色。这是我妈妈说的。"他只是站在那里，显然对我的答案感到不满。"红就是红啊。它是红的。你看啊。"

"我在看。"

"好吧。**那**就是红。"

"我给你看样东西，"他把手伸进裤兜，掏出某种仪器，看起来像是一根导线拖着一个微型无线电发射机。他将仪器的一端插入耳中，另一端拿在手里。仪器终端跟他的大手一比显得小小的。他朝我走来，把终端插进我的耳朵，而我只是坐着，几乎动弹不得。我产生了一种奇怪的复杂感受，既好奇，又非常害怕。接着我们呆坐了片刻，只是看着苹果，盯着它看。我看见他刻意闭眼了一会儿，我的视线瞬间模糊。又过了一秒，我的视线再次清晰，结果把我吓傻了。

"怎么了？你干了什么？苹果成紫的了。烂了似的。这是怎么回事？"

他平静地坐着。"它是紫的……在你看来是。你试一下。在我们还连着的时候，你眨一下眼，让我看到你看到的东西。"

我试着照他刚才的方法做。我盯着苹果，然后狠狠地眨了一下眼，又睁开眼睛。苹果变回了红色。这时，他开口了，神态依然平静："对了，现在苹果**在我看来**是紫的了。"

"但你眼里的紫，就是我眼里的红。"我说。

他点了点头。"对**每一个人**而言可能都是这样。除了通过这台独一无二的仪器，我们没有办法知道别人的**红**到底是什么样的，也不可能知道别人对**任何事物**的感知到底是什么样的。

"所以我要再问你一遍：我们怎么知道什么是真正在那里的呢？"

"我觉得我明白你的意思了。"

老爷爷接着说："伊安，我认为做一个区分是很重要的：区分事物看起来怎样，与事物到底是怎样的。前一个——事物看起来怎样——我们叫它'现象'（phenomenal）；后一个——事物到底是怎样的，独立于一切感知者——我们叫它'本体'（noumenal）。行吗？"

这样做看起来有点傻：给一个本来就复杂的概念起上更复杂的名称，不过我感觉这有其重要性。"行。但除了颜色还有什么呢？其他地方都很容易分辨……"此时我真的很想让他刮目相看，"分辨现象与本体。"

他似乎无动于衷。"其实还有很多。我举一个简单的例子。当你把一根**直**木棍插进水里，木棍看起来是什么样的？"

"既然叫'直'木棍，不就是直的吗？"

"是的。但它在水里**看起来**什么样？"

"弯的。看起来是弯的。"

"好。那月亮呢？你看到的月亮有多大？"

"和一毛钱硬币差不多大。"

"但我们知道它可大得多了。我们**实证地**（Empirical）测量过，知道月亮和硬币不一样大。而且地平线上的月亮看起来是不是比高悬空中的月亮大？"

"是的。不过我觉得是因为月亮在地平线上时要近一些。看起来确实是那样。"

"没错，看起来是，但其实不是。那只是视觉系统的失误。因为在你和地平线上的月亮之间有别的东西，所以你的视皮质就认为月亮更近一些。但从实证角度看，它与高悬空中的月亮一样远。"

"我的视皮质**骗了我**？"

"是的，"他从我的桌子上拿纸画了两条线，"哪条线看起来更长？"

"下面的长一点。"

理性的重要性

德国哲学家伊曼努尔·康德写到，本体——"物自体"——本质上是不可知的。它藏在现象界——通过感官经验到的可见世界——之后。

他主张，我们可以通过"知性概念"（人用来给实在划分范畴的内在心智工具）了解世界：

"尽管一切知识都起始于经验，但未必全部来源于经验。"

区分实在……

想象有一件打着橙色光的白衬衫。它有三个层次的实在：

实证——检查结果表明，衬衫是白色的。

现象——衬衫在人眼看来是橙色的。

本体——我们无法知道衬衫"本身"，因为那是感官无法触及的。

这一错觉是由 19 世纪心理学家 F. C. 缪勒-莱尔（F. C. Müller-Lyer）发现的。

大脑犯错的原因是，它误给两条线赋予了纵深：在大脑看来，下面的线离得更近，就像一栋楼的外角，楼顶和楼底都呈夹角远离我们。

他量了两条线，我们发现从实证来看，两条线完全一样长。"你又被视觉系统骗了。我们有限的感官知觉会留下空缺，大脑在无意识间不停地填空。要说这是怎么做到的，那相当复杂。但它确实会那样做，这才是我们要关心的。"

"好吧，所以说我的视觉并不完美。但其他感官没问题。我知道这个苹果和这张桌子摸起来是光滑的。我能通过物体**摸起来**的感觉知道它**是**什么。"

"这张桌子摸起来确实光滑。但你看，"他从架子上的几台显微镜里拿了一台下来，好像早就知道我会提起这一茬，"用它来看看桌子。"

我照做了。现在，我看见了桌子表面上的一道道小隆起。"有隆起。好吧，所以说桌子并不光滑。但小隆起不算多。"

"好吧，"他说着拿来了另一台显微镜，"用这台来看。"

现在小隆起多得了。之前看到的隆起里面好像还有隆起。"隆起更多了。但我用肉眼怎么看得到？"

"问题就在这里。如果用更厉害的显微镜去看，我们会看到桌子只是分子的集合，而分子中大部分是空的。你看到的桌子表面上是实心的，其实它不过是能量和空间。桌子**看起来**是光滑的，但它是光滑的吗？我们能知道吗？这么多视角中哪一个向我们呈现了**真实**的桌子？

"伊安，你身边这样的例子太多了。下周日去教堂看看：大家用小册子扇风。扇风好像会让人凉快，但扇风所需的能量其实会让人体温升高，他们更热了。喝咖啡也是同理：看起来应该会让人暖和，但其实会扩张血管，放出热量，降低体温。

　　　　　　　　　少年伊安的哲学冒险

"问题的一部分在于语言。我们被它约束，也被它迷惑。"

他肯定注意到了我的困惑。

"我们回到对颜色的经验吧。我们说苹果是红的——仿佛红取决于苹果自身。但你和我都已经看到了这种看法的问题。无论如何，我们知道物件不**具有**颜色。"

困惑更多了。

"试想一个由无色原子构成的物体。这些原子的集合同样是无色的。物体不过是原子的集合。颜色首先取决于我们自己，而不是外物。听觉也是一样。物体**具有**声音吗？原子具有吗？物体导致声波被压缩，然后我们的内耳将声波的压缩转换成声音。声音在于**我们**。嗅觉、味觉、触觉。都是一样。"

这实在让人泄气。这违背了一直以来人们告诉我的话，甚至违背了我自己的经验。"但我们都能**看见**东西啊，"我答道，"它们实际的样子。你和我都能看见苹果，看见桌子。"

"伊安，请你把这副眼镜戴上。不要长时间使用它，不然你会受不了。不过，我觉得它会让你眼前一亮，原谅我的双关语。"

他将一个光滑的头盔给我戴上，头盔下方连着的眼镜盖住了我的眼睛。眼镜架上鼻子后就被他固定住了。我接下来目睹的情景远

冷热取决于水吗？

我们的皮肤没有"热"感受器，只有"冷"感受器和"温"感受器。所有极端温度都由冷感受器负责探测。

如果一个人把左手放进烫手的热水盆里，右手放进冰水盆里，然后马上把两只手都放到常温水盆里，他就会同时感觉到水又暖又凉。

桌子能被确知吗？

"世界上有没有一种如此确定的知识，以至于任何有理性的人都不能质疑它？"

按照1950年诺贝尔文学奖得主伯特兰·罗素的说法，这是人能提出的最难的问题之一。

他的结论是："就算有真实的桌子，它也根本**不能**直接为我们所知。"

质量即能量

阿尔伯特·爱因斯坦在著名的等式 $E=mc^2$（c= 光速）中展示了质量（m）与能量（E）的关系。由此可见，质量与能量有一个比例关系：$m=E=mc^2$。

"从奇特的相对论可得，质量与能量不过是同一个东西的不同表现——对普通人来说，这个概念会有些陌生。"

英国物理学家亚瑟·艾丁顿爵士（Sir Arthur Eddington）写道，桌子"大部分都是虚空。虚空中稀疏地分布着无数以很高的速度横冲直撞的电荷，但电荷的质量加起来都不到桌子本身的十亿分之一"。

白板说

英国哲学家约翰·洛克认为，声音和颜色一类的性质（他称之为"第二性"）**取决于**观察者，而**不取决于**物体。他举了火的例子，说火既可以是温暖的、令人舒适的，也可以是灼热的、令人痛苦的，于是这些相互对立的感受不可能**取决于**火，而必然取决于我们自身。于是他写道，如果我们不看、不听、不尝、不闻，那么"一切颜色、口味、气味和声音……都会消失无踪"。

他写道："人出生的时候，心智是一块干净的板子，一块白板（tabula rasa）。感官经验以一千种方式在上面书写，直到感受产生记忆，记忆产生思想。"

远超出了我见过的一切，是我想都想不到要如何描述的。我感觉自己看到了以前从不知道的颜色，我几乎在用眼睛**触摸**色彩。在我眼中，房间里的物件不再是物件，而近乎能量的集合。过了几秒钟的样子，他把眼镜从头盔上卸了下来。我目瞪口呆地站着。

"那是什么？"我轻声问道。

"那，"他同样轻声地答道，"更贴近实在的样子。那是电磁波谱中**所有的**波长。"

"你的意思是不只是可见光，而是所有的光？"

"没错。你知道，人类只能看见波谱中极小的一部分。"他拿出一张纸，画了一条线，然后继续讲，一边讲一边画。"人类只能看到 400 到 700 纳米的部分——我们称之为'可见光'。但整个波谱下至 10^{-12} 厘米数量级，上至 10^4 厘米，而可见光大概在 10^{-7} 厘米。波谱中有伽马射线、X 射线、紫外线，然后才是可见光，接着还有红外线、微波和最长的无线电波。波谱比你能见到的部分广大得多。"

最后，他画出了如下图形：

波的类型	无线电波	微波	红外线	可见光	紫外线	X 射线	伽马射线
波长：	长 ··········					·········· 极短	

本然的观点

托马斯·内格尔（Thomas Nagel）认为，纯粹客观的视角是不可能达到的——观察者总会掺入自己的观点。他写道："客观视角是通过抛弃更主观、更个体化，甚至仅仅是更人性的视角而创造出来的。"这并不必然构成问题——意识的主观性本身就是实在的一个特征，"如果没有它（意识的主观性），我们就不能研究物理学或任何事情——而在任何可信的世界观中，它都必然与物质、能量、空间、时间和数同样占据根本性的位置。"

"我们信奉的许多真理很大程度上依赖于我们自身的视角。"

——欧比旺·克诺比（《星球大战：绝地归来》中的角色）

视觉……嗅觉……实在……

人类感官能把握实在吗？

蝮蛇能看见红外线。

蜜蜂能看到紫外线。

X射线波长短到可以穿透人体——除了骨头。

人类可以分辨 10 000 种不同的气味。狗的嗅觉感受器数量是人的 25 倍，能够闻到极其稀薄、浓度相当于人类能闻到的浓度的将近一亿分之一的气味。

窥视过去

当我们看一颗恒星时，实际看到的是它过去的样子。离我们最近的恒星发出的光也要将近三年半才能到地球。我们实际看到的大角星的光来自 200 年前。因此，我们可以设想，我们今天看到的许多恒星其实已经不存在了，我们看到的是它们的"余晖"。当我们看到日落时，太阳"其实"早在 8 分钟前就落下了。声音更是如此，因为声速比光速慢得多。

"有时事实证明［我的］感官骗了我。比较明智的做法是：凡事只要骗了我一次，我就不再完全信任它了。"

——勒内·笛卡儿

"好神奇啊。我脑子里一团糨糊。"

"是啊，有点讽刺吧。如果人能看到更多，"他加重语气说道，"反而会什么都看不到。事实上，我们能看见事物正是因为视觉有限。如果我们的视觉能接收到更多现实存在的波，海量的信息会把我们压垮。要么被压垮，要么习惯和适应。"他耸了耸肩。

"好吧。别再拿我做实验了，这一切的意义是什么呢？"

"意义是：事物的真相往往不同于它看起来的样子。我们低端的感官往往也不是探究实在的合适设备，尽管它**看起来**是。"

"没错。"

"**因此**，在探究崇高如**知识**这样的东西的时候，我们可不想依赖感官。当我们说知道某件事，我们要的可不是**大概是**，或者**也许是**，我们要的是**就是**。我们要的是**知识**。但我们发现这种**知识**是不可能达到的，我们不能通过感官达到知识。感官骗过你，要是一个朋友反复骗过你，你就不会去问他重要的事情，对吧？"

"对。我不会。"我呆呆地在那里，心想我不能依靠感官去认识事物。那是一种非常怪异的感觉，又有些麻木。甚至，感到恐惧。我想到了一切我自以为知道的事情，它们似乎全都是通过感官知道的。但我仍然确信一些事情，有些事情是我确切知道的。我想起了学校里大家要学的种种事物。就算我听不见也看不见，完全失去了感官，我也能学会。我仍然可以知道一加一等于二。**那**是我确切知道的。

"你知道一加一等于二吗？"我带着反问的语气说。他没有回答。"你看。我是知道一些东西的。我靠**理性**获取知识。你说没有**知识**，但用理性是能获得知识的。"

他慢慢地、严肃地摇了摇头。

"怎么？一加一等于二还能有错吗？"

"数是什么？"他发问了。

我真的答不上来。

"数到底是什么？现在我要你干一件事：去消灭掉'5'。"

我看上去肯定一脸蒙。一个数要怎么被人消灭呢？我甚至想象不出那何以可能。

怀疑论小传

大约在公元 200 年，希腊医生塞克斯都·恩披里柯（Sextus Empiricus）提出了一种怀疑论。它的基础不是怀疑，而是希腊语单词 epoche（悬置判断）。一个人若能贯彻悬置判断，他便能达到内心的宁静（ataraxia）。

一种更贴近现代观念的怀疑论是以希腊语单词 skepticos（深思）和拉丁语单词 scepticus（探究或反思）为基础的。《怀疑论》杂志编辑迈克尔·舍默写道，"怀疑论者以观望理性谬误为业，以揭露坏的观念为宗旨。"

2+2=5

在乔治·奥威尔的小说《1984》中，主人公在思考政府 2+2=5 的公告。他在想，如果人人都相信 2+2=5，它会不会就成真的了？他不仅在质疑数学的真实性，更在质疑政府的权力。

"2+2=4，很好，我同意。但把一切方面都考虑进来的话，2+2=5 同样很好。"

——费奥多尔·陀思妥耶夫斯基

数学与实在

"指涉实在的数学定律不确定，确定的数学定律不指涉实在。"

——阿尔伯特·爱因斯坦

"数学可以定义为这样一门学科：我们永远不知道自己在讲什么，也不知道自己讲的是真是假。"

——伯特兰·罗素

"我替你省省力气吧，伊安。你做不到的。有没有可能，数并非实在，数不过是你虚构出来的？一加一没准等于五呢？我们只是在过去的某个时候做了一个决定，说一加一等于二。一片云加一片云等于几片云呢？"他的话语像连珠炮一样，他是在挑衅。"**理性**不能给你绝对的知识。否则的话，我怎么知道红色是什么样的？我可以用理性推断红色是什么样的，你可以告诉我光的波长，告诉我某种波长的光如何会让你感到愤怒或饥饿，或者玫瑰是怎样的红，但理性**本身**不能产生绝对的知识。我们必须回到那个不太值得信任的对手——感官。"

我猜是他那连珠炮般的表达方式起作用了，我有点吃不消。消灭数字 5？但我已经转向了一件我更加确定的事情。我举起一只手，站着看他，感觉好像过了五分钟——这是现象——但其实大概是五秒钟吧。我感觉自己已经选好了语气，陈述事实的语气，我开口道："这是我的手。"说出如此显而易见的事情感觉有点傻，但那是我知道的事。

"伊安，"他说，"我想请你告诉我：有没有可能，这么说吧，恶魔欺骗了你。也许他骗你说一加一等于二。或者骗你说你看到了一个红色的东西，你的手在你面前。甚至在你是否存在的问题上，他也可以欺骗你。这最起码是一种可能性吧？"

我想是的。"对，是有这种可能性。但可能性不大。"

"我同意。但总归是有可能的。我们只是在考察对于任何一件事来讲，有哪些可能的情况会让我们觉得它不确定。只要有一种情况会引发我们对一件事物的怀疑，那它就是不确定的。既然不确定，这条所谓的知识又有何益？我还有东西想给你看。"

他示意我随他走向房间的角落。我从床上起来，套上短裤和运动衫，穿上凉鞋。他掀起月亮海报，露出墙上的一个大洞。洞边有一架梯子通往下方我从没见过的某处。梯子在一条管道中，显得有点可怕。

"我现在可以证明人有两只手。怎么证明？我举起自己的两只手，然后说……'这是一只手'，又说……'这里还有一只'。"

G. E. 摩尔（G. E. Moore）是一位重要的 20 世纪思想家，属于"分析哲学家"一派。他试图说明，我们似乎看到的事物——例如视觉残留——未必都能在"空间中相遇"（met with in space）。

怀疑带来知识？

笛卡儿提出了一种与本文很类似的"怀疑法"。讽刺的是，他不是为了证明我们无法认识任何事物，反倒是经过一番更周密的分析，表明知识是可能的。

关于恶魔欺骗者这一概念，他是这样写的："于是我设想……有一个既强大又狡诈的恶灵，他将自己的全部能量用来欺骗我；我要考虑这样一种情况……一切……外部事物都不过是幻象。"

他俯身爬上梯子，慢慢地往下走，看起来挺安全的。我能看见管道对面有光亮，于是跟了上去。我慢慢地往下爬，心里琢磨着自己为什么会信任这个人。

最后我来到了一条之前肯定不在那儿的走廊。我们沿着它走，老爷爷点着头，以示鼓励。我心里担忧接下来会发生什么，同时又有一丝困惑，不清楚走廊从何而来。它模模糊糊的，有点像我从读过的一本书里产生的想象。

走廊的尽头是一扇大铁门。老爷爷把门打开，然后我们就进入了一个似乎是科学实验室的地方。它很像我的生物课本里面讲的实验室——在"工作中的科学家"一节，目的是向学生说明科学家也是人。白墙、银色的桌子和铁门赋予它一种冷冰冰的感觉，尽管我并不冷，我却感觉自己应该觉得冷。

一张桌子上放着一个孤零零的玻璃罐，罐里有某种液体，液体里泡着一个人脑，有导线伸进去和引出来。罐子前的桌面上摆着一张卡片，卡片上写着"伊安·平克的大脑"。我感到胃里一阵翻江倒海。老爷爷察觉了我的不适。

"整个过程完全是安全的，"他解释道，"医生趁你熟睡时把你的大脑从颅骨里取了出来，放到溶剂里保持其存活，刚刚正在刺激它，让你感觉到自己经历了某些事情。"他停了一下，好让我消化消化他的说明。我实在消化不了。"你如何能区分昨天你**自己**的经历，与今天你作为泡在罐子里的大脑的经历呢？"

我不知道要如何作答。如果我的知觉确实与特定的大脑状态有关的话，那似乎就没办法将它们区分开。我是可以操纵罐子里的大脑，但没有用，因为这个大脑也可能只是幻觉，是由放在别处的**真正的**大脑——我的大脑——创造出来的。

老爷爷动了动插进脑子里的一根导线，我马上看见旁边桌子上出现了一个红苹果。他又捅了一下，我便闻到了新鲜出炉的苹果派的味道。接着我又感到手臂上一阵疼，像是有人扎我——但我胳膊周围没有针呀。只有痛觉，没有造成痛觉的事物。他又来了一次。疼。但我胳膊上什么都没有。疼痛会不会是一种幻觉？只是现象而已？我真的开始怀疑了，到底有没有任何一件事物是我能知道的，我的意思是，**真正知道的**。

"我这里还有第三个选项，除了骗人的恶魔和罐子里的大脑以外。"

我迟疑了，好奇前面两个例子后面还会有什么。他用宽慰的眼神看着我，仿佛要平息我因为想到自己的大脑可能正泡在一罐液体中而产生的恐惧。

"你怎么肯定自己现在不是在做梦？"

"我到现在还是完全肯定的，"我答道，"梦和现实完全不一样。梦，怎么说呢，就是更**梦幻**。一看就知道。梦里的事不会在现实发生。反正一般是这样。"

他露出了一副奇怪的表情。他能感觉到，我对梦与现实的区分已经不那么确定了。他慵懒地坐下，操起了慢条斯理、若有所思的东方腔调：

"不知老夫之梦为蝴蝶与，蝴蝶之梦为老夫与？"[1]

幻肢

约有 80% 的截肢者说，被截去的肢体处还有感觉，包括温暖感、痒感乃至轻微痛感和不适感。有些胳膊被截的人甚至说走路时感觉胳膊在晃。

什么是实在？

1999 年的电影《黑客帝国》提出了下列问题：

"什么是实在？如何定义实在？如果你讲的是你能摸到、能闻到、能尝到、能看到的事物，那么，实在就不过是被你的大脑解读过的电信号。"

---

[1] 老爷爷的引语来自中国哲学家庄子的话。

他扬起眉毛看着我，笑了。

我点了点头。他好像喜欢说话不点透。"现在想一想，我有时候确实记不得某件事是真事还是梦里的事。上个星期亚历克西斯在现实中生气了，因为我告诉她我已经回过电话了，结果她说她一整天都在家，根本没接到我的电话，于是我想到回电话可能是我的梦。只是那个梦太真实了。我醒来之后就……"

"亚历克西斯？"他问道，像是要为难我。我向一个陌生人讲了一个跟我打电话的女孩，这似乎让他来了兴致。"是啊，亚历克西斯。"我心里想着。我甚至觉得她的名字都怪好听的。而且我之所以提起她，是因为我想聊她。我喜欢她。但这一点他用不着知道。

"她是我的朋友。"我最近经常想她。她真可爱。单纯、朴素……而且可爱。她的头发披在肩头——她好像不怎么关心头发，除非要扎辫子。她从来不化妆。她总是穿普通的衣服，我觉得。不过她总是穿俏皮的鞋子。我连描述自己的样子都不太会，更不知道该怎么描述她了。我也用不着描述。和她在一起就很有意思。

> 唯我论（Solipsism）认为自我是唯一的实在。唯我论在哲学家中间并不流行，它的渊源是怀疑论的观点：由于个体经验的主观性，公共知识是不可能的。

外面有一个人引起了我的注意。亚历克西斯在往里看。亚历克西斯？她的脸上带着无瑕的笑容。她前后摆弄着辫子，腋下还夹着常用的记事本。她写的东西总让我觉得妙趣横生。现在她招手让我出去。就在我对她回以微笑，起身去找她的时候，我绊了一跤。我刚刚是在睡梦中。我摇了摇头，看着老爷爷，他在朝我微笑。"看你的样子，肯定是要出去跟某个人打招呼吧。"他走到窗边，一个

　　　　　　　　　少年伊安的哲学冒险

人影都没看到，转身又对我笑了起来。

他挤了挤眼睛，点了点头。"所以你刚才说到……你醒来？"

"是啊。我有很多次从逼真的梦里醒来。我很难想象，这一整段对话都是一个梦。还有我放在罐子里的大脑给我的被戳疼的感觉，这一切都发生在梦里。它看起来不太可能。但我明白你的意思。"

"是什么意思？"他微微侧头说道。

"我要认识事物——**任何**事物都可以——的尝试全都失败了。我不能信任自己的感官；理性并不总能引向真理；我可能正被他人欺骗，也可能只是罐子里的大脑，不管可能性有多么小；我显然难以区分现实与梦境。所以，万事万物好像都可以怀疑了。我没有一件事是确知的。甚至不确定我存不存在——甚至不确定我存不存在？那我还能认识什么？能认识哪怕一件事物吗？我难道一无所知吗？"

他走开了，或者说更像是摇着头慢慢消失，然后他回头对我说道："你唯一能知道的是，你一无所知。"他面向我，露齿笑着，说：

万事皆可怀疑的理由

1. 感官常常骗人。

2. 理性不能解释一切。

3. 可能有恶魔在骗我们。

4. 大脑可能会误导人，甚至可能泡在罐子里。

5. 我们可能在做梦。

"如果你真的要追寻真理，那么在你的一生里，你至少要有一次尽可能怀疑一切的经历。"

——笛卡儿

"怀疑是智慧的开端，而不是终点。"

——乔治·艾尔斯（George Iles）

"我只知道一件事——我是无知的。"

——苏格拉底

"智者是知道自己无知的人。"

——柏拉图

柏拉图一直是苏格拉底的弟子，直到苏格拉底于公元前399年因"毒害青年"被处死。

苏格拉底的方法

　　苏格拉底的教育方法注重问答，让学生自己追寻答案，从而让思想更"属于学生自己"。不过，苏格拉底问答法揭示出来的常常是无知。他诘问了当时多名最聪明的辩士，只是通过恰当的问题便一次又一次揭示了他们并没有知识。讽刺的是，在探讨中承认自己的无知，反而常会让讨论更明晰，或者能更好地揭露对方的谬误。

　　"试试杰夫的望远镜吧——应该挺好玩的。"

　　望远镜？如果他在**我的**梦里，那他怎么会知道我在现实中都不知道的事情？杰夫根本没有什么**好玩的**望远镜。

　　以及，我唯一能知道的是我一无所知？我开始感到不安了。

　　我很喜欢跟伊安见面，但我更喜欢的是看他冥思苦想，试着去理解一切的样子。我真心盼望伊安有一天能理解**我**，还有更重要的一点，理解**他自己**。但就目前来看，关于实在的问题似乎已经够难了。

　　于是我就坐在厨房窗户外面往里瞥。我不禁注意到了他家的朴素。就拿他吃早饭的小角落说吧，它与房子的其他部分隔开，自成一体。它给人的感觉近乎冷清，只有谈话能带给它一些温度。所有家庭谈话都围着方桌进行，桌上有米白色的桌布，边上有四把椅子，从来只有三把坐人。早餐角与房子的其他部分通过一条走道相连，走道尽头是楼梯，上去就是二楼的伊安卧室。从早餐角出来的另一条路要走上通往门口的三级小台阶，再从橡木大门走到门廊。

那是平克家又一个星期五的早晨。伊安的爸爸和妈妈正在吃早饭，闲聊着报纸上的新闻。与往常一样，伊安在晨读后正要下楼。他读的可不是八年级同学们一般会读的书。伊安的父母都是科学家，所以他一直想要自己寻找**答案**。这更像是一种个人信念——他为自己安排的挑战，要看看自己能不能不问爸爸妈妈就把问题都想清楚。上周末，他没有问父母为什么木棍在水里看起来是弯的，而是自己找书看。第二天早晨，他骄傲地来到桌旁，他的父母一点都不感到惊讶。他用陈述事实的语气自豪地说："感谢斯涅尔和他的定律。要不是他，我们大概会以为木棍在水里真的会变弯呢。水中的光速比空气中慢。这就是木棍看起来变弯的原因。"

不直的木棍

　　1621 年，维勒布罗德·斯涅尔（Willebrord Snell）发现木棍之所以在水里看起来是弯的，是因为光在水中传播的速度比在空气中慢。当我们看一根浸入水中的木棍时，来自水下部分的光要比来自水上部分的光花费更多时间才能抵达人眼。

　　笛卡儿于 1637 年公布了斯涅尔发现的折射定律，称之为"正弦定律"。

今天早晨出彩虹了。但他心里有阴云，他承认自己没有完全理解人为什么只能看到光线中特定的一小部分。他父亲是一名进化生物学家，解释说这其实是一项**本领**，而不是局限，他解释道："如果人能看见所有的光线，他会被海量信息压垮的。试想一下，除了现在的可见光以外，还有伽马射线、X 射线、紫外线、红外线、微波，这一切都要你同时去理解。这是做不到的。讽刺

生物学家理查德·道金斯从进化角度解释了我们的感官："你或许会认为，我们的感觉器官是为了'真实'反映世界的'实景'来塑造的。但更稳妥的假设是，感觉器官是为了得出一幅**实用**的、有助于我们活下去的图景来塑造的。"

他举例提到了一种极其微小、能从实心固体中穿过的粒子——中微子。但如果在我们眼中，貌似实心固体的东西表现为大片大片的空间，那我们绕它们走的时候肯定会经常撞上去。

的是，要是能看见更多，我们反而会变瞎。"

一阵明确的似曾相识感向伊安袭来。他慢慢地摇着头，想要理出头绪。这时，他的临床心理学家母亲又解释称，我们看到的景象其实是我们创造出来的——我们在看的过程中其实是相当主动的，远比我们意识到的要主动。人脑会填补空白，重构由感官输入的信息，好让我们能够理解。我们的意识——或者说潜意识——比我们以为的要主动得多。

他们继续讲啊讲，直到伊安看起来满意了为止。但他一直不说话，也不吃饭，只顾着摆弄盘子里的吐司。"你还好吗？"爸爸问他，"睡得好吗？"

"还行吧，"伊安答道，"但我觉得自己好像睡了一整天——昨晚发生的事太多了，不可能只有几个小时。"

"有什么让你这么觉得吗？"妈妈问道。

"没有，"他犹犹豫豫地说，"没有。"

爸爸妈妈看起来很迷惑，但还是等他自己想清楚要说的话。他们静静地坐着，等着听他讲。

伊安将椅子从桌旁移开了一点，好像他来这里不是为了吃早饭，而是为了什么更重大的事。他抬头看着他们，脸上沾着墨水，肯定是他下楼前写字时弄上去的。

"我的意思是没有造成了这个状况，是'没有'。我想我梦到了虚无。梦完了虚无，我又梦见了什么重要的东西。

"梦里有一个怪人来找我。这些怪念头都是他向我提出的。"他紧张地摇着头。"他推翻了我曾经坚信的事。我现在想起来了，我为什么在某个时刻感到了**虚无**。那个人——是个老人，他的笑容很亲切，但透着一股狡黠，他告诉我，我不仅一无所知，而且永远不可能知道任何事，甚至说我不能知道自己存在。我告诉他，他显然搞错了。我知道他站在我面前，我知道他额头上有一道小疤痕，我能碰到他。他怎么能说我什么都不知道呢？

"他问我有没有爱撒谎的朋友——他以前撒过谎，而且我真要知道什么事的时候不会去问他，因为害怕他给我虚假信息。我想到了杰瑞那小子，夏天到农场里的时候，你们老让我跟他玩。我从来不信任他。他说的话我都不能全信，因为他骗过我太多次了。他就像亚历克西斯的反面——我真正需要建议时总会去找她，因为她从来不撒谎。"

伊安一动不动地坐着，沉浸于对梦的回忆中，但也有一种失落

"你看到的**每一个**图像都是你建构出来的。因此，在这种意义上，你看到的每一个图像都是主观的。"

心理学家唐纳德·霍夫曼（Donald Hoffman）阐释了视觉系统遵循的许多条"规则"。通过遵循这些规则，我们在感知过程中发挥着主动的作用，比我们以为的要主动得多。他写道："你的规则让你可以建构所见的图像，但也限制了你能建构的范围。"以第 31 条规则为例：

"运动要尽可能建构为空间中的连贯过程。"这有助于解释为什么马车轮子看起来是反着转的。

电鳐的电击

柏拉图说苏格拉底常常有"电鳐"（一种能放电的鱼，电力足以击昏成年人）的作风。他形容的是苏格拉底能通过提问"电击"世人，让他们认识到自己的无知。被电的那一刻正是学习的理想时机。

苏格拉底使用"电鳐"这个词，是在迫使一个小男孩产生怀疑并懂得了几条数学真理之后。

苏格拉底：如果我们让他心生怀疑，给了他"电鳐的电击"，那我们有没有伤害他？

美诺：我觉得没有。

苏格拉底：我们当然……为他发现真理帮了些忙；现在，他会希望弥补自己的无知了。

而困惑的感觉，那个梦真的让他十分困扰。

"还有呢……"他兴致勃勃地继续说着，复述了看到紫色苹果、光谱头盔、自己的大脑的经历，还有一切关于现象-本体之分的例子。他坐在椅子上，飞快地把梦境里的全部经历讲了一遍，有时候简直像"意识流"似的，仿佛是他的真实经历。

"我说完了。我醒来后试图理解我的梦。尽管那个人只是梦里的人，但他真把我难住了。我们确实知道一些事情，对吧？还是说，**知道某件事**并没有我从前以为的那么牢不可破？"

他的父母看了看对方，极为惊讶。他们乐于**求知**的儿子显然正为这个梦感到困扰。而且这不是那种只要抱住孩子，跟他说"你只是做了个噩梦"就能打发的梦。它带来了有待处理的实际后果，问题需要被解答。

母亲扬起眉毛，好像要开口。父亲微微颔首，好像是感谢她承担起了责任。她小心翼翼地问伊安："你真的相信梦中老人最后对你说的话吗——你唯一能知道的是你一无所知？"

"我本来不信，"他答道，"但我看不到任何出路。我想到的每一条可能得到知识的方法，都被梦中老人表明是有缺陷的。他看来是对的——我现在知道我一无所知了。"

"不过，孩子，你总得知道些什么。一无所知的人，在人生中会寸步难行。你难道什么事都不做了吗？"

伊安似乎并未释怀。他显然**确实**担心自己可能一无所知。

母亲又开口了，这一次更加深思熟虑。"你和你梦里的人说的那句结论是有内在矛盾的，难道不是吗？"

"我在梦里也这么以为，但我现在觉得他没准是对的。"

"完全不要看他给你讲的例子。只看最后那句话。"她停顿了片刻。伊安抬起眉毛，按照妈妈的

"心智一旦开阔起来，达到宏大的思想境界，就永远缩不回去了。"

——小奥利弗·温德尔·霍姆斯（Oliver Wendell Holmes, Jr.）

怀疑的生活

"怀疑固然令人不悦，无疑却是荒谬的。"

——伏尔泰，18 世纪哲学家与作家

"怀疑在短时间内是有用的……以怀疑为人生哲学，就好比以不动为出行方式。"

——扬·马特尔，《少年 Pi 的奇幻漂流》

悖论（Paradox）

para 的意思是"越出或背反"，doxa 的意思是"信念"。

通常来讲，悖论要么让我们陷入逻辑矛盾，要么大大动摇我们现有的观点或信念系统。

"遇到悖论是多么美妙啊。现在，我们有前进的希望了。"

——尼尔斯·玻尔

"问题在于，如果客观真理不存在的话，那就没有一句话是客观真理了，包括'客观真理不存在'这句话。这句话是自相矛盾的。"

——小西奥多·席克与L. 沃恩，《怪诞现象学》

指示去想，但没有回话。她接着说："这是一个悖论。逻辑上完全不可能成立。如果你知道自己一无所知，**这本身**不就是你所知道的吗？"伊安犹豫地点了点头，尽管他脸上带着微妙的笑意，好像他妈妈也已经进入状态了。"而且，你**要么**一无所知，**要么**不是一无所知。如果你一无所知，而且你知道自己一无所知，那么你其实就知道了一件事；如果你**不是**一无所知，那么由简单的逻辑可以推出，你知道一件事：**你一无所知**。这句话是一个内在的悖论。因此，无论是哪一种情况，你的状况都比刚才好了。你确实知道**一些事**，你应该放心了吧。"

"除此之外，"爸爸点头道，"有一件事是你可以确知的。"

"怎么说，爸爸？不用感官，也不用理性，你还能用什么来得出知识呢？我觉得老爷爷和我已经成功怀疑了每一种可能性。"

"关键就在这里。你**在怀疑**。也许我应该换一个强调的点：**你在怀疑**。你在梦里反复宣告，'我怀疑'。我怀疑苹果是红的。我怀疑我听到有人叫我的名字。我怀疑一加一等于二。我怀疑我存在。你梦里的人甚至和你一起这样做。但他没有意识到，当某人或某物在怀疑，或者在做任何事情时，他或它就一定是存在的，所以才能做这件事。因此，如果**我在怀疑**，那么**我就一定存在**。这是你可以确知的事情。"

"我思，故我在"

笛卡儿的这句话译自拉丁文"Cogito ergo sum"，是他为一切知识找到的基础。笛卡儿的目标是"找到仅仅一样确定的、不可动摇的事情，不管它多么微不足道"。

他提到了一个词，"阿基米德点"。阿基米德是公元前2世纪的古希腊思想家，他相信只要找到一个固定不动的支点，他就可以撬动地球。因此，为了找到**真理**，我们必须先找到一条恒久不移的真理。

　　　　　　　　　少年伊安的哲学冒险

父母向他说明梦中可怕老人的推论是有缺陷的，伊安看起来对此挺满意的。但他好像还是有一点困扰。"所以按你们的说法，我可以知道两件事：我不是一无所知，我存在。这可不算多。要是我只能知道这两件事，上学还有什么意义？"

"伊安，在出门上学前，我想提出几条判断知识的简便标准，"妈妈答道，"我认为只要满足以下三条标准就是知识。你可以看看你以为你知道的事情是不是都符合。"

伊安点了点头。"总算有答案了。"

"第一，你相信的事情必须**被证成**，对吧？如果你问我亚伯拉罕·林肯是哪一年去世的，然后我回答：'我的足球队球衣是 18 号，我最喜欢的数字是 6 和 5，所以他是 1865 年死的。'虽然我说对了事实，但我没有证成自己**知道**他去世的年份。我没有持有该想法的合理依据。

"第二，你自称知道的事必须是**真的**。这应该是显而易见的。不是真的就不可能是**知识**。至于如何确定某件事是真的，那就是另一码事了。但我们都赞同一点：知识必须是真的。

"第三，你必须**相信**你知道的事。如果你相信杰夫的生日是下

康德区分了两类知识：

先天知识（a priori）——先于或独立于经验，由理性确定的知识。它包括这类命题："所有单身汉都是未婚男性"和"所有三角形都有三条边"。

后天知识（a posteriori）——通过经验获得的知识。例如，"柠檬是黄色的"和"水结冰时会膨胀"。

被证成的真信念（Justified True Belief）

柏拉图在对话录《泰阿泰德》（Theaetetus）中提出了知识的三条标准：**被证成的真信念**。他加入"被证成"的标准，是因为人们经常被狡猾的辩士哄骗而相信一些事情，但这些事情不是"知识"，因为它们没有合理的依据。

周，你就不可能**知道**他明天过生日。

"所以呢，这三条标准现在应该能帮到你。要想认识事物，必须有'被证成的真信念'。"

听完妻子的建议，伊安的爸爸赞许地点着头。伊安则皱起了眉，仿佛在用她的标准来检验自己知道的事情。

"有用吗，宝贝？"她问道。

伊安摇摇头，心里觉得难过：她提出了深思熟虑后的建议，而他可能要让她失望了。"你说只要我们有被证成的真信念，就有知识。那么如果我能举出一种情况，有被证成的信念，但没有知识，就能说明你的标准不充分。对吧？"

她投来了赞许的微笑。

伊安掏出一个看上去是银币的东西放到桌上。他看着爸爸和妈妈，露出一丝坏笑，身体前倾，两只手按在桌子上，左手朝下，右手朝上。

"你们**知道**桌上有一枚银币吗？"

他的父母对视了一眼，犹豫地点点头。

"是的，我知道，儿子。"妈妈答道。

"这条知识符合你刚才给出的标准吗？"

"我当然**相信**桌上有一枚银币。这是肯定的。而且要我说的话，我的信念是**被证成**的——我是在正常照明情况下，坐在这里看到的。亲爱的，"她看向伊安的爸爸，"你看见桌上的银币了吗？"

爸爸点了点头。

"所以，"她接着说道，"只剩下'真'这一条标准了。桌上是不是真有一枚银币？如果是真的，那就是**知识**了。"

伊安开心地点了点头。"没错，是这样的。"他把身子往前凑，把银币翻了过来。银币的背面表明它不是一枚真的银币，而是一枚游戏币，它的正面和银币一样，但背面印着游戏厅的标志。

"所以这不是真的，"伊安的爸爸说，"那**不是**银币。"

"被证成的真信念"就是知识吗？

爱德蒙·葛梯尔（Edmund Gettier）在 1963 年 的 同 名 论 文中给出了多个例子表明，JTB 标准——被证成的真信念——不是知识的充分条件。他的例子都是虽然满足了 JTB 标准，但主体依然并不真正知道例中命题的情况。

伊安自信地点了点头，又抬起左手，下面是一枚真的银币。伊安把它来回翻了两次，然后给爸爸妈妈看，三人都看到它是真的。

"孩子，你这是什么意思？"母亲好奇地问道。

"你声称**知道**桌上有一枚银币，而且是通过你的三条标准知道的。但你真的**知道**桌上有一枚银币吗？如果是的话，那可就奇怪了——你只是碰巧说对了。之所以'桌上有银币'是真的，只是因为我手底下有一枚真的银币。如此一来，这句话确实符合三条标准，但我并不真的认为你**知道**。你的标准好像是有一点缺陷的。但我也承认，它们还是很不错的标准。我的意思是，它们并不是任何时候都成立。"

妈妈看了看伊安的父亲，两人都摇摇头。"我们得走了，亲爱的，"她笑着说，看样子为伊安的善于思考感到骄傲，"你还有科学课作业要做呢——那里面可充满了知识，都是你能知道的。"

伊安骄傲地回答道："我现在不那么确定了。你知道，过去的人说他们**知道**地球是宇宙的中心。他们说的不是'我们认为它可能是中心'，而是说'它**是**中心。我们知道，因为我们最优秀的、拥有最精良设备的科学家是这么说的'。我觉得他们并不**知道**——因为那不是真的。如果说那在当年是真的，但现在不是真的，这可有点怪，尤其是地球的位置并没有变。"他停下来思考了一会儿，说："我们怎么知道今天的科学知识就更可靠呢？"

实用主义：真在于用

实用主义（Pragmatism）于 20 世纪初由威廉·詹姆斯（William James）和 C. S. 皮尔士（C. S. Peirce）提出，主张一个观念为真的条件是它造成了实际影响，带来了具体结果。pragma 是拉丁语，意思是"行动"。

詹姆斯写道："观念之为真的意思不过是，它能帮助我们与自身经验的其余部分达成令人满意的关系。"他还写道："我们今天必须按照今天能得到的真来生活，而且要接受今天的真会变成明天的假。"

后来，理查德·罗蒂（Richard Rorty）拓展了上述认识，主张真理是社会和历史的建构，真理来自人们对公认结论的共识。

"地图不是疆域"

语义学家阿尔弗雷德·柯日布斯基（Alfred Korzybski）指出，对事物的描述不等于事物本身。同理，对实在的感知也不等于实在本身。人的感知是一个主动的过程——因为我们是从自己的视角去看事物的，所以两个人眼里的事物没有一模一样的。但柯日布斯基接着说，如果我们使用的**地图**是正确的，那么"它就与疆域具有类似的结构，其用处也在于此"。

超现实主义画家勒内·马格利特在画作《形象的背叛》中展现了这一点——图中画着一个烟斗，配文则是"这不是一个烟斗"。

刘易斯·卡罗尔的小说《西尔维和布鲁诺》（*Sylvie and Bruno*）中有一张比例尺一比一的地图：图上的一英里[1]代表现实中的一英里。一名角色说道："我们现在是把土地当地图来用，而且我向你保证，它差不多一样好用。"

---

[1] 1 英里合 1.609 3 千米。——编者注

"暂且把它当成一个好故事吧，一个解释你周遭世界的好方法。不管怎么说，你上课时都要认真听。老师说科学课是最难的一门课。"

　　正要走出大门时，伊安想起自己把本周最近一次的卷子拿回来了。他把脑袋探回来兴奋地说："妈妈，爸爸，我告没告诉你们我上次考试拿了 Ａ？还是说那只是梦里的事？分清梦和现实有时候真的好难。"

　　"儿子，你没告诉我们。"

　　"好吧，我现在告诉你们了。我上一次小考拿了个 Ａ。"

　　他们朝他露出了笑容。"干得好，儿子。"爸爸由衷地说。接着，他的父母起身走到门口，张开翅膀，像巨鹰一样从门廊飞走了。他注视着他们飞越树冠，又看了看他们刚才站的地方。

　　"我在做梦吗？"他轻声自问，"明天我要把一开始的梦告诉爸爸妈妈，然后再讲现在这个怪梦。我等不及听他们会说什么了。但他们刚刚在梦里说的话好真实啊。到我明天复述的时候，我怎么知道那到底是现实，还是另一个梦？掐我也没用，因为我可以梦见自己被掐了。"

　　"我现在要不要做作业呢，"他自言自语道，"我已经花了够多时间写作业了，梦里还做就太傻了。但如果我不是在做梦，爸爸妈妈飞走只是我的幻觉呢？我如何才能真正知道，又如何才能知道我知道呢？"

> "鱼会是世界上最后一种发现水的生物，恰恰是因为它们一直在水里。"
>
> ——拉尔夫·林顿（Ralph Linton），美国人类学家

真实情况真实吗？

这次讨论过后，我要呼吸一些新鲜空气。我的头有点疼，但也清醒了一些。这感觉挺怪。我上楼来到大门口，然后出门去找杰夫。杰夫和我打算去看高中棒球的大型决赛。我们一个球员都不认识，但看比我们大不了多少的人争夺冠军还是挺刺激的。竞争总是刺激的，我猜是这样吧。杰夫和我去得很早，我们占到了本垒边上的绝佳座位，而且离双方学校的家长老师很近。我们一边看队员热身，一边听着两边家长聊天，说自家球队或者自家儿子一整年打得有多好。光听他们讲话，好像两边都已经赢了似的，有意思。

比赛即将开始时，杰夫掏出了望远镜，看起来很高科技的样子。"这可不是普通的望远镜。"他说。

当然——杰夫喜欢小工具和小玩意儿。更重要的是，老爷爷告诉过我杰夫有"好玩"的望远镜。他——或者说，**我**——是怎么知道的？

"来，"他说，"把调节盘拨到'体育比赛'。"调节盘上有差不多十个不同的选项。我心想，望远镜要怎么根据场景变换功能呢？他接着说："我们现在等着就行了。我先拿它看比赛，之后再调到别的选项。**那会儿才有意思呢。**"

我已经提起兴致了。

比赛开始了。双方的投手明显都很强壮，想要拿下自责分[1]恐怕是很难了。我其实更喜欢看投手对决，所以这样也好。

---

[1] 自责分（Earned Run），棒球术语，指因为投手的投球所造成的对方得分。——编者注

到了第三局，跑垒员在二垒，击球员把球打入了右外野。跑垒员快到三垒时，外野手把球扔回本垒。捕手接住了球，并在跑垒员滑入本垒之际将他触杀。时机卡得太巧，从我的视角无法判断那位选手是出局还是安全。我焦急地等着判决结果。人群的喊声里既有"出局"，也有"安全"。裁判员上前检查，发现球还在捕手手里，于是宣布"出局！"，这句话点燃了人群。每个人都吼得更大声了。跑垒员仰头向裁判员骂了几句，教练赶紧跑到赛场上找他。这时，杰夫转向我，按下了望远镜上的另一个按键，说："这样我们就能看到其他人眼里看到的情况了。"

我朝杰夫抬了抬眉毛，意思是"你不是认真的吧"。

"我是认真的，"他说，"看。你按一下，就能看见周围的大家看到了什么。戴上这个耳机就能听到他们的想法，你会看到他们看到了什么。基本上，你就能透过他们的眼睛看事情了。"他不说话了，好像在等着看我惊奇的样子。我猜他是把我的沉默当成了惊奇。"来。试试看。"

我戴上耳机，把望远镜放在眼前。没区别啊。杰夫指了指按键。第一档写着"跑垒员家长"。我看见一个人在喊："裁判，你搞什么！你看什么呢？"这是跑垒员的家长。于是我拨动按键，望远镜的视线模糊了一秒钟，然后像摄像机一样回放了球被击向右外野的场景。我看见了高度还原的那一击，只不过落点比我记忆中稍远了一点。耳机里传来了刚才喊叫的家长的声音。当跑垒员绕过三垒时，我听见他说："我儿子太努力了。这孩子太可爱了。他正烦着青春痘呢，要是能在这么一场大比赛里拿下一分，他肯定会更自信的。再说了，他被触杀前明显都碰到本垒了呀。"我通过望远镜观看回放：跑垒员明显是先滑入本垒，然后才被触杀的。板上钉钉的安全上垒。

"哎呀，杰夫啊，裁判员错了。我刚看了回放。跑垒员毫无疑问是安全上垒啊。裁判员肯定是看错了。"

杰夫不为所动，朝另一个正在兴奋欢呼的家长点了点头，然后又看向调节盘。

下一档写着"捕手家长"。我拨动按键，把望远镜放到眼前，又看到了球击向右外野的场景。这一次球的落点和我记忆中差不多，可能更近一点。接着我听到："我儿子太努力了。这孩子太可爱了。他正烦着代数课呢，要是能在这么一场大比赛里拿下一分，他肯定会更自信的。再说了，跑垒员明显是在被触杀后才碰到本垒的呀。"跑垒员往本垒跑，离本垒还有将近 1 码[1]时被捕手稳稳触杀。明显是出局。等等，明显**出局**？第一段回放里面他明明是安全的呀。我看向杰夫，他已经料到了我的下一句话，只是点着头，好像在说："是啊，我知道。是有点问题。"

现在我想把这件事彻底弄清楚。我将按键拨到"跑垒员教练"。场景：右外野。声音："小伙子们练得太努力了。我的职业生涯就看今天这一场了。我应该多让他们练习滑垒的。我们要是因为这个输了比赛，那我可就尴尬了。跑！跑啊！我只要赢！"画面：跑垒员滑垒，技术很好，而且从这个角度仔细看的话，他似乎是安全上垒了。

我马上转到下一档，"教师"。声音："加油啊，小猛虎们！猛

---

[1]　1 码合 0.914 4 米。——编者注

虎不出局，猛虎只上垒。他是一头猛虎，所以他肯定会安全上垒。猛虎加油。"画面：跑垒员绕过三垒时，画面转向看台另一侧的一位女士。声音："啊，**她真的**来了。我要去跟她打招呼。"画面转回赛场，但比赛已经结束了。在"教师"视角下，我连比赛都没看成。接着又响起声音："明显是安全上垒！"我看着老师——他在高呼："明显是安全上垒！"

最后一档是"裁判员"。这应该有点意思，关键就是这一档。从望远镜看过去，我甚至没看见球落在哪里，因为他的视线紧盯着跑垒员的脚，看他有没有碰到本垒。碰到了。接着我听到："希望这个星期能还上房贷。我在这干什么呢？判断好球、坏球、有没有上垒？我今天不太舒服。唉，烦死了，事怎么这么多。这小子跑得挺快。球来了。差不多吧。站在哪里能看得最清楚呢？希望他们俩都别挡我视线，省得我看不到触杀。好，球在那里。他好像碰到跑垒员的腿了。跑垒员好像也碰到本垒了，不过大概是晚了。我看看啊，不分先后。我要是既能看见触杀，又能看见滑垒就好了，那就知道谁先谁后了。喊什么我'看什么呢？'，我看捕手呢。现在看跑垒员。我觉得这孩子滑垒晚了。我得多花点时间搞清状况。我知道那个教练爱吵架，但我可不能被他影响到。给我点时间。那家伙说我需要配眼镜，他什么意思？我可能真的该戴眼镜了。我在他们中间显得真老，但我的眼力确实比他们好，他知道这一点吗？球好像还在捕手手里。他拿着它给我看呢，他肯定是及时触杀了。我觉得他成功了。"

哇，信息量可真不小。我想知道他到底出局没有。看我呆坐的样子，杰夫似乎早有预料。"你看最后一档了吗？"他说，"在调节盘最下面。"

我看向调节盘，发现还有一项："真实情况"。我惊讶地看着他，拨到"真实情况"一档，开始了观看。耳机里这次没有声音。我看到跑垒员离本垒越来越近。我惊讶于这些人怎么能从那么远的地方，用那么大的力气扔出那么小的一个球，而球最后落到捕手的手套里。捕手已经把头盔扔掉了，他看起来是个好人——让你想交朋友的那种。他显然是一名优秀的运动员，同时带着一股乐天的态度。啊，真是好一场防御战。我喜欢零比零平局。捕手抓住球，跑垒员也开始滑垒。这时，捕手的手套轻轻松松地划过了跑垒员的小腿，明显赶在他到本垒前。捕手好样的。

"裁判员看起来判对了，"我对杰夫说，"肯定是出局。"

"好啊，"他笑着说，"'真实情况'里是那样的？好极了。我也看看。"

"我都告诉你了，**你**为什么还要看呢？"

他微笑着点了点头。"纯好奇。没别的意思。"

可以理解。我把望远镜递给他。我坐着，他看着里面的影像，看**真实**发生的事情——看到真相。这个设备真的很方便，肯定能解决未来的许多纠纷。只要掌握了真相，那就没什么可争论的了。

杰夫把头转了过来。我对他说："你看。裁判员是对的。他显然出局了。"

他露出怀疑的神色："我看到的可不是那样。"

阅读讨论题

1. 你能区分梦境和清醒吗？如果能，你是怎么做到的？你有没有混淆过两者（不确定某件事是梦里发生的，还是醒时发生的）？

2. 有没有一件事是你完全确知的？当你声称知道某事时，完全的确定性（也就是无可置疑）有多重要？

3. 在桌子的例子中，某个放大尺度下的桌子是否更接近真实的桌子？桌子可不可能**既**是实心的，**又**在更基础的层面上是空荡荡的？如何可能？对于确定何为真正的桌子而言，桌子的功能或"桌子"一词的用处重要吗？回答并给出解释。

4. 如果我们不能知道自己的视角与他人是否一致（比如，我们的绿色会不会是别人的红色），那视角有什么意义呢？物体的颜色在于你而不在于物体本身，这种想法是否有违直觉？声音呢？甜度呢？

5. "真实情况真实吗？"一节的寓意是什么？伊安最后"搞清楚"了吗——他有没有看到纯客观视角下的情况？杰夫的异议意义何在？这则故事的寓意能否运用到其他事情上，比如常常以口供为证的案件审判？

第 2 章

自我、心灵、灵魂

这具身体承载着我，提醒我并不孤独。
这具身体让我感到永恒，感到这一切
痛苦都是幻象。

——工具乐团（Tool）

数百万地球年飞逝而过。突然间，物
理学家发现自己正站在神面前。他困惑极
了。"我不明白！从每一条科学定律看，我
怎么会再次存在呢？"

"从每一条科学定律看，"神答道，"怎
么会有科学定律呢？"

——马丁·加德纳（Martin Gardner），数学家

我睡着了，或者说，好像睡着了。老爷爷就在我身边。"真高
兴见到你，伊安。我正等着你回来呢。"

我有的选吗？不过，这可是我的梦，所以如果有谁在等人，那也是我。我还没想好跟他见面该不该高兴呢。"嘿。"我打了个招呼。

他招招手，示意我再次随他进入与我的房间相连的管道装置。我接受了邀请，朝他走去，尽管还有些犹豫。

"除了楼梯以外，只能从这里出你的房间。"他说。显然，他从来不需要翻窗户、爬树枝，也不需

> "你的灵魂在写一本关于你的书，梦境就是……书里的插图。"
> ——玛莎·诺曼（Marsha Norman），
> 1993 年普利策奖得主

要知道那个潜在的出口。"而我们不能走楼梯，"他缓缓摇着头说道，"就是不行。晚上不行。跟我走吧。"

爬出管道后，我跟着他朝一座礼堂的门口走去。趁着事情还没有再次变得诡异，我把自己对头天夜里他提出的整个"知识"难题的解答告诉了他。我有一种感觉，只要我能用自己或我父母的智慧说服他，他就会走开了——就像某种温和的驱魔仪式。

他站在那里，摇着头，仿佛看穿了我的想法。当我提起知识难题时，他表现出毫不知情的样子。我向他解释我是如何认识事物的，他却说人人都能认识事物，还说我发疯了。我让他去看桌子，感受它的光滑；我让他来看我的运动衫，辨认它的灰颜色；我让他看我是存在的。他又说了一遍我疯了。我抓住他的手，要求他感受我的手。他看着我，点头说道："你**手头**上有个更大的难题呢。"他欣赏着自己的双关语，咯咯笑了起来。我可不觉得好笑。

"什么难题？"我小心地问道。

"你被《世界学术杂志》评选为'十年度最佳学生'。除了荣誉称号，还有一大笔奖金呢。选中你的依据是你从幼儿园一直到现

在八年级的成绩。"

"这有什么问题?"

"现在没时间讲了。"他说。从后门进入礼堂时,我听见典礼主持人宣布:"现在有请我们的十年度最佳学生,伊安·平克!"

观众鼓起了掌,我只好硬着头皮上台领奖。在那之后应该能发现问题出在哪里吧。我站在台上,台下有许多观众,这时一名男子站起来,用手指向我。他样子邋里邋遢,穿着旧牛仔裤和破破烂烂的法兰绒衬衫。此举吸引了所有人的注意,全场马上鸦雀无声。他只是站在那里指着我,好像在用手指向我瞄准,手指里仿佛有东西射向我。过了一分钟的样子,他大喊道:"这小子是冒牌货!现在的这个人不是幼儿园时的那个人。"

我只当这是一种修辞说法,意思是我从五岁以来有了一些变化。但这个人指的是极端的变化。他离开座位,朝台上走来。"你现在没有一样东西是原样的。你或许会说你**存在**,但作为**什么**而存在,这我就说不好了。肯定不是作为伊安·平克,不是伦戴老师带的幼儿园班上的那个伊安·平克。"

"这太荒谬了。"我紧张地抗议道。我是冒牌货?这到底是什么意思?

"在进入讨论之前,"他谨慎地说,"我要把话说清楚。我不想知道事物**看起来**怎样或**表面上**怎样。尽管那有心理学上的意义,但我想知道更多:事物**是**怎样。拿看电影来说吧。电影看起来好像是连续的,银幕上的运动好像真的就是电影的一部分。但实际去看电影胶片,你只会看到一帧一帧的静态画面。只因以很快的速度连续观看,才给人以运动的印象。电影**看起来**是连贯的运动,也就是具有同一性，但其实是一帧接着一帧。"

"我和它不一样，"我回了句，"我看起来是一样的，但那是因为我**就是**一样的。"

"你这么确信，那就请你证明吧。我会忽略你一时的思维混乱。但如果你无法证明，你知道的，委员会将严肃处理冒名领取大奖的骗子。"

"那再容易不过了，"我心想，"我是伊安·平克。我出生时是伊安·平克，过去十四年里一直是伊安·平克。我的手一直是同一双，大脑是同一个，而且我一直喜欢巧克力味的东西，不喜欢香草味的。"显然，我把想法说出了声。

他问道："如果我找到一个十年前喜欢巧克力味的人，再找到一个今天喜欢巧克力味的人，他们俩是同一个人吗？"

"当然不一定。但其他**所有**因素加在一起，让我时隔多年还是同一个人。你看看我，"我开始恳求，"我一直拥有同一具身体。"

"同一具身体？你现在的身体和你一个月大的时候一样吗？我看不是吧。你看看自己的相簿吧。还有，你知道细胞会不断再生吗？你的皮肤细胞会老化脱落，就像蛇会蜕皮一样。事实上，你现在身上**没有一个**细胞和你十年前上幼儿园时一样。就身体而言，你已经完全换了个人。"

何为自我？

　　18世纪苏格兰哲学家大卫·休谟主张不存在"自我"。他以一艘不断变化的船举例试图表明，"人的同一性"不过是人造的概念，目的是解释事物**看起来**的样子。

　　"我斗胆向他人断言：人只不过是各种知觉的捆束，或者说集合，它们以无法察觉的极快速度前后相继，而且永远在流变和运动……我们赋予人类心灵的同一性只不过是种虚构。"

　　　　　　　　　——《人性论》

细胞的一生

从基底层到最后脱落，皮肤细胞的寿命约为 3 周。人每分钟会失去大约 30 000 个死亡的皮肤细胞。

何人之船？

普鲁塔克（公元 45—125 年）讲述了一艘随着时间推移而被完全重造的船。他写道：

"哲学家们谈论会生长的事物的逻辑问题时，总会举出这个例子：一派认为船是一样的，另一派则主张船不一样了。"

区分类型（type）与个例（token）

"你的车和我的车是一样的。"

"一样"这个词有两种用法：

1. 类型——两人拥有同年生产、同一家厂商制造、同样颜色、同一款式的汽车。

2. 个例——两人拥有同一台车（换句话说，两人合用一台车）。

"那无关紧要。我从小到大都叫伊安·平克。"

这时，这个邋遢的家伙优哉游哉地走上了台。他从后台拖出一条三块木头拼成的筏子。"大家看这条由三块胶合板拼成的木筏。我为它取名为'旅行者一号'。"他将木筏放在台上，取下一块木板，换上一块新的。他抬头看我，咧开嘴笑着问道："它和我一开始拖过来的筏子是同一条吗？"他一边回去鼓捣筏子，一边摇头。我一言不发地站着，尽管很好奇，却不清楚这跟我有什么关系。

他又取下一块木板，换上新的，抬头问我："还是'旅行者一号'吗？"他摇了摇头。最后，他取下第三块木板和绳索，扔到其余的老部件那边，又用新绳索把三块新木板绑好。

他站在船头问道："这还是'旅行者一号'吗？事实上，不管你叫它什么，真正的问题都是：**它还是同一条木筏吗？**"

我站在那里摇着脑袋，好像他刚刚对我或者对什么东西施了法术。它没有一点和以前一样了。

"如果你认为这还是'旅行者一号'，"还没等我回答，他就继续说道，"你告诉我那是什么。"他指着舞台边上堆在一起的木板和绳索。"也许有两条'旅行者一号'，"他说，"但它们只是名字一样，显然不是同样的实物。如果一家博物馆要展览'旅行者一号'，他们要怎么做？展出哪一条？它们不可能**都是**同一条船。同一性不在于物理实体。你的肉体不可能是你真正的**自我**。"

这条新船看起来是完全不一样的东西了，沿用旧名也于事无补。船的物理构成确实在很大程度上决定了它是否具有同一性，或者说是不是同一个东西。所以，如果一个东西的物理状况会随着时间变化，那么随着时间的推移，它就不是同一个东西了。我几乎感到锥心的愤怒。

"那无关紧要，"我喊道，"我不是船，我是人。我更复杂，我有思维、意识、记忆。是它们让我成为我，而不是我的头发、皮肤或细胞。"

接着奇怪的事情发生了。他说话更小心了："伊安，趁你睡觉的时候，我给你的记忆和思想做了一个精确的备份。我通过电脑程序把你头脑里的所有内容迁移到了一台电脑上，配置好后放到了另一具身体的大脑里。"这时走出来一个小男孩。他长相跟我不一样，走路也别别扭扭的。但一跟他讲话，我就发现他说话、思考甚至咬指甲的样子都和我一模一样。他像我一样知道关于我的一切。这太诡异了。我不太喜欢这种感觉。

"所以，"男子问道，"现在是有两个伊安·平克吗？如果是的话，那我可以把你——正在与我谈话的这个伊安——留在梦里，然后让你的头脑备份去上学吗？人们会认为他是你吗？更重要的是，他是你吗？而且，如果我杀掉正在与我谈话的人，让另一个人活下

自我在于意识

17 世纪的哲学家约翰·洛克写道:"对一个人来说,他之所以是他自己,是因为他有同样的意识,因此个人的同一性仅仅取决于意识的同一性。"

记忆有多重要?

19 世纪的法国生理学家皮埃尔·弗卢朗(Pierre Flourens)发现了医用麻醉剂的一个重大问题。他认为,麻醉剂中的氯仿事实上**会让**患者感受到手术带来的疼痛,同时使其无法动弹。但氯仿也会造成失忆,于是病人醒来时就记不得之前经历的疼痛了。这让很多人开始怀疑记忆与意识的关系,探究人在麻醉状态下的"自我"经历了什么。

"我干这一行(麻醉师)三十年了,但我仍然对失去意识感到惊奇。我在想(患者)去了哪里,但更重要的是,我们为什么会有意识。"

——斯图尔特·哈默罗夫(Stuart Hameroff),麻醉师,意识研究中心联合创始人

记忆能形成"自我"吗?

在 2000 年的电影《记忆碎片》中,失去生成新记忆能力的主角说:"记忆可以改变房间的形状,可以改变车的颜色。记忆可以被扭曲。记忆只是一种解读,而不是记录。"

乔治·奥威尔在小说《一九八四》中写到了通过改变人的记忆来歪曲历史:"如果有必要重置一个人的记忆……那就必须让他**忘掉**记忆被重置过。这门技巧是可以习得的,与其他所有的心理技术一样。"

去,会怎样?他拥有你头脑里的一切,那样一来,伊安还活着吗?"他坏笑着,好像正在扮演大反派。

我只是摇头。肯定不是那样。

"你肯定听说过失忆症吧。失忆意味着失去**自我**吗?睡觉呢?你睡觉时记不得多少事,你甚至连意识都没有——你的自我消失了吗?告诉我,你还记得上周一的午饭吃了什么吗?一年前的事就

更记不得了吧？记忆真的是自我的必要条件甚或充分条件吗？意识呢？"

我有点怕了。我主张过**我**之所以是我，是因为我头脑里的一切。我答道："但这个家伙没有我的大脑——他只是有我大脑**里面**的一切。而且与其他细胞不同，脑细胞不会再生。我可能会失去脑细胞，没办法替换，但不会造出新的脑细胞。"区别肯定就在这里，我心想。我快走投无路了。

"那么，伊安，"他继续说道，语气比之前更阴沉了，"我给你两个选择。你可以自己思考接下来的'脑迁移'情境，或者让我在你身上实操。"

我不想再让脑离开脑袋了。"我自己思考吧。什么情境？"

"明智的选择。挺简单的。设想一下，我把你的脑从你的脑袋里取出来，再放到别人的脑袋里——我们就叫他'乔'吧。再设想我又做了一次记忆迁移，把你的全部记忆从你的脑中提取出来，放进乔的脑中，再把它放进你的脑袋里。跟上了吗？于是，你的身体拥有你的意识和你的记忆，但脑本身是乔的。你真的就是乔了吗？"他一边问一边摇头，"不太可能吧。你的同一性不可能只建立在你称之为脑的那块灰质上吧。"

我点头道："是的，我明白。谢谢你把我的脑子留在我的脑袋里。"

谁的脑？谁的身体？

哈佛大学心理学教授史蒂芬·平克（Steven Pinker）研究了身体与脑赋予人身心同一性的问题。他写道："记者有时会对'脑移植'做种种揣测，其实应该称之为'身体移植'，因为正如哲学家丹尼尔·丹尼特所说，在这种手术里，当捐献者比当被捐献者要好。"

佛教的一条核心教义是"无我",认为不存在一个不随时间变动的恒定要素来标定自我。佛经中那先与国王的对话就表现了这一点:

"……尽管父母给我们取了'那先'之类的名字……但那不过是寻常理解的词语、日常使用的称呼。因为没有恒久的自我。"

于是国王提出了"自我"的许多性质,然后意识到:"我找不到任何一个'那先'。现在我真的明白了,'那先'只是一个空洞的响声……'那先'是没有的。"

那先最后说:"那先只是一种计数的方法,一个词项,一个标签,一个方便的指称,或者说一个纯粹的名字……绝对意义上的'我'是找不到的。"

二元论(Dualism):人既有身体,又有心灵或灵魂等非物质属性。

唯物论(Materialism):人只是物质存在。

唯心论(Idealism):人只是非物质的心灵,不包含任何物质。"物质"只是非物质的观念的集合。物理实体只在被感知的意义上存在。

"那么,说到底,个体同一性这回事整体上就有点不靠谱。你的身体,你的大脑,或者用你的话说,你'大脑里面的东西'都不能让你在时间的变化中保持同一。"他停顿了一下,点着头,好像讨论已经结束,该点明故事的寓意了。

"故事的寓意是,"他扬起眉毛,好像预料到了我所预料的,"可能你并没有**自我**,没有一以贯之的身份。你创造出**自我**,这可能只是一种防御机制——为了生存,或者为了心里好受。我不是说这是一件坏事,只是说,自我其实不是**实在**。"

"我想我明白了,但我还有最后一个答案,"我顿了一下,这一个小时的事情让我有点不堪重负,"重要的不是身体,这你已经说明了。做了前面的实验后,我也已经看到,对于保持同一性来说,大脑乃至思想和记忆都不是必要的。"

老爷爷从舞台旁边插嘴问道:"如果不是这些东西,那还可能是什么呢?"

"我的**心灵**。"我答道。

"你的心灵?"老爷爷问道。

"我的**灵魂**。"

"你的灵魂?到底是哪一个?"

"都是,"我答道,一边摇头,一边疯狂摆手,"随便哪个。"

我觉得两者可以都是,好像两者是一回事。我听过别人混用这两个词。毕竟,如果我没有一些非物质的东西能一直存在,那我怎么能上天堂,怎么能转世,怎么能有任何死后生活呢?就是它了。这就是答案。"我,**伊安**,有一些非物质的东西,是这些东西让我成为我。我的心灵与我的身体相互作用,从而形成了自我的实体表征。"我总算松了口气。

老爷爷朗声大笑起来。他朝我摇头,好像我忘掉了什么显而易见的事情。"你确定你相信自己说的这段话吗?"我肯定地点了点头,然后他问道:"世上怎么会有非物质的东西——心灵、灵魂,随你怎么称呼——能影响物质的身体呢?"

这个问题看起来挺简单的,我不知道他为什么笑成这样。"是这样,我的心灵让我抬起胳膊,我的胳膊就抬起来了。我的心灵让我思考我最喜欢什么颜色,我就思考了。"

死后生活

　　古埃及人会把人死后灵魂生活需要的衣食与死者一同下葬。

　　印度教认为,"阿特曼"(atman,不变的本质)是有**因缘**的,这一世的自我承载着之前每一世的肉体经历。

　　基督教认为,人死后灵魂会离开肉体,接受审判,之后或者永远在天堂享福,或者永远在地狱受苦。

笛卡儿主张"因果互动论"，认为灵魂可以与身体互动。他写道，灵魂影响松果体，松果体反过来又影响灵魂，"将灵魂周围的精神注入大脑的孔隙中，大脑又顺着神经将精神导向肌肉，如此便可运转肢体"。

不只是纸巾盒……

哲学家约翰·佩里（John Perry）写过一篇对话录，其中有一人主张心灵或灵魂不是物质。他把身体和纸巾盒做了比较，认为身体远远不仅是纸巾盒：

"如果你仅仅是一具活着的人体——就像纸巾盒只是用胶水以特定方式粘起来的纸板一样——那么肉体一死，你也就终结了。但你肯定不止于此，在根本上不止于此。你的根本不是你的身体，而是你的灵魂，或者说自我，或者说心灵……我指的是你非物质的、非物理的方面，你的意识……你的心灵或灵魂是非物质的存在，在你身处凡间时寄寓于你的身体。身心有着密切的关联，但并不相同。"

老爷爷朝我走来，一只手揽着我离开礼堂的舞台，穿过一扇侧门，进了旁边的一间屋子。他平静地问我："伊安，告诉我，你对鬼了解多少？"

我不确定他的问题与主题有什么关系，口中答道："实际上我知道不少。"我给他讲了去年夏天读过的墓园闹鬼记。

他打断了我："这些鬼可以直接穿门而过，还是必须像人一样开门？"

"当然可以穿过门。门，墙，什么都可以。鬼不是物质。鬼是魂魄，所以门这样的物质可以挡住人，但挡不住鬼。"

"那么好，鬼有没有可能做出打翻烛台这样的事？"

"当然行了。好多电影里都演了。那是鬼吓唬人的一种办法。"

他点了点头。"你同意？"

这时，我心里一沉，指着他喊道："在你身后！在你身后！"它看样子绝对是鬼。我看不清它的轮廓，但看得出它是鬼。它直接穿过门飘了过来。

"对，这位是鬼魂夜影。我觉得你应该愿意见她吧。夜影，这是伊安。"

她算是点了点头，我也紧张地点了点头。她看起来朦朦胧胧的，不像电影里的鬼那样有实在的轮廓。她的笑容半是令人安心，半是令人害怕。她浑身泛蓝，散发出一种令人愉悦的光。电影里表现的鬼不真实——她看起来一点也不像电影里的鬼。

老爷爷面向她说："夜影，我们看见你穿门而过了。你能打翻这个烛台吗？"

她摇了摇头。她伸出手，或者说胳膊，不管是什么吧，去打那个烛台，结果直接穿了过去。

"鬼不能影响物理世界。"老爷爷说着，朝那个名叫"夜影"的鬼笑了笑。出于某些原因，我觉得与眼前真有一个鬼相比，鬼有名字这件事才更奇怪。"这是一点点限制，但这也是鬼能穿过实物的原因。鬼要是能影响实物，就不能穿门而过了。鬼这样的非物理存在不能影响任何物理存在。"

老爷爷停下话，好让夜影能点头表示同意。然后他接着说："鬼不能鱼与熊掌兼得。我知道有一部动画片里的鬼两样都能干。但那不合逻辑：一种事物不可能既是非物质的，**又能**影响物质世界。"

他说的似乎有理。我朝她笑了笑。

濒死……离开肉体

研究表明，有过濒死体验的人中有近 50% 说当时感觉自己离开了身体，浮在空中俯视自己的身体，还有一些人则回忆自己被引向一道光芒。有人认为，脱离肉体的体验证明了灵魂存在，灵魂在人死后会离开身体。

这种现象也有其他的解释性假说：人濒死时，大脑分泌了致幻化学物质；大脑再次经历了出生时的无意识回忆；那些画面是大脑试图将秩序施加于未知混沌事件的产物。

"谢谢你，夜影。很高兴再次见到你。"老爷爷说。我不大确定鬼界的礼仪，怯生生地朝她挥手。

她笑着穿墙回去了。他若有所思地看着我。

"好啦，我明白了，"我说，"非物质——比如**心灵**——不能影响物质，比如**身体**。"

"说得好，伊安。所以，你必须承认心灵要么是物质，要么不是物质。如果不是物质，那它就不应该影响自我的身体层面，正如非物质的鬼不能打翻烛台，因为鬼的手会直接穿过去。如果心灵是物质，那我们就回到了最初的问题：你仅仅是物理实体而已。"

我又开始反胃了。尽管我感觉自己在梦里，但我注意到我甚至不能证明我保有**自身**——证明我是伊安·平克。心灵与身体之间也许不是台球碰撞弹开那种寻常的相互作用。"听好了，"我开口了，有一点先说后想的意思，希望想法能自然地跟上，"心灵并不像一根撞击台球的球杆。也许，物理的大脑活动会造成非物理的心理状态，然而心理状态并不导致物理的身体动作。但心理状态仍然是存在的。"

烟与影子

当代哲学家金在权重新探讨了"心灵类似于影子"的理论。该理论发源于19世纪末的托马斯·赫胥黎和威廉·詹姆斯，后来被哲学史研究者命名为"副现象论"（epiphenomenalism）。

我的表达显然没有预想中清晰，所以我继续说道："你可以将心灵想成是大脑投下的影子。就像树影依赖于树，也完全不能影响或控制自身，但它仍然**在那里**。影子是存在的。或者换一种更好的说法，心灵就像是火烧出的烟。心灵可能就是这样——它是物理的大脑的产物，但不会影响物理的大脑。"
这听起来就比较清楚了。

"伊安啊，这话我一定要说，
你是一个思想者。而且是可爱的思
想者。"

可爱的？

"但我不觉得你达成了目标，"
他顿了一下，等着我露出略显失
望的表情，然后浅笑一声，接着
说道，"心灵既然与你是谁、做什
么、怎么做完全无关，那它的意义
何在呢？你的意思难道是，你有心
灵，但心灵不服务于任何目的，没
有任何用处吗？它只是单纯**在那
里**？你的理论得出了无意义的结
论。而如果推翻它，你就回到了
原点，要解释非物质如何能影响
物质。"

他站在那里，缓缓地摇着头，
说："你把事情搞复杂了，不需要
这么复杂的，伊安。"

我更沮丧了。我刚才强烈地感
觉到我就是同一个人，我就是我。
也许这就足以形成**自我**了——感觉

手表里的小精灵

杰弗里·奥伦（Jeffrey Olen）
设想一个从来没见过手表的人发现
了一块表。这个人相信里面有一个
隐身的小精灵让手表走字。表停转
时，他就以为是小精灵死了。但他
上了发条后，表又开始走了。别人
告诉他，是某种物理装置——内部
的齿轮——让表走字的。但发现表
的人还是相信里面有小精灵，只是
与手表运转无关罢了。

奥伦写道："非物理的心灵与
小精灵同样可疑。"他问道："如
果我们不需要小精灵来解释手表的
工作原理，为什么还要继续相信小
精灵存在呢？"

保持简单

中世纪哲学家奥卡姆的威廉提
出了"奥卡姆剃刀"原则：

在同样合理的两个对立理论中
进行选择时，我们应该选择对现象
最简单的解释。这样一来，做解释
所需的步骤就会尽可能少。越简单
的理论出错的可能性越低。因此，
在解释人的存在时，奥卡姆剃刀会
"剔除"心灵，因为心灵会平添不
必要的复杂度。

"大自然喜欢简单。"

——艾萨克·牛顿

自己是同一个人就够了。有某种非物质的东西让我是我。他不可能知道"作为我"是什么感觉。我之为我，总有一些**不可能**是物质的东西。

"好了，你听我说，"我开口道，"还记得昨天你跟我说，红色只是一组特定的光波，以一定的频率共振，给我的大脑造成了特定的感受吗？不过，实际**体验**红色会给人一种印象，这种印象无法通过在物理层面穷尽了解它而获得。如果一个盲人拿到了色彩物理学博士学位，那么他对人体验红色意味着什么会有很深的认识：光是怎么被反射和吸收的，眼睛里的视杆细胞和视锥细胞被光照射时会怎样，等等。但假如他后来做了手术，眼终于能看见了，这时他显然会对体验红色有新的认识。'体验红色'不可能**只是**物理现象。许多事情也是如此：成为一种动物是什么样的，品尝某种食物是什么样的，运用语言是什么样的，做数学题是什么样的，"我在这里停了一下，"**作为我**是什么样的。这些都需要物理过程以外的东西，都包含主观性，都需要非物理的东西：心灵。我有心灵。"

他坐在那里，缓缓地点着头，噘着嘴，皱眉头的样子怪吓人的——好像他弓眉毛就像我弯手指那么简单。"有想法，"他说完顿了一下，"你是说，如果一种事物可以做数学题，或者使用语言，那它就必然具有心灵，而不仅仅包含物理的部分？"

"没错，我的话里有这部分意思。"

"行。首先，在我掏出计算器之前，我想在你身上做一个实验。

当蝙蝠是什么样的？

要回答这个问题，我们只能**想象**自己成为一只蝙蝠，所以不可能得到完整的答案。因此，托马斯·内格尔论证道，我们自身的体验是主观的，而不仅仅是物理的。

　　　　　　　少年伊安的哲学冒险

我保证对你不会有任何伤害，但肯定会带给你启发。"

我心存疑惧地点了头。"好吧。"不知为何，在短短的相处时间里，我信任起了老爷爷，尽管我其实没有信任他的充分理由。

他拿出一根很细的针，细过我能想象到的任何一根针。他将针放在我的头皮上，然后问我："有感觉吗？"

"没什么感觉。差不多就像一片叶子落在我头上。"

"好，不错。现在放松，不要动，可以吗？"于是我静坐，全神贯注地保持不动。就在这时，我的右臂抬了起来。

"这是怎么回事？"我警惕地问道。

"看好了，我现在要让你把左臂抬起来。"

我心中暗想，没门儿，这次别想了，我都知道你要干什么了。可即便我这么想，我的左臂还是举过头顶，然后落到大腿上。我的身体好像在径自运动似的。

"伊安，我想这足以表明你的动作、你的所有行为是物理的大脑的产物了吧。我只是刺激了你大脑的适当位置罢了。你自己行动时也是一样，不过刺激大脑的不是这根针，而是你体内的化学物质。氯化物，还有钠。它们会沿着物理的神经元移动，经过一连串反应后引发身体动作。纯粹是物理过程。

"既然我们已经明白你的全部**动作**都来自物理过程，接下来再看看你的**感觉**吧。"

"我的**感觉**不可能是物理现象。**那里**就该我的心灵登场了。"

"我没做，是你做的。"

神经外科医生怀尔德·彭菲尔德（Wilder Penfield）刺激了患者大脑的运动皮质区，结果不仅引发了肢体动作，还引起转头、吞咽甚至说话。许多患者不禁回答说："我没做，是你做的。"

从物质到非物质？

科林·麦金（Colin McGinn）提出一个问题，物质怎么能产生意识呢？

"问题在于，**任何**一个细胞集合体……怎么能产生有意识的存在呢……纯粹的物质怎么能产生意识呢？……如果大脑是空间存在，是空间里的一块物质，那么从大脑到底怎么能产生出心灵呢？"

他承认，部分症结在于"身心关系问题与物理学和其他科学难题属于同一类，我们只是缺少解题所需的概念工具"。

心理生理学

百忧解是一种药物，能阻断血清素的再摄取，从而使其留在人体内。这是药物通过物理方式影响脑化学，从而改变人的心理状态的一个例子。

我说。

他点了点头，好像已经预料到我会这样说。"行。我这里有几种小药片，你每种吃一片，再告诉我你吃药后的感觉。"他取出一枚小小的白色药片。我毫不怀疑地张开嘴巴。他把药片放在我的舌头上，我便咽了下去。我坐在那里等着，完全预料不到会发生什么。我朝他露出笑容。他真是一个慈祥的老爷爷啊。我很信任他。很好。这整件事没那么坏嘛。其实挺好的呀。

"你感觉怎么样？"

他的问题让我吃了一惊。"我感觉怎么样？"我审视内心，"我想，我感到高兴。对，是满足。我之前以为我饿了，但现在不饿了。我想我就是挺高兴的吧。"

"是了。这就是血清素。血清素是一种化学物质，能让你感到快乐，还能抑制食欲。你的大脑会自然生成它。试试这片新的。张嘴。"

药片放上我的舌头。我等啊等，对刚才发生的一切产生了一点好奇。我开始感到难过，意识到我只是一个物理存在，可以像木偶一样被操纵。还有，他以为他是谁？我要收回慈祥老爷爷的念头。

他只是在玩弄我。我想对准他的鼻子砸上一拳。

"你生我气了？"他问道，"我新给你的药片把你刚才摄入的血清素中和掉了，甚至还消耗了一些你原有的血清素。血清素减少会引发抑郁和攻击性。为了我自己的安全着想，我还是给你片药中和一下吧。"

然后我恢复了常态——不管常态是什么。

"现在给你试试最后一片。张嘴。"随后，我没有任何感觉。反正对老爷爷没有感觉，我厌倦了再去想他。我想起了亚历克西斯。她的笑容。她的头发。她对棒球卡的热爱。如果要我想可爱的女孩子，她绝对是头一个。她真可爱。真的好可爱。

他开口道："最近有生物心理学家提出，多巴胺和去甲肾上腺素是与爱情相关的化学物质。甚至恋爱都可以分解——**还原**——为化学成分。我不会要求你阐述当下的感受——我能想象到。这是最后一片中和剂。"我把它藏在舌下，趁他转身去讲下一点的时候吐到了手里。想想关于亚历克西斯的美事总没坏处。

"化学物质。你做的一切，你感受到的一切，都可以分解为物质。我们不需要心灵。没有心灵的位置。"

他紧接着抛出了下一个问题。"你了解幻痛现象吗？"他很快接着说，"失去肢体的人，几乎全部说肢体原来的位置有感觉，一般是痛觉。但很显然，如果你在事故中

---

20 世纪西班牙裔美籍哲学家乔治·桑塔亚那阐释了一切心理过程的物质根源：

"我要水是因为喉咙干渴；我梦见爱情是因为性在我体内酝酿……意愿是表现，而不是原因；它的根源……在于……物质。"

还原（reduction）：将人类的行动和情绪简化或分解为基本成分——化学物质和大脑活动。

感到疼痛与见到魔鬼

理查德·罗蒂想象了一名未来科学家会如何回应一个说自己感到疼的人："你说的是一种特定的大脑过程，如果你以后不再说'我觉得疼'，而是说'我的C神经被触发了'，那么生活会简单一些。"他将疼痛比作萨满巫师服下致幻菌后见到魔鬼。罗蒂写到，见到魔鬼与感到疼痛都只是大脑虚构出来的。

哲学家 J. J. 斯马特（J. J. Smart）解释了当我们说"看到"视觉残留时的意思：

"当一个人说'我看到了橙黄色的视觉残留'时，他其实是在说：'好像发生了这样的事：我睁着眼而且醒着，面前有一个良好光照下的橙子。'"

失去了一只手，那么这只手不可能再次感到疼痛。"

"真奇怪。"

"是啊，看似奇怪，却是被广泛证实的。后来人们发现，幻痛也是大脑中发生的一种物理过程。还记得我们上次见面吗？如果我将你大脑的适当部位麻痹，那么即使我扎你的手，你也不会有一丁点儿感觉。"他看出我的害怕，向我保证今天不会做这个实验。"痛觉也不过是一个物理过程。"

我害怕继续聊与疼痛相关的话题，但我非得问一句不可："疼痛？物理？不管它是什么，它看起来是**实在的**。"

他摇了摇头。"没错，某种意义上是的。但当你感到已经不在的手在疼痛时，那只是大脑中的化学物质被激发了。咱们来试一件简单的事。盯着这盏灯看十秒。"我照做了。"现在移开目光，然后眨眼。你看见什么了？"

"我看见了灯。"

"没错。这是真的，你**确实**看见了灯。但在一个更重要的意义上，它又不是真的。你不会真的以为这盏灯到处都是吧？当然不是。还是那句话，主要是你物质的大脑在起作用。"

为了回避接下来可能发生的"大脑麻痹术"，我尽快转换了话题，说："我懂了。对了，你拿计算器是要干什么？"

他给了我纸和一根铅笔。"200 100除以15等于多少？"我刚开始写数字，就有人高声道："等于13 340。"我扭头朝声音望去，发现说话的是一台带着几根导线的烤面包机模样的东西。

"简单，"它的声音像机器人，"除法对我是小菜一碟。来道难题吧。"

"这台基础计算机会做数学题，"老爷爷开心地点评道，"实际上比你更擅长。所以，按照你的逻辑，我猜它有心灵吧。"他又顿了顿，等我消化一下再讲解："或者，更可能的情况是，做数学题的过程可以被还原或分解成若干物理部分，就像你颅内的那台小电脑一样。"

"再看你关于语言的主张。你们会拼'euphemism'（委婉语）这个词吗？"他问我们俩。

我正琢磨着问题用意和单词拼法，那个声音又响起来了。"E、

电脑会思考吗？

艾伦·图灵提出了一种测试（"图灵测试"），希望能解答这个问题。在图灵测试中，一名人类评判员要与两个实体进行纯文本（也就是打字）交流，这两个实体分别是另一个人和一台电脑。如果评判员不能区分两者，那么电脑就通过了测试，我们就会说它具备思考能力。

从1991年起，剑桥大学行为研究中心每年都会举办一次竞赛：生成的对话最像人类的电脑可获得2 000美元奖金，无法与人区分开的电脑可获得25 000美元奖金。

U、P、H、E、M、I、S、M，euphemism。我再想想。'asphyxia'（窒息）：A、S、P、H、Y、X、I、A。拼写真简单。"

老爷爷笑了："是啊，对你来说很简单。"他对面包机说。接着他扭头看我，说："我家的电脑比我还懂英语，它经常纠正我的拼写，甚至连语法也会纠正。可你说使用语言和做数学题是超出了纯物理事物的能力，必须要有心灵才行。那么，顺着你的思路，你现在只有两个选择：一是这台电脑有心灵，二是运用语言和做数学题只是物理过程。你信奉的宗教里有电脑去的天堂吗？"

"我还不确定你怎么推翻了我的论证。"我这话半真半假，因为我确实看到了一些关联。

他接着说道："你说过，运用语言必须要有心灵，语言不可能是**纯粹的**物理现象。但电脑会运用语言，电脑正在学习如何把语言用得更好，以至于很多人事实上已经很难分清与自己交谈的是人还是电脑了。照你的看法，电脑似乎就有灵魂或者心灵了。或者更可能的情况是：我们制造了电脑，并且看见电脑是由导线、塑料和金

如果它表现出有意识的样子，那它就必然有意识

"如果它看着像鸭子，叫着像鸭子，走着也像鸭子，十有八九它就是只鸭子。"

——俗语

行为主义（Behaviorism）认为心理特征（比如思维）是由行为表征出来的。因此，思维不是发生在"心理"领域某处的活动，而要被还原为主体的行为。这种观点缓和了身心关系问题，因为从一开始就没有需要与物理事物分开的心理事物。

少年伊安的哲学冒险

属制成的，我们看见它们只是**物理**的东西。因此，你认为必须有心灵才能运用语言的主张是不对的。"

"我想你是对的。"我说。我只是不愿意放弃人有心灵或灵魂的观点。身体与心灵或灵魂一定有区别。如果有的话，那么不同于身体的心灵就必然存在。

我想起爸爸昨天对怀疑"自我"的论述，于是总算感觉自己找到答案了。"心灵有好几个身体没有的属性，"这次是**我**顿了一下，准备直奔主题，"比方说，**不可分性**。"

"别的呢？"

"**可知性**，这是我的叫法。"

"请你解释一下。"他宣布道，仿佛我们暂时调换了身份。

"首先，我可以分割我的身体。比方说，我可以砍掉一只手。或者，更简单一点，我的皮肤细胞会脱落，记得吧？希望我不用向你演示，"坐上驾驶座的感觉真不错，"但我**不能**分割心灵；与身体

确定唯一性

17 世纪德国哲学家戈特弗里德·莱布尼茨提出了"同一律"：两物同一（也就是说，两者其实就是同一个东西），则性质必同。

同一律一直被用来主张存在不同于身体的心灵——换句话说，心灵**存在**。笛卡儿写道："我能够清晰分明地认识到一者与另一者是分离的，这个事实就足以让我确信两者是分开的。"

笛卡儿解释道："心灵与身体有一点重大差异：身体究其本质总是可分的，而心灵完全不可分……当我考察心灵时……我从自己身上分不出任何部件……但如果一只脚、一条胳膊或其他部位与身体分离，我知道我的心灵没有任何损失。"

不同，心灵是不可分的。"

"至于'可知性'，"我停顿了片刻，"感知自己的身体要借助感官——比如看我的手。但我只要闭上眼睛就可以知道我的心灵——直接就能知道。因为身体存在于三维空间，而且是可分的，心灵则**不是**，而且我对我的心灵的认识，要比对我的任何一个身体部位的认识都更加确定，所以大脑和心灵并不像你似乎主张的那样是一回事。如果它们具有不同的性质，那它们必然是不同的事物。"

老爷爷点着头，仿佛既感到骄傲，又感到在意料之中。"我想让你见一个人。他来自古希腊。"

一名男子走了进来，长得和我想象中的古希腊人一个样。他甚至满身尘土，好像是穿过那些泥土地上的宏大建筑而来似的。

就在这时，我们看到外面有闪电划过。老爷爷问古希腊男子知不知道那是什么。男子答道："是宙斯发怒了，他投下了闪电。"

老爷爷转向我说："事实上，闪电是云团之间电位差造成的放电现象。**看起来**好像不是这样，但其实就是这样。"

他又问希腊男子："现在天上落下的是什么？"

"水。"

机器中的幽灵

现代哲学家吉尔伯特·赖尔将二元论称为"机器中的幽灵的教条"。

站在牛津大学的庭院中看着书店、教室和宿舍，赖尔问出了一个机智的问题："大学在哪里？"他想说明，大学不是在这些建筑物之上和之外的某个非物理"事物"。这个问题犯了"范畴错误"。这些东西加起来就是大学。同理，说存在身体，存在大脑，**另外还**存在心灵也是错的，就像说"有一只左手套，有一只右手套，**另外还**有一双手套"是错的一样。

老爷爷像学者似的答道："是 H-2-O。天上落下来的是 H_2O。"

他朝我笑笑，显然是准备好阐发论点了。"你称为心灵的这个东西**就是**大脑，正如水就是 H_2O，它们并无分别，'心灵'只是'大脑'的别名。你看云。你要是说云里有额外的水，那就错了。云**就是水**——凝结的水。云外无水，水外无云。'我有心灵，还有大脑'是错误的说法，就像'看那片云彩**和**水'或者'看那水和 H_2O'一样是错的。"

"你的'心灵不可分'论证一上来就假定心灵存在。如果心灵不存在，那它也就不可能是不可分的。正如你床底下如果不存在隐形的火星小人，他们也就不可能是红色的。

"只因为某个人感觉两个东西不一样，并不意味着它们就是独特的、不同的东西。问题主要出在感知者身上，而不是被感知的物。我对某物的感知不是**该物**的性质。"

我真的如堕五里雾中了。他不仅说我没有恒常的自我，现在又

意图谬误（Intentional Fallacy）：一个人表现得好像他关于某物的信念就是该物的真实属性一样。例如：

1. 俄狄浦斯想娶伊俄卡斯忒。

2. 俄狄浦斯不想娶自己的母亲。

3. **因此**，伊俄卡斯忒不是俄狄浦斯的母亲。

尽管命题（1）和（2）是真的，但（3）不是。（俄狄浦斯是希腊神话中的人物，他在不知情的情况下娶了自己的母亲伊俄卡斯忒。）俄狄浦斯对于她的信念并不是她的真实属性。运用莱布尼茨的定律来证明灵魂存在的论证中常犯意图谬误：你认为自己对心灵的认识胜过对大脑的认识，仅凭这个不足以说明心灵和大脑是不同的东西。

开始让我相信我没有灵魂,没有心灵,我就像石头、猴子、电脑一样是纯粹的物质存在。

他开始对我的"灵魂理论"放起连珠炮。"伊安,你告诉我,你的这个心灵到底是从哪里来的?在我们从猿类进化成人的过程中,难道心灵或者灵魂是无中生有,一下子蹦出来的吗?如果是的话,无中怎么能生有?还是说,你认为灵长动物、犬类、单细胞生物也有灵魂?还有,这个非物质的东西寄寓在人体的何处?你如何能包含非物质的东西?你的观点太复杂了,远远超出了必要的程度。"

他不仅反驳了我的全部主张,而且似乎反驳的论证也越来越多。

在一个梦的范围内,我被**我自己**说服了——或者,或许应该说,我**被我的大脑**说服了——认为我不过如此:一个物质的东西。

这时,他把一只手搭在我的肩上,我感到那是一只大手,但也有些许安心。"伊安,你真的是理想人选,"他的语气变得和之前不同了,"等我们把这些讨论都讲给杰克,将大大影响其他人的生活,以及他们看待周遭世界的方式。"

我盯着他,好像要看穿他。"杰克?你在说什么?谁是杰克?

什么理想人选？我是什么的理想人选？"

我躁动了起来，字面意义上的躁动。我醒了。我坐起身来，对着镜子里的自己看了五分钟。我把自己当成一个物去看，就像背景里桌子上的电脑一样。令人压抑。我告诉自己，我拥有自己的灵魂或者说心灵，那让我更加特别。我只管相信这一点，好让心里好受些。我当然觉得我一定是独一无二的，不同于其他所有的生物、所有的物体。但这不是一条很令人满意的理由。

这时，楼下传来了日常的叫早声。

伊安揉着眼睛走进厨房。

"伊安，"妈妈小心翼翼地说，"伊安，你怎么了？又没睡好吗？你感觉还好吗？"

他摇了摇头，明显感觉不好。他感觉他不是自己了。他瘫坐在早餐桌旁自己的椅子里。爸爸跟他打招呼："儿子，你愿意跟我们分享你的梦吗？"伊安点头，从头到尾回顾了一遍。他复述了整个梦，包括每一件怪事，每一次令人沮丧的讨论。他分享了自己的结论：他没有灵魂，没有心灵，没有什么能在时间流逝中标定他是同一个人。在他讲述的时候，爸爸往几片吐司上抹了黄油，把装着吐司的盘子和一杯果汁推到他眼前。伊安说完后立刻吃了起来，好像真的一整晚都去探险了一样。

伊安的妈妈从他狼吞虎咽的样子看出他说累了，正在歇气，于

从梦得来的知识

两位著名的精神病学家，西格蒙德·弗洛伊德和卡尔·荣格，认为人们可以从梦中获得关于自己的重要知识。

"梦是一扇隐藏在灵魂最深处、最隐秘的小门。"

——荣格

"解梦是了解心灵无意识活动的正道。"

——弗洛伊德

是试图安抚他。"儿子，你梦里的那个人真是给你出了一些难题。你刚出生那会儿就不爱哭，而是好奇地打量整个房间，打那时起我就知道，你对身边的世界有种特殊的兴趣，独到的视角。"伊安开始露出尴尬局促的表情。"你知道，梦往往是人们深入内心的途径，让他们能更诚实地看待自己的烦恼和真正关心的事。我对你刚做的这个梦有几点评论，如果你想听的话。"

"我想听，妈妈。这个人好像把我本来很确定的一些事搞得不确定了。**我是伊安·平克**。这看起来很简单。**我一直是伊安·平克，我明天还会是伊安·平克**——希望还是吧。他让我觉得我是疯了才会这样说。"

"你没有疯。你只是在尽力思考一些重大的心理学和哲学议题。这可能会让你觉得自己发疯了，但我猜一旦想通了，你就能更好地认识到自己到底是谁。你已经迈出了一大步：提出正确的问题。

"那么首先，我对你提到的'旅行者号'木筏很好奇。"

"是**他**提到的！那个人。"

"对，就是那艘船。所有部件都被逐一换掉以后，你需要给它换个名字吗？要在哪一刻换？如果你把一样东西的 99% 都换掉了，那么，可以因为剩下的 1% 而认为它是同一个东西吗？这么说吧，这 1% 难道就是那个东西，是它的核心？不太可能。那么，保持同一性的重点是什么呢？"

> "他看到 [河] 水……总是同样的，但每一刻又都是新的。"
>
> ——出自赫尔曼·黑塞，《悉达多》

> "你不能两次踏进同一条河流。"
>
> ——赫拉克利特，公元前 500 年

伊安本来就歪着头，现在眉毛也抬起来了。

妈妈接着说："许多人相信，连贯性能保证事物在时间流逝中的同一性。比方说，从长时段来看，一条河没有任何东西是原样的——水会变；随着侵蚀沿岸陆地，河道也会变；它可能会干涸，若干年后又被新水源注满。但它还是同一条河。同理，你一贯是伊安·平克，从我见到你的第一天开始。你又没有在五岁时被摧毁，然后过几年又回来了。"

"是啊，儿子。我插一句，我小时候最喜欢的乐队之一经历了许多变动。从第一张专辑到最后一张专辑，成员已经换了个遍——每张专辑换一个人。但有某种东西一直在，是一种本质吧，我想。

"再看这个水结成的冰块。如果它在桌子上再放一个小时，每一个你感知到的性质都会变化：外观变了，手感变了，口感变了，音色变了，就连气味都变了。我们不会认为它变成别的水了。它的本质还在。"

妈妈接回话来："我还在琢磨

同一支乐团？

青少年拉丁乐团"美努多乐团"（Menudo）的成员进进出出——成员年满 16 岁就必须退团——但"本质"不变。自成立以来，乐团迎来又送走了 30 多名音乐人。

船的事。我们先不讲船了，想象一座教堂吧。你和船的确不太像。"

伊安开心地点头。

"想象我们的小教堂——圣殿——被烧毁后重建了。可以吗？原来的教堂是木头建的，现在改用砖块建了。它还是同一座教堂，对吧？还是我们的老圣殿，好圣殿。"伊安欣然点头。

她接着说："假设接着来了一辆大卡车，把教堂搬到了城里的另一个地方。只是把重建的教堂做了整体迁移，离原址就隔着几条街。"她暂停了一下，给父子俩留出想象的时间，说，"它还是同一座教堂。"

"最后，假设百年之后，教区的每一个居民都过世了，整个教区都是新人，牧师等人也都变了，那它还是同一座教堂吗？我们真的需要给它改名吗？"

伊安激动地加入了谈话："没错，它还**是**同一座教堂。它可以随着时间改变，但仍然是同一的。"

"我同意，宝贝，我觉得大多数人也都同意。哪怕它**没有一点**是一样的了，但它就是保持着连贯性。一种本质，某种非物质的、形而上的东西。"

爸爸接过话头说："你知道吗，部分问题在于我们使用的语言。按照那个人给'同一'下的歪曲定义，**没有任何事物**是同一的。但这太荒谬了。用那个定义的

"同一块"蜡

笛卡儿在"蜂蜡的例子"中解释说，他不是通过感官，而是通过智力去认识蜡块的。蜡块熔化后失去了固态下的一切**可感知**的性质。因此，蜂蜡的本质是由理性，而非感官被我们知晓的。

这个例子辩护的立场是：事物可能具有非物质的、只能通过理性认识的本质。笛卡儿写道，要认识蜂蜡真正的形态，"我的感知力至少必须有人的心灵。"

话，我们家不是我们的，我每天上班开的也不是同一辆车。这个用法太蠢了，没有意义。"

伊安点头。

"除此之外，我们生活在一个科学为王的时代。科学说什么就是什么。但科学没有一套针对精神和非物质的语言，当然也没有针对心灵和灵魂的。科学不允许我们谈论它。这一点我们之后可能会谈到。"

这些似乎对伊安有所安慰。"但心灵如何影响身体呢？非物理存在怎么做得到呢？还记得'鬼魂'的事吗？"

妈妈答道："那个问题确实不太好办。我看鬼片的时候就有过这类疑问。我光顾着疑问了，从来没被鬼片吓到过。直到我读了一些前沿实验报告，思考了一些现实案例。"伊安眼睛亮了起来。"我的研究领域内有一些作者提出，'看'其实是一个双向的过程。这种假设或许能解释我们常有的被盯着看的感觉。这就是非物质——有人盯着你看——影响物质的一个例子。"

灵魂与心灵的科学？

托马斯·内格尔有言，"我相信物理学只是认知方式的一种。"他提出，依靠物理学来解释非物质的心灵"在智识上是落后的，在科学上是自杀"。

高等研究院的物理学家弗里曼·戴森认为，非物质的心理现象有可能存在，而且如果存在的话，它们会"流转不定，稍纵即逝，无法被笨拙的科学工具把握"。

日本伊势神宫是最重要的神道教神社之一。原则上神宫每过20年就要拆除重建。2013年修建的是第62座。

形而上学（metaphysics）

meta 是"超出"的意思，physics 是"物理事物"的意思。

metaphysics 一词源于希腊语"meta ta physika"，即"自然界事物之后"。亚里士多德将《物理学》之后的著作取名为《形而上学》。

形而上学讨论的问题包括时间、数、心灵、灵魂、精神、神、自由意志。

她笑了笑，继续说道："我还见过一位催眠师，他把一枚室温硬币放到别人的胳膊上，然后只是暗示硬币很热，皮肤就真的被烫出水疱了。这或许是非物质现象能够且**确实**会影响物质世界的一个实例。我们在这方面的认识可能并不够透彻。"她说完后画了一张表：

非物质	→	物质
看见	→	感到有人盯着自己
催眠	→	烫痕
心灵	→	大脑活动！

心灵的学问

psychology（心理学）一词源于希腊语单词 psyche（意为"灵魂"）和 logos（意为"学问"）。按照现在的用法，这个词指的是研究心灵的学问。

伸出去的心灵

公元前 1 世纪的科学家卢克莱修曾问，看的过程是有外物进入眼睛呢，还是眼睛与外物产生某种纠缠呢？

鲁伯特·谢尔德雷克（Rupert Sheldrake）写过一篇关于"感到有人盯着自己看"这一现象的实验综述，其中写道："我们的心灵会伸出去触碰我们看到的一切。"

"儿子，我觉得最有意思的一点是，"爸爸又插嘴了，"你——或者那个人——认为电脑真的会做数学题、会运用语言。这两种活动似乎不仅需要行为本身，也需要你知道自己在做数学题、在运用语言。比方说，虽然电脑可以做除法，但它似乎不可能给出独特的数学证明。事实上，是目前还做不到。只有人类可以进行这种思考。我还有一点觉得好奇：你真的认为人机对话与人际对话可以相提并论吗？"

"看起来是的，"伊安答道，"有什么大区别吗？"

"设想有一名不懂中文的男子站在一间屋子里。屋内装满了说明如何用中文恰当地回答中文问题的书。大家可以走进屋子，给男子一个用中文写的问题，然后收到一个用中文写的答复。说白了，男子只是拿到一张写着不明符号的纸，然后在一本书里找到这些符号，把对应答案的符号——同样意义不明——写到另一张纸上交回去。干了很多年以后，男子已经轻车熟路：收到符号，在某本书上找到对应答案的符号，然后交回去。各地都有说中文的人来问他问题。但要是说男子，或者说这间屋子真懂中文，那就太奇怪了，对吧？男子似乎只是精通句法，知道如何将符号正确地拼起来，但他不懂语义，不懂这些符号实际是什么意思。然而，我们运用语言时关心的不正是意思吗？"

"爸爸，我同意。但我不清楚这跟我的梦有什么关系。"

"是这样的，你梦里的老爷爷说，由于电脑可以使用语言，而且电脑纯粹是物理存在，所以语言行为似乎仅仅是一个物理过程。但我的例子表明，电脑使用语言的方式并不是对我们而言重要的那种方式。电脑当然并不**懂得**语言。"

伊安肯定地点了点头。

爸爸总结道："我们了解到语言是主观的，需要心灵，那么同理，看见颜色，甚至仅仅处于某种有意识的状态也是一样。你知道的，就算一位盲女拥有色觉的博士学位，她仍然缺失了看见红色这个

电脑真的能思考吗？

"人工智能"（AI）假定了机器可以**思考**的理论。

哲学家约翰·塞尔（John Searle）用"中文屋论证"来反驳人工智能。他解释称，电脑并不知道数字"6"代表6这个数，也不知道加号代表加法运算。计算器什么都不懂，我们用计算器是因为它们算得快，而且比人算更准确，"不必消耗任何脑力"。

过程中或许最重要的一个方面。"爸爸摇头晃脑，几乎有点神经质，"她缺失的是看见红色时的感受。"

伊安目不转睛地盯着爸爸，简直要看穿他似的。"'研究红色的博士'的例子是你编的吧，爸爸？你从哪里知道的？"

爸爸不好意思地点点头："对，差不多是我编的。只是觉得有助于突出重点。"

伊安点头，好像暂且接受了爸爸的说法。"那我是对的，"伊安回应道，"至少在这一点上。语言不能分解成物质的东西。"

"但我好奇，如果我有心灵的话，它会在哪里呢？这是老爷爷最后提出的一大堆问题中的一个。我的身体要怎么容纳心灵？它会在哪里？"

"它为什么非要**在**某个地方呢？我们来看一个类似的例子。你知道每一个物体都有**重心**——代表物体重量汇聚之处的一个点。人体的重心在腹部周围，就在肚脐的后侧下方。所以你的足球队教练才特别重视训练仰卧起坐。但你不能在某个地方**找到**你的重心。你不能把它取出来。

"再看这把椅子。它的重心甚至不在它的物理组成部分中，而是在这里，"他指向四条腿之间的空

电脑也有无计可施的时候

1630 年，法国数学家皮埃尔·德·费马提出了一个 350 年没有人解开的谜题，人称"费马大定理"，目标是找到下列等式中的"n"：

$$x^n + y^n = z^n \ (n > 2)$$

尽管电脑可以把数字代入 n 一个个算（最后算到了 n=4 000 000），但定理直到 1993 年才有了完整的证明，是人类数学家安德鲁·怀尔斯用一篇 150 页的证明解决的。

"电脑是无用的东西。它们只能给出答案。"

——毕加索

当，"在这片空当里。要是仅仅因为你不能在某个地方**找到**重心并把它取出来，便认为椅子没有重心，就是说傻话了。而且即便你算出了重心的位置，它也不**在**那里，和你的胃在哪里不是一回事。它甚至不是离你算出来的重心位置最近的某一个原子。它的存在只是因为人发明了它，而且给它找到了用场。"

"'自我'或者'心灵'可能就是这样，是一种描述我们经验的有效方式，是一种人为建构出来的好用的东西。"伊安说。

"不过，只在理论上为真的灵魂或心灵，意义不太大。"

父亲耸耸肩，点了点头，仿佛很遗憾自己举的例子推导出了这样的结果。"但它仍然是真的啊，在某种意义上。"他总结道。

"是啊，聊胜于无，"伊安答道，"那么，如果心灵是真实的，它怎么会存在呢？我的意思是，什么东西让心灵成为心灵？似乎确实有某种在我们物质的自我之上、之外的东西。"

妈妈笑了笑。"你大致可以说，心灵从身体中'涌现'（emerge）。就好比你们球队里没有**哪一个**选手**是**球队，聚在一起才有了**球队**。

"同样的道理，没有一个水分子是'湿'的。还有你听的那些CD——盘面上只包含 1 和 0 而已，但 1 和 0 合起来就产生了你听的音乐。没有哪一个 0 或 1 是音乐。你也没有哪一个细胞是意识，或者是心灵。水涌现自水分子，音乐涌现自 0 和 1，你的灵魂涌现自你的每一个细胞。"

伊安现在露出了大大的微笑，肯定地点着头。

"要是你们能在梦里跟那个人讲就好了。他讲话时看起来特别聪明，好像有魔法似的。我只能呆坐着同意他的主张：**你什么都不知道，你无法保持同一性，你只不过是物理的存在。**希望他今晚别来找我了。我想不出他还会给我看什么。"

他的父母侧过头对视，扬起眉毛，好像在说：**你还不知道吧，孩子。你的旅程才刚刚开始。睁大双眼，你会发现问题常常比答案更多。只要你允许问题激发自己的好奇心，而不阻碍它，那将让你更加丰富。而且你会发现，答案只会引出更多的问题。**他们的一个眼神透露出千言万语。

妈妈拥抱了他。"伊安，你真的是理想人选。一旦我们把这些都讲给杰克，肯定能大大影响其他人的生活，以及他们看待周遭世界的方式。"

伊安不解地看着他们，像要看

灵魂的重量？

为了证明灵魂存在，邓肯·麦克杜格尔（Duncan Macdougall）医生将六名患者放在一台超精密的天平上检查，查看他们死去时（以及呼出最后一口气之后）的体重变化。每名患者的体重变化都是正正好好的四分之三盎司（约合 21 克）。1907 年，他在《美国药学》杂志撰文得出的结论是，这就是人类灵魂的重量。他之后又对狗进行了一次后续研究，发现狗死后没有重量变化，于是得出狗没有灵魂的结论。然而，他的结论并未得到广泛认可。

灵魂自身体"涌现"

"涌现"这一概念最早是由约翰·斯图尔特·密尔于 1843 年提出的，与主张整体大于部分之和的"整体论"（holism）有关。

穿他们。"杰克？等等，你怎么知道他的？他是谁？他是什么？这是怎么回事？"

妈妈看向爸爸，好像说了什么不该说的话——确实如此。"没什么，宝贝。你不是要去找杰夫吗？你得赶快了。你爸和我还有事要做。忘了我提过杰克这事吧。我走神了。"

名字里有什么？

（为保护相关者的"身份"，本节略去了他们的姓名。）

讨论了这么多，我真觉得今天已经受够了。我甚至有一点头疼——不过是好的那种疼，就像踢完足球以后身体的感觉。我沿着小楼梯上去，来到大门口。我一直觉得我们家要上楼才能出门怪怪的。好像外面的世界全在楼上一样。

我还在想，杰夫从来不进我家门，这多奇怪啊。他从来没到过我家里。亚历克西斯也不来。我们总是在别的地方见面，要么就是他们在门外等我。

杰夫蹦蹦跳跳地从小路过来了。"嗨，伊安。你想不想再发明一个游戏？"他知道我几乎总会说愿意。目前为止，我们已经发明了 17 款属于我们的游戏了。

"不了，其实我想去看看那个我们一直好奇的地方，就是在镇子边上的那个。"

"你指的是，'吾人'（We The People）？"

"对。你还没去过吧？"我希望他没去过。

"没去过。我都不知道它在哪里。你真想去？"

"想啊。我觉得应该挺有意思的，特别是因为我最近一直在思考的一些事。"

杰夫信任地点了点头。我俩之间好像有一份契约，只要一方提出新玩法，对方就一定要答应。

我们来到了之前经过很多次的楼前。它外表看起来就是一座普通的房子。门上挂着一个好似黄金制成的大招牌，上书"吾'人'"。我之前从未注意到"人"字两边有引号。门上有一个小牌子，写着"请进"。我们进去了。柜台后面坐着一名衣冠楚楚的男子，柜台看起来就像是我小时候——好吧，我更小的时候——去过的诊所柜台。

"你们好，"他朝我们友好地打招呼，"请问需要什么服务？要参观吗？"

杰夫看向我。"参观，好啊。我们要参观。"我说。

"好的，请跟我来。我是 A 医生。"

"我叫伊安。"我小声说。

"我叫杰夫。"杰夫说。

医生朝我们点点头，然后穿过一扇门，门后是一条长长的走廊，走廊上还有其他医生。他似乎很高兴我们有名字。

我们在左手边第一扇门前停下。医生转身对我们说："吾'人'有两项使命。其一，确定人的构成——哪些生物是人，哪些不是。此处的'人'（person）是一个伦理术语，不同于规范性的、描述性的'人身'（human being）。人身很简单，就是具有人类 DNA 的生物。我们说的是'人格'（personhood），这就困难多了。确定谁具有人格，这对确定谁应该拥有权利是非常重要的。"

"其二，我们要搞清楚，在时间流逝中保持同一性到底是怎么一回事——你和**以前**是同一个人意味着什么，以及你怎样才可能放弃那种同一性。"

杰夫与我面面相觑。杰夫一半是好奇，一半是"这能难到哪里去"的表情。

"来看看我们的第一个研究案例，B。"我们走进房间，那儿看起来就是普通的小孩卧室，有一张床、一张摆着钢笔和纸张的书桌、一个固定在墙上的篮筐。桌面上坐着一只背对我们的黑猩猩。"你觉得**那是**人？"杰夫问道，"或者说，**有可能是**人？"

猩猩转了过来。"哎呀，你好，A 医生。近来可好？"话说得标准极了。没有一点口音——除了我们这里的口音。

"你好呀，B。我挺好的，你呢？"

"还不错，"猩猩转身坐到了书桌前的椅子上，还盘着腿，"老样子。你带这两个孩子参观呢？"

"是啊。伊安和杰夫，对吧？"医生向我们确认道。

我们点了点头。我朝猩猩紧张地笑了笑。

"你们好呀，孩子们。好好转。很高兴见到你们。"猩猩说着，露出了大大的笑容。

医生拍拍我们的背，带我们走出了房间。出门时，我听见猩猩小声对医生说："肯定是人，没错吧？"医生点头。

"大多数情况下很容易区分人与非人，"出去后，医生宣称，

"我是人，你们看起来也是人，但还需要进一步观察。多年前，我们率先推出了'试管婴儿'技术，在实验室内将一名男子的精子与一名女子的卵子结合，从而造出了一个人。这项技术现在已经被广泛接受——有些夫妇只有这样才能拥有自己的孩子。而在当年，有人批判我们'扮演神'，还有人说我们创造的生物不是自然的人。好像只要做了自然里不会发生的事情就是'扮演神'，因此就是'错'的一样。"

他自顾自地笑了起来。"扮演神，"他咧开了嘴，"这个说法真有点傻。难道不正是神赋予了人类非凡的智能吗？"我们点头，这听起来很有道理。

他接着说："这些批评者说，'不要干预自然'，转头就吃起温室里种出来、喷了杀虫剂的食物，他们服用阿司匹林，让医生给他们打针，做心脏外科手术，等等。他们说人不应该赋予和剥夺生命，但他们享用着太多能延长生命的东西了，这让他们活得比'自然'状态下久得多，不管自然状态指的是什么。他们使用避孕术——节育——为了神[1]，原谅我的双关。"他咧嘴一笑。"他们用牙医给的含氟牙膏刷牙，然后**他们**又说**我们**在扮演神，因为我们做了本来不会发生的事。'牙不错'，我总是对他们说，"他摇着头说，"他们从来没懂过。"

我们走近了走廊里下一个房间。我并不奇怪没人听懂"牙不错"的言外之意，虽然他所言确实有理。

打开下一扇房门前，我提起了自己上次跟老爷爷见面时产生的一些想法。"我有一个建议，作为确定个人同一性的标准，你知道

---

[1] 原文为 for God's sake。字面意思是"为了神好"，日常俗语中相当于"我的天哪"。——译者注

少年伊安的哲学冒险

是什么吗？**指纹**，每个人独有的指纹。**那**就是辨别一个人随着时间推移是不是同一个人的一种方法。没有两个人的指纹是相同的。"

"那你肯定会喜欢这个房间。"我们的向导答道。他打开了一扇房门，里面看起来和前一个房间一模一样，只不过有三张床。每张床上各有一名正在看书的小女孩，她们长得都一样。我以为她们是三胞胎。

医生转向我们说："是克隆人。"

杰夫和我茫然地看着对方。"你是说三胞胎？"杰夫说。

"不，这是克隆人，是用同样的 DNA 造出来的。她们 DNA 一样，指纹也一样。"他咧嘴笑道，"你们好，C，D，还有 E。"

"你们好。"她们异口同声地答道。我留意了她们在看什么书。一本是音乐杂志，一本是教科书，一本是诗集。

"她们看的书怎么不一样？"我问。

"因为她们的喜好不一样，"医生答道，"有的人认为克隆人不是真的人，他们以为克隆人会和 DNA 原主一模一样。但他们忘记了环境会作用于人，会让人发展出自己的个性。我承认，最初的 200 次克隆人尝试结果很糟糕，他们患有许多生理和心理的并发症。人们还担心，我们创造克隆人的出发点就是错的。

"但我们觉得，重要的是用知识**做什么**，"他接着像念台词似的说，"而不是知识本身。如果为了奴役或单纯的研究目的而创造克隆人，那是坏事。否则的话，克隆人就是和我——应该还有你——一样的人。"

杰夫提议道："就像那个车尾贴说的，'杀人的不是枪，是人'。枪不坏，但人们有时会用枪做坏事。"医生点点头。杰夫又说：

"不过我总爱说，'杀人的不是枪，是**子弹**'。"医生不为所动，但我觉得挺好笑的。

我们看着女孩微笑。知道她们是克隆人以后，我看她们的眼神肯定都变了。她们也朝我们微笑。两个人招招手，一个人点头致意。我们与她们道了别。

医生点头示意我们去下一个房间。进屋后，我们看见了一个极为像人的家伙。那是一位在用打字机打字的老人。"你好，F。"医生说。"你好，A 医生。"

"这怎么可能不是人呢？"杰夫问医生。

"F 是一个康复中的脑死亡患者。他一年前溺水，大脑由于缺氧而坏死。医生让他的心脏继续跳动，让其他机能都恢复了正常。我们的一些工程师把他带走，花了六个月调整他的大脑，将导线和导体嵌入合适的位置。这么说吧，他的大脑活动主要由电力驱动，适时激发各种离子和电梯度。就这样，工程师把他的大脑装满电线，模拟真实的大脑。全电动。他上床时必须给头插上电。"

"都挺好？"A 医生问道。

"好，都好，谢谢你，"F 答道，"你也好？"

"好，都好。"

我们离开时，杰夫问："为什么那不算人？"

"有人主张，一个身体行动和大脑机能由人造电力维持的生物不是人。"医生答道。

"感觉没道理。"杰夫表示。

医生耸了耸肩，打开了下一扇门。

"你好，G，过得怎么样？"

那人正在清理自己的指甲，抬头答道："哦，不坏。你呢？"

"挺好的。老样子，你明白？"

"嗯，了解。最近忙什么呢？"

"没忙啥。你呢？"

"嗯，没什么新鲜事，瞎晃呗。"

"不错呀。"

"嗯。谢谢你来看我。"

"当然要来。跟你见面挺好的。"

"嗯，彼此彼此。回头再聊。"

我们很快离开了房间。

"那个是什么？"我问。

"那个，"医生答道，"是我们的机器人。我们最先进的机器人。他眼睛里真有泪腺。我们还训练他与人对话。我觉得他'对话'能力不错，你们说呢？"他说"对话"时双手比了个引号。我们点头。

"不过你们知道我是什么意思，"他接着说，"那种对话是你每天 20 次面对无话可聊之人的没话找话。是唠叨版的'你好'。"我们尴尬地笑了笑。"或者是加长版的'再见'。"他说。

"很多人不把机器人当人。但你们也看到了，G 当然是有自我意识的，你也分辨不出他和其他人。我们基本就是造了台电脑，但赋予了他行动能力，还让他能够通过摄像头获取外界信息。接着，我们给他编了吸取教训和自我纠错的程序。就像人类一样。这是人类花了数百万年才进化出来的，他也要花一点时间。当然，我们还得给他加上皮肤。人是很人类中心主义的，对同物种有执念。所以，如果他样子像人，举止像人，那他肯定就是人。当然，他还得有名字。"他又点起了头，自信的那种。

他停下点头，去开下一扇门。我们走进这个房间，床上有人在睡觉。他的脸看起来怪怪的，因为上面有许多小疤痕。他的双手也有同样的痕迹。他看起来倒是很平静，只是躺在那里。

医生发现我们对这个人感兴趣，于是小声说："这是 H。他其实是很多人拼起来的，他的身体来自 311 个不同的人的身体。当一个人死去，我们就从他身上取下一个部位并保持其活性。然后我们把这些部件组合成一个新的身体，他就是成果。他有 I 的心脏，J 的肺，K 的手指，左脑来自 L，右脑来自 M，脑干来自 N。他可谓集众人之大成。问题在于，这个新的产物是一个人吗？如果是的话，他是**谁**？我们很少把他给人看，但你们看起来值得信任。我们往下走吧。"

我俩目瞪口呆。我很庆幸这个家伙睡着了。

"这是最后一个房间。它有一点不一样，因为我们需要用到特殊装置。"

这个房间看起来和前面的一样，只是有两个高高的金属圆筒，中间连着导线和管道。一名男子站在一个筒中。他看见我们时说了声"你们好"，又微笑着朝医生点点头。这时，圆筒上的玻璃板合上了，医生翻开一个开关盖，拨动开关。巨大的嗡鸣声让我们略吃一惊，然后男子就不见了。杰夫和我看呆了。

"升华了，"医生顶着嗡鸣声大喊道，"你们肯定熟悉爱因斯坦的 '$E=mc^2$' 吧。能量与质量存在比例关系，所以我们刚刚把那个人的质量转化成了能量。很多人主张，人保持同一性的关键在于身体的连贯性，认为虽然人会随着时间变化，但他们不会消失再重现。好吧，我们刚刚挑战了这种看法。"

我们看向另一个圆筒。男子在那里重现了，看起来和几秒钟前消失在另一个圆筒里的人一模一样。"你们好。"他用同样的声音说道。医生对他笑了笑，竖起大拇指表示赞许。"问题是：他现在还和片刻之前的是**同一个人**吗？"我们离开房间，从走廊走进一个类似候诊室的地方。

医生转向我们说："希望你们喜欢这次参观。你们看到了，确定人格与同一性挺难的，尤其是掺杂了复杂的技术因素。这个领域正变得越来越重要。人人都认为'人'应该具有某些权利，比如生命权。因此，很有必要考察克隆技术、人工智能、动物权和人权——包括生命起点的胚胎和生命终点的濒死者——甚至可能存在的外星人。

"如果我来自另一个星系，你会赋予我何种权利？"他问完后顿了一下，露出一个近乎诡异的微笑，"如果我和其他人类的区别只是我没有人类的 DNA，我的道德地位会因此而改变吗？"

"如果我是老鼠和人的混合体呢？你们会如何对待我？我们目前正在研究这项技术，就在我们说话这会儿。"他说着，向一扇关着的门抬头示意。

我们若有所思地点了点头。我思考着这些问题。他站在那里，好像是很认真地在发问。我耸了耸肩，摇了摇头，比平常摇头的时间更长。杰夫也一样。

他笑着与我们握手。我们从楼里出去时怀着与来时不同的另一种激动。我有点吃不消：**身份（同一性）**与**人格**这样的东西竟然会如此复杂，又如此重要。我看向杰夫。他在点头，似乎在这一点上完全赞同我。我知道我们接下来肯定会讨论上好几个小时。

阅读讨论题

1. 你是否感觉有不止一个"自我"？面试或上课时的你是否不同于与朋友相处时的你？这是否会影响你的身份认同？这是否意味着你有时不"真实"或者"不忠于自我"？自我的本质是什么？哪些因素可能会影响你认识真正的自我？

2. 整形手术与个体同一性有关吗？整形会通过何种方式改变人的同一性？

3. 如果我们确实有心灵，它的功能是什么？心灵与大脑、与灵魂有何不同？如果心灵只是一个辅助解释事物的概念，就像重心那样，那么它对你的重要性会降低吗？请回答并给出理由。

4. 如果人有灵魂，那么人是在怀孕过程中的什么时候获得了灵魂呢（比方说，亚里士多德认为是在胚胎受孕后 40 至 90 天）？人类又是在演化过程中的什么时候获得了灵魂呢？

5. 如果你不记得自己之前的经历，你还是你吗？如果你不能为将来做计划呢？研究者相信在不远的未来能抹除人的记忆，创造新的记忆。你想要这样吗？如果想，有多想？你的身份会因此而改变吗？

6. 如果我们纯粹用行为来定义"心理状态"，那么电脑能有心理状态吗？比方说，如果疼痛只是对机体受到损害做出的反应，那么电脑能感受到疼痛吗？

7. 爱这样的事物真的可以还原为大脑、化学物质、演化等物理事物吗？如果可以，你对爱的观念是否会有变化？

8. 如果我们没有灵魂，死后生活还有可能吗？

9. 其他有机体有灵魂吗？大猩猩有吗？狗有吗？蚂蚁有吗？细胞有吗？

10. 电脑具有意识的必要条件是什么？电脑可以发出讽刺吗？电脑有没有可能反抗人类？人工智能是否会带来伦理问题，比如军用机器人，或者用电脑干坏事的黑客？

11. 如果我们发展出了将自己的意识整体传入电脑并保存副本的能力，你会对此感兴趣吗？你认为这是在延续生命吗？

12. 你判断何为人的标准是什么？一个人被传送后与传送前是同一个人吗？"名字里有什么"一节中的哪些存在物是人（或者应该具有道德权利）：

    a. 会说话的黑猩猩

    b. 克隆人

c. 大脑为机电装置的人

d. 人形机器人

e. 用 317 个人的部件组装起来的人

f. 人形外星人

g. 鼠人（老鼠与人的结合体）

13. 在"名字里有什么"一节中，医生提到了"扮演神"。哪些事属于扮演神？任何科学进步都是？节育？克隆？低温人体保存技术？"扮演神"在何种意义上是坏事？

14. 你对他人对你的看法有一定认识，但他人对你的看法难免与你自己的设想不同，你对他人的看法也是如此。意识到这一点是否会改变你的人际交往方式？

15. 以下情况发生时，你的"自我"会怎样：

   → 你睡觉做梦时

   → 你被催眠或被麻醉时

   → 你患有多重人格障碍时

16. 你五岁、二十五岁、八十岁时都是同样的"自我"，这是什么意思？你与九个月大的胎儿是同一个自我吗？与三个月大的胎儿呢？与合子（zygote，即受精卵）呢？"你"可曾是一枚合子？

第 3 章

科学

> 无关哲学的科学是不存在的，只有未检查
> 其哲学行囊便匆匆上路的科学。
>
> ——丹尼尔·丹尼特，《达尔文的危险思想》

学生：教授，这题目和去年期末考试的一样。

爱因斯坦：没错，但今年的答案不一样了。

"你好，伊安……晚上好，伊安。"

我只是躺着，假装睡着了。但我确实睡着了，不是吗？我想我是在睡梦中装睡。我刚意识到这段思维过程，老爷爷就对我说："别装睡了，别装作看不见我。"

他怎么知道我在装？

"因为你正这样**想着**呢。"他答道。

但我什么也没说啊。他怎么知道我在想什么？

"我看见你跟爸爸妈妈讨论咱俩的谈话了。"

他在虚张声势。他又不是真人，不可能知道。

"一个人在房间里重组汉字。很讨巧。这则小故事就足以让你相信你确实拥有非物质的灵魂，或者说心灵了吗？"

他**是**真人。否则不可能知道这些事。"你想干什么？我们不是把问题都解决了吗？或者说，你还嫌我不够迷惑吗？我再也不要想这些问题了，它们在学校里派不上用场，更不会帮我找到工作。这一切有什么意义？"

"你思考事物真的只有这些理由吗？你想了解事物真的只是出于这个目的吗？好让别人给你评个'A'，或者让老板根据这张写满了愚蠢主观评判的单子来评判你？你信奉'无知是福'吗？那可是一

掌控你的梦

做"清醒梦"的人知道自己在做梦。这通常是因为梦里发生了不寻常的事，或者清醒时不可能发生的事。有心理学家认为，通过练习，人可以学会控制梦里发生的事情。

"人在梦中是天才。"

——黑泽明，电影导演

学生作业的水平

"水平……你知道它是什么，但其实你不知道……如果没有人知道它是什么，那么从实用角度来看，它就根本不存在。但从实用角度来看，它又确实存在，否则打分要依据什么打？"

——罗伯特·波西格，
《禅与摩托车维修艺术》

"无知不是福，而是浑浑噩噩。"

——菲利普·怀利（Philip Wylie）

个相当危险的理念：不想了解自我，不想了解'知道'意味着什么，不想了解科学课上教授的内容里有多少是基于**非客观**的推理。好吧。你安心睡吧。好好享受你在**实在的影子**中的时光吧。"

"等等。我的科学课怎么了？科学是唯一明确的东西。科学和数学，它们是我们真正确知的东西，没有主观成分。我的科学课试

实在的影子

柏拉图在"洞穴隐喻"中描绘了一群被锁住、住在地下的穴居人，他们只知道来自外界的光打在墙上形成的影子。要想了解实在，穴居人必须往上爬，克服外面刺眼的光明，从而成为受过教育的人。这样一来，他们就会了解实在——柏拉图将实在称为"理型"。但许多人选择留在洞穴中，享受虚假实在带来的阴凉舒适生活。

"教育"（education）的意思是"带领出去"。

"我看着墙上的影子，告诉他们我很好。"

——约翰·列侬

卷都是选择题——不是对就是错。"

"我知道。我看过你的试卷，看过你的课本，看过里面的用语，它们仿佛终于发现了万物**真正是什么**。从微小的粒子到宏大的星系。直到书出了新版，针对新的'真相'做出修订。那些课本很是讨巧。"

"你怎么能这么说？"

老爷爷自顾自地笑了起来，然后点点头，好像在说："早料到你会这样。"他俯身钻到书桌下，拖出来一堆厚厚的课本。有几本样子挺新，但大部分老旧过时，简直就是古董。他看着我，两只手搁在最顶上的一本书上。

"这是什么？"我问道，好像在进行某种谈话仪式。

"是我收集的科学课本。每一本都配有给当时的学生出的测验。我想你会感兴趣的。"

"为什么？我有自己的课本啊。"

"你看看这张试卷。这个八年级学生得了 A+，考得很好，完美的分数。"

我翻看着试卷，想看看它有多难。"老师漏判了。这个考生把地球放到了宇宙的中心。"

"你看看他的课本是怎么说的。"我照做了，结果发现和考生在试卷上画得一样。

"可那是错的啊。"我指出。

"你看这些。"他打开了最古老的一本，里面有一张当时最优秀的科学家的照片，亚里士多德。课本解释了亚里士多德是如何证明物体下落速度与重量成正比的。接着，我们又看到一本教材，里面讲伽利略证明亚里士多德错了，物体下落速度是恒定的。

一本化学教材解释了一种名为"燃素"的超自然事物，它被认为是某些反应的原因。多年后的另一本教材讲述了拉瓦锡发现氧气（我心想，氧气怎么会是谁**发现**的？），推翻了燃素说。

接下来是一本生物书，书中考察了生物是如何诞生的，但另一本讲了达尔文进化论，推翻了前面的理论。

还有一本教材展示了大科学家艾萨克·牛顿和他的物理学理论。但老爷爷摇着头给了我一本更新的教材，告诉我就连牛顿的一些理论也被爱因斯坦的相对论取代了。

"每本书都配有一份试卷……"老爷爷说道，好像很高兴自己这

当哲学成为科学

直到很晚近的时候，哲学都被包含在范围广大得多的学术研究之中。亚里士多德也是科学家，牛顿和达尔文都是自然哲学家。除了传统哲学问题以外，哲学家也会研究物理学、心理学、生物学、数学、天文学和许多其他学科。当哲学家在这些领域中找到答案后，这些思想就被送出了哲学领域。

伯特兰·罗素写道："任何一个主题，当它有可能获得确切的知识，它就不再是哲学，而会变成一门独立的科学。"

"我们不能将科学与真理画上等号。我们认为牛顿和爱因斯坦的理论都属于科学，但两者不可能都为真，而且很有可能都为假。"

——卡尔·波普尔，
20世纪科学哲学家

么快就动摇了我对科学的信念，"检验学生对每一种理论的记忆程度。"

这有一点恼人，也有一点让人泄气。我本来想说，**好吧，至少我们现在全搞清楚了——爱因斯坦怎么会错呢？**但那显然会正中他的下怀。当年读这些教材，或者做这些试卷的人中，没有一个明白其中的信息很可能是错的，那并**不是**事情的**真相**。然后，我们来到了今天。新的课本，新的科学家，新的设备，还有新的老师要我们记住科学家的理论。"但我们现在真的有了**普遍定律**啊。"我说。

"普遍？"他的回答里带着一点学究气，"你有没有为这句话困扰过：'绝不要说绝不。'"

我摇了摇头。我没有。但我能看出**他**可能的困扰之处，于是我说："因为你说这句话时说了'绝不'，但这句话让你不要说'绝不'。"

太阳系有多少颗行星？

500 年前：七颗——地球不被认为是行星，太阳和月亮被认为是行星。

1846 年：八颗——海王星被发现。

1930 年：九颗——冥王星被发现。

2007 年：八颗——冥王星不再被认为是行星。

未来：不知道。有天文学家猜测可能还有一颗行星。

"就是这样。"他点头道。"普遍定律，"他摇起头，"'永远'，这是一个很有力的词。它就像在说'永远绝不要说绝不'。"

"你一定要明白'普遍'与'真'的区别，"他教导道，"真的定律未必就是普遍的。一条定律在某些条件下成立，并不意味着它在**所有**条件下都成立。爱因斯坦推翻了牛顿的理论，不是因为牛顿定律不普遍，而是因为它们只是**大体**

为真。"

他接着换上了更轻松的语调："那么，你对影子了解多少？"

"应该只有基础知识吧。"

"好的。我们来总结两条关于影子的定律，可以吗？告诉我你是否认同它们：第一，影子不能穿过不透明的物体。"

他停了一下。

"这当然是真的，"我答道，"影子不能穿过墙或任何实心物体。"

"好。再看下一条：物体必须被光照到才能投下影子。"

"影子就是这么来的。这当然是真的。"

接着，他布置好了一套看起来像是"伊安陷阱"的装置，包括一只手电筒、一座雕像和一个橡胶球。他关上了所有的灯，屋内漆黑一片，然后他打开手电筒直射在雕像上。情形如下：

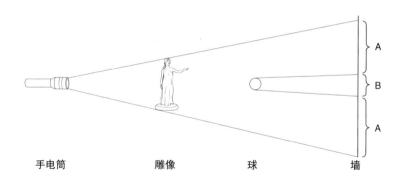

手电筒   雕像   球   墙

他走到墙边问我："用 A 表示的阴影是什么东西投下的？"

这个简单的问题会是陷阱吗？"雕像。我们用第二定律就知道了。"

"好，很好。现在请你告诉我，B 表示的阴影是什么东西投下的？"

"雕像，"我脱口而出，"我是说球。"两个答案都不符合我们的定律。老爷爷安静地坐着。我一边想一边说："按照第二定律，我认为是雕像。不可能是球，因为它完全在暗处，没有光照到它。但按照第一定律，也不能是雕像。假如是雕像的话，那么雕像的影子就必须穿过球，但我们知道那**不可能**发生。所以问题出在哪里呢？"

这个影子问题被认为是巴斯·范弗拉森（Bas van Fraassen）提出的，目的是说明科学不仅仅是推测。

日食

命题：物体受到光照时会被我们看见。

日全食期间，月亮把阳光完全遮住，我们看到的是一个黑色圆盘。但光只照在面朝太阳的月球背面，靠近我们的一面是没有光的。那么，在日食中，我们看到的是离我们远的月球亮面（按照命题句的说法应该是这样），还是离我们近的月球暗面呢？两者似乎都说不通。

他在点头。"我们的定律不仅不普遍，而且似乎也不那么真。"

"课本里的科学家——你刚刚提到的那些——是不是也犯了这样的错？"

"一小部分是这样的。部分问题在于，我们提出的两条定律完全是通过理论得到的，无视了一切实证方法，没有像我们刚刚那样做实验和观察。"

"那一大部分呢？他们的科学研究的问题是什么造成的？"

"归纳法。"他的话掷地有声。

"就这？这就是你的答案？"

"没错，这是一个重要原因。

当然，它不是唯一的原因。"

他从口袋里掏出一把硬币，摊开手掌，是五枚 10 分钱硬币。跟大手一比，硬币显得尤其小。"我口袋里还有第六枚硬币，你觉得它会是什么硬币？"

"好吧，我显然**觉得**是 10 分钱硬币。但我并不知道。"

"没错。你刚才用的就是归纳法。"

我站在那里，很高兴自己用了归纳法。

"你假设未来与过去一样。因为我之前从口袋里掏出的每一枚硬币都是 10 分钱，所以你就假设下一枚硬币也是 10 分钱。这就是归纳法。这是一个弱的例子，因为你的推论是根据区区五个例子——五个'实例'——做出的。"

他从口袋里掏出最后一枚硬币，是一枚游戏币。他耸耸肩。"显然，未来未必要和过去一样。"又笑道，"这里有一个有力得多的归纳主张：**太阳明天会升起**。它的真实性是建立在归纳基础上的。我们之所以非常肯定，只是因为这件事过去发生了无数次。我们心里想：**太阳每天都升起，所以明天太阳也会升起**。这就是归纳推理。"

"但这有什么问题呢？它很有效，我们一直都在用。"

"你说到点子上了，伊安。**归纳法**过去有效，所以未来也会有效。这是循环论证，看出来了吗？你说的相当于'按照归纳法，归纳法有效'。要想建立一套求**真**的体系，这个根基太不牢靠了。

科学方法

很多人认为弗朗西斯·培根爵士提出了现代科学观。在他的《新工具》（1620）问世前，科研活动非常依赖理论、推理和逻辑。培根则强调基于观察和数据收集的实证（"运用感官"）方法，为基于反复观察来肯定或否定假说的现代归纳法铺平了道路。

他呼吁我们去"服从自然……从而掌控自然"，由此，在追求真理的道路上没有给迷信或超自然力量留下任何余地。

"我们不能肯定最后一枚硬币是10分钱，尽管我们相信它会是；我们不能肯定太阳会升起，尽管我们强烈地相信它会；然后呢，我们不能肯定归纳法会有效，尽管我们相信它会。归纳法不仅本身有逻辑漏洞，而且你连证明归纳法都需要用到归纳法。"

"你这番话是要说明什么呢？"我真心发问。

"科学就是这样收集信息、给出预测、发展理论的——通过归纳法。简而言之：**概括命题**'所有 X 都是 Y'得到了**正面实例**'这个 X 是 Y'的支持。"

他停顿了片刻。

"或者，**概括命题**'当 X 发生时，Y 也会发生'得到了**正面实例**'X 发生了，然后 Y 发生了'的支持。

演绎法——如果所有前提（P）都为真，那么结论（C）必然为真。例如：

P1：苏格拉底是人。

P2：所有人都会死。

C：因此，苏格拉底会死。

归纳法——根据多次观察结果推导出的一个概括命题很可能是真的；即便前提都是真的，结论也可能是假的。例如：

P1：我之前见过的 100 只天鹅都是白色的。

C：因此，所有天鹅都是白色的。

大卫·休谟的"归纳问题"

没有符合逻辑的、非循环论证的方式能支持未来会和过去一样的观念。

休谟写道："任何来自经验的论证都不可能证明未来会与过去相符，因为这些论证全都建立在假定未来会与过去相符的基础上。"

换句话说，为了证明归纳法有效，我们必须运用归纳法。

少年伊安的哲学冒险

"比方说，'所有天鹅都是白色的'这句概括得到了'这只天鹅是白色的'反复出现的支持。当正面实例达到足够多的程度，我们就会相信'**所有**天鹅都是白色的'这个命题了。

"你明白了吗？你明白作为科学基础的归纳原理了吗？"

我想我明白了。这好像没什么大不了的，但明白科学家了解事物的方式总归是有趣的。"嗯，我觉得我明白了。爱因斯坦的理论也是这样的吗？"

"正是。他给出了预测，也就是概括，然后着手检验，看预测是否成立。他的引力理论认为，行星等大质量物体会吸引其他物体。于是，我们就去观察物体。物体会向地球移动，甚至光也会。日食或月食的时候，我们会看到来自遥远恒星的光向地球**弯曲**。他的理论已经被无数实例验证了。"

好酷啊。"挺有道理的。"

"现在就有几个科学家的研究工作能澄清几个关于归纳法的问题。跟我来吧。"

我从床上下来，穿上拖鞋，走过梯子和管道，怎么说呢，我已经轻车熟路了。最后，我们来到了一间实验室，似乎就在我家后院的中央。

老爷爷指着实验室外面的一群科学家，他们正在挖东西。

罗素的鸡和马

伯特兰·罗素讲了一只会做归纳推理的鸡的故事：

一个人每天都在一个特定的时间喂鸡，每天如此。他写道："最后，一直每天喂鸡的人拧断了鸡的脖子，这表明，如果能更严谨地看待自然的一致性，会对这只鸡有所帮助。"

"'普遍因果律'……[是一种]企图，企图支撑我们的一个信念，即过去发生的事会再次发生。它并不比马的信念更可靠：马夫会在平常转弯的地方转弯。"

"他们在找什么？"我问。

"绿蓝（grue）翡翠。"

"你是说绿翡翠？"

"不，是'绿蓝'翡翠。"

"绿蓝？"我问道，引来一名科学家的目光。我们显然让她分心了。她一边往这边走，一边摘下眼镜。老爷爷像杰夫那样用肘捣我，说："你问她。"

"您好。"女科学家礼貌地跟我们打招呼。

老爷爷又推了我一下，好让她看见。看来我非问不可了。"女士您好。**绿蓝**翡翠到底是什么？"

她一边拎着一只眼镜腿摇，一边回答："'绿蓝'的意思是：2100 年之前是绿色，之后是蓝色。我们在找绿蓝翡翠。"

"你指的是，这种翡翠会一夜之间从绿色变成蓝色？"我问。

"不，感官信息——实际观察到的颜色——不会变。大体上，如果你在 2100 年前看一块绿色的翡翠，那它就是绿蓝翡翠；如果你在 2100 年 1 月 1 日当天或之后看一块蓝色的翡翠，那它就是绿蓝翡翠。"

"但你怎么知道你找到了呢？"我问。

"我想先问一下你对翡翠的了解。"她说，向我伸出手。

"不多，我只知道它们是绿色的。"我耸耸肩。

"你怎么知道这一点的？"

"我想，在某个时候，有一些科学家出去找翡翠，找到了一块，看到它是我们所说的'绿色'，然后又有许多个这样的实例，于是他们决定说翡翠是绿色的。"我向老爷爷微笑，好像在替他炫技

> "我们观察到的不是自然本身，而是自然在我们的探问方法下显露出来的东西。"
>
> ——维尔纳·海森伯
>
> 在电影《缺席的人》中，一名律师将海森伯的话用到了案子上：
>
> "他有这样一个理论：当你要检验一样东西，你知道，科学地检验……你就要去观察它。但有的时候，看这个行为会改变那样东西。你无法知道真正发生了什么，也无法知道如果你没有亲自去看的话，会发生什么。所以说，根本没有'发生了什么'这回事……因为……我们的心灵会干涉。你看一样东西，就改变了它。这就是所谓的'测不准原理'……就连爱因斯坦都说这人讲得有道理。"

似的。

"所以你说的是，虽然我们没有见过所有的翡翠，但我们已经见得够多了，足以肯定'所有翡翠都是绿的'这个概括性命题。绿翡翠的正面例子多到足以证实这个假说了？"

"是的，"我骄傲地说，"科学就是这样的。"

"好啊，那你大概会赞同我们在这里做的工作了。首先，我们并不像你们那样，用'绿'这个字给世界分门别类。你们造出'绿'字是为了解释你们的世界，对吧？'绿'不是和宇宙绑定的，不像汉堡里的酸黄瓜。它是人为创造出的，对吧？而现在它嵌入你们的语言里了。"

我耸肩表示赞同。

她接着说："记住，我们是在验证'所有翡翠都是绿蓝色的'这个假说。办法是挖掘翡翠，找到以后判断它是不是绿色的。如果是，那就是假说的正面例证。目前为止我们都很成功。我们找到了几千块翡翠，每一块都满足假说。我们月底就要发表这一发现。"

"那可不对劲，"我壮起胆子说，虽然这样做部分是为了掩盖我的担心，担心她说得也许有理，"我们已经知道所有翡翠都是绿的了。"

"是啊，但你知道'所有翡翠都是绿色的'的方式，与我们知道'所有翡翠都是绿蓝色的'的**方式是相同的**。我们的程序是一样的：提出假说，寻找正面例证，然后做出概括论断。

"问题在于，等到 2100 年 1 月 1 日以后，一组你们的人和一组我们的人得知在某个前所未知的地方找到了翡翠，那时两组人会怎么做。你们的人会说翡翠是绿色的，而我们的人会说它是绿蓝色的。当你们问'绿蓝色'是什么意思时会发现，它指的是蓝色。既蓝**又**绿的翡翠。"她说道，为其中的荒诞而发笑。

"但**绿蓝色**只不过是一个造出来的词，我们不能随便乱用词语。"我说，好像这些人为了一己私利而打破了某种游戏规则。

她点点头："首先，你们和我们**都会**造词。就你们的科学家而言，他们用了**他们的**词语，但这并不代表他们就是正确的。只是说明

只检验一个假说？

奎因和迪昂注意到，任意一组观察结果其实都能支持**多个假说**。因此，只检验一个假说是不可能的。比方说，一块绿翡翠佐证了"翡翠是绿色的"和"翡翠是绿蓝色的"两个假说。再举一个例子，月食时地球投在月球上的弧形阴影佐证了"地球是球体"和"地球是碟形的"两个假说。

同理，**反面**证据也能反驳多个假说：天王星出人意料的运动轨迹既可以否定牛顿定律，也可以否定"只有七颗行星"的假说。人们由此发现了海王星。后来，符合牛顿理论的数据为水星与太阳之间还有一颗行星（祝融星）提供了证据。可爱因斯坦的相对论取代了牛顿的理论，从而驳斥了祝融星假说。

这套词语对他们有效罢了。他们认可**绿色**。同理，我们认可的是**绿蓝色**。"

我点了点头，等她说"其次"。

"其次，科学家一直在造新词来解释事物：**电子、夸克、μ子**。我们不会说，因为'电子'这个词是**造出来**的，所以不能检验电子对原子的作用力吧。"

我摇头，不是出于困惑，而是出于惊奇。我竟然从未意识到我们**确实**在造词，而且试图通过这些词来解释世界的**真相**。

> "词语是我们的仆人，不是主人。"
>
> ——理查德·道金斯

科学理论中的许多"粒子"看起来只是屏幕上的**脉冲**。

当代科学家鲁珀特·谢尔德雷克写道："有人打趣说，与其说核物理学家发现了亚原子粒子，不如说是发明了亚原子粒子……如果有足够多专家相信有可能找到这些粒子，人们就会投入巨资修建加速器和对撞机去找。于是，预期中的粒子肯定会被找到，作为气泡室里或感光胶片上的痕迹。"

她笑着抬头望天。老爷爷和她一起抬起了头，说道："天气真好啊。好美的**蓝绿**（bleen）天。"

"蓝绿？"我虽然问了，但已经料到了答案。

女科学家朝老爷爷笑笑，替他回答："2100年之前是蓝色，之后是绿色。好美的蓝绿天啊。"她与老爷爷握手，又朝我挥挥手，然后就回去工作了。

我在思考他们讲的蓝绿天。我运转起自己的归纳能力，对老爷爷说："我恰恰认为，2100年的天空会是绿蓝的，你觉得呢？"

"2100年之后是蓝色的，"老爷爷肯定地答道，"是啊，我觉得没错。"他自顾自地笑了起来。

他将注意力转移开，指向另一个方向说："我还想让你见一帮人。他们在隔壁的实验室里。"我们走进隔壁屋子时，一伙人正一边走来走去一边高喊："不是乌鸦……不是黑的。正面实例！"

"这里到底怎么回事？"我问。

"是这样的，这个团队正在验证一个概括命题：'所有乌鸦都是黑的。'"

"可我们不是已经知道了吗？"

"我给你的第一个问题是，我们怎么**能**知道？我们又没见过所有的乌鸦。或者，你只是想说，凡是'长得像乌鸦，但不是黑色的鸟'都不是乌鸦？你知道，人类一度也是这样对待同类的，只不过把颜色反了过来。这很蠢吧，你觉得呢？"他顿了一下，好让我消化这则浅显的人生一课。我在思考，为什么黑色不是"乌鸦格"的本质要素，接着我又想，"人格"的本质要素**是**什么？当然不是肤色。

他接着说："欧洲人曾长期认为'所有天鹅都是白的'这句话是真的。后来有人去了澳大利亚，发现了黑色的天鹅，除了羽毛颜

特例假设（Ad hoc Hypothesis）

如果一个假说被证伪了，我们往往只要增加一条内容就能"挽救"它。以"所有天鹅都是白的"为例，在澳大利亚发现黑天鹅后，我们可以提出一条特例假设："所有天鹅都是白的，除了澳大利亚天鹅。"某种程度上，需要有人主观判断何时该拒斥特例假设。

"科学家也会用复杂的解释来绕开失效理论的缺陷，正如魔法师会为无效咒语的缺陷找借口。"

——罗杰·海费尔德，
《哈利·波特的魔法与科学》（*The Science of Harry Potter*）

色以外与白色天鹅别无二致。欧洲所有关于天鹅的书籍都只能修订了。

"这是归纳法的第一个普遍问题：我们永远无法检验**所有事物**。我们只能提出一个概括，然后用**大量**实例来确认它。之后，当我们验证某事到一定程度的时候，我们便宣称它是一条定律。在某种意义上，我们几乎是做出了信仰的一跃。**什么时候才算检验得够多了？**"他大声道，眼睛睁得更大了，好像真的在为此苦恼。

我问："那么，那边那个手里拿着绿苹果的人，怎么会觉得自己是在验证'所有乌鸦都是黑的'这个假说呢？"我有些疯狂地挥舞着自己的手指。

"让我们先来看两条几乎所有人都认为是真的原则。第一条：

正面实例原则（前面已经提过了）：如果为一个概括命题找到了足够多的正面实例，那么概括命题就是真的。

何时才算够？

溯因推论（abduction）——逻辑学术语，指科学家所需的"创新性的思维跳跃"。因为科学家永远不能**完全**证实任何假说，所以他们总要在某个时候做出决断，认为检验已经做得够多了，可以将假说视为定律了。

弗朗西斯·培根认为，科学中不应该有任何主观揣测的成分。他写道："应该不带偏见地整合事实，得出结论。"

科学哲学家一般认为培根的观点既不现实，也不正确。科学史研究者威廉·麦科马斯（William McComas）称无偏见的科学"绝无可能"。查尔斯·达尔文相信："哪怕仅仅是尝试得出无偏见的结论都是荒谬的，因为正是偏见才允许你得出结论。"

"比方说，每一只白天鹅都会增加'所有天鹅都是白的'这一假说的可信度。第二条原则是：

> **逻辑等价原则**：举个例子，'所有政客都识字'与'没有政客不识字'是逻辑等价的。

"这条原则其实不存在争议——只是一条简单而必然的逻辑原则。"

"是的，这些我都理解。"

"好，那我用简单的语言解释一下这些科学家在做什么。我们看这个概括命题：

> A. 所有乌鸦都是黑的。

"它与下面这句话是**逻辑等价**的：

> B. 没有乌鸦不是黑的。

"这看上去好像没多大意思，但如果前一句话为真，那么后一句话也必然为真。你同意吗？"

"同意，但我看不出这有什么相干。"我心里想的是，"**又是个'伊安陷阱'**？"

"好，鉴于上述命题，那么**按照逻辑**，下面的命题也必然为真：

C. 所有不是黑色的东西都不是乌鸦。

"你明白为什么这在逻辑上是等价的吗？"

"明白。既然没有乌鸦不是黑的，那么一样东西只要不是黑的，那它最起码不是乌鸦。"

"很好。既然 A、B、C 三个命题都是逻辑等价的，**再加上**正面实例原则，所以这些科学家只是在求证'所有乌鸦都是黑的'这个假说而已，所用方法是寻找与其**逻辑等价**的假说的正面例子，也就是'所有不是黑色的东西都不是乌鸦'。"

卡尔·亨普尔于 1940 年提出了"乌鸦悖论"。他的另一项著名贡献是提出了最重要的科学解释模型之一。

我朝房间角落里的一名科学家看去，他喊道："我这里有一千个正面例证，都在这一小堆里：一千张白色打印纸。啊，还有旁边的一根黄色香蕉—— 一千零一个了！"

"你觉得这很蠢？"老爷爷问。

"是啊，很蠢。"我说。

"你和我都同意命题 C 与命题 A **等价**，这些科学家只是在通过肯定命题 C 来肯定**等价**命题 A 罢了。找到一根黄色香蕉就肯定了命题 C，也就肯定了命题 A。你自己也认同这两条原则，你想抛弃哪一条？它们都是你的语言和当下科学范式（paradigm）中根深蒂固的东西。"

"范式？"

"对。范式是一个共同体或文化看待事物的方式。它可以是狭

1962 年，科学史研究者托马斯·库恩出版了一本探讨科学范式概念的著作：《科学革命的结构》。艺术人文引文索引将此书列为"20世纪引用量最大的著作"之一。

库恩写道："范式转换改变了科学家看待其研究的世界的方式……我们或许会这样说：革命后，科学家在回应的是另一个世界。"

他解释说，科学不是渐进进化，而其实是一个"由激烈的思想革命和平静插曲夹杂在一起组成的序列"。在革命中，"一种概念世界观被另一种所取代"。

义的，比如不同的体育联赛有不同的规则；也可以是广义的，比如许多年前，在不同文化中，人类都被视为宇宙的中心。"

"但这与科学家有什么关系？"

"是这样的，因为范式决定了一个人做科研和观察事物的方式。它决定了我们看待周遭世界的方式。范式可能会让两个人对同一个事物有完全不同的看法。"

我扬起了眉毛。

他到走廊里叫来了两个人：一个是现代科学家，另一个看上去来自中世纪。我们朝窗外看去，天快亮了。老爷爷问现代科学家看到了什么，他用陈述事实的语气答道："这是地球绕着地轴自转的结果，所以太阳看起来会从地平线上升起。"老爷爷转身问另一位科学家，对方答道："啊，因为我们站立的地球是静止的，所以正如大家说的那样，太阳会'升起'，并且继续绕着我们转。"

"谢谢先生们。"老爷爷把两人送出了屋子。

"伊安，看出范式的重要性了吧？尤其对于科研活动。范式会彻底改变科学家在实验室里做检验、提出假说和解释现象的方式。所谓的'概念框架'确实会让人看不到**真实**存在的东西。"

"真会这样吗？这构成问题吗？"

"这构成问题，因为大多数人愿意相信科学是纯客观的，认为科学家的工作只是客观地审视世界和世界里的事物。但是，科学家的范式完全污染了他们的所见。就连他们检验的假说都是通行范式的产物。检验假说的方式也一样——他们已经知道自己在找什么了。而且，在所需检验的实例数量上，他们也会做主观的判断。还记得前面的事吗？我口袋里的五枚硬币看起来好像就足够多了？科学家要判断做多少检验才算够——这不过是那些所谓的'客观主义者'做出的**又一个**主观判断罢了。"

我坐在那里，有点崩溃，头脑一片混乱。我想他可能也发现了。

"来试试这个，"他说着掏出了一副纸牌，"我会举起一张牌一小会儿，然后扣着放下。你再告诉我它是什么牌。很简单。"

他举起方块 Q 大约半秒钟时间。

"方块 Q。"我答道。

他举起黑桃 2。

"黑桃 2。"

梅花 6。

"梅花 6。"

他又举起一张 3，花色是……我感觉是黑色的。

奥尔德斯·赫胥黎的小说《美丽新世界》的主角之一，穆斯塔法·蒙德说：

"在我的时代，我是一个优秀的物理学家。我太优秀了，足以意识到我们的科学不过是一本烹饪书，有不许任何人质疑的正统烹饪理论，还有一系列没有厨师长特批就不能增添内容的食谱。"

我们是如何观察的

卡尔·波普尔写道："认为我们可以仅仅从纯粹的观察出发，这种信念……是荒谬的。"他回忆了当年教一批物理学学生的情景："拿出纸笔，认真观察，把观察到的现象记下来！"他解释道："他们自然会问我，我想要他们观察什么……观察永远是选择性的。需要选定一个对象……一种视角。"他接下来引用了另一位作者卡尔茨（Kaltz）的话："一只饥饿的动物……会将环境分为能吃的东西和不能吃的东西……一般来说，对象会……根据动物的需求而变化。"

"黑桃3。"我犹犹豫豫地说。

"有意思。我再给你看一次我刚才举的牌。"他举的其实是一张黑色的红心3。

"所以呢？这我怎么知道？我从来没见过黑色的红心3，你怎么指望我会说对？"

"我没有指望你会说对。你是人，你的'思维框架'会**阻止**你看到一些事物。但在另一种意义上，我**确实**预期你会说对。你知道数字3，也知道红心，你可以区分黑色与红色，其他三次你都说对了。因为你的**范式**让你只能看到红色的红心和方块，黑色的黑桃和梅花，那就是你看到的。"

"但科学不是进步了吗？现在**这个**范式不是更好吗？"

"有人会这样认为。但你之前也看到了，亚里士多德、牛顿、托勒密等范式下的人肯定都认为**他的**范式就是**唯一**。你知道的，爱因斯坦范式下的**质量**一词就与牛顿范式下的不同——两者的概念框架对质量的用法不一样，甚至与对方谈论**质量**都很麻烦——它在两种范式下指的是不同的东西。这就给范式间

"我们的大脑就是这样设定的，我们只会看到我们认为可能的事物。我们自己会用头脑中的既有模式去匹配条件反射。"

——出自电影
《我们到底知道多少？》

请看罗伯特·马丁（Robert Martin）一本书的标题：

There Are
Two Errors in The
The Title of This Book
（在这本书的
标题里有
有两个错误）

大多数人没有看到标题里有重复的词，因为他们没有在找这个词，或者更可能的情况是，他们已经习惯于以特定方式去阅读这个词。（第二处"错误"留待读者自行寻找。）

的比较造成了一定的困难。我们怎么能说一个范式必然优于另一个范式呢？这几乎像是在比较苹果和橘子；一个可能在某个时候比另一个好，要看我们的口味或者当时的需求。于是我们会看到，选择范式有一定的主观性。"

"我想我明白了。由此就引出了所有其他的科学问题，对吧？"

"对，没错。要知道，**无知**让人难受。神话的全部意义就在于此。如果你不能解释夜空中为什么会有巨响，为什么到处都能看见电流，就会大喊是云中的主神在对世人发怒，正在投掷闪电惩罚世人。"

我点了点头。

"人天生渴望了解事物。即使有反面信息，他们依然会固守某些信念。许多人将自我价值感与理解事物，或者直白点说，与永远正确绑定在一起。"

"是啊，想来是这样。另外还有一个重要问题，就是人自身在看待事物的过程中发挥着主动性。你记得吗，前面讲过的。"

"没错，伊安。"他顿了一下，皱起浓密的眉毛看着我，好像意识到我不仅在听，也在主动思考。就那一刻而言，我感觉自己和他是平等的。

他继续说道："我们并不总

比较苹果和橘子？

牛顿的理论认为质量是守恒的。但爱因斯坦的理论认为，质量可以转化为能量。有人主张爱因斯坦**完善**了牛顿的理论，因此他的理论更好。科学史研究者乔治·萨顿写道："除了在科学领域以外，进步在其他领域中都没有明确的、无可置疑的意义。"

但库恩解释说，因为两种理论下"质量"的概念是不一样的，因此两者不能比较。这就是所谓的"不可通约性论题"——不同范式下的理论不能比较，所以无所谓进步。

对改变免疫

社会科学家杰伊·斯内尔森（Jay Snelson）阐述了他所谓的"意识形态免疫系统"。他写道："受教育程度高、智商高、成功的成年人很少改变他们最根本的预设。"

库恩也写过类似的话："在科学领域中，新思想的出现困难重重。"

会，或者说**很少会**看到**真实**事物，就像我们前几天晚上讨论的那样。"

这差点让**我**经历了一次范式转换。

"很好。等到你跟下一个人见面时，这次讨论会给你非常好的背景铺垫。"他说。

我很好奇自己要见的人是谁。好奇中夹杂着兴奋。

一个中世纪打扮的人走了进来。他身穿一件上等面料制成的朴素灰袍，系着一条绿布腰带，旧皮鞋破烂不堪，还带着一个小黑包。他头上缠着一条长绒布，有点像固定头发用的头巾。

"伊安，这位是哥白尼，伟大的革命性科学家。我请他来为你介绍他的重大发现，以及他是如何做出发现的。"

"你好，伊安，很高兴见到你。有这位老人家为你讲解科学家是如何工作的，这真是太好了。大部分你这个年纪的孩子都以为科学家只是把公式套用到世界上，然后就得出答案。"

我微笑着点头。我能对哥白尼说什么呢？他语气很友好，虽然他也没理由不友好。

"伊安，我时间不多，所以就讲解一下这次重大科学范式转换的部分要点吧。首先，我必须告诉你，早在发表著作阐发见解的二十年前，我就意识到了日心说的真相——地球**不是**宇宙的中心。我甚至还写了几篇相关的文章。我只是太羞怯了，害怕出面与当时的大思想家们争辩。那是我的一个大问题。所以，这是观点延迟发表的一大原因。

"其次，更重要的在于当时的社会与宗教状况。那时，天主教会正在与新教斗争。许多天主教会的枢机主教都接受公认的'事实'，也就是地心说。因此，教会非常不支持我的看法，简直像是害怕丢失精心保管的**真理**。当时的政府——一个君主政体——同样仰赖地心宇宙观。这样一来，一切都被封闭和局限起来了。正如神轻松地支配着以地球为中心的宇宙，国王也能够统治国家。他们都认为推翻托勒密的宇宙观等同于推翻国王。

"最后，当时的科学范式无法掌控这个改变了。地球不再是宇宙的中心，物理法则也就不再成立了。我们不仅要改掉课本里的地球插图，更要全盘改动教材。此事非同小可。

歪曲真相的"假象"

培根写到，在追求科学真理之前，我们首先必须意识到歪曲事实，从而让人无法准确审视自然的"假象"（偏见）。假象有四种：

1. 族类的假象——人性的固有缺陷，比如感官不准确、一厢情愿和主观性。

2. 洞穴的假象——文化的偏见，比如种族歧视、性别歧视、对自身宗教和文化规范的偏好。

3. 市场的假象——语言的失当。

4. 剧场的假象——来自权威（政治、宗教、教育）且可能被盲目接受的观念。

"普朗克问题"

"重大科学创见很少是循序渐进地转变反对者的思想的。实际情况是，反对者逐渐逝去，成长起来的新一代从一开始就熟悉了新的观念。"

"所以，这些因素共同说明了事情为什么拖了那么久。科学家们总是需要应对这个问题。那不光是**我一个人**的革命。实际上它要大得多，开普勒、布鲁诺、伽利略、牛顿都在其中发挥了重要作用。这不仅是一次大事件，更准确地说，它是一个长期的过程。

"科学家抗拒新理论几乎总是出于意识形态的原因，而非基于逻辑，或者新理论的反面论据。"

——恩斯特·迈尔

"所有伟大真理的开端都是亵渎。"

——萧伯纳

"理论与范式本质上具有社会性，营销思想至少与创造思想同等重要。"

——迈克尔·舍默，《科学的边疆》（ *The Borderlands of Science* ）

"人只能看到他准备好看到的东西。"

——拉尔夫·瓦尔多·爱默生

"希望这番话对你有帮助。老人家，谢谢你请我过来。我认为让年轻学子了解科学如何运作以及科学方法之美非常有价值。祝福你们。我得走了。"

哥白尼离开了房间。老爷爷骄傲地看着我。我也点点头，露出与他同样的表情，说："太不可思议了。我以前都不知道。我真的以为科学家只跟事实打交道，原来远不止于此。"

他点头道："好了，我想这下你应该理解科学范式的概念及其**重要性**了吧。这是个关键理念。现在我要说回讨论范式之前的话题了。我想想。"

"科学家对世界的影响？"我提道，部分是为了帮他回忆，部分是为了显示我一直很专心。

"对。很好。所以说，科学家研究周遭环境时也会影响环境。科学家开始实验时对将看到的现象是带有预期的。他们事实上限定了所见现象的范围。某种意义上，做实验就是自证预言：你预期看到某件事，然后你就会看到。"

"那么，你说我们会影响自己周围的环境，指的是给其实没有颜色的对象安上颜色这类吗？"

"怎么说呢，不仅如此。比方说，科学家不能在同时既测量一个量子的速度，**又**测量它的位置——测量一个就会影响另一个。推而广之，它启发着我们所有的观察活动。要想观察**任何事物**，我们都必然与它和它的环境发生交互，至少是轻微的交互。因此，做检验的时候，我们只能了解我们正在检验的东西。"

"哇，好神奇。这对我们如何科学地认识事物似乎也非常重要。我想我只是从来没有意识到，科学家也是与你我一样的主观的人，做着主观的、带有价值判断的决定。"

"有启发吧？"他说，好像刚刚跑完一场马拉松，终于可以休息了似的。"而且这些是实实在在的问题。学校体系教你们的是，科学家不知怎么就达到了纯粹的客观，说他们遵循某些严格的科研方法和流程。经过这样一番彻底的灌输之后，有人会觉得以上主张是唐突的。想想吧，全世界现在都在做着同样的灌输。下一代科学家正在被告知该如何思考，该知道什么，该如何知道。这简直像是被教如何跳舞，尽管我们不确定是谁在领着谁跳舞。"

"实验影响"

鲁珀特·谢尔德雷克解释了预期对科学实验的影响：

1. 预期会影响人们提出的问题，进而影响找到的答案。

2. 预期会影响观察者看到（以及忽略）的现象。

3. 预期会影响实际现象，因为观察者的潜意识会干预进来。

有人问阿尔伯特·爱因斯坦，如果实验结果与理论不符，他会如何反应，他说："肯定是实验有问题。理论是正确的！"

海森伯测不准原理

对（某个粒子的）位置的测定越精确，对同一时刻（同一粒子的）动量的认识就越不精确，反之亦然。

"科学无法破解自然的终极奥秘。这是因为我们自身归根结底是自然的一部分，从而也是我们试图破解的奥秘的一部分。"

——马克斯·普朗克

爱因斯坦也会制造常数……而且他错了

爱因斯坦广义相对论的等式导致了一个概念，即宇宙有开端（对立面是宇宙无始无终）。他最初不喜欢这个结果。于是，他添加了"宇宙常数"来改变它。他后来取消了宇宙常数，因为他认识到宇宙**确实**有开端。他将宇宙常数称为学术生涯中"最大的错误"。

保卫社会

1974 年，科学哲学家保罗·法伊尔阿本德（Paul Feyerabend）做了一次讲话，题为"如何保卫社会免遭科学侵害"。他在讲话中提出："我对现代科学的批评是它压抑思想自由。如果说这样做的理由是科学已经发现了真理，而且正在遵循真理的话，那么我要说，发现一头怪物然后追随它绝非良策。"

得说，那非常有启发。

"祝你的科学课顺利，伊安。"

我黯然叹了口气。

"是啊，伊安，科学确实好像被拉下了无所不知的神坛。绿蓝色的翡翠。由香蕉是黄的来证明乌鸦是黑的。溯因推论。囿于理论预设的人类科学家。干预研究环境的科学家。人为造出的常数。黑色的红心 3。"他长吁一口气，好像刚见完心理咨询师，把自己的所有问题都交给了对方去解决，而我就是那个咨询师。

他扬起浓眉，说出了最后一句话："但反过来看，我们也认识到科学确实有着不可思议的用处和成就。人们常说它是'最佳解释的推论'。你爸爸会懂我的意思。去看一看**真实**科研中的创造性吧。我伊安醒了。他下楼时的表情近乎愤怒，一扫从前的焦虑。他或许已经习惯梦中的来访了。"妈妈和爸爸肯定会喜欢这个梦的，"他摇着头冲进厨房时嘟囔道，"说他们是骗子，就像他们取笑过的'伪科学家'占星术士一样。"

"爸爸，我想跟你分享一点想法，而且我觉得你不会很喜欢它。"他在桌边坐下，信心十足地说道。他以一种非常严肃的语调复述了梦境。他记得清楚又详细。实验室里的气味、科学家皱眉点头时脸上的皱纹，还有如今他已经熟悉了的向导出的那些恼人的谜题。

"爸爸，"他接着问道，"难道我的科学课老师明知这些却不告诉我，好让他们有一个打分的标准吗？还是他们不了解这些问题？我可从来没想过，因为科学呈现给我

> "可惜啊，我们的教育体系传授现成观点的时间远远超过传授思维方法的。"
>
> ——小西奥多·席克与L.沃恩

们全班同学的样子就是**绝对真理**。但其实它不是。并不真的是。所以说问题出在哪里呢？"

"儿子，我不觉得情况有你的梦——或者说噩梦——里看起来的那么糟。这其实是让你换一种方式思考科学，我也是几年前才开始这样看问题的。你在思考的不仅是我们**知道**什么，还有我们是**如何**知道的。这里面学问可大了。你在思考的过程中会形成更符合实际的科学观。你会明白科学家是**如何**工作的，从而更准确地认识科学家做了什么。他们会搜集信息，他们会提出假说，他们都有自己的利益、朋友、欲望和好恶。但这绝不代表科学家就是坏人，他们只是**人**罢了，就像你和我一样。这听上去很新鲜吧。"

伊安肯定地点了点头，仿佛正在将爸爸理解为一个有利益、有

朋友、有欲望的人。爸爸似乎对探索本职工作中的人性成分很有热情。他接着说："你知道的，好的科研所用的方法其实是很有创造性的。大多数人都意识不到科研涉及大量创造性。现在你开始明白了吧。科研是一种丰富多彩的体验。

"而且科学家也要养家糊口。不知道你听没听过一个说法，'要么发表，要么完蛋'，这话说得太对了。我的同事们成天把它挂在嘴边。科学家谋生的主要手段就是搞科研，然后通过科学期刊把科研成果告诉大家。所以你能想象科学家到处寻找**真相**的压力了吧。现在的科学期刊有十万种以上，我想这提高了发表成果的可能性，降低了完蛋的可能性。但这就意味着，每个月都会有一大批新的**真相**面世。"

伊安缓缓点头。爸爸的语速加快了一点，他显然讲到了某些更有感触的内容。

"科学理论……是发明，是创造行为，其神秘性不亚于任何一门艺术。"

——卡尔·波普尔

历史上科学期刊的大致数目：

2002 年：100 000

1950 年：13 000

1900 年：2 000

1850 年：300

1800 年：60

1662 年：2（英国皇家科学学会成立）

"可是爸爸，我刚才提到的关于科学方法的那些问题又是怎么回事？我去过的两间实验室里的两组科学家呢？绿蓝色的翡翠？非黑色的物件？"

"这些事情其实是很有启发的——未必是麻烦，反倒可能启发人洞悉科学方法是如何运作的。以绿蓝色为例。女科学家团队在做的是为翡翠赋予一个看似不重要的规律（regularity）。"

"这是什么意思？"我问。

"**绿蓝色**这个概念对我们不重要。你大概觉得很蠢。但事物的表象确实经常变化。你丢在后院一整个夏天的文件夹就从蓝色变成白色了。我们说的颜色只涉及特定波长的光线反射，但我们用来表达颜色的词语难道不能涉及时间吗？我们其实可以选用任何标准。我们是人类。语言解放了我们，但同时也束缚着我们。"

伊安脱口而出道："是啊。这样一来，我的文件夹就真的是'蓝白色'（blight）的了。"他坐在椅子上，津津乐道于自己的"仿绿蓝色"笑话。

爸爸露出了微笑。

伊安看出了背后的深意，于是马上问道："所以说，科学家会选择自己想要检验的规律，然后去检验它？"

"没错。科学家想选多少就可以选多少。任何事情里都能发现规律或者说普遍性。任何事情。所以，哪些规律是被科学家认可的呢？举个例子，有人说埃及金字塔其实是外星人建的。我们可以'证明'，"他说到"证明"时用双手比个引号，"因为大金字塔的底面积除以高度，再除以 2，等于圆周率 3.14，这在数学中是一个很重要的数字。而且大金字塔的高度乘以 10 的 9 次方——太阳系有九大行星——正好等于金字塔与太阳距离的英里数。但问题在于，距离肯定是**某个**数——不是这个数，就是别的数。如果不是与太阳的距离，那也可能是与其他东西的

> "规律指的是，你在一个地方发现了某个现象，那么你就可以在任何地方发现这个现象。"
>
> ——纳尔逊·古德曼，他于 1955 年提出"绿蓝色悖论"
>
> 规律：让我们能够预测事件的一种模式。

华盛顿纪念碑与"5"的规律

高度：555 英尺 5 英寸[1]

底面积：55 平方英尺

窗口与底座的高差：500 英尺

底面积乘以 60（60 等于 5 乘以一年的月份数）等于 3 300——碑尖石的重量恰好是 3 300 磅[2]

Washington（华盛顿）有 10 个字母——等于 2 乘以 5

一名普通的数学家花了 55 分钟时间发现上述内容。

这个段子是由数学家马丁·加德纳"发现"的。

在混乱中建立秩序

心理学家戴维·迈尔斯写道："……人性惧怕混乱。把随机现象拿给我们看，我们会发现秩序、模式、集合和特点。"他引用《理性犯的错》一书的作者托马斯·吉洛维奇的话说："将秩序加诸含混神经刺激的倾向，也是我们用来把握世界的认知机制中固有的一部分。"

距离——可能是与金星的距离，或者与弗吉尼亚的距离。**这是一条规律。**"

伊安咧开嘴笑着，点头，好像已经看到了最新发现：金字塔其实是弗吉尼亚人造的。

"**同理，研究绿蓝色的科学家**也有自己的规律。于是，我们现在注意到一个问题：要么我们无法知道何为规律——但这看起来很愚蠢，因为规律是整个科学归纳活动的基础——**要么我们必须将绿蓝色**一类的东西纳入规律。这看起来是个问题，但能给为事物赋予规律的科学家们提一个醒。"

他接着马不停蹄地切入下一个话题："我说规律是由科学家**选择性**赋予的，部分原因就在于此。大多数科学家会选择将**绿色**作为翡翠的一条规律。这个选择是主观的，正如你梦中的科学家选择了**绿蓝色**一样。但在更深层的意义上，就像你提到的女科学家所说的那样，选择根植于我们的语言。想一想，

[1] 1 英尺等于 12 英寸，合 0.304 8 米。——编者注
[2] 1 磅合 0.453 6 千克。——编者注

她大概觉得，你说某物是绿色的意思是，它在 2100 年前是绿蓝色的，在 2100 年之后是蓝绿色的。用随意选择的波长作为颜色的标准，为什么就比用随意选择的时间作为标准更好呢？"

"所以你的意思是？"

"我的意思是，我们——**我们人类**——选择了如何给世界中的一个个事实分门别类。世界并没有像秘密社团那样，悄悄把分类法告诉我们。科学用**我们**的语言来描述世界，而我们往往认为自己是在用世界自己的语言原原本本地描述世界。但事实上，科学中用到的任何性质或词语都完全是相对于相关的科学家的。"爸爸笑了笑。

"唔，这真是挺有启发的，"伊安说，"但我在另一批科学家那里遇到的乌鸦问题呢？"

"它似乎与归纳法的问题相似。它要求我们必须三选一：

名字和范畴是任意的吗？

罗伯特·马丁（Robert Martin）评论"绿蓝色悖论"时提出，这个悖论阐明了"范畴相对主义"。"该主义认为，给事物分类的方法完全是任意的，是文化或语言的偶然现象。"

语言与现实

假如我们说的是另一门语言，我们就会感知到一个不太一样的世界。

"我的语言的边界就是我的世界的边界。我只知道我能用语言表达的事情。"

——路德维希·维特根斯坦，20 世纪初曾在剑桥大学师从伯特兰·罗素

罗素将与维特根斯坦相遇形容为"（我一生中）最令人兴奋的一段智识探险。他很快就学会了我能教的所有东西。"

"语言塑造我们的思维方式，决定了什么事是我们能思考的。"

——本杰明·沃尔夫

1. 改变正面实例原则（然而它是科学的基础）。

2.改变逻辑等价原则（然而它是语言的基础）。

3.接受以黄色的香蕉来**证实**'所有乌鸦都是黑色的'。

伊安无助地举起手，说："前两条原则似乎非常必要，最后一条又傻傻的。我们该怎么办？"

"好吧，我同意，承认这些古怪科学家的'发现'有点傻。但这里有一条教训值得学习。当我们说**证实**了某事，而不说**证明**了某事的时候，意思不过是我们找到了对这件事**强有力的支持**而已。"

伊安插了一句："没错，这就像为了证明我们的假说，我们用不着把所有地方的既非乌鸦也非黑色的东西都找个遍。我们只需要找够一定数目就可以了，科学家觉得足够就行了。"

"说得对。"他再一次为儿子对自己的工作真心感兴趣，而且有思考能力而感到骄傲。"你知道有一种很搞笑的观点吧，有人试图贬低一种科学理论，**理由仅仅在于它是一条理论**——好像这是什么缺点似的。理论可以被高度肯定，被接受，并被认为是真的。我们之后很可能还会谈到这一点，"他微笑着说，"你也许会在另一个梦里探究它。"他又插了一句，好像伊安能控制得了似的。

"其次……"爸爸马上又说了

"再多次实验也不能证明我是对的，而一次实验就能证明我是错的。"

——爱因斯坦

"理论"

美国国家科学院给"科学理论"的定义是："对自然界某些方面给出的有合理依据的解释，其中可包含事实、定律、推理和经过检验的假说。"理论往往来自一个得到高度证实的假说。理论常常包含广为接受的概念，比如"细胞理论"（人类由细胞构成）和爱因斯坦的广义相对论。

少年伊安的哲学冒险

起来，不想给伊安过多提示。伊安狐疑地张望四周，像在怀疑有隐藏摄像头。"关于'乌鸦问题'，你会发现这种证实的观点是**相对**的，相对于我们已知的事情。我们必须先对什么是乌鸦、乌鸦是什么颜色的、什么不是乌鸦等有一定的认识。那这些事情是怎么发现的呢？是通过运用既有的理论。这显然又绕回去了，但至少能让我们更现实地看待证实的问题。"

> **科学中的创造性与主观性**
>
> 科学家会……
>
> 1. 选择用什么语言来描述世界。
>
> 2. 选择哪些规律是重要的。
>
> 3. 选择有多少正面例证才算足够。
>
> 4. 选择要检验哪些假说。
>
> 5. 影响被检测的事物。
>
> 6. 具有偏见，而偏见会影响他们看待世界的方式。

伊安点了点头，然后提议道："黄色的香蕉似乎也能用于证实'所有乌鸦都是**蓝色的**'这个假说。也许我们应该抛弃，或者至少是修改逻辑等价原则。"

"没错。设想我要证明一个假说：'所有打棒球的男孩都不住在内布拉斯加州。'按照逻辑等价原则，如果我在所有地方都找到了打棒球的男孩，除了内布拉斯加州，那就证实了我的假说。但这件事也可以让我们觉得，内布拉斯加州**有**一些男孩打棒球——如果其他地方都有，内布拉斯加州为什么会没有呢？它没有提供**正面**的，或者说确凿的信息。"

"天哪，老爸，科学里真是有好多我从没想过的事情。问题真不少：逻辑的、社会的、心理的。要是我们的科学教材里也教**这些**内容就好了。我要不干脆不上学校的课了，跟着你学吧。"

爸爸咧嘴笑道："儿子，这可不是应该得出的结论。有了这些背景铺垫，你不仅有能力考察我们知道什么，更能够真正去考察我们是**如何**了解事物的了。

"科学是我们最有效的求真手段，人们常说的'最佳解释的推论'。"

伊安打断了他："是啊，我睡醒前，老爷爷也说了一模一样的话。"

爸爸点点头，好像早就知道了似的。

"那到底是什么意思呢？"伊安问道，明显面露惊讶，因为爸爸提到了他梦里的一件事，可他还没说那件事呢。

爸爸解释道："在观察然后试图解释现象时，我们必须假定自己已经有了最佳解释，也就是说，那是**真的**。举一个简单的例子，我和你妈妈看到厨房里有老鼠粪便和被啃过的奶酪，为了解释这件事，我们做出了一个推测：'家里有老鼠。'我们并不认为那只是一个为了解释奶酪为什么少了一块的虚构故事。我们没有真的看见老

科学与实在

科学实在论（Scientific Realism）：科学如实说明了世界的真实状况。理论之所以是真的，是因为理论与世界中的实在事物有关。例如，一条化学定律之所以是真的，是因为遵循某种行为模式的分子确实存在。

科学非实在论（Scientific Anti-Realism）：有效的科学理论未必是真实的。理论是帮助我们给世界分门别类的工具。例如，一条化学定律之所以有效，是因为世界表现得**仿佛**存在遵循某些行为模式的分子。

W. T. 斯泰斯（W. T. Stace）提出，引力和分子等科学概念是帮助我们做出预测的隐喻。他写道："引力不是'事物'，而是只存在于数学家头脑中的数学公式。"他还说："在现实中，原子并不会引发感知，正如引力不会让苹果落地。"原子和引力其实只是帮助我们预测世事的概念罢了。

少年伊安的哲学冒险

鼠，但我们推测有老鼠。我们认为那是**真的**。科学也是如此。"

"可是爸爸，成功的科学理论一定要是真的吗？我的意思是，即使量子一类的东西不存在，如果关于它们的理论能让我们预测和解释宇宙，那也不错呀。"

"儿子，你知道吗，这是个很有洞察力的看法。现在有一些科学家支持所谓的'超弦理论'。它的基本观点是10维至26维空间里存在一些极细的环，维系宇宙的能量就来自这些环的振动。我只能说这不过是一个隐喻，一种有助于解释事物的观念。他们提出的环太小了，不可能被观察到。"

伊安诧异地摇着头："是啊，我都想象不出10维空间是什么意思。还有，科学家要如何检验有——"他顿了一下，把"有"字拉得很长，就像轮胎漏气似的，又耸了耸肩，"还是没有东西供他们检验呢？"

"你也没有真正**看见**引力吧？"爸爸马上反问道。

伊安又耸了耸肩，接着问道："那我们如何区分科学与科幻呢？"

"在科学中，成功的理论未必是正确的理论。"
——迈克尔·贝希（Michael Behe），
生物化学家

科学的局限

约翰·霍根在《科学的终结》一书中主张，我们可能已经来到了一个少有乃至不会有重大科学发现的时代。而且就算还有发现，以我们有限的认知能力或许也不能理解这些发现。他引用了数学家罗纳德·格雷厄姆的一句话："我们并不太适合思考时空连续体或黎曼猜想。我们适合的是摘果子或者避免被吃掉。"

霍根讨论了哥德尔的"不完备定理"。该定理认为，任何公理系统（比如数学）都会产生不能单纯靠公理解答的问题，要回答就要增加公理。这样又会产生新的无法回答的问题，如此以至无穷。哥德尔最初是针对数学提出这条定理的，但定理蕴含的思想已经延伸到了其他科学系统。

"我们以后会谈到的，也许是等你做完一个相关的梦之后。"

"你怎么知道我会不会做相关的梦？"

"我就是觉得按照逻辑应该会走到那一步，"爸爸回答时有些犹豫，接着更活跃地说道，"等我们区分了科学和伪科学以后吧。伪科学就是某些人根据他们伪装成科学的东西，或者更现实一点说，根据自己**认为**是科学的东西做出的论断。

"你也许可以放眼科学以外的求知领域，我也一样。科学能回答许多可以检验的问题。它或许不能回答伦理学、精神、形而上学的问题，但它**可以**回答许多其他的问题，而且在漫长的历史中一直在回答。以你现在具备的背景知识，我想你会更能接纳科学，也会知道自己在接纳的是什么。"

伊安爸爸看到自己再一次平复了儿子的思想波动，便起身走出厨房。他一边走一边说了句："你这个小小的梦真厉害——绿蓝翡翠，黄香蕉，还有**那张黑色的红心 3**。很巧妙，很有见地。"

爸爸出门时的扬扬自得似乎被伊安打破了。"爸爸，我跟你讲黑色的红心 3 了吗？"伊安摇着头，"爸爸，爸爸。"爸爸没有回答。

"爸爸，你怎么知道黑色的红心 3 的？"没有回答。"我根本没告诉你啊。"

"科学是一种认识世界的特定方式。科学解释只能以观察到的现象，以及能够被其他科学家验证的实验为基础。不以实证为基础的解释不属于科学……科学并不是认识我们自身和周遭世界的唯一方式。人类还会通过许多其他方式获取知识，比如文学、艺术、哲学反思和宗教体验。"

——美国国家科学院

"与实在相比，所有的科学都是原始的小儿科——但它又是我们最宝贵的东西。"

——阿尔伯特·爱因斯坦

伊安若有所思地坐了一会儿，然后从桌上拿起一个苹果，沿着小楼梯出门去了。

天选之子

我知道我没跟爸爸讲红心 3，也没提过盲人色觉博士。我等不及要找杰夫聊聊了。我在想，到底有没有既视感这回事？但这甚至不能算作既视感。我不知道这是什么。

我沿着小路走，在街角看到了杰夫，他正用望远镜看天。我靠近他时，他好像没注意到我似的。"又是那个望远镜？"我问杰夫。我真惊讶我们之前怎么没有多用用它。

"是啊。"他心不在焉地答道，眼睛盯着一只天上的飞鸟。他好像太忙了，或者对鸟儿太上心了，根本没心思跟我说话。

"你是要搞清楚它**真实的真实情况**吗，还是别的什么？"我略带讽刺地问他。

他缓缓把头转过来，望远镜依然对准鸟儿。"算是吧。"

我朝他皱起了眉头。

他也用皱眉作答："你知道，用这副耳机能听到其他人的想法。它对动物也管用。"

"给我看看。"

他不情愿地从自制的架子上取下望远镜。那只鸟儿在空中围着我们绕圈，就像兀鹫围着尸体似的，仿佛它也在研究我们，正如我们在研究它。

我将望远镜对准鸟儿，刚戴好耳机就传来了说话声——一个清晰的人类女声。"……真不错啊。"它自忖，我好像听到了它的半句话。那是鸟儿的心声。我把望远镜放回架子上，激动地看着杰夫。

"我就知道，"杰夫微笑着说，"厉害吧。"

我赶快又拿起了望远镜："可怜啊，可怜的人类。还没进化好，要用两只脚四处走。一整天的，真不知道他们怎么站得住——哈哈，**站**（stand）[1]得住。我走上十分钟就想回窝里休息。我猜这就是进化到一半，不上不下的生物的宿命吧。幸好我完成了这一步——成了鸟。人想上天得提前计划几个月，然后还要等两个小时才能挤进一架巨大的金属鸟形机，用尽全力变得和我们一样。我读过古往今来最智慧的鸟儿的所有著作，它们以最精密的科学工具证实了我们就是进化的顶点——我们进化出了翅膀，之后进化就停止了。往后肯定还会有一些细小的变化，例如翅膀更大，每分钟扇动的次数更多，颜色更漂亮，或者出现更好的伪装色。但根本上讲，我们就是**天选之子**。

"还有怀胎九月，好过时啊。把蛋装在肚子里九个月才产下来，我真是无法想象。

"但我还是在天上——在天上，哈哈，这句话我可得记下来。因为神是一只鸟，并按照自己的样子创造了我们，所以我挺好奇人死后会发生什么的。他们没有灵魂，肯定就不复存在了吧。反过来说，要是他们和鸟儿一样有灵魂，那他们肯定得足够轻，能像我们一样飞。但他们没有翅膀，所以说他们有灵魂真是太蠢了。

"那边是有一只虫子吗？这个点可不太容易捉到虫子啊，我又

---

[1] 此处为双关语，stand 既有"站立"的意思，也有"忍受"的意思。——译者注

　少年伊安的哲学冒险

不是那种**早起的鸟儿**。不过也许虫子也发现早起的虫儿会被鸟吃呢，我也不知道。我真的不能再在这里晃悠了，该往北飞了。气象鸟预报说那边有舒服的暖气流。"

我惊诧地笑了。"原来所有动物都是这样啊？"我对杰夫说。

"所有动物，"他用陈述事实的语气答道，"所有生物。你应该听听鲨鱼是怎么想的。"

"你用望远镜对准过鲨鱼？鲨鱼说什么？"我问他。

"有一件事我记得特别清楚。鲨鱼认为我们人类不道德。我们进入它们的领地是侵犯行为，它们有一套很强大的产权制度；我们杀害它们的邻居是不道德的；它们甚至不认为道德适用于我们，那是鲨鱼造出来的概念。那只鲨鱼认为，说人的行为不符合道德，就像说水母的行为不符合道德一样。"

"道德是**鲨鱼**造出来的概念？"我重复了一遍。

杰夫点头继续说道："那只鲨鱼回顾他读过的游历范围最广的鲨鱼的著作，那些鲨鱼游遍了宇宙，认识到它们肯定是进化得最好的生物，其他生物要么不如鲨鱼快，要么不如鲨鱼强壮，要么像人类一样只能靠船浮在水面上。那只鲨鱼回忆说，自己见过一个人游泳的样子，笑得差点呛死。

"它反复对自己说：'我们已经游遍了宇宙，**我们是天选之子**。'真是很有意思。"

"看到它们的视角可真神奇。我要是把望远镜对准我们脚下的水洼呢？"我一边问，一边指着一小摊浑水。

"试试看。"他鼓励似的点点头，尽管不太确定我能不能听到什么。

我把望远镜聚焦到水洼边上，调整旋钮，那里黑黑的。终于，一个小小的细菌进入了视野，然后我听到了声音。

"好清爽啊，这水。好清爽。不像那些晴天——可怕。真不知道怎么会有细菌受得了。不过菌和菌想来不一样吧。

"很高兴我还活着。不仅如此，我还很高兴自己进化到了顶点。我的意思是，作为一个物种，我们已经走遍了宇宙的边缘，我也造访过最智慧的细菌——我们是已知最智慧的生物。从中心到边缘，从顶上到底下，我们都见过了。既已看遍，我们也就意识到别无他物。宇宙外或许有其他生命形式，但我们永远无法知晓。再说了，怎么**可能**有任何东西比我们进化得更好呢？我们有最优秀的运动器官鞭毛，我们有极简的消化系统，而且我靠自己就能繁殖后代，繁殖上千次。我无法想象需要依赖同物种的另一个成员才能繁殖，一年只能产下一个后代。太简陋了！但我们已经走到了这里，**我们是天选之子**。"

这只小生物扭了几下，像跳舞似的。

"这里的泥巴真好，"它心想，"我们的世界真美丽。真美丽。"

我看着杰夫。"我们的世界真美丽，杰弗里。"我咧嘴笑道，现在对生命有了一种略不同于以往的认识。

他看着我，好像有哪里不对劲。"**杰弗里？**"他扬起眉毛问道，"你从什么时候开始这么叫我的？"

"我们做到了，杰弗里。万物进化了几十亿年，终于产生了最优秀的物种。现在，我必须要说一句：**我们是天选之子**——我们是历史上最优秀的六十亿生物。"

他耸耸肩，点头微笑，滑稽地挺起了胸膛："**我**才是。我比你晚几个星期出生。"我们哈哈大笑。

"那么，杰夫，"他看着我，好像已经知道我要换话题了，"如果你没跟某个人讲过你梦里的某件事，那他有没有可能知道那件事？"

他皱起脸来，好像没明白我的问题——好像他不明白除了一声响亮的"不能"，怎么还会有别的答案。他咕哝道："这个，也许是心灵感应？"他耸耸肩，几乎为自己提到了这个词而尴尬。"或者就像有些人认为的那样，海豚可以通过体内的声呐互传图像，也许你无意中做了同样的事。"他皱着鼻子说道。

我接着说："不会的，杰夫。我今天早晨肯定没有跟爸爸提到我的一部分梦。然后他提到了。这怎么可能？难道他和我做了同样的梦？会不会有某个梦境世界，也就是说，梦在那里被创造出来，然后供人们分享？"

"你觉得我提出的心灵感应和海豚声呐很荒诞吗？"他说，更多是在维护自己的观点。

"我只是不明白我爸爸怎么会知道。同样，我梦里的老爷爷知道你和我改天要用望远镜干什么。你觉得，梦会不会不仅是大脑厌倦了睡眠时的活动，它其实有更大的力量？"

杰夫眼神茫然，好像在认真思考。

他终于挤出了一句"肯定没问题的"之类的回答，以表明他至少听到了问题。"也许你其实提到了纸牌，只是自己不记得了。也许预见到望远镜就类似那种自证预言——你梦到了一件事，思考着一件事，然后就推动你真的去做了那件事。"

"但拿望远镜来的人是你啊，跟我有什么关系？而且我没有跟爸爸提纸牌。怀疑任何事的万用办法就是消解问题。但假如我的梦里**真的**发生了什么，而不只是无聊的活动呢？"

杰夫点点头。我本指望他的表情会更加茫然，但他没有，反而是若有所思，好像真的正在思考我的问题。

"世界真美丽，是吧，伊安？"为了打破未知带来的紧张，他不情愿地说道。

我朝他笑笑说："是啊。明天见。"

阅读讨论题

1. 你采用的范式会如何影响你是谁和你能看到什么？想一想你对时尚、艺术、人际关系和真理等的看法。中西医之争等医学范式呢？
2. 如果科学理论对解释宇宙有用，那么理论的真假重要吗？
3. 你是否同意，讲完全不同的语言的人眼中的世界也不一样？如何不一样？另外，你是否认为语言如实把握了世界？你能用语言描述一切吗？比如愤怒的感受？恋爱的感受？美景？
4. 如果你无法用语言描述一个事物，那你还能体验这个事物吗？狗没有人的语言，那狗能体验到嫉妒吗？
5. 要做多少研究才"足以"确定地球以外无生命？我们能知道地球以外有无生命吗？
6. 了解科研过程让你的科学观更坚定了，还是更不坚定了？
7. 科学进步应该越快越好吗？是否会带来伦理问题（比如克隆、原子弹研发等）？
8. "奇迹"的一个常见定义是违背科学理论的现象（你能给出一个更确切的定义吗？），按照这个定义，科学家能在不自相矛盾的情况下相信奇迹吗？请回答并解释原因。

少年伊安的哲学冒险

第 4 章

说谎者、运动和"意外"

> 事情或许是这样的：要么人类的智力
> 不足以理解世界，要么世界是不可理解的。
>
> ——丹尼尔·科拉克（Daniel Kolak）和
>
> 戴维·哥洛夫（David Goloff）

> 如果说这句话不存在，那么以后肯定
> 会有人把它编出来。
>
> ——侯世达

我想好了，我要自己试着走一遍梯子和管道，不用老爷爷带路。我想去看看学校里的事。

我从小小的通道里出来后，一切看起来没什么两样。但我确实感到兴奋，就像爸妈第一天允许我自己走去上学时那样。

但在去学校的路上，我远远望见了老爷爷。他身边有别人。从背影看去，那人真像亚历克西斯。我总感觉扎辫子的女生都是亚历克西斯。我在想他俩怎么会在一起。我试着悄悄靠近他们，结果在半条街外碰上了一群人。我凑了上去，好假装自己和他们是一起的。他们都看我，大概是好奇为什么我要走那么近。我马上做出掐指计算的样子，好像我正专注地思考事情，以至于浑然忘我。我在感觉有人看我的时候经常这样做。好像一算起数，就说明你正忙着盘算某件大事，自然不可能在偷听别人说话。我紧盯着老爷爷，看着他捋胡须，与那个我越来越确信就是亚历克西斯的女孩说话。她走起路来一蹦一蹦的。

有几个人又看了看我。我接着算数。人群中有一个女人盯着天空喊道："那是什么？"

"什么？什么是什么？"人群里的另一个人问。

"我真觉得那是 UFO（unidentified flying object，不明飞行物），"女人立即答道，"实话说，我确信它就是。我们应该打电话叫人的。"

"哎呀，**现在**可不行。那不是 UFO。"

"我发誓，那就是。我知道自己看到了什么。那肯定是 UFO。"

"哎呀，它不是啊。你刚刚指明它了。一旦你指明了某个物体，你就不能再说它是**不明**（unidentified）的了。它充其量是个 FO。"

"FO？"

"飞行物。"

她点了点头，好像虽然懂了，但并不高兴。

"现在它看起来着陆了。现在只是个 O（物）了。没什么好激动的。你打电话的时候要怎么说？'你好，我想报告发现了一个物体'？"

这一切好奇怪，还让我跟丢了老爷爷和亚历克西斯（也许只是样貌举止像亚历克西斯的人）。我好像忘了自己在做什么。那感觉有点像你在骑自行车，然后突然间，你发现之前完全没意识到自己在踩踏板和扶车把——你为自己还活着感到惊奇。我大概不适合当私家侦探吧，身边发生一点事，我都会分神。我在想心理学家有没有给这种状况起一个名字。不过我听说许多著名艺术家和思想家都和我一样。幸亏没人治好他们。

就这样，我走到了学校。我到处都找不到老爷爷。更重要的是，亚历克西斯也无处可寻。

我走进教室，看到了一群隐约有印象的学生。虽然没有一个人是我之前没见过的，但我一个人都认不出来。我坐了下来，椅子特别凉，书桌特别挤，老师也有一点做作——我现在想起来这是梦了。

黑板上写着："请勿擦掉。"这放在平常不是怪事。我们老师有时也会这么写，以便留下黑板上的字，免得再写一遍。但今天黑板上只有这一句话。如果只有"请勿擦掉"这一句话，那干吗要写它？是不想让"请勿擦掉"这句话被擦掉吗？

我调整坐姿时瞥见老爷爷坐在后排。有趣。他的在场既让我焦虑，又让我安心。

老师宣布她要进行一次判断题小测验。她向我们保证题目都是我们熟悉的内容，用不着专门学习。

发试卷前，她通知我们下周会有一次突击考试。她站着笑了一会儿，好像为带给我们整整一周的焦虑而由衷地高兴。

她把试卷放在我桌上时，我的目光很快落在了第一道题上：
"试卷纸是白色的。"

显然是对的：只要世上有白色，这张纸就是白的。所以我写了一个 T，代表"真"（true）。下面几道题看起来差不多，而且（奇怪地）同样很简单：

2. 门卫有六条胳膊。

假。

3. 这句话是测验的一部分。

真。

4. 这句话是黑色的。

真。

5. 这句话是假的。

真。我想是这样吧。

后面还有几道附加题，我暂时没做。第 5 题让我感到困扰。它好像应该是真的。既然都这么说了，它应该**知道**得最清楚吧。但我想了想我的答案的后果。

如果我回答"真"，那么这句话的内容就是真的，与其他题目一样。比方说，如果我第 2 题答了"真"，那么门卫就有六条胳膊。所以，第 5 题答"真"的意思就是，"这句话是假的"这句话是真的。可那样一来，这句话就是**假**的了。哎呀！我知道这道题是谁出的了。这是个花招。答案**看起来**应该是**真**，但其实是**假**。于是，我涂掉了之前的答案，改成了新答案。

　　　　　　　　　　　　　少年伊安的哲学冒险

我骄傲地回头看我那"不太守护人的守护天使"。他轻轻摇头，好像我们在串通作弊，而他不想被抓到似的。

是我错了吗？我认真想了一遍。如果它是假的，那就意味着这句话不成立。如果答案是**"假"**，那么"这句话是假的"这句话就不成立，所以这句话其实是**真**的！啊哈！"答案是，"我心里兴奋地想着，但这时我回想起刚刚的推导思路，"真？"那也不对啊。

如果答案是"真"，那么这句话就是假的。

如果答案是"假"，那么这句话就是真的。

我该怎么办？

如果是你，你会怎么办？

我不知道。

我正在自己的梦里感到精神错乱。我在说真话是假的，而假话是真的。这不可能。这句话要么是真的，要么是假的，绝不可能既真又假。怎么都**不行**！

<hr>

说谎者

"我现在说的这句话是假的。"

（本页括号里的话是假的。）

"说谎者悖论"可以追溯到公元前 4 世纪的古希腊哲学家米利都的欧布里德。

<hr>

一个克里特人说过："克里特人都说谎。"

《圣经·新约》中记载了圣保罗的一句话："有革哩底人[1]中的一个本地先知说，革哩底人常说谎话。"

如果先知说克里特人都说谎，而这位先知又是克里特人，那么他可能也在说谎。但如果他说了谎，他又是克里特人，那么他说的就是真话。然而……如果他说的是真话，那他就在说谎，因为他说自己是说谎者。

<hr>

[1] 革哩底人即克里特人。——译者注

我去看附加题了。我一直觉得这挺好笑的，既然都出在试卷里了，还怎么算"附加"题呢？整张试卷难道不都是"附加"的吗？

我小心翼翼地读了一遍题：

a. 不要读这句话。

b. 拼出"倒数第二"（penultimate）的单词。

c. 加一笔将 VI 变成七。

d. 加一笔将 IX 变成六。

e. 按照下一题的要求做。

f. 按照上一题的要求做。

g. 你知道你没参加多少场会议吗？

h. 现在该去见亚历克西斯了吗？

亚历克西斯？

我马上回头看老爷爷。他正要起身出门，悄悄示意我跟上。我交了卷（我记不得第 5 题是怎么答的了），然后随他走了。我们一路无言，来到学校正门前的台阶停下。我注视着外面的草坪，发现有许多小孩站着说话。我真的见到了亚历克西斯，她正坐在树下看书。她抬起头，好像感觉到我在看她，然后向我示意。"快过来。"她站起身喊道，朝我挥舞手臂。

这会是真的吗？我看向老爷爷，他（和其他人一样）只是站在那里看着。他点点头，好像在说："亚历克西斯真是可爱至极。"

"我必须去见她。"我说。我心想**可爱**这个词还嫌不太够，应该是**完美**。

"我有一个坏消息，伊安。"他说。

果不其然。这等美事肯定不是真的。

"你永远到不了亚历克西斯的臂弯里。"他说。

"求求你了，"我恳求他道，"我是真的喜欢她。她是我唯一喜欢过的女孩，她也想让我过去。我连过去看看她读的是什么书都不行吗？"

他摇头说道："不是**我**不让你去，是远比区区一个我更了不起的事物不让你去。"

"神？"我心里想。除了神，还有谁会比老爷爷更了不起？

"你听着，"他继续说，"你同不同意这句话：要想走过去，你必须先走到距离的一半。"

"当然同意，**每一段路都有一个中点**。"

这没什么问题。走完全程前必须先走完半程，这有什么大不了的？他大概又想给我上一课吧。

他继续说道："既然如此，那么一旦你到了你和她之间的中间点——我们暂且称之为'H'——另一段路就又开始了：从 H 到亚历克西斯。但由于这是另一段路，你必须同意，你又要先走过半程，正如你前面说过的。"

"我**确实**同意每一段路都有一个中点。"

埃利亚的芝诺（生于公元前 490 年）以提出了关于空间和运动的悖论而闻名。当时，他的老师巴门尼德主张"万有为一"。他称一切存在只不过是单一不变的整体；否则的话，分开的东西之间必然被"无"隔开，而这在他看来是不正确的。芝诺悖论说明了运动和变化是伪概念，从而支持了老师的主张。

"问题就在这里，"他一本正经地说，"你从这里去亚历克西斯那里的路程中有**无数个**中点。而考虑到你的寿命是有限的，所以你永远到不了她那里。这与人无关，只是逻辑事实。你不会突然失去简单的逻辑能力吧？"

我满怀希望地看着老爷爷，拿出了最乖的小狗的样子。肯定有办法的。"这不是真的吧？我有可能过去跟亚历克西斯拥抱一下的，对不对？"

"恐怕不行。我演示给你看。"他掏出了一沓纸。

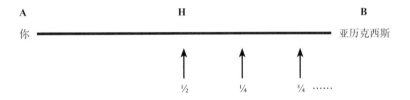

"你自己承认**每一段路都有一个中点**。所以，每当你抵达中点，就可以说你开始了另一段路。走到了 A 和 B 的中点 H，你就要再走到 H 和 B 的中点，就这样继续下去。用哲学家的话说，这叫'无穷'（ad infinitum）。"

逻辑好像是正确的。虽然我知道我能走到亚历克西斯那里，但我还是想先向他证明这一点。不管要去哪里，都要先走完半程。确实如此。但我由此生出一个好主意。

我转向他说："你看到那边那棵树了吧，位置远过亚历克西斯的那棵？我们与树的距离差不多是与亚历克西斯距离的两倍。所以我改主意了，**现在**我要到那棵树底下站着。"

少年伊安的哲学冒险

"改主意了？"老爷爷笑着问道，他明白我的企图了。

"对，我要去那棵树那里，可以吧？这样一来，我就必须走到中点，"我前后轻摇脑袋，想去找亚历克西斯的心情更加兴奋了，"而走到中点时，我也许会等一会儿再接着走下一段路。"

老爷爷深吸一口气，说："那就更糟了，伊安。你不仅抵达不了目的地，而且**一切**运动都是不可能的。你看。"他又画了一张图。

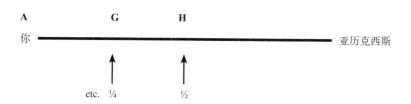

"要想到亚历克西斯身边，你必须先走完半程，也就是到 H 点，这是我们都同意的。**但是**，要想到 H 点，你必须先走完半程——A 点到 H 点是另一段路。我们将这段路程的中点叫作 G 点。如你所见，这样就一路推回了你现在站的地方。你永远都不能移动。变化和运动好像确实充满着悖论。说实话，它们根本就是不可能的。"

这看上去是一派胡言。我只要走过去给亚历克西斯一个拥抱，

飞矢不动

芝诺的"飞矢悖论"如下：

1. 箭矢在任意时刻都是不动的（把它想象成一张照片）。

2. 时段只是时刻的集合。

3. 因此：在任意时段内，箭矢都是不动的。

亚里士多德这样总结芝诺的论证："任何一个运动的物体，它或者在原来的位置，或者不在原来的位置。而它既不在原来的位置，也不在某个不是原来位置的位置。因此，无物运动。"

就能证明他是错的。我企图动身，却什么都没发生。我不知所措。这就好比有人让我单凭意念去推动一块石头。没有什么在阻挡我，我就是动弹不得。我朝老爷爷望去。

"听着，伊安。这个理论恐怕是对的。我有两个似乎能支持它的证据。"

我看向亚历克西斯，她也一脸迷茫地看着我。

老爷爷给我看了他的纸。"首先，你知道的，我们在纸上只能划分出有限的半程，只能到铅笔头的大小为止。但这不代表划分就停止了。到了终点离划分点只剩一厘米的时候，我们可以把那一小段拍下来或者影印下来，然后放大，如此便可继续划分中点，直到间距又到了只剩一厘米，然后再次放大，如此以至无穷。"

我缓缓点头，表示同意。

"那么，要想到亚历克西斯身边，你就必须奇迹般地跳过其中一段距离。你必须**不动而动**。抱歉。我会告诉亚历克西斯，说这不是你能控制的。她肯定愿意过来，但显然，她也会遇到同样的问题。"我抬头望去。亚历克西斯还站在原地，侧着脑袋，神色悲伤。我朝四周的人看去，以为他们会觉得这件事荒谬绝伦，但大家只是站在那里。没有人移动。

我很想去老爷爷之前提到的**洞穴**的虚假现实中待一会儿。我在这里一动也不能动，唯一的安慰是"至少我在**真实**中"，但这好像根本不值当。

就在这时，我看见一只狗朝亚历克西斯走了过去，还舔了她的手。

等等！**它**是怎么移动的？

伊安被妈妈的喊声叫醒："儿子，要下楼吗？早饭做好啦。"

伊安起身时小心翼翼的，好像要调整好姿势。他带着发蒙的表情走进厨房，好像一晚没睡，但又奇怪地感到神清气爽。他朝妈妈走去，抱了她一下，笑了笑。

"你还好吗？昨晚有让人不舒服的事情吗？"她问。

"没有，还行。但是有点烦。我觉得我们的'逻辑'可能真的有整体上的缺陷。否则我理应做不到我刚刚对你做的事情。"

"我们愿意听你讲讲。"

他向父母复述经过时，爸爸缓缓摇头嘟囔着："自我指涉……自我指涉……"妈妈则小声说着："时间与空间……时间与空间。"但她还是笑了，明白了早晨儿子抱自己的意涵。

二值原理——任何命题非真
即假。

无矛盾律——任何命题不得既
真又假。亚里士多德写道："同一
时间对同一事态不能既说它是，又
说它不是。"

"考试题，还有我动不了，这
两个问题有解吗，还是说它们根本
无解，只是我们逻辑中的漏洞。"

"漏洞？"

"是呀，比如那道考试题。我
的意思是，关于事物的陈述肯定要
么真，要么假，而且不可能既真又假。那道考试题似乎违背了这两
条逻辑定律。"

"儿子，这句话有两个问题，它们对我们了解语言和逻辑很有
启发。

"首先，我们来看考试的第 1 题。这句要你判断真假的陈述，
指涉的对象不是句子本身，而是试卷纸。考试第 2 题指涉的也不是
自身，而是你们学校的门卫。第 3 题指的是考试。第 4 题指的是句
子的颜色——尽管句子里**包含**了'颜色'一词，但颜色其实是在句
子以外的。但第 5 题指涉的是自身。除了句子自身以外，我们别无
判断的标准。这就是'自我指涉'。它**既不是**真的，**也不是**假的。"

"自我指涉？"伊安显然感到了不安，"那很重要吗？"

"好吧，让我们把句子稍微改一下。句子结构不变，只是稍稍
变一下用词。改写后的句子就不存在真假谜题了，也就是没有你遇
到的真假两难了。"

"好啊，那是什么？"伊安问。

"这句话是真的。"

"我们怎么知道？"伊安迅速回答道，"如果它是真的，那么
'这句话是真的'这句话就是真的，所以这句话是真的；如果它是

假的，那么'这句话是真的'这句话就是假的，所以这句话是假的。"

"没错，问题就出在这里。句子指涉的是自身，而不是自身以外的某物。自我指涉的句子是不能被证明真假的。句子必须指涉**外在于**自我的事物，这样才可以判断它的真假。你看，"他写了一句话，"门卫有六条胳膊。"

维特根斯坦对"自我指涉"有这样的解读："说'我知道你在想什么'是可以的，说'我知道我在想什么'是不可以的。"

"知道"某人自己在想什么是自我指涉，"知道"别人在想什么就是指涉自我以外的事物。

"把它跟'这句话是真的'比一比，看到差别了吧？后一句话并不基于自身以外的任何事物，没有外在标准。类似的还有'这句话有意义'或者'这句话没有意义'。

"我们拿指涉自身的陈述没办法。"

"好，我觉得我明白了，"伊安答道，"不过这在某种意义上也挺好玩的，'这句话有意义'是自我指涉，所以它应该是没有意义的，但它确实帮助我理解了这个问题，所以它又**确实**是有意义的。"

爸爸骄傲地点头微笑。

"对了，老爸，你刚才说这句话有两个问题。"

"没错，第二个问题与你刚才讨论真假两难时提到的一件事有关，虽然你只是提了一嘴。你说，一句话不是假的就是真的。"

"难道不对吗？"伊安答道，"看看其他所有的题吧。就算你没见过我们学校的门卫罗恩，你也知道他**要么有，要么没有**六条胳膊吧。同理，试卷纸要么是白的，要么不是。每句话似乎都是非真即假的，哪怕现在还不能马上确定。"

"没错，乍一看似乎是这样。我来问你，你不再踢小狗奥珀斯的头了，这是真的吗？"

"啊？"伊安马上戒备起来，爸爸的言外之意也让他有些困惑。

"这句话是真是假：'伊安·平克不再踢小狗奥珀斯的头了'？"

"但你知道我从来不会那么做啊。"

"问题不是**我**知道什么。告诉我，它是真还是假？"

"我不想回答。难道你也做过那种有个疯老头提问来给你挖坑的梦？"

"没有，幸亏我一直躲着他。但这句话好像不是真的。我相信，你也说了，你从来没有踢过奥珀斯的头，一次都没有，所以你不能**不再**做某件你根本没做过的事。"

"没错。"

"但那意味着这句话是假的。可如果'你已不再'是假的，就意味着你**还在**踢小狗的头，这也不对。再看这两句话：

现在月亮上是三点钟。

凤尾鱼比萨好吃。

"这两句话是非真即假的吗？"

"我开始懂了。不过，我还是不认为一个句子可以**既不真，又不假**。"伊安笑了一会儿，思考了一遍他对语言的新认识。他提出："但我不确定这有没有真正解决问题。因为题目是'这句话是假的'。因此，如果它既不是真的，也不是假的，那就意味着它不是假的，所以它说的内容就是假的？"他坐在那里，笑了。

爸爸又说："好吧，我们现在试着把这些都忘掉。你们学校喜欢出判断题，那么至少在考试期间，我们假设题目**确实**非真即假。"

伊安继续笑着。

爸爸问道："不过，为什么要问我有没有和老爷爷见过面呢？"他半开玩笑地问，尽管也带着些许忧虑。

伊安抬头看他，显然感受到了爸爸的忧虑，但也对爸爸揪着一句玩笑话不放而有些烦躁。"你是什么意思，爸爸？我就是跟你开开玩笑，因为你问了我关于奥珀斯的奇怪问题。"

"哦，好的，"爸爸答道，他这下有一点宽心了，"好。因为我与老爷爷没有半点瓜葛，你知道的。我怎么可能有呢？"

伊安笑了，样子更放松了些。笑容只维持了片刻，因为他接着谈到了老师说的突击考试。

"不存在这种事。"爸爸马上反驳道。

伊安像动画人物似的朝他冷笑一声。

"告诉我，"爸爸立即说，"考试会是周五吗？"

伊安似乎拿不准。

"如果是**突击**（surprise）考试，那就不会是周五，"爸爸马上自问自答道，"如果周一到周四都没考试，那你就**知道**是周五考了。

"突击考试悖论"最早由哲学家 W. V. 奎因提出。

指定……与未知

罗伊·索伦森阐述过一个类似的悖论，涉及一个"指定生"概念。指定生与其他学生有两点区别：

1. 指定生后背有一枚金星，其他学生是银星。

2. 指定生不知道自己是指定生。

五个人站成一排，第五个人对着第四个人的后背，第四个人对着第三个人的后背，以此类推。显然，第五个人会知道自己是不是指定生，因为他能看见第一到第四个人的后背。因此，第四个人知道指定生不可能是第五个人，同时，因为他能看到第一到第三个人的后背，所以第四个人也不可能是指定生。每个人都会遇到同样的问题。

这肯定就不算出其不意的了。所以不可能是周五。"

伊安笑了："是啊，我同意。但那只是其中的一天啊。"

"确实，但一旦你意识到不能是周五，那就只剩下四天了，对不对？"

伊安点头。

"同样的逻辑可以用到余下的几天里。既然突击考试只可能在周一到周四，那么如果周三还没有考试，你就知道是周四了。这也不算出其不意。这个逻辑可以一直套用，直到周一。不存在突击考试，"他平淡地说，"这其实是个好消息。"

伊安点头，但只是微微颔首，好像并不完全满意。"好吧，两个你都解决了，"他顿了一下，"可第三个问题呢——我们的逻辑甚至无法容许运动？"

"儿子，"爸爸道，"这只是一个数学问题。"他刚要继续，妈妈插了进来："亲爱的，还有一点，这个问题的真正答案或许在于空间观。"爸爸好奇地扬起了眉毛。"不过你先讲吧，亲爱的，"她又说，"我想先听听你的答案。"

"好，"他递给伊安纸和钢笔，"你学过罗马数字吧，儿子？"

他点点头。他基本了解。

"'10'用罗马数字怎么表示？"

伊安写下了"X"。

"很好。那'20'呢？"

"XX"。

"对。那'103'呢？"

"CIII"。

伊安有些着急，似乎想让爸爸出难一点的数字，其写法不是简单的两数相加，而是要先写一个小数，再写一个大数，大数**减去**小数得到所要表示的数字。但爸爸一直没有出。

他最后问："'0'用罗马数字怎么表示？"

伊安坐在那里思考，一脸茫然。他似乎对自己感到失望，因为他以为自己会高分通过的。他失落地抬头看爸爸。

零的历史

公元前 300 年：巴比伦人将零用作占位符。

公元前 300 年：欧几里得写下了数学巨著《几何原本》，不过书中只探讨几何学，而不涉及数轴。

公元 630 年：零出现在印度数学中，由一个点表示。

665 年：玛雅人将零用作占位符。

1247 年：中国人开始用"〇"表示零。

1876 年：麦尔威·杜威发明了杜威十进制分类法，包含从 000 至 999 的数字，用途是图书馆藏书分类——小数点后的数字代表次级分类。

2000 年 1 月 1 日：世界人民欢庆新千年的到来，但其实只过了 1999 年，因为没有"〇年"。

"没错，伊安。你高分通过了，"他说着在纸上画了一个 0，"希腊人的数学体系里没有零，罗马人也一样。零直到多年后才出现，也就是公元前 300 年，巴比伦人开始用零来分隔数字。尽管这里的零只是占位符，但终究还是零：代表缺省。希腊人没有零，所以你遇到的问题是合理的。"

"真是怪事，爸爸。但这对现在的我们有什么意义呢？"

"零与无穷是相辅相成的，两者关系很紧密。但最重要的是，计算我们所说的'极限'需要用到零。等你上了高中，就会明白零在微积分中的重要性。我们可以用它们来解决你遇到的运动难题。"

他的话显然还没起到帮助。

"基本上，微积分让我们能够将无穷多的点集当作一个整体。这正是你在这里要解决的问题：一段有限长度的、由无穷多分段组成的集合。这个无穷递增序列中的每一段距离都是有限的，它们共同趋近一个特定的终点，也就是极限。

"这真的挺有意思。如果没有一套合适的数学公理，我们甚至连简单的运动都无法解释，"他兴致勃勃地扬起了眉毛，"希腊人没有这样一套公理，于是产生了问题，这在某种意义上改变了他们的现实观。"

躺 8：∞

英国数学家约翰·沃利斯被认为是第一位用"躺 8"代表无穷的人。他在 1655 年的《无穷算术》中引入了该符号。

"亲爱的，"伊安的妈妈耐心听完后插话道，"我明白使用零、极限、无穷对解题的重要性，但从空间角度去思考或许也会有帮助，哪怕只是理论上的。"

伊安和爸爸看看对方，歪歪脑袋，又耸耸肩膀，准备好接受理论了。伊安看得出来，爸爸真的喜欢听妈妈用一种巧妙的方法谈论这种种怪事。

她说："今天，科学家和数学家用'普朗克长度'这个术语来表示他们认为的不可分空间——不能再往下分割的空间。这与认为空间无限可分的古希腊哲学家截然相反。我们来想想用古人思维思考的后果，好吗？"

父子俩点了点头。他们做好准备了。

"好了。我们先顺着老爷爷的假定：空间**是**无限可分的——可以不断分下去，就像他说的那样。只有这一点成立，他的观点才能成立。于是，一条线必然是由**无穷多**个分段组成的。问题是，每一段有多长？答案只有两个，"她竖起一根手指，"A. 每一段都**没有**长度。"

父子俩点点头。她又竖起一根手指，说：

"或者……B. 每一段都**有**长度。"

父子俩又点了点头。

她继续说："如果答案是 A，那么这条线根本不存在：如果各段都没有长度，也就是长度为**零**，那么不管有多少段，线的长度都是零。任何数乘以零都是零。这看起来是荒谬的。"

很小……很快

希腊语单词"原子"（atom）源自"a"（不）和"tomos"（切分）。有古希腊人认为，原子是"不可分的"。

如今是"普朗克长度"承担起了表示不可分物的作用。它大致等于 1.6×10^{-35} 米，相当于质子大小的 10^{-20} 倍。

另外还有普朗克时间长度，是时间的最小计量单位。它等于光子以光速通过一个普朗克长度的时间，等于 10^{-43} 秒。

父子俩点点头。荒谬。

"如果是 B，那么线就有无穷长。无穷多个有长度的分段加起来就是无穷长。任何数乘以无穷都是无穷。同样荒谬。"

"是啊，荒谬程度相等。"伊安开玩笑地说。

"所以结论是，空间并不像老爷爷说的那样。空间**并非**无限可分。最后必然会分割到最小的距离——普朗克长度——然后我们就能跨越它，给对方一个拥抱了。"

"这个距离——哪怕它非常小——也肯定是**有**距离的。所以我们就能奇迹般地跨过去？"伊安问。

"是的。一个普朗克长度。"

伊安肯定地点点头，尽管看得出疑窦未消。爸爸站起身，从容地走出四步，来到妈妈身边，然后拥抱了她。两人相拥而立，妈妈最后发话："伊安，我有点惊讶，你的朋友怎么没有带你去太空中的黑洞里看看。在黑洞里，恒星坍缩了，没有时间，也没有空间，任何东西都不能到达目的地，就连光都不能逃脱。你在那里想抱亚历克西斯才会真的有麻烦呢。"他们笑了。

"我连黑洞是什么都不知道。如果我不知道什么是黑洞，黑洞会出现在我的梦里吗？"他顿了一下。

"咱们去年夜里爬山的时候讲过的，还记得吗，儿子？"爸爸

少年伊安的哲学冒险

满怀希望地问道，"它大概和你学到的其他东西一起埋在你潜意识里的某个地方吧。"

妈妈换了一副口气，说："我们现在真的要走了。等你回家，我有一个惊喜给你，伊安。现在，你期待着回家时能收到什么，但也许我什么都不会给你，**那**就是给你的惊喜。"

"这是妈妈们的那种'延迟满足'把戏吗？你真的有准备惊喜给我吗？"

"真的，会给的。等你回家，**我有惊喜零食给你**。"

　　"我以为回家时会有惊喜（surprise），结果并没有惊喜，所以我当然感到意外（surprised）。"
　　　　　　　　　　——维特根斯坦

无声的孤树

　　走出家门，我回想起之前与老爷爷的见面。自那以来，我对一些事情想了很多。谁能料到，我们的感知是主观的？我过去几天一直在想这件事。多奇怪啊，我们其实是自身感知对象的一部分——我们在外在存在上发挥了如此积极主动的作用。所以，我猜我已经知道这个大问题的答案了：

　　　　如果森林里有一棵树倒下了，没有人在场听到，那么树倒下发出声音了吗?

没有发出。这确实很难想象。但我们的感知是主观的。声音是依赖于听者的。多么神奇。**好一个真命题!**

我一边走一边思索，只见脚下的道路一分为三——三齿的叉子，我心想。它让我想起自己讨厌三齿的叉子。四齿的要好用多了：扎得更牢，还能叉到米粒一类的小东西。三齿叉子能做的，四齿叉子基本都能做，而且做得更好。用它们扎任何目标物的成功率都要高出 25%。

我抬头，注意到每条岔路尽头都是一间温室，有着透明的圆顶，里面像是茂密的森林。每间温室前面都站着一个西装革履、打扮正式的人。

于是，我向叉子左齿尽头的温室走去，跟门口的人打了招呼，对方点了点头。温室里有狮子在吼叫，有猴子在空中悠荡，有叶子在颤动。但我们在外面什么都听不到。温室是密闭隔音的。好奇怪。我抬起眉毛看那人，表情在说："你这里显然有一场奇怪的展览，你也知道我肯定很好奇为什么在这里开展览，你就不能直接告诉我吗？"这时他开口了："奇怪的展览，是吧？"我点头。"你肯定很好奇为什么在这里开展览。"我点头。他转头示意我看森林。说时迟那时快，一棵大树轰然倒地。我点了点头。他走到展厅门口，打开了门。整个森林听起来一下有了生机。他拿起一只卡带录音机，然后我们出去了，合上了身后的门。

他按下"播放"键。我听见一只狮子的吼声，然后是木头和灌木开裂的声音，最后是大树撞击地表的巨响。他转向我说："树倒地时没有人听到。你怎么解释这个声音？"说完走开了。

　　我快步走到中齿位置的人身边。他肯定有答案。我过去的时候，他身边有另一个穿着正式的人。第一个人向我挥手，跟我比画手语。第二个人负责翻译，他语调平淡地说道："你好。欢迎来到二号齿。祝你愉快。"这时有一架飞机经过了那个疑似耳聋的人身后。他朝声音的来源转过身去时，我扬起了眉毛——你不需要有侦探的本领就能看出来，那家伙刚才是装聋。我以前经常逗杰夫家的老狗。你告诉它坐下、躺下、"不可以"——让它做任何它不想做的事情时，它都会无视你，就像聋了似的。哪怕你就坐在它后面叫它的名字，它也不会转身。但当你在它身后小声说"好吃的"时，它马上就会转身。选择性耳聋根本不是耳聋。这时，那个看起来耳聋的家伙又开始比画了。翻译说："我知道我听到声音了。"

　　"你怎么听到的？"我问翻译。向一个不是对话对象的人说"你"感觉有点怪，但我想应该这么做。

　　他答道："对我来说，声音是空气中的分子的位移。仅此而已。事情其实也就是这样。对内耳功能正常的人来说，飞机那边传来的分子会让内耳的一部分开始振动，然后大脑再把振动与飞机联系起来。我只是对空气的扰动非常敏感。我能感受到。**那就是声音**——空气中粒子的位移。这完全取决于你的定义，真的。"

　　他转身走进森林。就在这时，一棵大树倒向地面。我在外面什么都没听到。他出来后比画道："哇，好响的**声音**！"

　　"声音？"我说，"出声了？可没有人在场听到啊。"

　　他比画道："我在场。空气粒子肯定发生了位移。我感受到了。

真是好响的声音。"

接着两人就走开了。我朝他们大喊，可他们都装听不见。

之后，我很自然地走向第三个齿。我已经开始为这把叉子只有三个齿感到高兴了。我到达时，那个穿着正式的人朝我打招呼。

"你好，年轻人，"他说，"你可以向我解释一下自行车的概念吗？"

他是认真的吗？

"我是认真的。"

好吧。得到答案了。

"我听过这个词好多次了，虽然我不知道它是什么意思。我经常听到有人用'轮子''把手''踏板''框架''链条''交通'这些词来描述它，但它们都没用。请你不用这些词，向我描述一下自行车的概念吧。"

这是不可能的。这些事物加起来**就是**自行车。这下我要怎么办？这家伙确实不好对付。没有这些事物，就不可能有自行车。"抱歉，先生，"我真的很想帮他，"但描述自行车需要这些事物，没有这些事物就不能理解自行车。但世界上确实存在自行车，随处可见。所以我认为你是在让我做不可能的事。自行车必须包含这些事物。"

"感谢你的坦诚。"他回复道。他在笑。他好像在嘲笑我。我得再跟他周旋一下才行。

"先生，你能为我描述一下树木倒地的概念吗？"他刚要点头，我就接着说，"但是，你描述时可否不包含声音的概念？"

他点到半路的头顿住了。"可是，年轻人，没有声音的话，树木倒地就是不可理解的，是不可能的——根本不会有树木倒地这回事了。但树**确实**总是在倒地。"就在这时，他示意我看隔音森林温室里面，我们正好看见一棵树倒向地面。他点点头。"所以我认为你是在让我做不可能的事。树木倒地**一定**会有声音。"然后他就走开了。

我转身回到叉子柄的位置。这把叉子似乎推翻了我最初的假说：孤零零倒地的大树不会发出声音。我在叉柄处抬头看，看见最后一座温室森林前面站着最后一个穿着正式的人。这个人显然引起了我的兴趣，因为他刚刚还不在那里。我走近他，他正式地跟我打了招呼。他拿着一台摄像机。他打开通往森林的门，我们进去了。至少这一次那棵树倒下时，我将是在场的。但森林安静得出奇。没有狮吼。没有猿啼。什么都没有。

这时他小声说："你听见了吗？"

我摇头道："没有。什么都没有。"

"没有？你看我的摄像机。"摄像机拍了树叶的特写，树叶正在颤动。

好吧，我猜我只是没听见树叶颤动的声音。他又小声说："你听见**那个**了吗？"

我摇头。摄像机拍到蚂蚁列队前行。按照定义，它们小小的腿肯定发出声音了，但那是我的耳朵探测不到的声音。

"**那个**呢？"

我摇头摇得更厉害了。我想象不到他这次要给我看什么。我们看起了摄像机。他把设置调到"超高倍率"。画面中，两个分子在相互碰撞。听不清。我想应该到此为止了。

他开口道："所以说，寂静无声是可能的吗？"

"当然。不然为什么要有这个词？这里的森林就是寂静无声的，就现在。"

"那么你是赞同这个观点了：发声需要有人听见，"他顿了一下，"对吧？"接着又说，"因为显然有些事物在发出声音，只是你听不到。你认为有人听到才有声音。"

"对，你说得似乎是对的。"

我们走出森林后，他关上了隔音门。"所以说，如果森林里有一棵树倒了，没有人在场听到，那么它发出声音了吗？"我静静地站着。我们转过身。一棵树倒下了。没有声音。"显然没有。"

"如果森林里有一颗熟透的**柠檬**，没有人在场看到，那么它是黄色的吗？如果森林里有一朵玫瑰，没有人在场闻到，那么它是香的吗？"我看向森林，寻找柠檬和玫瑰，等回过身来，他已经走开了。

阅读讨论题

1. 维特根斯坦说，"我知道我在想什么"是一句无意义的话。为什么？这句话与"我知道你在想什么"有何不同？维特根斯坦在另一场合说，由于自我指涉问题，人无法多次正确指定同一种感受（比如痛觉）。有鉴于此，你在试图认识自己时可能会遇到哪些问题？

2. 如果逻辑和数学会带来"说谎者悖论"，还表明运动是不可能的，我们能从中得出何种启发？

3. 你是否认为——至少在理论上——普朗克长度（已知最小的长度）还可以继续细分呢？如果是，我们能得出什么推论？如果否，为什么？

4. 针对无人在场的情况下一棵树倒下有没有声音的问题，"无声的孤树"一节中给出了正反两方面的多个论证，你会如何回应这些论证？

5. 寂静无声是可能的吗？如果可能，你对"孤树"有声持支持还是反对态度？如果不可能，那又意味着什么？若一人吹响狗哨而无人（和狗）听到，哨子发出声音了吗？

6. 如何定义"声音"？故事中的聋人说他"听到"了飞机——这是"听到"的一个好定义吗？你给出的"声音"定义会在多大程度上影响你对"孤树"问题的回答？

第5章

神

得先信它，才能看见它。

——《纽约客》漫画

桃乐丝：我们要见法师！

翡翠城守门人：法师？没有人能看见伟大的奥兹，没有人见过伟大的奥兹。就连我都没见过他！

桃乐丝：这样啊，那你怎么知道有一位法师呢？

——1939 年电影版《绿野仙踪》

我猜老爷爷和我正往教室走去。

"我那天看见你和亚历克西斯在一起了，你知道的。"穿过学校时，我对老爷爷说。我是不假思索、脱口而出的，大概是我潜意识里知道，一旦我思考了要如何质问他，就有可能打退堂鼓。我看着他，试着表现得强大些。

"对，忘了告诉你，我碰见她了。"他说话的样子好像忘记了她是我最好的朋友之一，而且我有点喜欢她。他想隐瞒什么？还有，他怎么可能在**我的**梦里**碰见**她呢？

"我们看到的，以及我们看起来的样子 / 都不过是梦中之梦。"

——埃德加·爱伦坡

"哦，挺好，"我这样说是为了不让他生疑，"你们聊什么了？"

"最后的远行。"他大大方方地答道，仿佛忘记了他刚刚还在试图隐瞒。

"最后的远行？"我问道，"什么意思？"

"哦，就是闲聊。她最近出去玩得怎么样之类的，你懂的。"

我不懂，而且他的戒心好像回来了。他转换了话题，说："昨天的惊喜零食不错吧？"

"不怎么样。"他怎么会觉得苹果和奶酪算得上惊喜？"我**每天**回家都是苹果和奶酪。"

"所以你没有感到惊喜？你本来预料会有出乎意料的东西。正因如此，你得到的东西**再出人意料不过了**。我听着觉得很惊喜呀！"他哈哈大笑起来，好像在扮演我妈似的。我想从某种意义上，我确实是惊讶的。

目的地似乎已经到了。我们走进了一座看似寻常的房屋的正门。也许是老爷爷家。屋内有一间客厅，厅里有一台电视机、两把椅子和地毯，相当朴素。现在该开始上天知道什么课了。老爷爷去把电视打开了。现在是整点——我看见墙上挂钟的分针在"12"的位置，虽然没有时针。画外音预告了即将播放的节目。

"呼，正赶上。"老爷爷心不在焉地吁了口气。

当然能赶上了。毕竟他说了算。他想让我们误节目，我们就会误；他想让我与"十年度最佳学生"失之交臂，我就失之交臂了；他想让我们**正好赶上**节目，于是我们就赶上了。

"我觉得你肯定会喜欢的，伊安。我早就盼着看这个访谈了。"

我当然会喜欢了。

节目开始了。音乐激动人心，坐着的主持人面露紧张，又有些得意，等候着开场提示。音乐逐渐消失，镜头拉近，主持人向我们表示欢迎。"今天，我们将共同见证演播业的历史，见证一桩前所未有的事件，在任何层次、任何媒介上都不曾有过。

"近期一次民调的问题是：你最想与谁对话？在世或离世、真实或虚构的人物都可以。72% 受访者的回答是'神'。今天，我们将以前所未有、超乎想象的方式接近这个目标。今天将与我同台的是神使，神的左膀右臂，他就在后台。千百年来，或者说从古至今，人们一直在追寻他。今天，我们有幸请到他来做客。"老爷爷扬起眉毛看着我，一边笑一边点头。

"我承认，确实挺酷的。"我说。

接着音乐响起，镜头一转，主持人继续说："很高兴今天能请到神使先生。"走出来的是一名一袭白衣的男子：白鞋、白裤、白色系扣衬衫、白皮带、白项链。他看起来就是个普通人，无甚特别。但他确实有某种光环。我很想听听他要说的话。

主持人：欢迎你。很荣幸能请到你与我和听众们分享神言。我知道你非常忙，忙着创造宇宙、审核进天堂资格、塑造灵魂。所以我们就单刀直入吧，好吗？

神使：好的，谢谢。感谢你请我来。神和我决定，该给人们多年以来的种种问题一些回答了。人的天性就是好奇，这我早该知道的，我见过人是怎么造出来的，见过人的大脑构造。你知道的，我们确实把人脑造成了天生要探究周遭世界的样子——我们其实把所有人类都造成了哲学家。我想你们中有一些人给这起了个名字，叫"认知命令"（cognitive imperative）。你们确实起过不少好名字。它就是大脑理解世界的方式。讽刺的是，随着这玩意儿——电视机——的出现，人开始忽视自己的认知命令，忽视自己内在的求知欲，让电视机代替自己去认识。那可容易多了。你知道的，我们的一位造物——你们都叫他"柏拉图"——将这种状况称为洞穴，人被绑在洞里，只看实在的影子。他早在电视机出现之前就提出了这样的想法。因为把目光留在洞穴里更轻松，于是人们就这样做，而不去认识实在。实际上，光让他们盲目了。（笑）坐着看电视比坐在洞穴里要轻松多了。神和我觉得这很有意思，你们明明被设计成了能看见光、喜爱光的样

试着不去思考

认知命令：一种自动的、不自主的大脑活动。如果想得太多，认知命令会立即对其进行分类。如果想得不够多，认知命令则会为其创造复杂性。试着不去思考，认知命令会替你思考的。

"所有人本质上都渴望知识。"

——亚里士多德

没有书的洞穴

雷·布拉德伯里的小说《华氏451度》描绘了一个所有书都被焚毁的社会。领袖们认为，自主思考会让人不快乐。于是，他们拆掉了门廊、花园和摇椅，换上了大屏壁挂电视，塞给人们无数无关紧要的事实。

"你对许多事问了**为什么**，最后你其实很不快乐，"一个角色说，"如果你不想让一个人因为政治而不快乐，那遇到一个问题时就不要给他两个视角，那会让他烦恼——就给他一个。最好一个都不给。"

子。所以我们才对哲学感到兴奋：人在做他们生来该做的事。不管怎么说，我很抱歉。我和神相处太久了，导致离开他之后成了个话匣子。

主持人：可以理解。这些都非常有趣。你确实洞见独到。我想先提一个小问题，一个许多观众好奇的问题。神为什么派你这唯一的使者前来？

神使：神和我谈过这件事。这确实是个艰难的决定，我们必须慎之又慎。你看，我们明白有许多种宗教——你想象得到，这个话题对我来说真的是一个潘多拉的盒子。问题太多了，而且我们想要帮助世人。我们不想给他们**一切**，只是想给出一些有帮助的洞见。我们赋予人的不是"神存在"这条**知识**，而是**信仰**的天赋。

主持人：我明白了。但科学难道不能最终证明神的存在，以赋予人们你提到的**知识**吗？

神使：可能有人这样想。不少人做过尝试，但确切证明的可能性似乎很低。另外，你肯定也知道，科学有自己的一小套规则，而且它可能并不是了解真实宇宙的唯一手段。科学在定义里就排除了形而上学。但你们难道不都认为智能设计者的存在是显而易见的吗？我的意思是，一切就这么**偶然发生**——这种可能性太低了。

想一想吧：地球和地球上的人都是为生命诞生而精心塑造的。得有几百万种，实际上是几十亿种事物**刚刚好**，人类才得以生存。比

智能设计论

18世纪有一位大主教威廉·佩利（William Paley）提出了"设计论"。他以手表作喻：如果你在沙滩上发现了一块表，它的每个部件似乎不可能是偶然匹配到一起的，尤其是它表现出了高度的有序和设计。就像有序的宇宙一样，我们会认为它有一个创造者。

少年伊安的哲学冒险

如，氢的含量要刚刚好。再比如，你们所居的行星要刚刚好在星系的旋臂上，与一颗温度刚刚好的恒星有着刚刚好的距离，还有你们体内数以百万计的化学通路，每一条通路都需要精准运转——精准，精确到小数点后好几位。

主持人：（点头，睁大眼睛）

神使：你不会真以为如此完美的构造是通过多次随机突变出现的吧？咱们私下里说，你到底怎么想的？

概率有多大？

有科学家估计，我们的宇宙偶然形成的概率在 1/1 053 至 1/10 112 之间。（一万亿个地球大小的行星拥有的原子总数为 1 062。）这支持了"人择原理"（Anthropic Principle）——要让我们存在，宇宙必须恰好像它现在这样。任何一种原子或引力只要变化一点点，我们所知的生命就不会存在。因此，宇宙似乎是专门为人类设计的。

理论物理学家保罗·戴维斯写道："设计的冲击力是压倒性的。"

主持人：好吧，我们现在可不是私下里。（朝摄像机比了个手势）不过无论如何，我对此确实不了解。

神使：好吧。我还有一点觉得好奇，你们怎么都觉得一些复杂的身体器官是无中生有地进化出来的？进化要发生，一个个体肯定需要比另一个个体有某些优势，对吧？所以，他是被选中——可以说是被自然选择的——从而拥有更高的存活机会。他存活下来，就能把基因与身体优势传递下去。

主持人：确实。（认同地点头）

神使：但对于必须保持完整才能正常运作的复杂器官来说，这要如何发生呢？首先，请看这两个捕鼠夹。（掏出两个放到桌上）左边这个有**弹簧**、**压杆**、**踏板**，但没有**鼠弓**和**底座**；右边有左边的全部部件，外加**底座**。

进化论批判

乔纳森·萨尔法蒂在《反驳进化》（*Refuting Evolution*）一书中引述了对进化论的两种批判意见：

1. 科学就像一场规定了不许神创论者参与的游戏。他引用了进化科学家理查德·狄克森（Richard Dickerson）的话："科学本质上是一场游戏……有一条至高无上的根本规则：……让我们看看，在不诉诸超自然力量的前提下，纯粹从物理和物质原因出发能够在多大与何种程度上解释物理和物质宇宙的行为。"

2. 科学也需要信仰。洛伦·艾斯利（Loren Eiseley）写道："实验科学的哲学……做出科学发现、运用科学方法的出发点是一种信念，而不是知识：相信宇宙是理性的，它由这样一个创造者掌控——他不会任性妄为，也不会肆意干涉自己设置的力量的运行……科研工作与信仰没有什么关系，而科学其实起源于宇宙可以被理性解读的信念，当代科学也由同样的假定维系着，这不啻历史上的一大有趣悖论。"

主持人：（点头，好奇地盯着两堆铁零件）

神使：哪个抓老鼠多？

主持人：我觉得都抓不住。5 个部件缺一不可。这两个都没用。

神使：没错。把它们比作动物器官的话，至少就这个器官而言，右边的动物与左边的动物相比并无优势。但是，这样的器官**确实**存在。

以眼睛为例。具体细节就不跟你讲了，虽然那很神奇。眼睛要正常工作，需要许多部件。简便起见，我们就说眼睛需要 100 个组件或者部分才能视物吧——虹膜、角膜、视网膜、离子通道、视神经、特定的蛋白质、分子等。那么，眼睛有 44 个组件的动物，不会比眼睛有 43 个组件的动物更具优势。就是说，一个有 44 个组件的动物不会比有 43 个组件的动物看见**更多**东西——它不会因此抓到更多猎物，也不会降低被捕食的概率，等等。基本上，它不会比另一个有任何优势。因此，我们没有理由认为它更有机会将自身基因传递下去。整个生物界还有无数这样的例子，在这样的例子中，器官或生物体需要所有部件才能正常运转，哪怕是比眼睛简单得多的东西，比如碱性蛋白质，甚至是为细胞运输黏液的纤毛。

鉴于这些东西不太可能由进化而来，我认为这些器官和特征更可能是设计出来的。设计当然要有设计者，而且是智能设计者。

神是很聪明的。事实上是无限聪明的。

主持人：我想也是。谢谢你的分享。而且你的话确实触及了当下时代的核心。你看，人类很难理解"全知""全能""全善"这样的特质。今天，我想聚焦于神的这三个属性，看你能不能帮助我们认识这些概念。

对达尔文来说太复杂了？

生物化学家迈克尔·贝希阐述了**不可还原的复杂性**——"一种要由多个不同部件组成整体才能运转的机制"。他举的例子是包含 5 个部件的简单捕鼠夹。5 个部件必须都有，而且都功能正常，捕鼠夹才能用——有 4 个部件的捕鼠夹与有 3 个部件的捕鼠夹作用相当（也就是完全没用）。因为自然界中还有许多这样的例子（比如眼睛、纤毛等等），所以他写道："在没有功能可以选的情况下，自然选择是无能为力的。我们可以进一步讲，如果纤毛不能由自然选择产生，那么纤毛就是被设计出来的。"

他引用了达尔文的话，旨在表明就连达尔文也会赞同这一点："如果有人能表明存在某种复杂器官，它不可能通过多次连续渐变而形成，那么我的理论就完全不成立了。"

神使：当然可以。

主持人：那么，神到底是不是全能的？

神使：全能（omnipotent）。这个词真好。你们真会起名。**无所不能**。是的。神能做到任何事。

主持人：好，我本来想问神能不能直接创造一个世界，但神好像已经做过了。

神使：是啊。我们为此感到骄傲。好事一件。

主持人：神能让这次访谈变有趣吗？（停顿）好吧，他也已经做到了。（笑）再说一件，神能不能给人一种能帮人更好应对世界的工具？

神使：神其实已经做过很多次了。来看看吧。我们有一段题为"轮子"的视频。（镜头切到一个身边有一堆石头的穴居人。屏幕上出现"公元前3500年"字样。他表情颓丧。就在这时，我们看到神若有所思地点点头。穴居人说了一句"啊哈！"，然后将石头放到一棵倒下的树上滚了起来。另一个人来加上一根轴，又有一个人加上了木钉，于是轮子就转动起来，可以运石头了。）

主持人：哇！神果然神秘地起着作用。你好像有一大批这种影片啊。

神使：确实。这是关于别针的

斯宾诺莎写道，从人的视角出发，万事万物都与人完美匹配："眼睛可视物，牙齿可咀嚼，动植物可以吃，太阳带来光，大海畜养鱼……就这样，他们认为一切自然界事物都是人的手段。于是，通过将宇宙看作我的目的（我的私利），我就认为宇宙必然是为了这个目的而造的。而且如果宇宙是为了这个目的而造的，那么它就不是由自身所造，而是由大自然的统治者所造的。这位统治者赋予人类自由，为人类照看万物，并为了满足人类之用而造出了一切。"

录像。还有微波炉、打字机，你知道吗，打字机的键位排布最初是为了**放慢**打字速度，免得早期的打字员卡壳。我看看还有什么。嗯，激光、青霉素。你们都以为青霉素的发现是一个意外，其实全是神的功劳。神把青霉菌放到弗莱明的工作台上，青霉菌又把周围的细菌都杀死了。还有切片面包，当然了，每个人对什么是发明的标准不一样。来看看这个，哈，飞盘。还有……

主持人：（用力点头，希望神使别再罗列例子了。）神迹果然神秘地起着作用，真是这样的。

神使：说得对。你知道，因为神是全能的，所以他真的可以做任何事。于是，对任何一个以"神能不能……"开头的问题，后面随便你填什么，答案都是"是，神能做到"。正如你所说，神是全能的。

主持人：好的，这里有一个观众提的问题，署名是"梦中人"。我猜他是想匿名吧。我想只有神知道这个人是谁。（笑）问题是："神能不能创造一块重到连神都无法举起的石头？"

神使：神当然可以。神能做任何事。

主持人：（此时有些焦虑）没错。但做出肯定回答恐怕会带来一些相当严重的连带问题。（顿了一下，好像他希望神使能自己意识到。沉默）你看，如果神能做到，那么神似乎就创造了一件他做不到的事，也就是举起石头。然而，如果神做不到某件事的话，神就**不是**全能的了。

神使：是吧，我想。那好，这样不行。所以答案肯定是一个大大的"不能"。

主持人：（四下扫视，好像要求援）但那不也有问题吗？如果神确实是全能的，那么神应该能做到任何事，而不仅是**大多数**事。毕竟，这个问题的句式是"神能不能……？"

神使：也对。这道题算是卡住了。也许我们该看看神的下一个特质了，如果你不介意的话。

主持人：当然可以。（表情有些许黯然）好，我很有兴趣了解这个特质：全知。与无所不知的人共事是什么感受？

神使：那让人感到非常卑微，但收获也特别大。你知道地球的重量是 5.97 乘以 1 024 千克吗？

主持人：这条知识挺有意思。神知不知道俄狄浦斯真的会娶自己的母亲？

神使：当然知道。神无所不知。他知道俄狄浦斯会娶自己的母亲。（镜头切到俄狄浦斯大声宣布："我绝不会娶母亲。"）再来看这一段。（接着我们看到俄狄浦斯单膝跪地，问面前的母亲："伊俄卡斯忒，你愿意嫁给我吗？"）

主持人：神确实全都知道。神了解每一个人，每一件事吗？这一条呢：神知道伊安·平克今天会点什么口味的冰激凌吗？

神使：我看看啊。伊安·平克。哎呀，那个好奇的小家伙呀。他正在接受训练呢，我看看……他训练是为了……？

主持人：哦，跟我们讲伊安的

《俄狄浦斯王》，作者索福克勒斯，公元前 425 年

阿波罗神谕预言，俄狄浦斯会杀父娶母。他坚决抗拒并尽一切力量躲避自己的命运。但最终他在不知情的情况下实现了预言：他在路上杀死了父亲，以为那是个过路人；之后在破解了斯芬克斯的谜语后被封为王，与新寡的王后伊俄卡斯忒，也就是他的母亲结婚。

弗洛伊德由此提出了"俄狄浦斯情结"这一术语，认为儿子潜意识里渴望自己的母亲，将父亲视为竞争者。

少年伊安的哲学冒险

事不要紧的。(他看向镜头,哭丧着脸做了个"对不起"的嘴形。)你能直接告诉我们,神知道他今天要吃什么口味的冰激凌吗?

神使:没问题。巧克力味。我甚至可以让神立字为凭。(他走到帘子后面,那里发出一阵奇异的声响,他回来时带着一张纸,把它递给了主持人。)

(伊安站起身。"等等。我今天根本没想吃冰激凌啊。但去一趟是值得的。我有机会证明神并非全知了。"他跑出了房子。)

(镜头跟拍伊安到了冰激凌店。他冲进去,点了一个草莓味甜筒。"双球。"他专门强调了一句,同时抬头微笑。他走回屋里,吃完甜筒,然后看向老爷爷,骄傲地点着头,坐下了。镜头回到了访谈现场。)

主持人:(有一点不安)好吧,人人都会犯错。

神使:你读我给你的字据。

主持人:(把纸摊开,读了起来)"伊安今天不仅会买冰激凌,而且会违背自己点巧克力味的倾向,而去点草莓味。"落款处写着"神"。真是神奇。看起来神**确实**无所不知。

神使:(点头)神是很神奇的。

主持人:那么,接下来有一个显然的问题。如果神知道——我指的是**确实知道**——我会做什么,或者伊安会点什么口味,那么我们的行为在何种意义上是自由的?关于我们表面上的自由意志有很多夸大之词。自由意志是几乎所有宗教和道德体系的一条重要信条。它在亚当和夏娃的故事里显然很重要,它还决定了谁能进天堂。但如果人别无选择,那又有多少自由意志呢?

神使:你真觉得这是一个问题?

主持人:是的。既然神不可能出错,那么伊安就不可能点**除了**

全知的神与自由意志？

草莓冰激凌以外的任何口味。所以，他在多大程度上是做出了**选择**？

神使：伊安也许会在最后关头改主意，点巧克力味。

主持人：那正是我要说的。假如伊安那样做了，神就错了——神就不是无所不知的了。那**显然**是不对的。所以，在人们做决定的所有实例中，人似乎只能做出神知道人会做出的选择，没有其他的选择。如果神**知道**伊安今天会点草莓味冰激凌，那么伊安似乎就别无**选择**。这样看起来不存在自由意志。

神使：（微微点头）恐怕我的时间已经到了。还有很多事要做呢……永远做不完。我知道我们还有一个特质没聊，但神显然是全善的，所以我们用不着花时间讨论了。谢谢你的邀请。很高兴见到你。与人要为善啊。

我坐着出神，有所启发，也有些许黯然。"真是一次神奇的访谈。看来，关于神是否存在，前后矛盾之处有很多。我家是信神的。

我以为我也信神。好吧，直到这一切发生前，我确实是信神的。如果没有神，我们怎么会有道德，也就是对与错呢？问题实在太多了。我们甚至都没讲到最后一个问题。"

"伊安，最后一个问题之后会讲到的。我们会开始明白，神这个概念可能只是人造出来的。或者至少这么说吧，神可能不具有许多人相信神具有的特质。这让你觉得沮丧吗？"

"没有，没有。知道这一点挺好的。我可不想把宝押在假的事情上。我想我只是有些惊讶，怎么之前从来没有人跟我提起呢？"

我强烈地感到神并非实在，于是悲从中来。"但我看有人写到，人年纪越大，往往就越确信神的存在。当年岁渐长，智慧增多，他们开始明白神**确实**存在了。也许我应该听他们的。人们说小孩能从长辈那里学到很多东西。"

"上帝死了。"

弗雷德里希·尼采在《快乐的科学》（1882 年）一书中描绘了一个一边在街上跑，一边反复呼喊"我要找到上帝"的疯子。有人答道：

"我们已经杀了他 —— 你和我……上帝死了。上帝一直是死的。是我们杀了他。"

尼采相信，人们已经摆脱了压迫人的传统基督教价值，转向更个人主义和理性的价值体系。

男人眨了眨眼。"不知这一切有何目的呢？"他礼貌地问。

"万事都必须有一个目的吗？"神问他。

"当然。"男人答道。

"那这一切的目的就留给你去思考吧。"神说完后便走开了。

——库尔特·冯内古特，
《猫的摇篮》

2000 年，盖洛普公司进行了一次全球范围的调查，主题是相信神存在的人的比例：

总体：45%

老年人：63%

中年人：56%

"我也读过这种调查。但我得出的结论不同。随着人生逐渐向终点、向死亡靠近，人**希望**这一辈子是有目的的。他们迫切地想让

"宗教是人民的鸦片"

卡尔·马克思主张，组织化宗教为人民提供了一个载体，让人们能在痛苦中得到安慰。在某种意义上，宗教让人安于现状；宗教发挥着安定镇痛剂"鸦片"的作用。

他进而论证，人民的苦难是由压迫人的、物质的社会造成的："宗教里的苦难既是现实的苦难的表现，又是对这种现实的苦难的抗议。宗教是被压迫生灵的叹息，是无情世界的情感，正像它是无精神活力的制度的精神一样。宗教是人民的鸦片。"[1] 因此，人们需要宗教来应对自己经历的真实苦难。

他相信，消灭嵌入在资本主义阶级制度中的异化会消除苦难。那样一来，组织化宗教就会衰败，因为正如他前文所写，"人创造了宗教，而不是宗教创造人"。[2]

人生有一些意义。而且更重要的是，随着终点逐渐迫近，他们不希望那就是一切的结束，他们还想要更多，他们想要死后世界，他们想继续做更伟大的事。这一整套想法减轻了他们对未知的恐惧，合理化了他们所有的努力。人一直在做这种事。有的运动员赛前总是先穿右脚的鞋，或者随身带着一只兔子脚——只是让他们在即将到来的事情中多一分安心。这有助于他们应对不确定，应对恐惧。没有人真的认为先穿右脚鞋子对投球有帮助。人创造着自己的真实。自证预言就是这么一回事。神的概念为人们做到了这一切。"

我摇了摇头。

[1]《马克思恩格斯文集》第一卷，第4页，人民出版社，2009年版。
[2]《马克思恩格斯文集》第一卷，第3页，人民出版社，2009年版。

伊安摇着头走下楼梯。"妈妈。爸爸。我知道你们肯定会有巧妙的答案，但这个问题真的很难。而且你们可能会不高兴，但我还是要说给你们听。"他把整场访谈讲给了父母，好几次说他真希望能录下来，好让他们亲眼看看。他讲了关于神全知全能的问题。他看得出来，他们有一点惊讶，但他们还是自信地点着头，就像他讲之前的梦时一样。

"所以，你们怎么看？挺棘手的吧？"

他的父母点头微笑着小声说了几句话。爸爸先开口了，说："伊安，你提出了两个重要的论证，认为神存在的主张是自相矛盾的。我现在持神存在的主张，因为你似乎对相反的主张很有信心。我们一个一个来看吧，按照你的表述。我想第一个问题是创造不能举起的石头，这关乎神的全能。"

> "沉思……让我们成为世界公民，而不仅仅是彼此争斗的、围城之内的居民。"
>
> ——伯特兰·罗素

"对，神**不能**做到所有事。"

"好，我们来看看它。你似乎给**任何**全能者都制定了'第22条军规'。我想请你思考几件事。首先，它在逻辑上不可能，这也是这个悖论的一大缺陷。你要求全能者做的是一件不可能做到的事情，无论他是否全能。

"设想一下，你让神造一个圆的方形，"他顿了一下，"想一想，这在逻辑上就是不可能的。方形有了圆弧就不是方形了，圆形有了方角也就不是圆形了。但我们很难说，如果一个被主张为全能的存在没有能力创造一个圆的方形，这个存在就不是全能的了。"

伊安点头，看起来更安心了一些。

"其次呢，"他故意顿了一下，卖个关子，"神估计**能**创造出圆的方形。"

伊安挑眉，脸上闪过"竟有此事"的表情。

"首先，'圆'和'方'只是人的词语。要是没有我们，就很难想象会存在方。**我们**定义了方和圆。还记得吗，神使曾为我们给事物起的名字而笑了起来，还有'绿蓝色'问题也说明了，我们为描述周遭世界而创造了词语。词语是属人的，属于有限的心灵，终有一死的凡人。但神是无限的。哪怕神会被我们凡人的语言和逻辑难住，我打赌他肯定有办法造出圆的方形。"

妈妈这时插了进来。"伊安，你知道的。人们一直说，神既是无限公正，又是无限慈悲的。但按照我们的语言来理解，这完全是自相矛盾的。如果神是无限公正的，那么神就总是会惩罚犯错的人；如果神是无限慈悲的，那么神就总是会宽恕犯错的人。但那不足以构成神的一个缺陷。你懂了吗？"

"嗯，好像懂了。"他看起来稍微松了一口气，现在多了一分乐

逻辑上不可能的事物：
圆的方形。
已婚的单身汉。
不疼的头疼。
四边三角形。
创造出比自己还要强大之物的全能者。

阿奎那解释说，全能的神不"需要"有能力做到包含内在矛盾的事情："蕴含矛盾的事物不在神的全能范围之内。"

神可以既无限公正，又无限慈悲吗？

15世纪有一位主教库萨的尼古拉。他写到，神不仅可以如此，而且必然如此。他运用了他称之为"对立统一"的原理。因为神是无限的，因此神可以保有相反的性质。

如果一个人沿着一个**无限大**的圆走，那么他的路线既是直的，同时也是弯的。

观，觉得父母也许会把思路坚持到底，"但我们不可以这样说吗？'创造一个圆的方形，同时**不改变圆和方的意思**'，**这样一来**，神就做不到了。"

"有意思。你让问题变得更有趣了，伊安。我对你有三点简短回应。第一，神可以改变'改变'和'意思'这两个词的意思。第二，即便我们用的词义变了，**实际中的**圆形**实际上**还是圆的，这不会变。第三，这其实无所谓，"他顿了一下，"听着，全世界最优秀的足球运动员不需要会制作足球。同理，全能者不需要有能力造出圆的方形。

"这很像我小时候最喜欢的鼓手。那可是个奇人——凡是稍懂音乐和打鼓的人都认为他是最棒的。我经常开玩笑说：'我打赌他打不了烂鼓。'因为他打鼓长期保持高水准，在我心里，关于鼓的**任何事**他都能做到，结果有一件事是他做不到的：打烂鼓。他打鼓水平太高了，根本打不出烂鼓！这显然是一个玩笑，因为这是明贬暗褒。没有人真的以为那是他的能力局限。"

"好，我懂了。"他懂了。

"那就好。最后，我们来看这个要求背后的逻辑。'神不能创造出一块神无法举起的石头'与另一个主张是等价的：'神能举起任何神能创造出的石头。'明白了吗？如果没有神无法举起的石头，那么神也就无法创造一块神无法举起的石头。因此，全能的神能创造出任意重量的石头，**而且**神能举起任意重量的石头。你懂了吗？"

伊安似乎为父亲的答案感到骄傲，但同时对剩下的那个问题忧心忡忡。"是啊，你说得都有道理。但全知的问题呢？"

爸爸很快又开口了。"对，伊安，我们来看看人的自由意志能

> 为什么神造不出一块神无法举起的石头不必然构成问题：
>
> 1. 那在逻辑上是不可能的。
> 2. 神不受凡人语言的约束。
> 3. 全能者没必要做得到这件事。
> 4. 神可以创造出任意重量的石头，也能举起任意重量的石头。

否与神的全知共存。你说过，乍看起来，这两者似乎是不可能共存的，"他竖起了右手大拇指，"神是全知的，**还有**，"他又竖起左手拇指，"人有绝对的自由选择。"伊安再次点头。

"首先，我要考察神**知道**你要买草莓味冰激凌意味着什么。一个人知道 X 会发生，并不必然**导致** X 发生，我想你也同意这一点吧。"伊安面露疑惑。"以天气为例。天气预报员说降雨概率是 100%，然后下雨了，我们不会以为是他导致了下雨。同理，如果你穿越回过去，然后宣布第二次世界大战会爆发，我们也不会说是你导致了第二次世界大战。"

"没错。"

"这就引出了我的第二个论点。其实很简单，神了解你。非常、非常了解。神太了解你了，以至于神知道你生性好奇，喜欢做出人意料的事情。神知道你正在看访谈，也知道你喜欢证明神错了。神甚至比你自己更了解你。但那并不意味着神在强迫你。神可以既知道你要做什么，又容许你有选择的能力。我想，这只是全知附带的能力之一吧。

"再来看神眼中的我们。因为神是永恒的，所以神看我们可能不同于我们看自己。可以想象这样一位永恒的神，神无所不知，能看到过去和未来，神看宇宙就像我们看电影一样。神越过了我们的时空边界，能预先看到我们要做的事。而这不意味着是神导致我们做那件事的。神只是看见了。因为神是全能的，所以神能够赋予我们自由意志，并仍然保有全知。"

这时，伊安骄傲地说："我觉得你们已经把我梦里出现的所有问题都讲到了。希望我能都记住，好去跟老爷爷分享。还有，你们提出的想法其实又让我想起一个问题。"

他的父母面露期待地坐着。

伊安接着说："这在逻辑上是不可能的——就像石头那个例子一样。未来还不存在呢，我们又怎能指望谁知道不存在的东西呢？"

父母对伊安的想法报以微笑和点头。

"我们仍然没有真正证明神存在，这让我有点难过，"伊安的口气变了一点，"我们只是反驳了反驳神存在的论证。科学家真的已经证明神存在了吗？"

"伊安，这是生物学和物理学的一大研究领域。许多科学家认为，宇宙偶然产生的可能性极低。比方说，如果我扔一枚硬币一千次，次次正面朝上，那么这件事只是**偶然发生**的概率**非常小**。你觉得可能发生了什么？"

"有某物或者某人影响了硬币。也许是你耍赖，看到是反面就

神无所不知，人仍可自由选择，两者何以共存？

1. 知道某件事会发生，并不必然导致这件事发生。

2. 神对每个人都非常了解。

3. 神超脱于时间之外，神看事物就像我们看电影一样。

4. 神并不知道未来，因为未来（尚且）不存在。

先定论

长老会奉行约翰·加尔文的学说。加尔文写过，神存在于人的时间以外。此说表明了自由意志与神的全知之间隐含的冲突：

"当我们说神预知未来时，我们的意思是，万事万物……永远在神的眼前，于是按照神的知识……万事万物都在当下，而当下……在神的眼中如在面前。"

他提出，神的"无时间性"解释了为什么人的命运无法改变——神已经"在自身中决定了所有人类个体必然要经历的事情。"

赶快翻过来,确保是正面朝上。也可能是每次肯定正面朝上的特制硬币。"

"没错。你会认为有外力作用,而不是纯偶然。关于宇宙的争论也是一样的道理。"

伊安点头微笑。

"但是,"爸爸说完后停了片刻,好让伊安慢慢放松,"如果**发生**了一场爆炸——比如宇宙大爆炸——那么肯定会产生**某个**结果。用这样的方式计算我们**这个**宇宙出现的概率,是一种倒推的方法。倒推回去必然有某个东西存在。"

伊安皱起眉头,半是难过,半是困惑。

爸爸将厨房灯的灯泡拧了下来,朝伊安的妈妈笑了笑。他将灯泡扔到地上,"啪"的一声响,灯泡碎了。

他转向伊安说:"现在,这些碎片正好落在目前位置上的概率是多少?"

伊安茫然摇头。

"伊安,真正的问题就在这里:如果你提前告诉我,这 20 片玻璃会正好落在现在的位置,摔成现在的形状,**那**确实很神奇,概率

少年伊安的哲学冒险

非常低。但灯泡碎了之后，碎片**必然**会落在某个位置。碎片落在自己落在的位置的概率，这么说吧，是100%——灯泡碎了，然后碎片散落在地。"

（侧栏引文）

> "我们的大脑构造是为了了解打猎和采集、求偶与育儿而设计的：中等速度、中等大小的物体在三维世界中的运动。我们不适合理解极小和极大的事物。"
> ——理查德·道金斯

伊安摇摇头，尽管他露出了一点放松的表情。他为爸爸的见地感到骄傲，也因为又一个证明失败了而怅然若失。

"儿子，你知道吗，许多这种问题之所以出现，是因为我们很难理解极大数字和极低概率的概念。"

伊安摇着头，头发随之来回摇摆。他等待着呼之欲出的结论。

"我们来猜测一番吧。许多科学家估计，当然只是大概估计，一颗行星上出现生命的概率是一万亿分之一。很低，对吧？"

伊安点点头，头发跟着前后摇摆。

"我同意，"爸爸说，"但假如有十亿颗行星呢？这样一来，根据前面估计的概率，生命**会**出现在某个地方不就至少有一定的可能性了吗？"

伊安耸了耸肩，接着点头。

爸爸又说："有天文学家估计，宇宙中的行星数量甚至不止十亿。所以，鉴于我们的行星——以及许多其他行星——已经存在了几十亿年，生命似乎有充足的时间可以出现。事实上，考虑以上所有因素，我们甚至应该预期生命的出现。"

"另外，"爸爸接着说，身子往后靠了一点，似乎暗示着接下来的内容没那么专业化了，"是什么让你认为**你**——人类——**必须存**

（页脚）

第 5 章 神　　　　　　　　　　　　　　　　187

在？我们有何特异之处？你也知道，写历史的人会以自己为中心。我们是书写者，所以我们以自己为中心——这可以理解，但这只是**我们的**故事版本。我们认为宇宙表现出了设计和目的，只是因为我们希望它这样，未必是因为它**确实**这样。我们不要混淆秩序与设计。还记得我们之前对科学的讨论吗？我们天生就有为混沌系统赋予秩序的倾向。但从说事物有秩序，到主张秩序来自设计，这可是跳了一大步。"

"说到跳了一大步，爸爸，"伊安用无礼的腔调说，"那眼睛这种东西怎么说呢？我的意思是，它怎么可能逐渐变成了现在的样子

盲眼钟表匠

世界闻名的生物学家理查德·道金斯提出了类比佩利"智能表匠"的问题。他解释说，人类是一段极漫长时间内大量微小渐变的产物，而过程中的一些变化正是生物适应环境的结果。因此，这个过程并非**随机**的，因为它基于生物有存活下去的能力。

"将生物类比为……钟表是错误的……自然界中唯一的钟表匠是盲目的物理力量……真正的钟表匠是有预见力的……［但］达尔文发现的自然选择是盲目的、无意识的、自动的……没有任何预设目的。"

注定如此……

道格拉斯·亚当斯曾请观众想象一个水洼的思想。他戏谑地模仿起水洼的口吻，展现了水洼眼中容纳自己的坑是怎样的。

"……正好适合我，不是吗？事实上，它实在太适合我了，肯定是专门为了容纳我而造的！"亚当斯接着说，"这种想法有力极了，以至于当太阳升起，气温升高，水洼越变越小的时候，水洼仍然狂热地坚信一切都会好的，因为这个世界里**注定**要有它，世界是为了容纳它而**造**的。因此，到了水洼消失的那一刻，它是惊讶的。我想这可能也是我们需要警惕的。"

　　　　　　　　　　　　少年伊安的哲学冒险

呢？半只眼睛有什么用处？"他诉诸的是认为眼睛不能逐渐进化而来的捕鼠夹理论。"只有一半组件的眼睛，似乎并不比拥有一半加一个组件的眼睛更好。眼睛是进化不出来的，至少按照人们所说的进化方式不行。"

"不可还原的复杂性，"爸爸咬着牙嘟囔道，然后又振奋起来，"首先，伊安，别忘了我们刚刚提到的概率——事件发生**之后**再赋予其概率。这样一来，几乎任何事情的可能性都是极低的。

"更重要的是，我不确定我是否认同你的观点：半只正常眼睛一点用处都没有。诚然，它比不上我现在的眼睛，但我现在的眼睛也远远比不上你的眼睛——你能看见 15 米外的东西，我要戴着眼镜才能看清 1.5 米外的东西。因此，也许半只眼睛能探测到进化程度更低的眼睛感知不到的光源或细微动作。这肯定会有一点优势，不管是多么小的优势。我不确定，一只残缺的眼睛、一根残缺的鞭毛、一对残缺的翅膀，或者任何一个残缺的东西是否毫无用处。

"我们怎么知道它们没有在某个时间点服务于别的目的，后来进化了，于是转用于其他目的呢？你知道的，细菌鞭毛现在起到的是推进器的功能，这其实是从较简单的形态进化来的，它以前的功能是辅助分泌。它曾经服务于不一样的目的。"

伊安坐在那里摇着头，看样子惊讶极了。

伏尔泰在《老实人》一书中嘲讽了万事皆有目的的观念。书中有一个人物给出了许多宇宙有目的的例子，头一条就是鼻子的目的是架住眼镜。

"自然没有预设的目的……如果神是为了某个目的而行动的，那么神［必然］欲求自身缺失之物。"
——斯宾诺莎

"还有最后一点，关于设计论里的**智能**二字——我觉得我就可以把眼睛设计得更好。现在的眼睛完全是反的，甚至是颠倒的。光必须通过整个眼睛才能到达末端的感光区域，图像在那里被正过来，然后曲曲折折地穿过位于大脑后侧的视皮质，然后被处理。"他笑了一下，好像他比所谓的智能设计者更聪明。

妈妈朝一脸得意的爸爸投去微笑。"但是，"她柔声道，"我们来看看能不能单纯用逻辑证明神存在吧，这或许是万能设计者之外的另一种证明法。"她怀着爱意对伊安笑了笑。"我要请你做两件事。第一，请你想象一个完美的甜筒冰激凌。"

伊安耸耸肩，然后点头。略做停顿后，他甩出了一大堆形容词："巧克力超多；微微有一点化，不会太硬；分量大，但不能大到滴得到处都是，也不能小到太寒酸；奶油味超足。"

5% 的视力比没有视力要好？

针对眼睛必须部件齐全才能发挥功能的观点，道金斯讲了一个没有晶状体的朋友的故事："她向我保证，眼睛没有晶状体比根本没有眼睛好得多。"他联系了我们在黑夜中的体验：一条连续的线，"最左端是完全看不见，最右端是完全看得清，每往右前进一点都有极大的好处……任何一个人只要拿出两秒钟，想一想自己熟悉的经历就会明白，'完整的眼睛才有效，否则一点用都没有'的主张不仅是谬论，而且是不证自明的谬论。"

"5% 的视力比没有视力要好，5% 的听力比没有听力要好，5% 的飞行效率比不会飞要好。我们实际看到的每一个器官或功能都是经过整个动物界的一条平稳轨迹发展而来的产物，轨迹上的每一步都有助于生存与繁殖，这是完全可信的。"

他总结道："就我所知，没有一个复杂器官是不能通过大量连续细微变化形成的。"

妈妈哈哈大笑，说："这道题对你来说很简单。其实你在心里想象一下就行了。不过，你显然知道自己喜欢什么样的冰激凌。好，现在请你告诉我，你能不能想象出一个完美的事物。"

"当然可以。我想象的完美事物可能与你想象的不一样，就像我心目中的完美甜筒可能与你的不一样。但我当然能想象出完美的事物。然后呢？"

"好，很好。现在我想请你回答一个问题。你是否同意这个观点：你列了一张单子，上面写着完美甜筒的各种性质，如果我能往清单里再加一条，那就意味着你的单子并不**那么**完美？"

"对，我同意。如果一个东西能变得更好，那么它之前就不算完美。"

"好。那么我要把'存在'这一条加进去。存在的甜筒肯定会更好。你同意吧？如果它现在就在你手里，而不是只在你的想象里，难道不是更好吗？"

伊安乐了，点了点头。

"没错。所以只要我们把'存在'加进去，**那么**它就是完美的甜筒冰激凌了。"

伊安点头道："是啊，我觉得你说得对。"

"好。既然你承认已经想出了一个**完美**的事物——**好得不能再好**的事物——那么它一定得是存在的。我们将这个事物叫作神。你知道，神与甜筒的区别在于，神**按照定义**就是完美的。完美的事物不可能变得更好，所以才完美。因此，说一个事物是完美的，**又**说一个事物不存在，这是矛盾的。如果它不存在，那么它就有改进的空间，因此也就不完美了。但既然神是完美的，所以神必然存在。"

坎特伯雷的圣安瑟伦最早给出了证明神存在的"**本体论证明**"。

笛卡儿对其进行了完善："……我不能设想出不存在的神，从这一事实可得，存在与神是不可分的，因此神确实是存在的。"

安瑟伦证明神存在

1. 你可以设想出一个完美的事物。

2. 如果一个事物是完美的，那么它必然存在。

因此：

3. 这个完美的事物，即神，存在。

它存在吗？

当我们针对一个事物提问时，我们不会问"它存在吗？"

伊曼努尔·康德推翻了安瑟伦的"**本体论证明**"，他的论证如下："〔存在〕明显不是一个真正的谓语，或者说，不是可以加到某个事物的概念中的概念。"

伊安笑了："这是证明，不错。"

爸爸嘟囔了一通，很难听清他说了什么。听起来好像是："我不觉得'存在'能作为恰当的谓语或形容词去描述事物。跟说一个东西是'蓝色'或者'硬的'不一样。它不是合适的谓语。"

伊安看着他，努力想搞明白。

爸爸展开讲道："你想想。我让你猜我口袋里有什么，你可以提问题，那么你可能会问，**它是蓝的吗？它是软的吗？**但你不会问，它存在吗？'存在'与其他谓语的地位不一样。"他停了一下，好让儿子理解。"再说了，你想象出了一个完美的甜筒，不代表**它**就必然存在。"

妈妈咬紧牙，抱起了手臂。"甜筒**按照定义**不是完美的。神是。"

伊安似乎喜欢现在的情景。爸爸妈妈好像一时间忘掉了他在场。"好啦，"他希望让父母冷静下来，"我还有几件事想了解。"

妈妈和爸爸坐了下来，感到累了，但显然对儿子的思索产生了兴趣。"哦？"

"是这样的，我还有四种方式可以证明神存在，"他顿了一下，调整呼吸，"我最近一直在琢磨。"

父母鼓励地点点头。

"好。第一条看上去很简单，几乎一目了然。如果某物在运动，推动它的肯定不是自身。至少最初要有别的东西推过它。但我们不可能一路无限倒推回去——必然有某物开始了这一切，对吧？比如第一推动者，那就是神。"

"那么，一次让万物开始运动的宇宙大爆炸如何呢？"爸爸提议道，"也许是大爆炸造成的？"

"**它**又是由何开始的呢？"伊安马上答道。

"你不认为它可以自行开始吗？"爸爸提议道，"当代科学已经表明，量子粒子会在存在与不存在之间跳转。"

伊安若有所思地点点头，然后说："哪怕它们是自己**推动**了自

证明神及其属性……的五种方式

圣托马斯·阿奎那提出了五种证明神存在的尝试。第五个证明叫作"目的论证明"（teleological argument，telos 在希腊语里是"目的"的意思），与（本章前面讲过的）设计论证明类似：因为自然界事物表现出了朝向某个目的的意图和功能，因此它们必然是由造物主设计出来的。其余四个证明通常被称为"宇宙论证明"（cosmological argument，kosmos 在希腊语里是"宇宙"的意思）。

阿奎那相信自己不仅证明了神的存在，更证明了神的属性：

1. 第一推动者——神是不变的，因此是永恒的。

2. 第一因——神是创世者。

3. 必要存在——神维持着宇宙。

4. 道德准则——神是尽善尽美的。

5. 设计者——神是全知的，指导着自然的进程。

第一推动者

认为宇宙是从虚无中被创造出来的观念叫"从无创有论"（creation ex nihilo）。

阿奎那主张，事物的存在不能由自身导致。如果能的话，"它便必然先于自身，而那是不可能的。但因果的序列不可能……无穷延续"。

因此，神有时被称为"第一推动者"。

己——我觉得这不太对——那么让它们存在的又是什么呢？宇宙中的万物都是有限的，其存在有赖于其他事物。因此，肯定是宇宙*之外*的某物创造了一切。必然有某种'世外'的第一因——神。"

"有想法，"爸爸平静地说，"我不确定你的话是否符合物理学定律，但我必须说一句，非常有想法。"

"好了，这就是前两条：运动与起因，"伊安说，"下一条，我认为世间万物都有某个时间点是不存在的，你同意吧？就像这个马克杯，甚至是我们自己。一切存在之物都不必然**存在**，在过去某个点**不曾存在**，到未来的某个点则**不复存在**。"

"它们之间有什么关联呢，儿子？"妈妈问道，想帮儿子夯实论证。

伊安答道："万物都是从存在到不存在，所以很可能有过一个不存在任何事物的时刻。但既然事物不能让自身存在——我前面说过了——那么必然有某个另外的东西一直存在，否则就不会有任何事物了。"他像煞有介事那样环视厨房，表示事物确实是存在的。

"你真的想得很透彻，儿子。尽管我不确定根据你的前提——事物从存在到不存在——是否真能得出不存在事物的结论，但这确实值得思考。"妈妈微笑点头。

"妈妈，你这样来看，"伊安像学者一样答道，"你的存在有赖

少年伊安的哲学冒险

于其他事物——比如你的细胞，对不对？如果没有细胞，你就不存在了。"

妈妈点点头，看了伊安的爸爸一眼。爸爸鼓励似的点点头，说："一千亿个细胞。"

伊安接着说："你的细胞依赖于分子。分子依赖于原子。本质上讲，一切事物的存在都依赖于他物。但这不能无限推导下去。"

"不能吗？"妈妈反问道，似乎是赞同，但又想看看儿子的表现。

"想象有一系列无穷多的镜子，"伊安一边说一边举起双手，手掌相对，如同镜像，"当你看其中一面镜子，就看到镜像仿佛在无穷地彼此映照。光线可以在镜子间无穷地反射下去，每面镜子都依赖于其他镜子反射来的光线。但没有一面镜子能发光。必然存在一个独立于镜子的光源。这就像我们和神。

> 无中能否生成秩序？
>
> 热力学定律：
>
> 第一定律：无中不能生有——能量不能被创造，也不能被毁灭。
>
> 第二定律：万物自然趋向于混乱（无序）。

神是其他一切事物所依赖的独立存在的源头。"

妈妈笑了，眼睛睁得大大的，充满了骄傲。"你说过你有四种方式吧？"

"是呀，"伊安接着说，显然因为父母一直在认真听而感到高兴，"你们经常说某些东西是好的——冰激凌是好的，一部电影是好的，**我**是好的。"

他们都点点头。

"那么，必然存在一个终极的好，或者善，好让其他所有等级、所有类型的善得以存在。"

"为什么呢?"妈妈追问道。

"这有点像低温。存在一个极限的低温,对吧,爸爸?"

爸爸点点头,好像出神了片刻。他答道:"是的,0开氏度,约合零下460华氏度。这是我们能想到的最低温度。"

伊安接着说:"对。有了这条知识,其他事物的冷就可以参照这个绝对的冷,只是有度上的差别。"

爸爸微笑道:"好双关,儿子。"

"双关?"

"度——两种'度'的用法。"爸爸说道,不确定伊安有没有懂。

"我不是故意的,"伊安严肃地说,好像在模仿电影里见过的某位演员,"我只是说,某人或某物的善是绝对善,也就是神的体现。神为**善**设定了终极的标准,正如**冷**有一个绝对的标准,这样其他事物才可以是**有点冷**、**比较冷**或**非常冷**。"

妈妈朝伊安笑笑,又朝伊安的爸爸笑笑。伊安好像已经成功证明了神的存在,可以往下谈别的问题了。"神能有信仰吗?"他现在换上了更调皮的语气,"神要是对某事有信仰,岂不是需要对绝对知识的缺失?还有,'末日审判'之后会发生什么?人之后就不用再寻求拯救了吗?会有第二次末日审判吗?之前有过末日审判吗?"

走去家门口时,他回过头说:"我真想知道空无一物会是什么样。我指的不是没有地球,或者没有太阳系。我指的是彻底的虚无,什么都没有。我们不可能只有空间,因为需要有什么东西来容纳空间。比如爸爸的马克杯。里面什么都没有,但我们需要马克杯——

终极的善

阿奎那的"第四证明"采用了亚里士多德对事物如何维持自身性质的看法。这一看法源于柏拉图的实在观：存在"理型"——原型或者说最高标准，其他一切事物都以此为参照。阿奎那据此写道：

"我们会遇到或多或少好的事物……但'多'和'少'是相对于'最'的，要看它与同类事物中的'最'的距离有多远（比如，如果某物更接近'最热'，那它就'更热'）。于是就有最真、最好、最高贵，并且有最大值……比如火有着最大的热，是一切热的事物的原因……因此有某个事物是存在、善和其他一切完美的原因，我们称之为'神'。"

有——才能容纳无。好像必须有'有'，才能有'无'。我们甚至不可能只有白色。白色从哪里来，又向哪里去？"

"你知道，伊安，"妈妈说，"有人说，智慧往往更多在于问题，而不是答案。你肯定已经懂了。对于你的这些问题，我不确定自己有任何答案。但我觉得，你很快就用不着我们了。"

伊安转过身，露出一个奇特的微笑，接着走上楼梯，出门去了。

意义的目的

用不着父母了？主持人说我正在接受训练，他是什么意思？他在向谁说**抱歉**？

杰夫等在外面。我从门里走出来时，他朝我喊道："咱们去镇子边上的森林探险吧？想不想去？咱们还没去过呢。"

我想去。这种感觉就像你本来不饿，但别人说你已经挺长时间没吃饭了，然后你一下子就想吃饭了。我们以前经常穿越那片森林。挺有意思的，因为森林简直像另一个世界。倒不是说我已经把**我的世界**想通了，但小小放个假总归是好事。

我们沿着林中小径走，穿行于大树和过分茂密的灌木丛之间，这时，只见前方路旁有一个男人。他肩上挂着一副弓箭，浑身只有腰间缠着一块布，正蹲着看什么东西。一直有人跟我说有**森林人**，但我只当那是都市传说，或者是让小孩子不敢走入深林的故事。我看着杰夫，我俩都笃定地扬起了眉毛，好像在鼓励自己去跟他说话似的。

我们走近时，他手里正拿着一只好看的手表。他朝我们笑笑，还打了招呼。我们也笑笑，打了招呼。他举起手表，用一种友好但刻意的语气问道："它有什么意义？"

我同样小心翼翼地答道："是看时间用的。"

"时间？"他问道。

"对呀。比方说，你今天什么时间吃晚饭？"

"晚饭？"他回答，好像没理解我的问题。"什么时候呢？"他自言自语。他伸手指向天空，然后手指慢慢垂向地平线，说："太阳走了，我们就吃饭。"

他好像没有我们的时间观念。多奇怪，他从来不用在某个特定时间前去任何地方。那又是什么意思呢？没有时间？没有时间就永远不会迟，也永远完不成任何事。但他看起来完成了一些事情。毕竟他还活着，而且我猜他已经活了三十年。

"那么，**它有什么意义？**"他又问了一遍，同时把手表举高，好让我看得更仔细。

"它能告诉你时间。"我又说了一遍，准备要教他什么是时间。

他马上答道："不对，我问的不是'它的**目的**是什么'，是'它的**意义**是什么'。"

我耸耸肩，看向杰夫。他同样耸耸肩。我问那人："它对你的意义是什么？"

他想了一会儿后给出了回答，语气里几乎带着骄傲："现在这个东西对我有很大的意义。它代表着我见到你——来自另一个世界的人——的这一天。"他对我报以非常友好的微笑。"另外，我现在意识到它还有一个很好的目的。它表面又硬又光滑，可以切小浆果。而且它看起来跟我的手腕很配，我可以把它戴到林子里随时用。"

他蹲下，把手表扣在了手腕上，扣上以后好像很高兴的样子。"谢谢你们和我见面，"他对我们说，"现在我要到林子里去了，用用这个切果器。"接着他就走开了，手腕上戴着一块看起来价格不菲的手表。那场景很滑稽。

我目送他离开时，杰夫从小径对面向我示意。"伊安，看这个。"他说着展开了一张像是证书的东西，上面写着："**生命**。官方**生命**证书。"

"它的意义是什么？"他问我，好像我知道似的，好像这个问题能有答案似的。

"生命的意义是什么？"我反问了一句，只为确认我听对了他的话。

他点点头。

"我觉得得看情况，"我想到了我们刚碰见的人，"看它对你的意义是什么。"

"你认为生命有目的吗？"他问道。

"一个东西非要有目的，才能有意义吗？对那个人来说，手表先有了意义，再有了目的。而且生命的目的由谁决定呢？"

"生命的创造者吧，我想。"他答道。

"你指的是父母？父母决定了我们生命的目的？"

"或者是神。如果神创造了现实中的生命，那么神就决定了生命的目的。"

"但创造者的目的，为什么就得是我们的目的？要是父母创造我们**只是为了**让我们帮忙干家务，或者神创造我们只是为了让我们帮忙畜养动物呢？"

深入这个话题确实很有启发。我接着说："还记得那个人的手表吗？创造手表的人是为了用它看时间，但捡到表的人把自己的目的赋予了它。他错了吗？要是对他说他错用了手表，那就太傻了。"

杰夫认真思考后提出："那么，我可以决定自己的目的？不管有没有神，我仍然可以决定自己的目的——我的生命的目的。但生命的意义呢？"

"你也可以为生命赋予自己的意义，就像那个人对那块表一样。想一想我们最近经历的一切吧。要我说，它们全都意义重大。也许我们的目的就是尽可能认识自己和自己的世界。而在这个过程中，我们必须认识他人，帮助他人，与他人建立联系，与世界建立联系。这样一来，生命自然就有了意义，生命整体就有了意义。"

杰夫对我笑笑。我给出答案了吗？他将生命证书折好，放进口袋。"我知道这张纸本身没有任何意义，但它对我有很大意义。关于我们的目的，还有生命的意义，你讲的真的很有道理。因此，这张证书对我真的意义重大。"

我意识到，现在对我来说，那个人捡到的手表有了比我预想中更大的意义，而且它当然是有目的的。

"好了，伊安，我现在要去给它装个框。咱们午饭后见？"

"好呀，"我点头道，"回见。"

阅读讨论题

1. 本章题记中摘自漫画的文字"得先信它，才能看见它"有什么含义？
2. 神能**希望**我们做或信某事吗？信仰或希望的前提是不确知，那么全知者如何能有信仰或希望呢？
3. 马克思说宗教是人民的"鸦片"，你是否同意？如果同意，宗教在什么意义上是鸦片？有哪些好处或坏处？
4. 用手表来比喻创世合适吗？请回答并给出理由。
5. 试图将神这样无限强大的存在理性化的做法是否合理？如果不合理，那么神为什么会造出人这样的理性动物？
6. 以下问题是关于安瑟伦的论证的：
   → 你能设想出完美的存在吗？
   → 你可曾经历过任何完美的事？如果没有，你认为完美的经历是可能的吗？我们有能力设想出完美吗？如果不能，那要怎样才能了解完美？如果能，那是何时或如何设想出的？
   → 你认为凡存在的事物都有缺陷吗？如果是的话，这与神的存在有何关系？
   → 完美就一定要存在吗？会不会有完美而尚不存在的事物？这意味着什么？

7. 林中人把手表用错了吗? **目的**与**手段**的关系是什么? 一个事物能有目的而无手段, 或有手段而无目的吗? 区分两者有助于解决人生意义这个大问题吗? 人如果不会死, 人生意义会有不同吗?

8. 分别想象下面两条中的两种情况:

a. 神存在 / 神不存在

b. 神创造了世界 / 神没有创造世界

它们会影响你对人生意义和人生目的的看法吗?

第6章

恶

如果没有神，我们就必须造神。

——伏尔泰

如果没有神，那么什么事都可以做。

——费奥多尔·陀思妥耶夫斯基，

《卡拉马佐夫兄弟》

老爷爷和我穿过镇子，一片萧索。我猜大家都睡着了吧。我也睡着了——或者看起来睡着了，或者确实睡着了。谁知道呢？

"所以，你干吗要折腾这些？"我问老爷爷。

"折腾？我不觉得折腾。你不喜欢吗？"

"喜欢，你知道我是喜欢的。其实是非常喜欢。但我还是好奇，你为什么要费这么大功夫，到底在**训练**我什么？"我说道，提醒他我昨天认真听了主持人的话。

"别担心，伊安。昨天那个神使，你别往心里去。通过那件事

> "我不是向梦寻求解释我的人生，而是向人生寻求解释我的梦。"
>
> ——苏珊·桑塔格，
> 哲学家和小说家

思考全能的神这个概念就好。神使不是全能的，所以神使会犯错，就像我们一样。"

我摇摇头。老爷爷显然在回避问题。他正要把话题岔开。我说："是啊，全善的神是怎么回事呢？你知道吧，昨天国外有个地方发生了一场地震。109 人丧生。这有什么意义？全能的神怎么会做这样的事，又怎么会允许这样的事发生？如果神是全能的，那看起来可不太善。每时每刻都有各种坏事发生。"

老爷爷笑了，好像已经料到了我会说什么。"有意思。跟我来。"

他示意我随他进入一条地下隧道。隧道里又冷又潮，黑得有点吓人，但我已经信任老爷爷了，所以还挺乐在其中的。我们走过一条走廊，然后爬上一层楼。一层上面又有一层，我们肯定走了有 20 层。来到我以为是楼顶的地方时，我们进入了一个房间，房间四周是一面大窗户。房间与我想象中的航空交通管制塔内部一样，只不过没有屏幕，也没有按钮——只有一面大窗户。我走到窗前眺望，什么都没看见。只有黑暗。我转向老爷爷，显然有些烦躁。

"这是一个未造的宇宙，伊安。未造，里面空无一物。这是**你的**宇宙。你将成为它的创造者。某种意义上，你会成为它的神。随便你怎么造。如果你喜欢，你可以把它造得和你生活的宇宙一样。你在这座塔里时无所不知，无所不能。你只需要决定你想成为哪一种神，然后据此创造自己的宇宙。"

"但我喜欢宇宙现在的样子呀。"

"那就照着造吧，只不过它是**你的**。事物好是因为你，不好也

204 少年伊安的哲学冒险

是因为你。你是独一的创世者。"

我心里有成吨的问题，但没有提出来，只是信了他的话，准备造一个宇宙了。但开始前，我意识到自己没有东西来启动。"我要怎么开始？什么都没有啊。我不能无中生有。"

"你是全能的神，伊安。你可以为所欲为。试试看。"

试试创造一个宇宙？我照做了。就像那样。我试着要事情发生。"要有地球。要有行星。"

我一开口，外面就布满了行星。我其实看不真切，但注意到了行星的轮廓。"哇！这么简单。我可以为所欲为。我已经造好一个宇宙了。"

"是啊，伊安。你有很大的权力。实际上，是终极权力。头开得不错，但我还什么都看不见啊。"

"那就要有光。"

"但伊安啊，你的光要从哪里来呢？你还没造太阳呢。"

"没事。我晚点再造，等到第四个小时。我是神，我不用太阳也能有光。"

我们朝外看。光有了。我又让地球有了水，让天空中有了太阳和恒星。"目前为止都挺好，是吧？"我现在对自己的创世能力有信心了。我往地表放上了草、树、果子。看起来挺好的。有蓝色，有绿色。我让地球四处有了动物。有的在地上，有的在水里。各种各样的动物——我甚至扔了只鸭嘴兽进去。我转头给火星加了一点水——我知道水会蒸发的，但科学家有一天会发现水的证据，然后就能编出各种各样相关的故事。这项工作有一点累人。我看看手表。"这些已经用了我五个小时。你觉得怎么样？"

神用人的时间吗?

《圣经·彼得后书》中有一句话:"主看一日如千年,千年如一日。"这似乎暗示神不在乎人的时间。

但《创世记》中表示"天"的希伯来语单词是 yôm,表示的就是我们普通意义上的"天"。《圣经》中别处用了许多表示非人的时间的词,这里却没有用。据此,有人相信世界就是在六天里被创造出来的。

老爷爷前后摇晃着脑袋。"不赖。首先,你知道你不受时间约束吧? 你在时间之外,所以你没有小时和天这样的概念。"

"没错。但当他们讲述这段故事时,我希望人们能理解,能有共鸣。人们会想知道我用了多久,所以我就用了一段他们熟悉的时间。"

"听起来不错,这是**你的**宇宙。那么,你要把人放进去吗,还是说你只想造这么一个好地方,却没有人去欣赏它?"

"对了,人。那我先造两个人吧。我要按照我的样子造,只不过岁数稍微比我大一点。"造人挺难的,我花了整整一个小时才造好这两个人。我累了。造好以后,我打开窗户朝他们喊:"我尽力了,人!希望你们喜欢,而且不要以为这是理所当然的!照顾好自己,爱自己,善待彼此!哦,还有,不要吃那边那棵小树上的果子。"

我真实地感到骄傲,而且对这两个人有真实的感情。

"我们能先休息一个小时,然后再回去干活吗? 我觉得这个宇宙已经好了。"

"当然可以。坐下来观赏自己的劳动成果吧。你没有给他们安装肚脐眼,有意思。不过我觉得他们其实也不需要。只是看着怪怪的。话说回来,为什么要有禁果呢?"

我耸了耸肩,说:"他们不能**什么**都有吧。总得把他们和我区分开。"

那是知善恶树。那知识不属于他们。他们不是神，我才是。于是我看着这两个人——我将他们命名为"元男"和"元女"——他们似乎喜欢我为他们创造的天地，也喜欢彼此。我坐下来，与老爷爷聊了一会儿。他说他以前从未创造过宇宙，但看我做起来好像很容易。

神对亚当和夏娃说："只是分别善恶树上的果子，你不可吃，因为你吃的日子必定死。"（《创世记》2:17）

他们分别了善恶就觉得羞耻，给自己穿上衣服，于是神让他们终会死去："因为你是从土而出的。你本是尘土，仍要归于尘土。"（《创世记》3:19）

确实挺容易的。既然无所不能，也就没什么难的了。

就在这时，他睁大了眼睛。"伊安，我觉得可能出麻烦了。"我们朝外看去，发现元男和元女正在一起吃树上的果子。我真的有点生气了。他们就不能不碰那棵树吗？我不能饶恕他们。我要让他们付出生命的代价。他们要是永远活下去的话，那不就跟我一样了：拥有全部知识，**而且**永生。我打开窗户朝他们喊："我看见了！你们应该为自己感到羞耻。现在你们要付出生命的代价！你们，还有未来所有的元男元女！"

他们忙着遮盖自己的时候，元男喊话回来："你怎么能为此惩罚我们？"

"你什么意思！"我答道，一时间忘记了我可以为所欲为。

"是这样的，那是知善恶树。如果我们不知道善恶，那怎么能知道我们做的事是不好的呢？而如果我们已经有了分别善恶的知识，那棵树又有什么意义呢？"

"你们别管了，"我答道，"现在穿上衣服，检点些吧！"

我转向老爷爷。"我该对他们说什么？看起来好像是存在矛盾的，但我让他们别吃了啊。"

"所以你为他们吃了果子而感到惊讶？"

"没有，我想我没有。我想我知道他们会吃。但我用不着回答他们。"

他点点头。"全能可能不像你以为的那么容易。我们来看看2000年的人类吧，好吗？我们看看事情发展得怎么样了。"

我们走向塔台的左侧，俯视脚下的城市。车水马龙，行人如梭，高楼林立，一点都不像我最初创造的那个地球。人对人也不好。我看见一个人向另一个人跑去，从后面给了他一闷棍，把他打昏后拿走了钱包。我看着老爷爷。他点点头。"全世界都是这样，伊安。痛苦，偷窃，谋杀，欺骗，战争。这种事情在你的宇宙里太多了，以至于人们都开始认为你不存在了。"

恶的问题

"［神］是愿意阻止恶，但没有能力吗？那么神就是无能。是有能力，但不愿意吗？那神就是不善。"

——大卫·休谟

公元前300年，古希腊哲学家伊壁鸠鲁首次讨论了恶的问题。"神义论"（theodicy）一词源自希腊语里的"神"和"正义"，是由莱布尼茨创造的。他试图在考虑到罪恶与苦难存在的情况下证明神仍然是善的。

我受伤了。这是**我的**宇宙。我当然存在。"有人认为我不存在？他们怎么能这么说？"

"好吧，趁你休息时，我巡视星球，找到了说你不存在的人。我找到了两伙人：一伙在小咖啡馆里，另一伙在教室里。他们都在讨论世间种种罪恶的问题，还有证明你不存在的方法。现在就有一场对话，我们拉近看看吧。"

我们低头看见咖啡馆里坐着四

个人，其中一人正在写字。他说，毋宁说是在宣告："伊安**不可能**存在，尤其不会像你说的那样存在。我给你看。"他在纸上写道：

1. **要么**伊安不知道有恶事发生——这样他就不是全知的；

2. **要么**伊安不能阻止恶事发生——这样他就不是全能的；

3. **要么**伊安不关心降临在他的造物上的种种邪恶——这样他就不是全善的。

"伊安与恶似乎不能**并存**。而且，既然伊安——主要是西方人主流观点中的伊安——被定义为上述三点，那么伊安实际上必然不存在。"

"你怎么能这么说？"一人答道。

写字的人答道："来看看吧。我们都将伊安定义为具有三个性质：全知、全能、全善——简称为'三全'吧。然而，如果他在知情的情况下允许恶，那就不是全善的。否则，我们就要说伊安不知道恶，或者无力阻止恶。然而，如果前面的三个性质有任何一条是错的，那么伊安就不存在，因为那是伊安的定义。而我们知道恶存在。所以，伊安必然不存在。其实很简单。"

他们都静静地坐着。一个人拍了拍另一个人的背，其他两人在摇头。

我转向老爷爷。"但我赋予人类自由意志了。否则造他们有什么意义呢？如果我造的人没有自由意志，那么基本就是我决定了他们会不会上天堂。如果他们不能选择在地上做什么，那么上不上天堂也就不由他们控制了。我基本上只有两个选项，要么明知人会选择恶而依然赋予人自由意志，要么根本不赋予人自由意志，把他们造成机器人。我选择了前者。谁能料到，他们做的恶事比我计划中要更多？"

回到咖啡厅。有人说："也许伊安**确实**创造了我们，也确实赋予了我们自由意志，只是我们做的恶事比他计划中的更多。"

我看看老爷爷，嘴角露出狡黠的微笑。

神造人的选项

1. 人有自由意志，所以人有时会选择作恶。

2. 人没有自由意志，所以人**不能**选择作恶。

有第三个选项吗？

人有自由意志，**而且**不能选择作恶。

"我决不相信神会与世界掷骰子。"

——爱因斯坦

"是你干的吗？"他问我，"是你让他说的吗？"

我只是笑笑。当然是我干的。我可以干任何事。

但有一人答道："你是说，实际发生的事与计划不尽相同？伊安搞错了，或者说事情没有像他希望中那样发生？这与他的**全能**性质可是很不一致。"

老爷爷回看我一眼，我明白了

这其实不是一个选项：事情不可能与全能的神预料中的不一样。我眨眨眼，抽了抽鼻子。

这时又有一人开口了。"我对这个'自由意志辩护'还有一重担心。你认为恶与自由意志必然会相伴，是相互绑定的吗？有没有一种办法让我们既能有自由意志，又**不能**选择作恶呢？我们现在应该是有自由意志的，可我们也不能选择将手肘向后弯——我们做不到，不代表我们没有自由意志。难道说，我们在天堂里没有自由意志吗？如果没有，那天堂看起来可不是个好地方；如果有，那么按照你的说法，天堂里也必然有恶。这有点怪异。"

接着又有一人插话。"听我说，我不觉得自由意志就是这个问题的出路。即便它解释了谋杀、嫉妒、强奸这样的恶——我称之为道德的恶，那地震、海啸、台风这种**物理的**恶又要被置于何地呢？也许伊安只是还没有造完宇宙。"

大家都摇起了头。"他当然造完了。全能者不会留下半成品。如果他不能造完宇宙，怎么会是全能的呢？"

现在他们都在点头。"天哪，伊安这回真的麻烦了，"刚才为我辩护的那个人说，"我以为自由意志能解决问题，但其实不能。要么恶比伊安计划中的更多，要么伊安可以赋予我们自由意志同时让我们没有作恶的能力，要么伊安还没造完宇宙。不管是哪一种，伊安都不是我曾经以为的那个神了。"

我看向老爷爷。"这太荒谬了！我要怎么做？这些家伙竟然觉得可以这样谈论我？他们根本不理解我。我要下去把他们吓死——呃，我就

"如果神不需要人，人怎么会存在，你又怎么会存在？你需要神才能存在，而神也需要你。"

——马丁·布伯

是这么一说。但我要证明我的存在，然后再看看有什么变化！"

"伊安，请容我斗胆说一句。"他顿了一下。他真的在顺从我吗？我猜是的，毕竟我是神。我也许应该让他闭嘴，原因很简单，我能让他闭嘴。我点头示意他继续。"下界有许多种不同的宗教。在很多宗教中，最重要的教义就是要信仰。要想被拯救，要想加入教派，就必须信仰你。**信仰**。这是你亲自设定的，所以你肯定明白。信仰的地位总是与知识有些微的区别。当一个人说他**知道**伊安存在，这与他说他**知道桌上放着一个杯子**的"知道"是不一样的。他是通过信仰知道前者的，两者差别很大。所以，如果你下凡现身——你飘然降临，向所有不信你的人投出闪电，治愈病人，水上起舞——那么人们对你的信仰就变味了，从信仰变成了知识。那岂不是很讽刺：你的现身推翻了宗教，将其连根拔起。"

哇。我想他是对的。但我早就知道。"你觉得我没有提前想到这一点？"

"当然想到了，伊安。我只是想让你明白，我也能想到这一点。"

他现在肯定已经知道我知道他善于思考了。毕竟，我无所不知嘛。"是啊。那我就不下去了。另一伙不信我的人在哪里？"

"首先，伊安，这些人未必不信你，而是他们的信仰中存在逻辑问题。我觉得，人之所以相信你，部分原因就在于不证而信。不证而信就是信仰。另一伙人正在上哲学课。他们在这儿呢。"

我往下看，看见班里大约有十五名学生。有一个女生举起手，教授点了她。她提出："也许这整个'恶的问题'出在我们关于恶的概念上。"

教授鼓励她道："两者有什么联系？如何解决这个问题？"

"那个论证分三步：

1. 伊安是三全。

2. 恶存在。

3. 三全的伊安**和**恶不能并存。

因此，伊安不存在。"

"确实。但是，我们关于恶的概念如何反驳这个论证？"教授问道。

"如果第二点是错的，论证就不成立，伊安就**可以存在**。"

教授点点头，示意她说下去。

"也许恶并非实在，而只是善的缺失。恶其实是**空缺**，而不是**存在**。就像影子一样。影子其实只是

恶作为"空缺（No-Thing）"

"凡物（存在）皆善；而恶……非实在，因为恶若为实在，则为善。"

——圣奥古斯丁，
公元 4 世纪神学家

"恶的扩散是空心的表征。恶占据上风，不过是因为缺失。"

"世间的恶之所以成为可能，只是因为你允许了恶。"

——安·兰德

缺失——光的缺失。它与其他存在的事物不一样。因此，恶**不存在**。"

"很有想法。但我觉得你可能绕开了问题。我们姑且同意恶只是善的缺失，即没有善。那我们可以把问题改一下：'伊安为什么会允许善的缺失？'随你怎么称呼，反正它不是善。"

"但是，难道不是有恶才能有善吗？"

"好吧，那你告诉我。据说伊安在第七个小时造完宇宙后，他说：'这便好了。'他何以这样说呢？按照你的说法，伊安创世时就必然有恶。伊安创造了恶。全善的伊安怎么会创造恶呢？更重要的是，没有恶，伊安怎么能创造出善呢？"

她沉默了，好像准备好了要迎接一大堆问题。

"再说了，如果恶不是实在，那我们就是被骗而相信恶是实在了，这种欺骗本身也是一种恶。无论如何，恶似乎都存在。"

还是沉默。

"无论如何，说恶不是实在，或者说我们不理解恶，两者都不符合逻辑。不合逻辑的原因是，你说了神是**善**的——仅凭这一条就够了。要称某个事物是善的，你必须有能力区分善与恶。你不能既说'神是善的'，**又说**'我不知道什么是恶'。这是自相矛盾的。"

她又开口了："但我们真的非要有恶，才能有善吗？气味怎么说？你觉得玫瑰好闻，难道只是因为存在腐败的垃圾和硫黄吗？我们

"两恶中的较轻者仍是恶。"
——据说出自温斯顿·丘吉尔

如果恶不存在……

1. 仍然会有"不善"的事物存在或发生。

2. 若不存在恶，神如何能创造善？

3. 我们被骗相信恶是存在的，这本身也是一种恶。

4. 善的概念（与恶相对）将失去意义，于是神不可能是善的。

好像并不需要用难闻的东西来区分好闻的气味。全能者似乎可以将**万物**都造成这般。"她起身走向黑板，说："我能用一下黑板吗？"教授递出了粉笔。

"我要列几样有气味的东西，有好闻的，也有难闻的。我把玫瑰放在好闻一侧的端点。然后是香水、刚烤好的面包，再往下可能是早晨的清香。你可以自己排序，想一想就好。再往后是原点，意味着就像现在这样，闻不到任何气味。后面就是难闻的气味了，可能有旧鞋子、垃圾，然后是臭鼬——尽管有人说喜欢那股味道。再往后是硫黄，可以吗？那么看起来就是这样。"

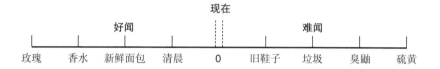

"现在，"她继续说道，态度像教授似的，"按照**有坏才有好**的观点，如果我们出生在一个不存在这些难闻气味的世界，那么现在的一些好闻气味就会变得难闻，像这样。"

终极的善

13 世纪基督教神学家圣托马斯·阿奎那借用柏拉图和亚里士多德的观点提出，某性质若存在，则必然有某物恒久具备最大限度的该性质。比如，火最大限度地包含了"热"这个性质。神最大限度地包含了"善"这个性质。

她看着自己写下的东西，仿佛那是革命性的发现。这一点确实很有意思。她接着说道："我觉得这是错的。我的主张是，好闻的气味仍然会是好闻的。"她最后写下：

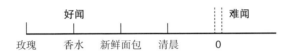

她走回座位，评论道："我只是不觉得，有坏才有好**总是**必然成立的。难道只因为没有比新鲜面包难闻的东西，它就真的变得难闻了吗？"

教授赞许但若有所思地点着头。"很有想法，"他开口道，"值得我们去思考。我唯一的担忧是：你只是不想让**善**的概念失去意义，不想自相矛盾。而善与恶的力量要比气味复杂得多。不管怎么说，如果伊安存在，**他并没有**把事物造成那样。所以，我们还是要住在有诸般邪恶的地球上。"

她认同地点点头并微笑，似乎很感谢教授的点评。

老爷爷转向我。"伊安啊，你看来真是有麻烦了。你创造出了一个难题。似乎真的没有出路了。如此种种，你还怎么指望人们信仰你呢？信仰是一回事，但你至少要给人们一丁点儿值得信仰的东西吧——你似乎连这都没给。"

"好的。你想让我全部给你解释一遍吗？"我装作生气的样子对他说，"我知道我不应该这样做。我知道我应该让你自己琢磨明白。

"天下皆知美之为美，斯恶已；皆知善之为善，斯不善已。"

——老子

少年伊安的哲学冒险

但我还是让你亲眼看看吧。"

我走向塔台的一侧，我们之前没从那里向外望过。外面黑漆漆的。"你看见空空如也的那边了吗？我要给你造一个宇宙。只不过

在奥逊·威尔斯（Orson Wells）版的《时间机器》中，主角体验了一个无人劳作、人人永生、事事轻松的乌托邦世界。

这一次我不会造任何坏东西。没有恶。我们看看会发生什么。"

我又走了一遍创世的流程。既然已经造过一次，这次就容易多了，只用了一个半小时。"好了，我们快进到 2000 年吧。"我们到了。看上去和之前几乎一模一样。不过空气污染倒是没了。老爷爷激动地喊道："看呀，伊安，这里也有抢劫，跟你的上一个宇宙一样。恶好像还是存在的啊。"我露出自信的笑容。我们看着那人跟上回一样跑到另一个人身后。正当他要下黑手时，他手里的棍子变成了纸做的。被抢的人向袭击者笑笑。袭击者礼貌地请对方交出钱包里所有的钱。被抢的人照做了。钱包刚空，马上又装满了钱。两人都开心地走了。

接着有一个小女孩走到街上，一辆车快速向她驶来，她来不及躲避。结果车直接穿过了她。她接着去看足球赛了。

我们看了那场比赛。裁判员吹哨结束比赛时，两支队伍都开心地跳了起来，一边跳一边喊："太好啦，我们赢了！"这个宇宙里没有输，只有赢。没有不及格，只有优。没有死亡。没有哀痛。

"首先，"我对老爷爷说，"你应该看看他们的物理书。一团糟。**完全**没有规律——木棍变纸棒，车子变空气。还有他们的逻辑，太混乱了！两队同赢？人人得优？不过，我要给你看点别的东西：他们的字典。"我翻字典找**勇敢**，没有。我们又找**同情**、**坚毅**、**果断**，

所有世界中最坏的一个？

当代哲学家约翰·希克设想了一个没有恶的世界。他的结论是："那会是所有可能存在的世界中最坏的一个。"

没有痛苦，就没有收获

有许多宗教强调人受苦的重要性与价值。比如，耶稣被钉在十字架上不单纯是象征，更代表了一条生活的道路：一个人只有受过苦，经历过世俗自我的"死亡"，方可成长和认识神。《路加福音》（17:33）中写道："凡想要保全生命的，必丧掉生命。"《耶利米书》（1:10）有言："我……为要施行拔出、拆毁、毁坏、倾覆，又要建立、栽植。"在这种意义上，人会真正"重生"。

"我们是这样成长的：被更强大的力量决定性地打败。"

——莱内·马利亚·里尔克，诗人

全都没有。"没有这些词，是因为他们根本没有机会去勇敢。没有要害怕的东西，没有要克服的障碍。他们甚至没有勇敢和果断的概念。根本没有。"

"你看，没有任何恶，没有任何坏事发生，没有任何苦难，那就不会有任何真正重要的善。我称之为'更大的善理论'。有了恶，人们才能达到更大的善。

"我们来想想吧，这很像我在足球队的经历。我们上个赛季拿了季军，实实在在地得到了巨大的成就感。教练在年末聚餐上没有讲我们打赢的比赛，而是讲我们付出的牺牲。他讲到了种种困难甚至痛苦的训练，晨练、沙地冲刺跑，还有赛季初的那场惜败。他讲我们今日的成就是努力换来的。我知道这些'恶'都不大，但如果没有它们——没有痛苦、牺牲、失败、悲伤的话，我们的成就感也会单薄许多。感谢神赐予我们恶！"

"或者说感谢伊安，在这个世界里，"老爷爷又说，"非常好。看来你毕竟还是可能存在的！"

"有趣，但我确实通过创造这个宇宙学到了很多。谢谢你带我来。"

"别客气，伊安。要知道，你很快就用不着我了。你的进步比我想象中要快得多。"

闹钟响起，伊安醒了，走下楼梯时一路嘟嘟囔囔。"好吧，**那是一种不必要的恶。神就不能让早晨起床少一点恶吗？神就不能在我们需要起床时再叫醒我们？**"他在最下一级台阶上站了片刻，好像在思索他刚刚提出的那个看似反问的问题。他自言自语道："不，我觉得不能。肯定是有原因的。"

"现在又说我用不着老爷爷了？这是什么意思——用得着他？进步？朝什么进步？"

他带着奇怪的表情走进了厨房。那是一种焦虑又平静、自信又不确定的表情。爸妈看了看彼此。妈妈先开口了："从你的表情和嘟囔看来，这次遇上大麻烦了吧，伊安。你肯定有一些难题给我们吧。"

伊安径直走到早餐桌旁，静静坐下，双手握拳放在桌上，然后仰头说道："事实上，今早我有一些答案要给你们。"他顿了一下，说："答案。"

> "友谊是不必要的，就像哲学一样……它对生存没有价值，而是为生存赋予价值。"
> ——C. S. 刘易斯

> "疾病让健康宜人而美好。"
> ——赫拉克利特

爸爸和妈妈双双扬起眉毛，相顾茫然："什么的答案？"

"是这样的，如果说神存在，那么神手上的任务是很重的。这是实话。至于我是怎么知道的，我先不说。但我意识到了一件事，一件不管有没有神都成立的事。"

"说来听听。"

"一切恶里都有善。在一种有趣的意义上，恶是善的。不是说恶**等于**善，就像伊安**等于**你的儿子这样，而是说恶是善的，就像伊安是一个男孩那样。恶能让我们成就大得多的善。现在我得说，我对艰苦奋斗的认识比以前真切多了。我一向欣赏艰苦奋斗，但又一直回避它。"

父母朝他扬起眉毛，缓缓点头，露出让人感到有些陌生的微笑。"为什么这么说呢，伊安？"妈妈问道。

他向妈妈偏过头去，好像要顺着她说，让她想明白。"为什么这么说呢，妈妈？"

她先是吃了一惊，随后开口道："好吧，我有一个想法。你知

为神辩护

圣托马斯·阿奎那在为神辩护时写道：

"如奥古斯丁所言：'因为神是最高的善，所以神不会允许自己的造物中有任何恶存在，除非凭借全能与良善，神甚至可以从恶中带来善。'这是神无限的善的一部分，神允许恶存在，又从恶中产生善。"

道的，当我回顾过去十五年的婚姻生活，我的一些最美好的回忆正是来自艰苦奋斗的时刻。你爸爸做好几份工作，我们要努力买房子，我晚上也要干活。周末的时候，我们会找朋友到咖啡馆或公园里玩桌游。你出生以后，我们换到比较便宜的房子里住了一段时间。我们坚持下来了。我想你要表达的意思是，人们回首过去时记住的不是派

对、昂贵的晚餐一类的事情，而是艰苦奋斗、同舟共济和坚持不懈。"

伊安笑了。他上去拥抱妈妈，这时爸爸和妈妈对视了一眼，眼中泛起泪光。他们摇着头，感怀于伊安刚刚懂得的道理，他好像长大了。

妈妈接着说："你知道的，许多人说世上有刚刚好的恶、刚刚好的苦。就拿你爸爸说吧。"

"爸爸的恶？"

"不，你爸爸不是恶人。但他也不是完人，并非完美无缺。**他确实**是有缺点的。但对我来说，他是完美的。他不完美得刚刚好。完美的不完美！"

伊安笑了。爸爸也笑了，说："谢谢你，亲爱的。"

"这有点像那个词，'必要的恶'——达到某种善所需要的恶。"她补充道。

伊安在微笑，是那种腼腆的微笑，因为爸爸妈妈的观点他本就赞成。他说："对于这个问题，我想到了两个登顶珠穆朗玛峰的人。

"如果人生中没有要克服的局限，那么无比丰富的人类体验中便会缺少一些富有意义的喜悦。登山时若无幽谷，登顶的美妙只会剩下不到一半。"

——海伦·凯勒

"匮乏与困苦为我们带来兴奋感与灵感，胜利时刻为我们带来空虚。"

——威廉·詹姆斯

所有可能存在的世界中最好的一个？

莱布尼茨主张，尽管世上有恶，但这个世界仍然是"所有可能存在的世界中最好的一个"。伏尔泰写于1759年的小说《老实人》中的主角邦葛罗斯博士经历了许多不幸的、常常是痛苦的事情，这表明这个世界本可以更好，然而邦葛罗斯把它们都合理化了，说它们是服务于一定目的的。一位朋友从船上落水时，邦葛罗斯说："里斯本湾明显是为了淹死他而形成的。"老实人有一次被打了，事后他说：

"如果这就是所有可能的世界中最好的一个，那别的都是什么样的？"

受罚……或没有受罚？

阿尔贝·加缪的《西西弗的神话》中的主角被众神处罚，要不停将石头推上山顶，快到山顶时又要让石头滚下去，然后他再推上去，如此无穷往复。加缪写道："攀向高处的努力足以填满一个人的心。我们必须想象西西弗是快乐的。"

另一件逻辑上不可能的事

不是人的人。

约翰·希克写道："没有道德自由的生物，不管它在其他方面可能比人类优越多少，都不是我们意指的人。"

一个人花了一年时间计划和训练，然后费尽艰辛爬到峰顶；另一个人是乘直升机上去的。我想那个努力爬上去的人的经历肯定有意义得多，而且他会有强烈的成就感。"

妈妈笑了，若有所思地点着头："说得非常好，儿子。还有一个相关的要点，我觉得应该说一说。"

伊安期待地坐直身子。

"是这样的：哪怕是为了拥有自由意志，我们也需要恶的可能。伊安，你知道是为什么吗？"

"妈妈，我首先要告诉你，在全知的神的统治下，人确实是可能具有自由意志的。因为神把我们造成了有自由意志的人，所以我们必然有能力选择去做**任何**符合逻辑且人力可为的事。那么，神创造世界时必然要二选一。第一，"他举起右手拇指，"人有自由意志，而且有恶。或者，第二，"他举起左手拇指，"人没有自由意志，也没有恶。第二个选项看起来很蠢，而且要糟糕得多。如果我们只是机器人或者木偶，那让我们降临世间有何意义？而赋予我们自由意志的弊端就是，我们有时会选择作恶。"

伊安谦虚地笑着，好像他们正在帮助**他**——曾经无所不知的神——解决难题似的。

爸爸和妈妈看着对方，骄傲地点了点头。"儿子，"妈妈说，"我自己也没法讲得更清楚了。你有一些了不起的洞见。"

伊安露出了自豪的微笑，仿佛他破解了古往今来的一大难题。

"但亲爱的，"爸爸谨慎地提出，"你确定这不仅仅是人类赋予事物意义的方式吗？我固然欣赏积极的人生观，但我不得不怀疑这一切的合理性，尤其是你和伊安提出的所谓'更大的善'。"

妈妈示意他继续，伊安则专注地朝他那边欠了欠身。

他开口前先摇了摇头。"一场海啸造成 20 万人不必要地丧生。我说**不必要**，是因为我这样想。但按照你的立场，你会说这都是慈爱的神计划中的一部分。或者让我们看一个更简单的例子：一个人身陷森林大火，孤立无援，即将被烧死。或者是一头鹿有这样的遭遇。一场缓慢的、痛苦的死亡正在发生，甚至没有一个人知道。这里面哪有一丁点儿的**善**？

"诚然，练习冲刺跑增加了你踢球的收获。亲爱的，我们刚结婚时是苦中有甜的，这没错。但要是将这些所谓的恶与无名的死者、酷刑和大屠杀相提并论，这就有些迂腐了吧。"他耸了耸肩，好像因为

乔治·H. 史密斯（George H. Smith）阐释了"更大的善"论证中的前后矛盾之处——如果主张看似毫无意义的大灾难与全善的神相容，那么，任何类型的事件，不管多么骇人听闻，都不能证明神非善。史密斯认为，这样一来，"更大的善"就成了无意义的教条：

"有神学家主张，恶是为了更大的善而存在的……虽然有些事在人看来是恶的，但基督徒向我们保证，神能够总览全局，一切表面上的恶都是为了最好的结果。这些思路有一个共同的前提：人不能理解神的道路，但这只是将我们推入了不可知论。基督徒提出神有某个性质，而当别人问起时，他又说那是人不能理解的，这是不行的。"

"如果一个事物不适用我用以形容同类的'善'，那我就不会称这个事物是'善'的。"

——约翰·斯图尔特·密尔

动摇了他们的整个观点而觉得尴尬。

"可是，爸爸，"伊安答道，"我们怎么会知道这些例子真正带来的善呢？我们怎么知道从长远来看那不是某种善呢？"

"儿子，如果一个人被孤零零地烧死，20万人在同时同地丧生都是善的，而且是爱的结果，那我们就可以把**善**和**爱**这两个词扔出窗外了。"

"我想是的，"伊安黯然答道，"要是上次讨论时我思考过另外一些东西就好了。那时候肯定更容易厘清这些问题。"他们点点头，好像懂了他的意思。伊安接着说："如果说上天堂的是非肉身的我，那天堂果真是一个实际存在的**地方**吗？人们说，天堂不是通常意义上的某个地方。但如果我们确实上了天堂，那么我们肯定是去了**某个地方**——我们不可能既去了天堂，**又**没去任何地方。而且那些此世与不止一个人结过婚的人，他们在天堂会有麻烦吗？"他问完后顿了一下，然后自己做了回答，"我觉得不会——天堂里没有嫉妒。他们也许过得挺好。"他笑着说道。

"但更严重的是，我担心自己去了天堂会不会感到厌倦。人人一说起天堂，就是在草地上奔跑，在瀑布下与朋友们玩耍。也许天堂里该有一些恶与痛。也许我要输掉一定数量的比赛，胜利才会更甜美。也许**现世**就是天堂？也许我们心中的天堂其实是地狱，一切永远都是正确的，永远没有奋斗成功的机会。"

"亲爱的，我也不清楚。谁知

天堂里有恶吗？

"得救的人，只要受了荣耀，便不再有罪，直到永远。"

引自《圣经》的这句话表明，上述问题的答案是"没有"。它的解释是，人死后便继承了神性，既保有自由意志，又没有犯罪的能力。

道天堂会是什么样的？我们也许可以把世间当成试验场，把天堂当成最终的家园，这样便调和了问题。"

伊安笑了，父母拥抱了他。伊安跑出家门时，妈妈说："常言说，子女的智慧总有一天会超过父母。我只是没想到会来得这么快。"

花钱买报与卖报赚钱

我走在街道上时，注意到树的颜色很美。我不禁想到生活在一个万物恒久不变的世界里该有多奇妙。很奇怪——那会是一个奇怪的世界。

可它能有多奇怪呢？跟什么相比显得奇怪？我只知道这一个世界。我们不知道其他世界。好比你见到一个有二十只眼睛的怪物，然后心里想："好一只奇怪的二十眼怪啊。"那可太不对劲了，我只见过它这一只二十眼怪。所以，我要收回自己的话，我们并不生活在一个奇怪的世界里。我们只是生活在那里。

我看见杰夫从小路走来，他身后是骑自行车的报童。报童在我们街区送报已经很长时间了，大概有四年了吧。他差点撞到杰夫，他偷笑着，黑色直发盖住了眼睛。我们从来不觉得他是个乖孩子，但他似乎确实是一名兢兢业业的报童。我不认识他，但杰夫认识。我只知道他会沿街挨家挨户送报纸。

"你好，杰夫。迈克好像差点撞到你。"

"是啊。他效率很高。他告诉我，他的最快纪录是 42 分钟送完一圈报纸。他一直努力打破这个纪录，但难度越来越大了，因为他每年都得把报纸扔得更远才行。"

"是啊。街尽头那家的妈妈念叨这事好几年了。"

"哦？她怎么说他？"

"三年前，迈克把报纸放在车道尽头就算了事。所以，家长们每天早晨都不得不穿上拖鞋，走过车道来取报纸。车道也挺长的。整整一年都是这样。圣诞节那天她甚至没给迈克小费——没有圣诞福利。之后一整年报纸还是只送到道边。"

"对了，我记得迈克抱怨过不给小费的事。"

"后面一年，尽管报纸还是扔在道边，那家人仍然给了他一点圣诞小费。然后从 1 月 1 日开始，报纸就落在车道三分之一的地方了。于是，那家人当年圣诞节给了他更多小费。下一年的 1 月，报纸就落在车道三分之二的地方了。到了去年圣诞节，那家人给的小费更多了。现在，报纸每天早晨都会落在门口。"

杰夫点点头。"是啊，迈克也是这么说的。"

我接着说："我昨天跟那家的妈妈聊天了。她似乎很自豪。我记得她对迈克有一句评语：**他总算开窍了，不错。**"

"真奇怪，"杰夫说，"我昨天跟迈克聊起那家的妈妈时，他讲了一模一样的话——**她总算开窍了，不错。**我记得他还窃笑来着。"

我俩都摇了摇头。也许他俩都没错。"人做事有时候真的很好玩，"我说，"与**科学**无关，主要是视角问题。"

"所以，杰夫，你认为我们生活在一个奇怪的世界里吗？"他现在不仅若有所思，还略带微笑。这场对话占据了我们接下来的几个小时。

阅读讨论题

1. 爱因斯坦的话"神不掷骰子"的意义何在？

2. 再读一遍本章开头陀思妥耶夫斯基的话——如果道德不源于神，那我们如何能建立道德意识（是非观）呢？如果不存在人，还会有恶吗？还会有道德吗？

3. 如果神确实存在，神一定是善的吗？神可不可能创造了世界，但又不是善的？我们怎样才能知道？

4. 回顾人生中的任何一件"坏事"，从长远来看，它有没有让你感激的正面效果？你认为哪些"恶"是不必要的？拖堂？工作？痛苦？死亡？

5. 如果**万事**永远是完满的，那还会有"地狱"吗？考试永远一百分，比赛从来不失败，恋爱对象随便挑……这样的日子过了亿万年，你会不会觉得腻？"完满"之处，比如老百姓理解的天堂（没有忧伤、烦恼、离别、厌弃等等）听上去好吗？如果好，请给出原因；如果不好，请说明你想做出的改变。

6. 加缪说，西西弗应该是快乐的。你若处于西西弗的命运，会快乐吗？

7. 想一样你看重的东西，比如世界顶级小提琴家演奏的乐曲。你看重的只是它的内在价值（比如单纯因为好听），还是还有别的（比如尊敬小提琴家的投入、独特性）？如果人人无须练习就能达到这位小提琴家的水准，你对他和他的音乐还会有同样的评价吗？如果只有百分之一的人能直立行走，你会更看重直立行走的能力吗？

8. 如果你从来没闻过你现在认定为"臭"的气味，那么你现在认为"香"的气味还香吗？"最不香"的气味会变成臭的吗？反过来看，如果你从来没闻过你现在认定为香的气味，那么你现在认为臭的会变成香的吗？请比较本题回答与上一道题中你关于小提琴家优劣的回答。

9. 有信徒说，神是不可知的。如果这样，那他们信的是什么呢？

10. 为何有人说海啸造成二十万人死亡并不违背神的博爱？在无人知晓的情况下被烧死的人（或者爸爸所说的鹿）呢？

第 7 章

东游记

你必须忘掉你学过的一切。

——尤达（电影《星球大战》中的人物）

荃者所以在鱼，得鱼而忘荃；蹄者所
以在兔，得兔而忘蹄；言者所以在意，得
意而忘言。吾安得夫忘言之人而与之言哉？

——庄子

我打盹时听见老爷爷说："我们还是按老样子来，好不好？"

"可以不要吗？就不能让睡着的孩子安心躺着吗？"我喜欢这
一句，"说真的，可以不要吗？"他一边咧嘴笑，一边摇头。显然
不可以。

"伊安，我知道我给了你很多
要消化的信息。"

"不仅是信息。"我马上答道。

信息不要紧——我喜欢信息。"是信息以外的东西。它们改变了我看待事物的方式，改变了我感受的方式。我努力要掌控的是这些**想法**，不是信息。"

"我知道内容很多，但你最终会用得上这一切的。实话说，很快就能用上了。我们可以放慢一点步调——通常是一周约一次，而不是每晚都见。但我们时间不多了，现在急需你这样的人。"

"我这样的人？"

他点点头，显然连我**这样**的人是什么意思都不想解释。"最近几年来，人们要处理的信息激增。人们被信息淹没了。随着电视技术的进步——如果那真的算是**进步**的话——以及来自网页、广告、宣传、电影、文学的海量信息，人们进入了信息爆炸的时代。人们不得不去整理这所有的信息，此外还得去理解身边的一切。现在对你这样的人的需求比任何时候都大。不论是否乐意，你现在的步调把握得很好。"

我想我挺乐意的，尽管我还是不理解为什么要快马加鞭。我们走着聊着，靠近了一个被旧楼围住的大院，天井里到处是大树和茂密的灌木丛。

"我们来这里做什么？"我问他。我想，从他嘴里应该撬不出更多关于梦中见面和加快步调的信息了。

"我们要去见一位圣贤，伊安。一位东方智者，一位中国古代哲学家。也许**哲学家**这个词用得不对。应该是思想者、神秘主义者、禅宗大师。"我们走进开放的庭院，有一人背对我们坐着，身穿一件普通的白色 T 恤衫，留着短发，中等身材，无甚特别。他不太像我想象中的任何一种大师，不过这种缺乏特点让他更显独特。奇怪。

东方宗教/哲学/神秘主义及其
发源地与创立时间

印度教：印度，公元前 1500 年
佛教：印度，公元前 6 世纪
道家：中国，公元前 520 年
儒家：中国，公元前 500 年
禅宗：中国，公元 5 世纪末

走近时，我看见他端坐在地球仪前。他没有转头，直接让我坐下，然后让我把手指放在北美洲上。我坐下时看到了他的脸，同样很平凡，不过让人安心。但我又一次感到了矛盾：现在，我因为他令人安心的面相而感到了更多的**不安**，好像我期望从他那里得到某些不一样的东西似的。我照他的要求，把手指放在了北美洲上，具体落点在丹佛，往西一点就是盐湖城。老爷爷起身站到旁边，仿佛他也有一点不自在。但他不可能感到不自在，不是吗？

"伊安，"圣贤轻声说道，"现在你把手指往东移。慢慢移。感受山脊。一直往东，直到我叫你停下。"

我照做了。我慢慢往东移。我把注意力集中在地球仪上，看着手指越过微缩的大山。我现在能做的只有看着地球仪。这有什么意义？这算什么考验？我做对了吗？现在，我的手指进入了大西洋。尽管地球仪很小，但越洋之旅似乎要用很长时间。

"非常好，伊安。"

我做得不错。知道这一点挺好，我确实多了一点信心。我再次看他，点头露出一个微笑。他笑了，令人安心的笑。我从他的笑容里能看到他的智慧。我敢打赌，他肯定有了不起的话要说。尽管我也敢打赌，他肯定会把我绕进去。来到大洋彼岸后，我定住手指，开始慢慢转动地球仪。我的手指继续向东。圣贤双手合在一起，一面念念有词，一面赞许地点头。他低沉的声音不知怎地挺让人放松的。我笑了。我的手指在旅行。他笑了。

"停。"

我照做了，停下了。我的手指仿佛粘在了地球仪上。

他笑着说："非常好，伊安。现在，你的手指在哪里？"

我低头一看，无力感马上又回来了。我的手指来到了盐湖城。"盐湖城。"

"对。我看见了。你往东走，结果最后到了西边。我得出，你从一开始就在西边。"

"怎么会这样呢？"

"你想把一切都诉诸语言。去探讨，去争论，去解决。"

"不然还能做什么？"他从这里到底能得出什么结论？

"不言而谈。不听而闻。不视而见。"

这对我可没多大帮助。于是我静坐等待。

"挺讽刺的，对吧？你一生都按照西方的方式生活——积蓄物件，收集知识，遵循严格的逻辑结构。但你来到了我—— 一个东方人身边，你向东而去，最终却到了西边。"

> "言物则意失。"
>
> ——禅偈

> "知者不言，言者不知。"
>
> ——老子

道家故事

庄子与惠子游于濠梁之上。庄子曰："儵鱼出游从容，是鱼之乐也。"惠子曰："子非鱼，安知鱼之乐？"庄子曰："子非我，安知我不知鱼之乐？"

我静待着。眼睛睁得大大的。等待。我琢磨着他让我的手指从丹佛出发，绕了那么一大圈到盐湖城究竟有什么意义。

他取出一副管子状的茅草做的小玩意儿，把它举起。

"中国手铐。"他说。

它看起来可不太像手铐。

"把你的食指分别插进两端。"我照做了。我看不出它怎么会是手铐。我刚插进去，他就帮我把手指往外拔，结果茅草变紧了，不让我的手指从管子里出去。我拽呀拽，试过一次拔一根，也试过两根一起拔——我甚至用牙咬住管子，然后再拔。我有一点慌了。我拔得越用力，手铐就变得越紧。

"你的世界里蛮力用得太多了。然而有时候，你需要的不是用力拉，而是轻轻一推。推。"他说。

"推？"

"推。"

我把两根手指往里推了推，只是为了让他满意。结果管子松开了。手指一下子就出来了。

"我们的武术常常不是用**自己的**力打败对手，反而是借**对方的**力打他们。在你们的足球比赛里，每一个人都努力要把球踢进球门的角落，守门员也为此付出了无数个小时的训练。然而，最妙的射门法往往是正面突破，从守门员两腿间射入。这是最难守住的踢法。"他停顿了片刻。"话说回来，你们为什么总想在游戏中**打败**别人呢？我猜这又是一个西方人的习惯——总要

喇嘛与一名西方哲学家一起看排球比赛。喇嘛忧虑地问："为什么人和人要争斗？大家一起努力让球别掉下来就好了。就这么简单。球落地时，大家都会觉得悲伤，大家都来安慰那个让球落地的人。"

教授答道："在我们国家……我们会分成两边，然后努力让对方丢球。"

喇嘛迷惑不解地说："但那样球肯定会经常落地啊。"他哭了起来，最后说了一句："好一个玩弄人心的把戏。"

分个输赢。好战心切。这其实挺悲哀的。

"就像你们西方人的战争一样。你知道的，最有效的方式往往是非暴力的。没有人打仗，仗就打不起来了；没有人开战，战争就发动不了了。

"你们的世界是对立的世界，伊安。对你们来说，非黑即白，非对即错，非大即小，非善即恶，非西即东。这会给你们带来问题，但对我来说却不会。东游而西至只是道的一部分。万物都是相通的。世界不是非黑即白。可你们却主张，因为一个神不能创造出自己也举不起的石头，所以神就不是神。你们甚至将精神与逻辑等量齐观。精神比逻辑要丰富得多。"

我又静静坐了一会儿，缓缓点头，好像在努力消化。他扬起了眉毛。我问他："'道'？什么是'道'？"

他缓缓看向老爷爷，朝他挑眉，好像在问："能麻烦你回答一下吗？"尽管他一言未发。

老爷爷自信地点点头。"当然可以。道是一个相当复杂的概念，蕴含着丰富的历史，可以追溯到公元前6世纪。它是中国两大思想流派之一道家的基础。道，字面意思

"为无为。"

——道家

印度教的伦理中有"不杀生"（ahimsa）一条，也就是"非暴力"，甘地将之付诸实践。通过抵制、和平抗议、绝食等消极手段，他领导的政府从英国殖民当局手中赢得了独立。马丁·路德·金在民权运动中成功运用了类似的非暴力手段。

"天下之至柔，驰骋天下之至坚。"

——《道德经》

"佛教的根本理念是，超越二元对立的、由分别心建立的世界……并且领悟无分别的精神世界，其中包含达到正观。"

——铃木大拙，佛教学者

就是道路。它是终极的实在：代表着天地流转不息的宇宙过程。**这就是道。**"他得意地点点头，仿佛把圣人和我都震住了。我可没有，这种事我在老爷爷那里看过太多了。不过，我还是为他感到骄傲，我知道他在认真作答。给他一个出场机会挺好的。我想圣人会满意他的答案。

我看向圣人。他缓缓摇着头，说："你回答了问题，就无法解答问题。你言说'道'，其实是承认自己无'道'；你解释'道'，其实正说明自己不知'道'。"

我沉默，老爷爷也沉默。我为他辩护："这不公平。你耍了他。"

"不是耍他，"圣人答道，"只是寻求开悟。"

这绝对是在耍他，但我顺着问道："开悟？"

"对啊，伊安。让你看到万事万物的相互关联，打破纯粹的逻辑，使你的思维沉寂，使你的直觉觉醒，**存在**而不思索。**这时**你才会认识你自己。你会解开尘世间的对立，体验到贯穿整个自然、互通互联的宇宙过程。"

我还是觉得他在回避我的问题，好像他有一肚子的谜语。不过，他的仪态中蕴含着某种宁静。

"来我这里时，伊安，你产生了矛盾的感觉。你感觉我既**平凡**，又**不凡**；我的举止既让人**安心**，又让人**不安**。这让你焦躁。

"你的心被蒙蔽了，伊安。被你们社会的习惯所蒙蔽：受的教育、说的语言、遵循的范式。你还被你的自身、你的自我、你的**存在**

"有问道而应之者，不知道也。虽问道者，亦未闻道。"

——庄子

"不作意即是无念。"

——神会，中国禅师

　　　　　　　　少年伊安的哲学冒险

所蒙蔽。好在你养成习惯的年月不长。你可以通过开悟打破那习惯。"

我觉得他说到点子上了——矛盾的感觉，东游而西至。"所以我要如何做呢？我要如何打破习惯呢？"

"这并非易事，要花时间。不是今日，不是明日，是日日如此日。"

这肯定又是某种谜语。"所以就是不可能的了？"

"不，是可能的。你只需要忘掉学过的一切。就像俗语里说的，想起'嘴边上'的话一样。你想起这些事的时候不是你紧盯着它们的时候，而是你把注意力转开的时候。你必须将注意力从目标上转开，如此方可成功。"

"我必须无视才能做到？"这肯定不对啊。

他静静地坐了一会，然后说："我想帮你，伊安。我会帮助你静心。心静方得开悟。我会问你一些问题，希望你能让它们穿过你。这些问题不是谜语——不是你熟悉的那种谜语。它们没有答案，没有教益，只有问题而已。让问题消解你，你的心便会澄清。"

我迫不及待地想听，于是安静配合地坐着。

他的声音明晰而清脆："你知道两只手拍击的声音。那么一只手是什么声音呢？"

我坐着。

他也坐着，他的坐姿看起来比我的好得多，好像他真从这个问题中得出了什么。一只手拍？根本不会发出声音啊。但那又是什么声音呢？他指的是空气扇动声吗？又或

> "致虚极，守静笃。"
> ——老子

> "双手拍击会有声音，一只手会有什么声音？"
> ——白隐慧鹤
> （1686—1769），日本禅师

许是两只手拍出的声音的一半？但一只手不会发出**任何**声音啊。接着，我一冲动，将右手从大腿上抬了起来，掌心朝内，五指张开。我看向圣人，然后将四指快速向掌心弯曲。我重复了好几次。此举发出了轻柔的拍击声。我笑了。我以为他会为这个答案感到骄傲。

他的脸上毫无骄傲之色。他摇了摇头。"那是西方人的答案。那是你的习惯。"他轻声说。

"好吧，那我再试试。"我说。

"不要**试**，伊安。不要争。让问题消解你。"

我静静地坐着。我好像总是静坐，而这就是我表示我会这样做的方式。

他回答了我的沉默："你出生时的本相是什么样的？"

我继续静坐。我的脸？我出生前没有面目啊。好啊。原来是这样。让问题只是问题。我朝他点点头。我现在还完全不懂这是在做什么，但依然配合着他，看会发生什么。

"改变变化。"他说。

我点头。

"描述苹果而不想苹果。"

我的头脑有了轻飘飘的感觉。这种感觉与面对老爷爷之前提出的问题时的感觉不一样。这种感觉美好又奇怪。不，不是奇怪——是特别。

"如果你在路上遇到了修道之

心印

佛教术语"心印"（koan）指的是看似不合理、令人困惑，实则有助于冥想的话语或格言。要旨不在于解谜，而是为了清心。本章正文中有很多这样的例子，这里再举一例：

一个僧人在大随禅师的寺园中看到一只乌龟，就问师父："万物皆是骨包皮肉。它怎么是皮肉包骨呢？"大随禅师遂脱下一只鞋，把它盖在乌龟身上。

人，不要用言语，也不要用沉默和他打招呼。"

现在问题的感觉对了。我不再抗拒。我只是被问题消解了，在某种意义上。我觉得我懂了他之前说的意思。我开始感觉到了。然而一有感觉，我就无视了那种感觉。这很有启发。但我依然在试图真正解答问题。但那过程还是挺好的。

"这就是开悟需要做的事，伊安。要花很多耐心和时间。"

"是啊，是啊，我想我明白了。"我有一点失望，因为我们没能更进一步，他没有让我在那种境界下多坐一会儿。

"当你达到开悟的境界时，你就会明白自己在宇宙运行中的位置。宇宙就是你的一部分。"

我微笑，静坐。

他继续说："如此便可去除恶——让你和你的西方同胞们忧心忡忡的恶。做到的方法不是与外界抗争，而是内观。你必须消除自

"业"意味着"行为"

弗里乔夫·卡普拉解释道："它是活动的行为原理，是运动中的整个宇宙，其中万事万物彼此都有着动态的联系。"

铃木俊隆禅师写道，我们在出生前与宇宙是合一的。一旦出生，我们就产生了诸感，将自身视为独立之物，"就像瀑布中的水被风与岩石分开……当你没有意识到你与河是一体的，你与宇宙是一体的，你就有了恐惧"。

他总结道："当水回到与河合一的原点时，它便不再有任何独立的感受；它复归本性，达到了沉静。水回到原本的河中，它是多么快乐啊！"

明白万物互通的道理后，铃木写道："生与死是一回事。明白了这一点就不会再怕死了，生活中也不会再有真正的困难。"

佛教里没有一个词能直接翻译成英语单词"evil"（恶）。佛教里有恶行，但没有我们所说的邪恶"力量"。佛教里有"毒"（akusala）的概念，是一种与"善"（kusala）相反的心境，善指的是趋向于行事明智、娴熟、有益，与英语里的"good"（好）是近义词。

快乐与欲望

"至乐无乐。"

——庄子

"世间只有两种悲剧。一种是求不得，一种是求得。"

——奥斯卡·王尔德

在《安娜·卡列尼娜》中，渥伦斯基伯爵终于娶到了追求已久的女人安娜。作者托尔斯泰这样描写他当时的心境：他意识到自己并没有预想中那样快乐，"它向他（渥伦斯基）显示了男人永远在犯的错误，那就是想象幸福的本质是实现欲望"。

己的欲望。恶由欲生。你欲求金钱，无钱时就会失望；你欲求快乐，不快乐时就会失望；欲望**得到**满足时，你又会厌倦和焦虑，努力要满足更大的欲望。循环无尽，人本皆然。而这注定会失败，注定会有悲伤、痛苦、恶。"

我想了想，一想就觉得很可怕。而摆脱欲望，那似乎是不可能的。我要怎么把它运用到我的生活里呢？

"我教你一个把它运用到生活里的方法吧，"他说道，"想象有一天你需要睡个好觉——比方说，在重大比赛或考试的前一天晚上。你早早上了床，躺上床就告诉自己要睡着。你躺在那儿，渴望睡着。但渴望妨碍你入睡——只要你还躺在床上想着**我想睡着、我想睡着**，你就睡不着。只有当你不再渴望了，睡着的目标才会达到。

"或者，如果你想要的是不再想着青苹果，那么你首先必须消除那个'**想要**'。只要你**想要**不再想青苹果，你就在想青苹果。所以，对每件事都这样做吧——消除欲望。

"这不仅会让你除恶开悟，还能消解你对外物的执着。你不欲求它，它就不能控制你。"

很实用，但似乎并非事事通用。想了一会儿后，我**确实**想出了他的"消除欲望法"中的一个问题。我问他："如果我要消除欲望，这本身岂不也是一种欲望？欲求着消除欲望？"

他缓缓摇头——显然对我的提议不那么感兴趣。"我对你有两点答复，伊安，然后我就要走了。第一点，你只需要逐个消除欲望，你以为的问题就迎刃而解了。你先摆脱物欲，再摆脱名欲，一直这样做，直到只剩下最后一个欲望：无欲之欲。一旦把它也消除了，你就没有任何欲望了。"他一边说一边摇头，好像对我的提议感到失望。

"我给你的第二点答复是，"他接着说道，好像已经从第一点回复中缓过神来，"只要消除欲望就好，不要追根究底。去做。把欲望消除。这要费一番苦功。可<u>一旦</u>达到，你就能消灭对自我的感觉，实现涅槃。"

我平静地坐着，看着他讲话。我想感谢他。我没有大彻大悟或者类似的感觉，但我似乎确实窥见了开悟的一斑。我没有什么想与

消除欲望……掌控

"我们被自己占用的物所占有。我喜欢一样东西时总会把它送人。这不是慷慨——只是因为我想让其他人，而不是我被物奴役。"

——让-保罗·萨特，存在主义哲学家

萨特于 1964 年拒绝接受诺贝尔文学奖。他说："我不想成为地位的囚徒……我认为，读书就是我能获得的至高荣耀。"

八正道

八正道由乔达摩·悉达多（即佛陀）制定，是佛教徒修心炼道的准则。人借此可脱离苦海，通明万事。八正道包括：

1. 正见——认识自身和受苦的意义。
2. 正念——摆脱邪念。
3. 正语——不妄语，不恶语。
4. 正业——诚心待人。
5. 正命——谋生而无损于他人他物。
6. 正精进——努力扬善。
7. 正思维——认清自己的行动与思想。
8. 正定——集中精力于适当处，常用方法是冥想。

涅槃

涅槃的字面意思是"被熄灭"。正如火被熄灭一样，消除欲望也"熄灭"了自我。佛陀死后据说就达到了这种境界——空（sunyata）。

他辩驳的了，一点都没有。我无言地坐着，可能坐了几分钟，或者几个小时，或者不知道多长时间。但感觉不像是几分钟——只是感觉如此，其实就是几分钟。我只是坐着，没有感谢他。

他起身道："不用谢。"他是真心的。他明白了我的谢意，我向他微笑。他拿起地球仪，东游去也。

少年伊安的哲学冒险

> "我们生活得有多好，也就是说，多有思想、多高尚、多有道德、多欢乐、多有爱意，既取决于我们的哲学，也取决于我们如何将哲学运用到所有事物上。"
>
> ——罗·马里诺夫，《哲学是一剂良药》
>
> 马里诺夫在这里阐述的道理是：许多人的烦恼并不源于过往的心理问题，而源于当下缺少一套连贯的哲学信条。

伊安自己醒了。不是闹钟吵醒的，也不是爸爸妈妈叫醒的。他穿上牛仔裤、旧 T 恤、运动鞋，戴上棒球帽，走下楼梯。爸爸妈妈没有在往常的位置，准备跟他讨论夜里发生的事情，这让他吃了一惊。他大声宣告，好像在跟圣人说话一样："当然了。我们今天能谈什么呢？我能用什么词语跟爸妈探讨这些问题呢？再说了，有什么问题可探讨呢？"他看起来简直对此欢欣鼓舞。

但他坐到桌旁开始剥橘子皮时，又露出了沉思的表情。他聚精会神剥橘子皮的样子看起来几乎有点困扰。

"伊安，"妈妈匆忙走进厨房，说，"对不起，宝贝。我不知道你今天需要我们。"她示意伊安的爸爸从隔壁房间过来。

"需要你们？"伊安问道，言语里带着不确定。

"想要我们，"她紧张地纠正了自己的话，同时耸耸肩，"或者你只是喜欢跟我们聊聊天呢？"

"儿子，你想跟我们说话？"爸爸跟着伊安的妈妈来到厨房桌前，鼓励似的问伊安。

伊安抽了一下鼻子答道："是啊，是啊，我想是吧。我的意思是，我一开始不怎么想，不过，是啊。"他恢复了常态，复述了自己的梦和梦里发生的事，他现在已经是轻车熟路了。听他讲话时，父母也回以如今已成常态的平静关怀的姿态，甚至若有所悟。

伊安终于深吸一口气，停顿了足够长的时间，表明故事已经讲完。爸爸扬起了眉毛，这是他们谈话时的一种仪式。伊安用点头回应他。

"儿子，我必须说，我觉得你，或者说这位圣人，思考语言、苦、恶的方式很有意思。虽说有意思，但我认为，我们可以通过一种完全不同的方式得出相同的结论。"

伊安点头示意他继续。

"首先，我也能看出'我们彼此关联，又与自然相关联'这种看法背后的力量。我也认为达到幸福需要修炼。我也明白摆脱欲望——或者更具体些说，摆脱情绪与激情——如何有助于消除许多痛苦。但**不同点**在于，我认为我们可以用理性做到。事实上，我认为我们**必须**运用理性和逻辑，而从你的经历来看并非如此。"

"殊途同归。"妈妈说。

伊安笑着看了她一眼，又把他那双动作感应器似的眼睛转回了爸爸身上。"怎么会呢，爸爸？我的意思是，从昨晚的冒险经历来看，理性和逻辑造成的问题可能确实比解决的问题更多。"

爸爸笑了。"好，在谈论你的恐惧之前，"他娓娓道来，眉毛扬起，"我想先跟你玩一两个小游戏。"他把手伸进口袋，掏出一枚银币。"如果我让你猜十次银币在我的哪只手里，**并且**告诉你银币在我右手里的概率是70%，那么你说银币在我右手里的次数是多少？"他用陈述事实的语气问伊安。

伊安耸了一下肩答道："七次。"

爸爸轻轻咂了咂嘴。"如果你想要的是猜对，那你每次都应该猜右手。如果你只有七次选择右手，那么你不仅有几次会猜错，也很难猜对银币在左手的那几次。这不符合直觉，但这是真的。"

接着，他把银币放在桌上的一块餐巾下，又往桌上放了两块餐巾，然后把它们打乱，免得伊安看见银币藏在哪一块下面。"我要你猜银币藏在哪块餐巾下面。你选好后，我会掀开另外两块餐巾中的一块，让你看到下面没有银币。然后我会让你选择要不要改变原来的决定，可以吗？"

伊安点点头。

"你要改吗？"爸爸问道。

"我们都还没开始呢。"伊安答道。

"没错，但你认真想一想。在这种情况下，你要改答案吗？"

伊安摇头，说："应该没关系的。概率还和以前一样。不，我不改。我相信我最初的选择。"

"哦，还是听天命，撞大运那一套呀，"爸爸摇着头说，"如果你运用理性、逻辑，你就会发现改答案更有利。实际上是优势翻倍。"

"怎么会呢，爸爸？"

"第一次选的时候，你选中银币的概率是三分之一，选到空餐巾的概率是三分之二。那么，当我掀开一个空的餐巾，剩下的两张餐巾下有硬币的概率就成了三分之二。那可比三分之一强多了。依靠**理性**能让你赚大钱。"他说的时候盯着伊安，好像在等着伊安眨眼似的。伊安盯着餐巾直到理解，他微微一笑，发出了那种心满意足的咯咯笑声。

伊安补充道："是啊，你是对的。如果我一开始选了空餐巾，那么改答案就能赢到银币。我起初有三分之二的可能性选到空餐巾，所以我每次都应该换。"他的笑声里还带着兴奋。

"这乍看起来是反直觉的，"爸爸说道，"'反直觉'的事情有很多。理性能把它们都厘清楚。想一想电脑为何效率那么高吧。电脑完全不受情绪、感受、好恶的妨碍。"他说着深吸了一口气。

爸爸笑着说："所以我想让你想一分钟，想想我们为什么会害怕某个事物，儿子。"他马上接起了话茬，连一秒钟想的时间都没给伊安留。"因为我们不理解，我们没有想透彻。你很小的时候怕黑，有时甚至要开着卧室灯睡觉。"他停下来，露出笑容，说："你还记得自己曾经怕黑吗？"

伊安有些尴尬地点点头。

爸爸接着说："但后来你知道了地球的自转和昼夜交替的原因，知道了夜间活动的神奇动物，知道了太阳下山时，你的房间里并没有什么变化。你的理性能力完全消除了你对黑夜的恐惧。

"我曾经对狼蛛也是这样。我对狼蛛怕得要死。但我有一个专门研究蜘蛛的动物学家朋友，他教了

这个游戏现在被称作"蒙提霍尔问题"（见正文中三块餐巾与银币的例子），最早是1959年由马丁·加德纳于《科学美国人》杂志提出（说法略有不同）。1990年，专栏作家玛丽莲·沃斯·萨万特（Marilyn Vos Savant）在《大观》（*Parade*）杂志撰文称，只要宣布了不正确选项，参赛选手都应该改变决定。有一万多人写信回应，绝大部分都说作者错了，尽管概率论、逻辑学和实际经验都表明她是对的。

"所有错误都是由外来因素（比如情绪和所受教育）造成的，理性本身不会犯错。"

——库尔特·哥德尔

我狼蛛的知识。狼蛛其实是非常温顺的生物，而且有的狼蛛甚至没有咬人的能力。全面了解狼蛛以后，我去他的办公室找他，还让一只真狼蛛爬到我的胳膊上。我甚至摸了摸它。狼蛛软得出奇，"他笑着说，"在理性的帮助下，我克服了自己的恐惧。"

伊安点点头。

爸爸用更严肃的语气补充道："说句题外话，我认为种族主义背后的恐惧感正是由这种不理性所驱动的。但也许还是先等我把观点说完，再来谈这个吧。你懂了吗？"

"懂了，很有道理，"伊安说，"但我还是不觉得只通过理性就能不怕狼蛛。"

"你还没练习过呢，儿子。你没有时间把事情想透彻。比如，想想死亡。谈谈**未知**，"他一边说一边摇头，"我也听说过有人试图用逻辑平息、用理性消除这种恐惧，但我还是会有一点恐惧。你知道的，许多文化都创造出神话来解释死亡的未知。但死亡总归是未知的。最后都要回归到练习。"

"练习？你是说思维练习？思考？"

"对，没错。那很大程度上是一种生活方式——不停提问，不断学习如何更好地运用理性。那是我们最擅长的事。理性、逻辑，

"跟随理性"

形成于公元前 300 年的斯多亚哲学学派主张严格依照理性生活。现在，"斯多亚"已经成了"没有情绪"的意思，而它出自希腊语里的"stoa"，也就是"长廊"，指的是斯多亚派哲学家在雅典广场的长廊下聚会。

"德行不过是正确的理性。"
——塞涅卡，古罗马斯多亚学派

"如果你为外物而困扰，困扰你的不是物，而是你对物的判断。你当下就有能力排除那个判断。"
——马可·奥勒留，
古罗马斯多亚学派

自然法

自然法是基于人的本性来制定道德规范的理论——道德不是人造的，而是通过考察人性而发现的。

斯多亚派正是由此认定我们应该遵从理性和逻辑，因为那是自然对人的本意。亚里士多德也用自然法来确定人应该如何生活。自托马斯·阿奎那以来，神学家就通过自然法来把握神的律法。罗马天主教会将自然法运用于性伦理，主张性交的自然目的是生殖，任何其他目的都违背了自然秩序。美国《独立宣言》中也带有自然法的意味："我们认为如下真理不言自明：人人生而平等，由造物主赋予了某些不可剥夺的权利。"

人其实天生就适合做这件事。这是万物自然秩序的一部分。如果我们忽视了它，那就是忽视了人何以为人。一切生物都会跟从自己的欲望，但只有人具有理性能力。其他动物都不会逻辑、数学、抽象思维。忽视我们的思维能力就好比一只鹰终生在地上走，也就不算是鹰了。"

"所以，理性有助于解决关于受苦的问题？我的意思是，我们应该用纯逻辑的目光去看待苦难？"

爸爸点了点头，然后朝妈妈看去，她正微微摇头，好像有一点不赞同，但还想听他多说点。

他回答说："我知道我的观点不是很浪漫，但你能明白，对吧？人的情绪可能今天还很好，明天就变糟。逻辑和理性是坚实真切的。我的意思是，人们用'胸中烈火'来形容激情是有原因的。而且激情犯罪与其他犯罪也有巨大差别，法律上的惩处方式也不同。如果你要确定世界是如何运转的，那么任由情绪发挥作用大概不是个好主意。

"如果你在受苦，那是因为你没有恰当地使用理性。"

少年伊安的哲学冒险

他停了一下，好让他们领会这层想法，接着继续说道："就拿我们的朋友贝尔茨登先生说吧。他一天几乎要抽一包烟，但他会因为害怕鲨鱼而不敢下海。死于抽烟的人数是死于鲨鱼袭击的大约十亿倍。他最近刚刚看了鲨鱼题材电影，听说了耸人听闻的新闻报道，于是他的恐惧里就多了情绪化的成分。

"再说说你的朋友阿纳托尔吧。"

"他其实不算我的朋友。"伊安答道，为把人"开除友籍"而感到不自在。

"好吧，他害怕坐飞机，对吧？"

伊安点头。

"然而，他无论乘车去哪里都不担心。但车祸死亡的概率比空难死亡大多了。他只是听说的空难事件更多，或者对飞机的掌控感较小，又或者是因为媒体渲染。不管怎样，他的恐惧是非理性的产物，不符合逻辑。"

"天哪，老爸，还真是殊途同归啊。一样是消除激情、欲望和情绪——但不是通过忽略理性，而是通过完全接受理性。"

伊安若有所思地眨了一下眼，爸爸也笑了。

"而且通过运用理性，儿子，不仅我们能为自己的生活做出合理的决定，比如如何理性选择、该恐惧什么等等，更大的集体也是如此，比如如何施政，给哪些或不给哪些项目投资。这都要运用我

"激情" = 苦？

斯多亚派相信，理性会将人从激情和情绪的烦恼中解脱出来。通过遵从理性，人能培养出"不动心"（apatheia）——没有感情，或者说超然的状态。由此，人就能避开激情的陷阱，当时的斯多亚派哲人将其定义为"苦"。

"自由不是由满足欲望，而是由去除欲望达到的。"

——爱比克泰德，
古希腊斯多亚学派

心理学家戴维·迈尔斯提出了非理性恐惧的四个因素：

1. 遗传的内在恐惧，比如害怕蜘蛛
2. 无法控制的事物，比如乘坐飞机
3. 眼前即刻的危险
4. 最容易被记起来的危险

没有多少人因恐惧而戒烟，尽管每年估计有300万人因吸烟而死。迈尔斯提出，如果香烟本身无害，只是每5万包香烟中有一包装着炸弹，那么虽然炸弹烟造成的死亡人数会比现在少，香烟还是会被立即禁止，它带来的恐惧当然也会更大。

虽然自1876年至21世纪初，只有67例鲨鱼致人死亡的记录，但人们还是很怕鲨鱼，程度大大超过其他一些危险得多的事物。

坐飞机还是开车

根据一份（2001年9月11日恐怖袭击之前的）盖洛普民意调查，44%的受访者称害怕坐飞机。尽管根据美国国家安全署的报告，同等旅行距离下，1990年下半年美国人死于车祸的概率是死于空难的37倍。戴维·迈尔斯有一句乍看起来反直觉的话正暗指了上述事实："我坐飞机去纽约途中最危险的一段路就是开车……去机场。"

们天生的逻辑和理性。"他说完了，好像这个主题已经被他说透了似的。

"可是，亲爱的，"妈妈用质问的口气说道，"我们怎么能真正确定哪些事是人天生要做的呢？我的意思是，如果一个人恰好不喜欢依赖逻辑呢？如果人天生喜欢做别的事情呢——比如爱？**那**为什么就不能是事物的**自然秩序**？

"我喜欢你和伊安提出的思路——对我确实有一定启发。我觉得下一次也许可以多花些时间讨论激情和爱的积极面，它们或许比你们说的还要强大一点——积极的那种。"她说着从椅子上站起来，一副"我早就说过"的表情。

"我很乐意，亲爱的，"爸爸笑着答道，跟她一起站了起来，"而且我其实有点故意唱反调，你知道的吧。"这似乎在回应她那"我早就说过"的表情。

"我们得赶快走了，宝贝，"她一边跟伊安说，一边揉揉他的头发，又亲了一下他的头顶，"我们下午回来。"两人朝门口走去，爸爸不好意思地回头看了一眼坐在厨房桌前的伊安。

伊安盯着大门坐了一会儿，然后起身朝门口走去，换上了运动衫。

无物

我用力拽了一下大门，结果被眼前的景象惊到了：无。我什么都没看到。我以一种未曾设想的方式在看。我迅速关上门，掐了一下自己，好确定自己是醒着的，好像那有用似的。我叫了一声"疼"，只是因为我觉得我应该叫疼，尽管我掐得并不狠。我再次打开门，站在门边往外望，看到的还是无。我没看到一块白板，没看到白色，没看到黑色，我没看到有某个东西容纳着无。我看到的是无物。空无一物。我不喜欢这样。

于是我关上门，坐在大门后的过道上。我抓起了那本一直都在那里的书。它是讲艺术史的，还讲艺术如何像科学一样经历过不同的范式，尽管不是求真的范式——更像是不同的阶段，甚至是潮流。但这些范式似乎确实反映了当时的科学状况。例如，在科学顺从宗教的年代，艺术也顺从宗教，而且非常听话；在科学革命的年代，艺术有着严格的规则；接着艺术开始无视所有规则，然后艺术试图表达宣言，接着艺术又一言不发。无。比如，一张纯红色的画布，别无他物。也许艺术家其实画了不得了的东西，只是又用红色颜料都盖住了。那是艺术吗？什么是艺术？艺术会进步吗？谁来判定一件物品是不是艺术？艺术不可能无所不包。但如果有规范的话，规范由谁选定？我知道有一些政府机构资助艺术创作，但他们要怎么选呢？**他们**知道艺术的标准吗？还是说，艺术的标准是他们定义的？

　　无的艺术，却成就了什么。

　　这时有人来敲门。我有些震惊，因为我刚刚适应了门外可能空无一物的念头。我起身去开门，杰夫站在门口，脑袋朝我这边探，眉毛也扬了起来，好像在说："准备好出门了吗？"我都把实地考察这件事给忘了。

有解之忧

　　实地考察是"成年人与工作场所"活动的一部分，是我们学校要求做的一个项目。每名学生必须到一个人的工作场所参观一天，观察他做的事情。活动旨在让我们明白教育是有意义的，同时鼓励我们为自己设定目标。杰夫和我决定去找"解忧师"女士。她的职责是帮人们解决问题。她不是心理学家，实际上她自称"视角变换员"。我们真的很期待。

随杰夫出门上街时，我还在为上一次出门而耿耿于怀。"杰夫，你过来的时候看见无了吗？"

他看着我，好像我说了一条谜语。

"没事了。"我说。我觉得那太难解释了——看见无。我将其归结为，也许我当时"开悟"了或者怎么的。

没走多久，我们就进了办公室的门。里面看起来有点像诊所，有一股消毒水的味道，有几条沙发，桌子上摆着几个月前订的旧杂志——杂志上的地址都被涂掉了，这样患者看完病后就不能去把她家搬空了。

秘书注意到了我们："是伊安和杰夫吗？"

我们点头。

"你们来得正好。柯蒂斯医生正等着你们呢。左手第一扇门就是。"

我们走到了左手第一扇门前，门牌上写着：**最难开的门是开着的门。**

没有姓名，只有门牌。我看看杰夫，耸了耸肩。他朝我点头，好像明白门牌的意思似的，然后他开了门。我们走进房间，柯蒂斯医生——我们猜应该是她吧——正坐在办公桌后面看文件。

"你们好呀，孩子们。"她说着，起身跟我们握手。她看起来很聪明，很利落。完美的眼镜，完美的头发，完美的笑容。她一身朴素的白衣——白裤子配白衬衫——同样完美。她看起来人很好。她还没怎么说话呢，可一看就是聪明人。"你们真准时。患者会一个接一个地来，见面时间都很短。我只需要快速给他们一个新的视角，然后他们就可以走了。"

杰夫和我点点头。

"就像数学题一样，"她继续说，"如果你想得出 6，又不喜欢 3+3，那随便换一个算式就可以了：比如 12÷2。或者在纸上写一个 9，然后倒过来。"

我俩都笑了。

就在这时，门开了。一个男人紧张兮兮地走了进来。

"你好啊，吉姆。"柯蒂斯医生朝他打了招呼。他马上自在了一些。"请坐。"

他坐了下来，双手交叉搁在大腿上。

"今天又怎么了？"她说。

"唉，我最近对坐飞机感到紧张。我不信任其他乘客。"

"你怕的到底是什么？"柯蒂斯医生问。

"好吧，我知道发生的可能性很低——微乎其微——但我还是害怕有乘客带炸弹上飞机。研究表明，有人这样做的概率是五万分之一。我觉得这个数字还没有低到让我不去担心的程度。"

她点点头，说："所以，如果我能让概率再低一些的话，你觉得会有帮助吗？"

他犹豫地点点头。我心里想，这事她如何控制得了呢？

"好，"她继续说道，"你只需要自己带一枚炸弹上飞机。"

他摇着头，表示不理解她的思路。

她解释道："一个人带炸弹的概率已经很低了。但你想象一下，**两个人**带炸弹上**同一架**飞机的概率该有多低啊。所以，如果**你**带了炸弹，那么**还有一个人**带炸弹的概率就会微乎其微了。你可以放心上飞机了，不用害怕。"

他笑了，这番话似乎有帮助。"太谢谢你了。"

"不用谢。祝你好运。"

然后他就离开了。杰夫和我想跟她聊聊这件事，可又有一位患者进门了，看样子是个本科生。她跟他握了手，他坐下后，她问是什么事。

他激动地开口了："我跟朋友在一起的时候，我发现了一枚珍稀银币。他想要，还说银币是他的。明显不是那样，银币绝不可能是他的。现在他又说要从我手里把它偷走。这就是我的烦恼。我怎么才能不让他偷走银币？"

她缓缓点头，若有所思地答道："我有两点答复。第一，如果银币是他的，他就**不会偷它了**。"

他抬起眉毛，好像预料到了她要说的话。

"盗亦有道，我的道是：**人不能偷走自己的财物**。这是不言自明的事实——从没有人偷走过自己的财物。所以，如果银币真是他的，他就不能偷走它。"

他若有所思地皱起了眉毛。

"再来说第二点，如果银币**不是**他的，而你又确实想防止他偷走它，那就遵循盗之道，把银币**送给他**。这样就能防止他偷了，万无一失。问题解决了。"

他点点头。她起身与他握手，他走了。

接着又有人敲门，进来一名男子。他体格要壮一些，看起来好像搬过很重的东西。她握手后问他有什么问题。

"我是一名警长，"他开口道，"我们遇到一个大问题，就是有一条居民区的街道上有人违章超速。好像罚单开得越多，人开得越快。我就是想制止这件事，想让这条街上的人遵守交规。"

"这条街的限速是多少？"柯蒂斯医生问。

"三十五。"

"人一般开多快？"

"我们开的罚单大部分是五十。"

"好的，"她停了一下说，"把限速提到六十。"

她起身与他握手。他走了出去。

他刚出去，一个跟我们年纪相仿的男孩就走了进来。他朝我们笑笑，然后坐下开口道："妈妈让我来找你。我的问题是我家街上的那几个小子。"

"你接着说。是什么问题呀？"柯蒂斯医生和蔼地问。

"我每次一出去玩，他们就拿着水枪喷我。他们现在好像管住我了，我只要出去就得听他们的。我想我也可以试图反击，但我觉得很难把他们都打倒。他们有四五个人呢。"

柯蒂斯医生笑着说："这简单，诺亚。你下次出去的时候带上一大桶水。"她说的时候，他就开始笑，好像柯蒂斯医生要允许他泼**他们**似的。

"然后，"她接着说，"他们过来欺负你的时候，"他的眼睛睁得更大了，"你就把水都泼到自己身上。"他往椅子上一瘫，蒙了。"这样一来，他们就拿你没办法了——你已经浑身是水了，水枪再喷一点水又算什么？我管这叫**解除权力**。如何？你觉得有道理吗？解除他们的权力。祝你好运。"

她转向我们。"上午四个全搞定。其实都很简单。我还有一个人要接待，然后我们就休息——除非你俩有烦恼要解决。"

门开了。一个漂亮女孩走了进来，看年纪是高中生。她马上把目光转向我们，显然是介意我们在那里。柯蒂斯医生摇了摇头，好像在说"他俩不要紧"。女孩耸耸肩，笑了。女孩还没坐下就开始讲述："我跟同一个男孩谈了两年恋爱了，现在甚至没接过吻。爸妈告诉我，结婚前接吻是错误的，我要是干了会下地狱。'不准婚前接吻，'他们每天都说，'不管发生什么事。'"

柯蒂斯医生举起手指，表示不必再说了。我不知道她能怎么解决这个问题。"只要别结婚，"柯蒂斯医生笃定地说，"那样一来，就不存在**任何**婚前行为，包括婚前接吻。如果你永远不结婚，就不会有任何婚前行为。"她起身握了女孩的手，她离开了。

"这就是我的专业，"柯蒂斯医生转过来说，"问题都在你的思维框架上。如果你不喜欢某个东西，你要么改变自己，要么改变那个东西。是道题都有解，哪怕你的问题是你想找到无解的问题。你们俩自己解决这个问题吧。我该休息了。祝你们好运，孩子们。"

"有无解的问题吗？"我心里想。如果有的话，**那**是个问题吗？我觉得如果你是一个以"是道题都有解"为格言的"解忧师"，那就是一个问题了。不过我倒是有一个一直感到困扰的问题，我确实认为它不可解——生死的问题。实际上是关于死的问题。

"我走之前你还有问题吗，伊安？"柯蒂斯医生若有所思地问，好像读懂了我的肢体语言。毕竟她是专家嘛。

"对，我有，"我答道，为提出无解之题感到紧张，"我觉得你可能也没办法，但我至少想分享给你听。"

她笑了，鼓励似的点点头。

"问题是，我正在死去。"我严肃地说。她把眼睛睁得大大的，显然是担心了。我接着说："从我出生开始，我就离死亡越来越近。所以，**按照定义**，我正在死去。对吧？实在是无法可解。"

她关怀地点点头，好像她以前就听过这话似的。"你告诉我，伊安。在一家店开门后一小时，你进去了，你会说它正要关门吗？"她不等我回答就接着说，"当然不会。但如果你是关门前五分钟进去的，店主在打扫卫生、锁后门、整理货架了，你会说他正要关门，对吧？这主要是一个心态问题——在开始为关门做准备前都不算正要关门。"

我咧嘴笑着点点头。她做到了。解决了无解之问，而且是以一种非常平实的方式。

"所以，你是正在死去吗？"她问道。

我摇着头，还带着笑："除非我决定自己要死了。"

她笑着拍拍我的背。我们感谢了她，然后离开了办公室。

"现在几点了？"我问杰夫。

"看情况。"他说。

"是啊，我想是得看情况。"

"我饿了。"杰夫说。

"那我们该吃东西了。"我答道。

我们都点点头。有些问题比其他问题更容易解决。

阅读讨论题

1. 消除一切欲望是否现实？对金钱、对食物、对生命的欲望呢？消除欲望是人力可为的吗？消除所有欲望可能带来什么问题？

2. 花一点时间，想出你的一个具体欲望——可以是想要的实物（比如轿车），也可以是想交往的人、想上的学校，甚至可以是一项嗜好（比如巧克力）。**追求**这个欲望会不会造成负面结果？**实现**这个欲望会不会造成负面结果？欲望的车轮有没有可能停下，得到某事物后便再无所求？

3. 现在来思考一下（第 2 题中的）欲望的来源——是你自己想要，还是源自外界，比如广告、父母、朋友、社会？你能确定是哪一种吗？

4. 未有词语（比如灵魂、爱、无限）而先有体验是可能的吗？你现在有没有某种还不知道如何用词语表达的感受？如果你在一座荒岛上出生和长大，你的思维会不会不一样？

5. 试着清空头脑，什么都不要想——你可能需要一个有安全感的僻静之所，也可能需要练习。你尝试成功了吗？如果没有，是什么因素妨碍了你？

6. 本章后半部分，爸爸介绍了斯多亚学派的方法——只依赖逻辑和理性，摒弃激情和直觉。你认为这种方法有何利弊？直觉、激情对认识自我和环境有多大的重要性？

7. 你能想象出没有宇宙是什么样吗？你能想象出"无"吗？没有"有"，能有"无"吗？"无"是可能的吗？

8. 你对"有解之忧"一节中给出的解答做何感想？

第 8 章

信仰与理性

人心有其道理，而这道理是无从知晓的。

——布莱斯·帕斯卡

对有信仰的人来说，不需要解释，对无
信仰的人来说，解释是不可能的。

——奥苏利文

我们从梯子上下来，爬出管道时，老爷爷问候我说："上次见
面后，你休息好了吗？"

"挺好的，我想。"我现在真是满脑子问题，关于这一切到底是
怎么回事，也有关于他和我之前做过的事情的疑问。我看待事物的
方式真的开始变了。我更加感到自己成了宇宙的一部分，与宇宙的
联系更紧密了。我过去好像一直生活在一场大型魔术表演中，现在
总算知道了每一种魔术的窍门。

"你呢？"我问他。

少年伊安的哲学冒险

"很好，伊安，我一向休息得好。谢谢你的关心。上课前我要去教师休息室一会儿。我们稍后在那里见面。"

我没有直接去上课，而是先去了一趟亚历克西斯的教室。我通过门上的窗户看见她正在跟一位女士说话。女士从背影看年纪比较大，大概是老师，没准是代课老师，因为我不认识她。亚历克西斯边说边微笑。她通常不是个话匣子，至少在大人面前不是。她笑得不算灿烂——不是开怀大笑，是说正经事时的微笑。

我站到她透过窗户能看见的位置，她明显吃了一惊。老师转过头看我。我以前没见过她，可她看着很亲切。亚历克西斯跑出了门。

"伊安，见到你真是太好了，"她拥抱了我，"可你在这里做什么？你不应该在这里啊。本来还有大概一周时间，我不该在梯管外面见你的，至少不应该在没有老爷爷陪同的情况下。"

"什么意思，'在梯管外面'？在这里见你有什么问题吗？"

"因为我不能。就是不能。不过听上去你过得不错。我至少能看到你一小会儿，我已经很高兴了，"她停下话头，笑着看我，"我真的不应该在这里跟你说话，可能会全搞砸的，你知道吗？"

"不，我不知道。"

"不用回答的，我知道你不知道。但你也不需要知道。你做得不错。"

"做得不错？"

她笑着抱了抱我。"我们很快会见面的。"

"你明天想陪我去杰夫家吗？"

她面露犹豫。"我想去，可是去不了。我那会儿有事。"

"那下周怎么样？我们可以去市集。"

"我那会儿也有事。不过我想尽快跟你见面，迫不及待。"她又抱了我一次。至少我得到了不少拥抱。

但难道不是由**我**来决定何时在我的梦里见到她吗？我猜我只是没有下定决心。她就在那里——在我的梦里。但我白天确实**没有**见过她。

"伊安，我们很快就能真的再一起出去了。现在的情况太不一般了。我好像一直生活在一场大型魔术表演中，然后有人把所有魔术的窍门一一讲给了我。你会发现的，如果你还没发现的话。"

什么？那是**我的**魔术表演比喻。但我从来没说出来。

"再见了，伊安。"她回去后把门锁上了。我往里看，发现那个老太太在看我，诚恳地点着头，像在说一切都好。她们继续说话。我去上课了。

今天是老爷爷上课。我看了一圈教室，我猜同学们的家长今天又没签同意书。我开始琢磨我爸妈签字前到底有没有读。但我必须承认，我最近上学挺开心的，这比我熟悉的坐下、听讲、背书、复习的方法有意思多了，也生动多了。之前那种方法倒也不坏——我想他们需要某种方式来评判我们。我的大脑可以那样运转，没问题，但我的一些朋友似乎有不同的学习方式：似乎大家的大脑构造不一样。这跟打橄榄球一样：不是每个人都能当线卫——有人适合奔跑，有人适合拦截，有人适合开球，有人适合过人，有人根本不适合打球。但在学校里，尽管我们有种种差异，却都被同样对待，都有同样的要求。我们都必须遵守同样的规则。这在某种意义上是不公平的，因为……

当我转头看向教室后面时，我的梦中白日梦被打断了。教室后面的角落里有一个学生——学生？我从没注意到他。一个人——人？我好像从来没见过这样的人。他看起来有些像人，但他——它——戴着面具，人脸面具。就像人戴怪兽面具一样，不管怪兽面具多么逼真，我们总是知道面具后是一个人，因为我们不相信怪兽会在街上游荡。说实话，假如我是一只想伪装自己的怪兽，我想我会直接以真面目示人：人们会当我是一个戴着怪兽面具的人。我现在的感觉是，这个人——怪兽？——其实是一个怪兽伪装的（有这样的怪兽吗？）。我感到非常不安。

老爷爷来救场了。"伊安，今天你走运了。你有机会赢钱，只需要做选择就好了。只要做一次选择。"他朝教室前面的大桌子看去。桌上有两个盒子。一个是透明的，里面装着一沓钱；另一个不透明，看不清里面有没有东西。我以为是"拿保底还是搏一把"那种游戏。我错了。游戏要复杂得多，尽管形式出奇简单。

"伊安，这个人，"他朝那个怪家伙示意，"这个教室后面的**存在**带了一个游戏给你玩。这个存在与你遇到的一切都不同。他是一名伟大的**预测者**。我告诉他，你特别想要一套新款科学装备，而且你会尽力在他的游戏赢到最多的钱。好吗？"

"当然了。天哪，我要是有了钱，能做的事情可就太多了。游戏里有多少钱？我需要做什么？"

"你今天上学的路上，这个名叫达穆斯的**存在**就给你做了评估。你来上课之前，他把 1 000 美元放到了透明盒子里，如你所见。而且，他在黑盒子里**要么**放了 10 万美元，**要么**什么都没放。他对黑盒子是这么做的：

> 如果他预测你会把两个盒子都打开，那他就不在黑盒子里放东西。
>
> 如果他预测你**只会**打开黑盒子，那他就在黑盒子里放 10 万美元。

"达穆斯已经玩过这个游戏很多次了。他水平很高，目前统计的'预测成功率'是 99%。在 99% 的情况下，他都能正确预测一个人的选择。"

"所以，**我**只需要预测**他**的预测，然后采取相应的行动？"我问完后，他肯定地点了点头。我接着说："我为什么不能先看看黑盒子里有什么，如果什么都没有，我就拿走透明盒子里的钱？"

"钮科姆问题"的问题

钮科姆悖论最早是由物理学家威廉·钮科姆（William Newcomb）提出的。罗伯特·诺齐克 1969 年的论文《钮科姆问题与两条选择原则》使其广为人知。他写道：

"关于应该怎样做，几乎所有人都觉得太明白了，太显而易见了。但难点在于，他们在这个问题上的意见几乎是均分成两半的，有一大批人觉得另一半人在犯傻。"

"选项里没有这一条。你要先公布决定，然后选择。你有两个选项：只开黑盒子，或者，两个盒子都开。"

我认真想了想：如果达穆斯预测我会选两个盒子，他就不会往黑盒子里放钱，但如果他预测我会只选黑盒子，他就会往里面放钱。所以，如果只选黑盒子的话，我把所有钱都拿到的机会似乎更大。

就是它了。我参加这个游戏就

　　　　　　　　少年伊安的哲学冒险

是为了拿到最多的钱，所以我会选择黑盒子，同时希望达穆斯预测对了。我只选黑盒子。

但我感到了一股强烈的倾向，要两个盒子都选——透明盒子里肯定有钱，黑箱子里不一定有。

"达穆斯会在我选择的一瞬间让钱出现或者消失吗？他是等着在我选的那一刻隔空传钱吗？"

"不。达穆斯**已经**把黑盒子弄好了。他已经预测了你会做什么，然后采取了相应的行动。"

"我能用黑板演算吗？"

他点了点头。

我在黑板上画了一个回报表，其中包含了我的两个选项——选一个盒子，还是两个盒子，还包括黑盒子里是否有钱——要么有钱，要么没钱。

		结果	
		黑盒中有钱	黑盒中无钱
选项	只开黑盒	100 000 美元	0 美元
	两盒都开	101 000 美元	1000 美元

"看起来，至少从数学计算来看，我应该选两盒都开。因为钱已经放好了，我还能拿到保底的 1 000 美元。无论如何，我都有机会拿到更多的钱。"

占优策略原则（选两个盒子）

如果一个行动在任意给定情况下总能带来更优的结果，那就应该选它。

在这个版本的钮科姆问题中，该原则会让我们选两个盒子。不管黑盒子里有没有钱，选透明盒子总能多赚 1 000 美元。

"我选**两个盒子**。"我公布了选择。

"很有意思，"老爷爷评论道，"虽然你没有考虑达穆斯的预测能力。记住，如果你选了两个盒子，那么黑盒子里有钱的概率就只有 1% 了。对吧？而如果你**只**选黑盒子，那里面有钱的概率就有 99%。所以，这样来看的话，你其实应该只选黑盒子。"

我已经走回教室另一侧了，现在桌子把我和老爷爷隔开了。我对自己在黑板上的巧妙运算扬扬自得，可老爷爷似乎也说得有理。我感觉被困住了。达穆斯肯定算到了我倾向于两个都选，所以他不会往黑盒子里放钱。所以，我也许只需要**改选一个盒子**。如果我表现出"选一个盒子"的倾向，那我就是"会选一个盒子的人"了，于是达穆斯就会把钱放进黑盒子里。但我**现在**做的事情怎么能影响达穆斯**先前**做的事呢？或者说，达穆斯先前的行动是不是影响到了现在的我？

我如何说服自己选一个盒子？这是否足以让黑盒子里有钱？

老爷爷提议道："想象你最好的朋友杰夫在这里，他了解情况，而且可以下注。杰夫知道达穆斯有 99% 的预测成功率，那么他要是把赌注下在'你只选黑盒子，黑盒子里有钱'上，这岂不是很聪明？而既然这样下注是聪明的，你选一个盒子岂不也是最对的？"

那正是我需要的，实实在在的确信。说杰夫会那样下注很有道理。事实上，即便他痛恨赌博，我还是相信他**会**这样下注。我感觉自己快要改选一个盒子了。而且，既然选一个盒子，黑盒子里就会有钱，那么我只选黑盒子也就合理了，尽管我不久前做出的更理性选择是两个盒子都选。

"我选一个盒子！"我喊道。

"在你开一个盒子前，"老爷爷带着一丝坏笑说道，"我想让你再想象一个场景。"

"什么场景？"我答道。

"设想两个盒子**都是**透明的——玻璃做的。试试看这对你做决策有没有帮助。"

我照着做了。我看着两个盒子，好像它们真的都是透明的。可能的情况还是只有两种，我对两者都做了认真的思考：

> **如果**黑盒子里没有钱，那么我当然要选**两个盒子**。这样一来，我最起码能拿到 1 000 美元，要是只选黑盒子就连这笔钱也落空了。
>
> **如果**达穆斯往黑盒子里放钱了，那么我当然要选**两个盒子**。这样一来，我既能拿到黑盒子里的钱，还能额外多赚 1 000 美元。

我解出来了。如果我知道黑盒子里是什么的话，那么不管是什么情况，我都会选择两个盒子。我绝对要选两个盒子。

"我选两个盒子。"我骄傲地告诉老爷爷。

他答道："你似乎选择了理性的选项。我看得出你的小脑瓜在琢磨玻璃盒场景时转得飞快。而且与你在黑板上做的简单计算结果一样，**理性**的选择似乎就是两个盒子。但达穆斯只奖励选黑盒子的人。所以，达穆斯的奖励会不会是**不理性的**？那样一来，理性选择或许就不理性了。做出不理性的选择是理性的，像你一样做出理性的选择反而是不理性的。所以，一个行动怎样才是理性的呢？"

理性是不理性的？不理性是理性的？怎么会这样呢？

我不管。老爷爷想让我迷惑。我从两方面考虑的时间已经够长了。这是理性的选择，而既然是理性的选择，选择它就是理性的。

"我准备好了。"我打开透明盒子，取出里面的1 000美元。我笑了，知道这意味着我想要的冰激凌、CD、科学装备都有了。但

"你为什么没发财？"

戴维·刘易斯结合钮科姆问题对理性展开了探究。他回答了上面的问题（这也是他的论文标题）。他写到，在这种情况下，做出理性选择的人不会发财，也就是选两个盒子，然后只拿到1 000美元。在这种情况下，只有不理性的人才能发大财。

巨款在后面。我开始选的是一个盒子。达穆斯可能在观察我走路上学时就料到了，于是把钱放进了黑盒子里。这样一来，我不仅会赢得科学装备，还能帮爸妈买新车。我走向黑盒子。老爷爷扬起了眉毛——那代表的是"恭喜你"，还是"选错了"呢？我开始开盒了。

"伊安！"妈妈从楼下喊他。

"妈妈？哎呀，妈妈，等等！我这有重要的事！"

"什么事，宝贝？什么重要的事？"

"妈妈！黑盒子里的钱！黑盒子里的钱！"伊安一边下楼，一边朝她喊，"妈妈，里面有一些钱是要给你的。我甚至不知道盒子里有没有钱！你就不能等两秒钟再叫我起床吗？"伊安神情沮丧。他真的

> 电影《楚门的世界》中的人物克利斯朵夫说过："我们接受被给予我们的现实世界。"
>
> 电影主人公出生在一个好莱坞打造的电视节目世界中，这成了他唯一知道的现实。

很想看到结果，现在只能靠猜了。他似乎还在为自己的决定感到困扰。既然她已经把他叫醒了，他很好奇换成她会怎么做。她对他理性的不理性会怎么说？他坐在厨房桌旁，把自己的处境告诉了她。

"儿子，虽然这只是一个梦，但我觉得它包含了很重要的一课。首先在于前缀——这不是主要的教益，但与它有直接联系。你谈到了不理性（irrationality），还有理性（rationality），但你漏掉了一个——非常重要的一个，它与整个人类体验有着密切的关联。"

"可凡事要么是理性的，要么是不理性的。还会有什么？前理性（pre-rational）？再理性（re-rational）？"

她哈哈大笑。"好吧，这个是挺难的，"她顿了一下，"A。"

"无涉理性（Arational）？"

"对，无涉理性。既不是理性——通过逻辑、数学等思考得出，也不是不理性——通过糟糕的逻辑思考得出。我们经常做理性范畴之外的事。你知道，我嫁给你爸爸就出于'无涉理性'的原因。"

伊安犹豫地扬起眉毛，等待着可能到来的煽情回答。

"爱，"她笑了，"你常听人说**感觉**某件事是这样或那样。这是浪漫，这是爱。这往往是你的**良知**在向你讲述道德，关乎是非。"

伊安看起来还是迷迷糊糊的，不过他的兴趣已被彻底激起。

道德"推理"

20 世纪 70 年代，哈佛大学教授劳伦斯·科尔伯格提出了道德推理的三阶段论。最高级的第三阶段是"后传统"阶段——成熟的成年人会按照内心良知，而不是赏罚等外在原因做出道德行为。

"吃早饭了，伊安。我做了薄饼——上面有巧克力碎。"

他笑着睁圆了眼睛。他原本兴致不高，还在为自己被提前叫醒而有点不悦。"巧克力片薄饼！好香！"

妈妈端出两盘刚出锅、热腾腾的薄饼。"坐吧，伊安。"他坐下了。"好。两盘都有刚好 0.45 千克重的薄饼，每张饼有 20 片巧克力，它们离你的距离一样远，而且是同一时间出锅的。你选一盘吃吧。"

伊安来来回回地看，一会儿偏向这一盘，一会儿偏向那一盘。斟酌一番后，他意识到两盘薄饼完全**没有**可见的区别。于是他拿了一盘，坐了下来。

"你是怎么选的？"妈妈问。

"我怎么解释呢，妈妈？两盘完全**没有**区别。但我还是很高兴地选了。薄饼棒极了。"

"所以说？"她脑袋侧了过来。

"妈妈，我只是拿了一盘，没有原因。"

"那你会说你的选择是不理性的吗？"

"不，"他满嘴薄饼地摇着头，好像这些话在伤害他，"妈妈，如果我年纪大一些并且喜欢咖啡，我觉得现在正是该喝它的时候。

我可以喝一小口，好像它是终极的生命力量——它净化了我，给所有生锈的关节倒上润滑油，飞快地经过我的大脑，仿佛要给大脑来一次清洁，就像你在电视广告里看到的厕所清洁剂一样，把下水道里的脏东西一扫而空。哪怕它是咖啡。呃。"

她笑了，接着更严肃地说道："伊安，你会说你做出了理性的选择吗？"

"哦！"他好像生气了，"不会。我的选择没有规律，也没有原因。与理性、合理、逻辑无关。没有选项。根本不可能分析出理性决策。"

"你的选择**无涉**理性。"

"好，我明白了。薄饼带给我的兴奋感已经过去了，我现在想弄明白**真正**的要点，"他仰起头笑着说，"谢谢你做的薄饼，我现在也明白你的意思了。但我们要如何应对它呢？"

"是这样的，我们要让'激情'的天性成为决策过程中的一个

驴子之死

中世纪哲学家让·比里当（Jean Buridan）讲述了一则驴子寓言——一头驴站在两堆恰好一样多的干草中间。在这种情况下，驴子没有二选一的理性依据。尽管选择吃而非不吃或许是理性的，但一堆干草和另一堆干草之间完全无法区分。驴子不能在两堆干草之间做出理性的选择，于是一直在中间犹豫不决，最后饿死了。

人与驴

17世纪哲学家斯宾诺莎将比里当故事中的驴换成了人。他主张人会选择其中一个，证明了人有自由意志。他写道：

"如果我承认他会（饿死），那我想象的似乎就是一头驴，或者一座人像，而不是人。但如果我否认他会饿死，那么他会……自己做决定，因而具有让他能按照自己的意志行动的官能。"

"我们从来不曾有，也永远不会有足够的时间做到真正理性。"

——罗伯特·奥恩斯坦，
《意识的演化》
（*The Evolution of Consciousness*）

合理成分。成长过程中，我妈妈总是对我说：'倾听你的内心。'如果你**只**依赖理性，那你现在还在坐着看两盘薄饼呢。你可能会推理出，吃薄饼比饿死好——那当然是理性的选择。但接下来你就无法解决选哪一盘的问题了——只依靠理性会让你无法做出选择。在这种处境下，**纯**理性的人或动物会死掉。"

伊安点点头，露出了一点笑容。"所以呢，妈妈，这对现实生活有什么帮助呢？除了选薄饼这样的处境以外。"

"比方说吧，我们知道神要么存在，要么不存在。选项只有这两个，尽管我们可能哪一个都无法证明。"

伊安点头鼓励她继续。

"而且，你要么信神，要么不信神。这个抉择确实无可回避。你说你情愿不选择，或者完全回避这个问题，那么你只是选择了不做决定，这本身也是一个决定。"

非选不可

20 世纪初的心理学家和哲学家威廉·詹姆斯考察了激情在决策中的作用。他探究了**非选不可**的情况——不能通过无视来回避的选择。比如，一个人被困在雪山上，他要么选择走一条可能通往山下的小路，要么选择留在山上。他必须选一个。**不做**决定就是决定——他会留在山上，不确定该选什么。

詹姆斯主张，"宗教选择"就属于这种"非选不可"。过分怀疑、等待获取更多信息并不能让人逃避宗教选择。怀疑论"不是回避选择，而是一个具有某些风险的选择"。他提出，这里的风险就是错失关于神存在的真理的风险。

"如果你选择不做决定，你仍然已经做出决定。"
——出自极速乐队（Rush）的歌曲《自由意志》（*Freewill*）

　　　　　　　　　　　　少年伊安的哲学冒险

"这样啊。"

"那么，我们再来画一张你梦里的那种决策表吧。"她从电话旁拿起一支钢笔，在餐巾纸上画了起来：

		结果	
		神存在	神不存在
选项	信神	永享幸福	生活有宗教方向。但依据的信条是错的。
	不信神	永受诅咒	生活没有宗教方向。没有依据错误的信条生活。

"在这里我们看到，信神是符合逻辑的。看看表格里的永享幸福吧，看起来当然是合理的——**理性的**。你不会看不出信神为什么是理性的吧？"

伊安点头如捣蒜。

妈妈继续说："想象你正在登山，碰见峡谷上有一条绳索桥。如果不确定绳索是否结实，而这座桥能让你节省三十分钟时间，你会上桥吗？你会赌一把吗？"

"我大概率不会。但我会研究一下那座桥，可能还会问其他人的想法。但为了省点时间就赌上生命安危，这好像不值当。"

"答得好，"她答道，好像真的担心伊安会为了区区三十分钟而冒生命危险，"你不会为了节省三十分钟而冒死去的风险。那我们再来设想一下**永恒**的生命吧。相对

向神下注

17 世纪的数学家布莱斯·帕斯卡提出了他认为应该信神的理性依据，人称"帕斯卡赌注"。他表明，信神是明智的。"没有什么好犹豫的，"他写道，"因为信神损失不大，所得却无限大。"

来说，在教堂浪费不算多的时间，或者相信错误的信条，看起来是值得的。下对注的奖赏是实实在在的**无限的**好，而下错注的惩罚则是无限的糟。"。

伊安想到无限的奖赏，笑了。

"所以，在某种意义上，人必须凭借理性论据做出无涉理性的决定。"

"那是坏事吗？"

"好吧，我们回头看你与黑盒子的情况。你心里觉得自己要选两个盒子。出于证据和直觉，你发现自己确实不是会选一个盒子的人——尽管你想选一个盒子。你**希望自己想**选一个盒子。这带来了一个问题，即你对自己的信念和偏好到底有多大的控制力。比方说，你去握那杯水，试着相信它是凉水。"

水是凉的。"我相信它是凉水。"他说。

"好。现在如果你能相信它是热水，我就把那 10 万美元补给你。"

"好吧，"伊安尴尬地笑了，"哎呀，水好热呀。"

"是**真的**相信，"她严肃地说，"不是演戏。不要把手指插进去，

第三个选项？

"帕斯卡的论证看起来有说服力的前提是我们只有两个选项：基督教或无神论。第三种可能性是信仰一名善妒的非基督教神，当且仅当我们是基督徒时，这位神会诅咒我们……所以，帕斯卡的论证无助于我们决定是否要接受基督教。因为我们信基督也可能被诅咒，不信也可能被诅咒。"

——**史蒂芬·斯蒂克**（Stephen Stich）

　　　　　　　　　　　　　　　　少年伊安的哲学冒险

然后对我说：'我的妈呀，好烫。'我要的是更有意义的东西——我可是花了大价钱的。

"试试别的吧。如果你能让自己相信厨房桌下藏着看不见的小精灵，我也给你钱。"

伊安诧异地看着她："你是说神就像看不见的小精灵一样吗？"

"不，儿子。我只是想让你练习相信某个你不能证明的事物。也许我应该给你的不信加一点惩罚，增强激励效应。"

伊安扬起眉毛，好像早有预料。

"宝贝，如果你能相信亚历克西斯现在正在看漫画书，我也给你钱。但如果你不信，你就要被禁足四年，不许离家。你能看得出相信这件事最符合你的利益吧？"

伊安一想到禁足四年就怕了。"但我怎么能相信，"他顿了一下，嘟囔道，"我不相信的东西呢？"

"问题就在这里，而且这很有启发。比方说对神的信仰，有人就是没有信仰。人们总是这样谴责科学家和哲学家，认为因为神不能通过科学或逻辑证明，所以这些学者不可能相信神。现在我们明白事实未必如此——虽然科学家不能**证明**神，但当然是可以相信神的。重要的是无涉理性的信仰这一概念。在许多宗教中，信仰是核心要义。可人们又认定信仰是来自神的礼物。一个牢固的小循环。"

"循环？"

> "我们就是我们反复做的事。"
> ——亚里士多德

> "我们就是我们假装的人，所以我们必须小心我们假装成的是什么人。"
> ——库尔特·冯内古特

> "正如人不能被迫信仰，人也不能被迫不信。"
> ——弗洛伊德

不可知论（Agnostic）——该词由 T. H. 赫胥黎创造，源于早期基督教思想诺斯替主义（gnostic），意思是"知道"（加前缀"a"表否定）。不可知论者认为，断言或否定神的存在都是不可证明的，因此是不可知的。

"我不会试图先理解，而后相信；而是先相信，然后或许可以理解……除非已经相信，否则我就不能理解。"
——坎特伯雷的安瑟伦

"不信则不解。"
——奥古斯丁

"疯子不是失去理性的人。疯子是失去了理性以外的一切的人。"

"只有当你不借助逻辑就已找到了真理，你才能通过逻辑找到真理。"
——G. K. 切斯特顿

"是啊。基本上可以说，神赋予了你要见到神所需的东西。"

她接着说："但人们总是在让自己相信各种事情。你听过这句话吧：'那个人能把任何事情合理化，然后相信它。'心理学有一大领域就是研究自我欺骗现象的。人真的可以对自己撒谎。如果你在某件事上对自己撒谎的次数足够多，你就会开始相信它。有点像财产权和'占屋者权利'（squatter's right）。"

伊安脸上闪过一丝困惑。

"这是一个法律概念，指的是，如果你在一块不属于你的土地上居住满七年，那么这块土地就合法地属于你了。"

伊安露出恍然大悟的表情，点点头。

"所以，关键在于真正深入你自己，努力认识你对自己的信念到底有多大的控制力。有人真的认为可以控制自己的想法——这实际上正是他们自认为可以控制的想法之一。"

伊安露出困惑但欣赏的表情。

"还有最后相关的一点，儿子——也许是最重要的一点——我们之前谈过让激情成为思维合理的一部分，那时其实就提到了。你知道吗，就连最坚定的怀疑论者，他们也是基于自己的激情本性来做出决定和表述哲学观念的。"

伊安依然是困惑但欣赏的表情。

"正如无涉理性者的激情在于寻找真理，怀疑论者的激情在于避免犯错。狂热信徒追随的是认识神的渴望，哪怕这种认识永远无法被确知，而且是基于信仰的。怀疑论者总是主张不可知——尤其是关于永恒者的存在——正因如此，他追随的是避免犯错的欲望。怀疑论者不会犯错，但他也会有错失真理的风险，在这里就是失去永恒拯救的机会。信徒的风险是错信，但他也可能信对了，而且会达成了不起的成就。他们都在下赌注，而且下注的依据都是激情：

怪异的哲学假象

威廉·詹姆斯解释说，忽视我们的"激情"本性，等待"充分"证据是不理性的——那会导致我们错失某些无法只凭理性知晓的真理。

"当我想到……这条命令：抑止我们的心、本能和勇气，然后等待……直到我们的智性和感性共同获得充分的证据。我要说，这条命令在我看来是哲学洞穴中制造出的最怪异的假象。"

信的伦理

W. K. 克利福德写道："任何人在任何地方、任何时候相信证据不充分的任何事都是错的。"

詹姆斯的观点与其截然相反，他写道："我们的激情本性不仅能够合法地在不同命题之间做出决断，更必须如此，只要这是一个真实的、究其本性无法通过智性判定的命题。因为在这种情况下说'不要决断，将问题悬置'本身就是一个激情决断——与是或否的决断一样，同样具有错失真理的风险。"

信徒，或者说**有信仰的人**，其激情在于找到神，但有犯错的风险；

怀疑论者，或者说**没有信仰的人**，其激情在于避免犯错，但有错失真理的风险。

"而且他们都要通过信仰之跃才能知道他们自称知道的东西。回想一下我们是如何知道事物的吧：我们需要某些理性之外的东西。纯理性是有缺陷的——不论说感官的缺陷、理性的不一致、归纳法的缺点，或是缸中之脑、骗人恶魔之类的思想实验，又或是我们显然不能区分的做梦和清醒。纯理性只能带我们走到一定的距离——接着就必须跳了。你看。"她又画了一张辅助说明的图：

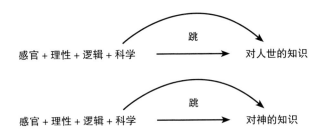

信仰主义（fideism）——主张理性和逻辑与信神无关。

"世人凭自己的智慧，既不认识神……因神的愚拙总比人智慧。"

——保罗，《哥林多前书》（1:21—25）

信仰之跃

这个词是由索伦·克尔凯郭尔创造的，它背后的动因是"真理是主观的"这一信念。我们之所以需要信仰之跃，是因为达不到客观确定性。他写道："如果我能客观地把握神，我就不会信神；但正是因为我不能，所以我必须信。"

因为他不能绝对确定地**知道**，所以他依靠信仰来帮助自己"跃过"逻辑与客观性之间的鸿沟。

　　　　　　　　　　　　　　少年伊安的哲学冒险

"所有知识都需要这一跃。我们的感官和理性只能带我们走到这里——所以我们有能力超越它们。我们有信念。否则我们真的会错失**一切**现实。

　　"儿子，你面临的挑战是努力去真正考察自己的信念。哪些是你为之自豪的？哪些是你想要改变的？去有意识地试着改变自己的这些信念吧。许多人相信祈祷或冥想会有帮助，但也有许多人相信这些事情是不可改变的。那些你无法改变的信念会如何影响你之为你呢？"

　　伊安露出不知所措的表情，但也有些心潮澎湃。

　　"你讲那个奇怪的选盒子情境时，我就知道你会做出'理性'

无神论者与信徒的信仰

　　扬·马特尔在《少年 Pi 的奇幻漂流》中写道：

　　"……无神论者是与我信仰不同的兄弟姐妹，他们说的每一个字里都带着信仰。与我一样，他们会尽可能走到理性能带他们走到的远方——然后纵身一跃。"

　　"理性对获取衣食与住所是好的。理性是很好用的工具箱……但过分理性就有把宇宙和洗澡水一起倒掉的危险。"

　　"理性的最后一步是认识到理性外还有无限的事物。"

——帕斯卡

直觉知识

　　心理学家戴维·迈尔斯表明，直觉对人的知识框架的重要性不亚于逻辑。他将直觉定义为"无须观察或理性，直接获得知识与洞见的能力"。

　　无独有偶，马尔科姆·格拉德威尔写了一本题为《眨眼之间》的书，他在书中为副标题"不假思索的决断力"做了辩护。他举出了无数例子和研究表明直觉为我们带来了理性思维无法得知的"真理"。

的选择。你在这方面脑子很灵。我只是希望卓越的理性能力不要遮蔽你的感受力和运用直觉的能力。"

妈妈笑着亲吻了伊安的额头。伊安回以微笑。

他为什么爱她

我已经受够了。厨房里休息不了，自己的床上也休息不成。杰夫家比较安宁，那就去杰夫家吧。

来到杰夫家门口，我敲了敲门。我喜欢敲门，不喜欢按门铃：这显得亲密多了。

"你好呀，伊安！"杰夫在里面喊，"自己开门进来吧！"

我一直觉得**自己开门进**别人家有一点怪。要是别人家里的常事在我家不是常事，而我一进门就撞上了呢？要是屋里有人还没为我进门做好准备呢？还有，要是那家人星期六早晨正在门廊里收拾东西，没料到有人要进来，结果我一开门撞翻了里面的东西呢？我从大门往里探了探头。"你好，"刚推开门时总感觉像在擅闯别人家，"杰夫？"

"嗨，伊安，我在下边。"成功进门。我顺楼梯下到地下室，杰夫向我展示手里的一根黑色粗线缆。线缆的一端是视频屏幕，另一端伸进了墙上的老鼠洞。那个洞看起来着实像是专门为老鼠打造的，就像动画片里的那种。"你要灭鼠吗？"我问他。

他摇头坏笑道："不是，这个可厉害了。你会爱上它的。这件东西叫'看见一生'。就是这个名字。我刚刚看完了一集。可好看了，你看看吧。通过屏幕能清楚地看到老鼠窝，通过耳机还能听到老鼠说的话。我刚看过的一家子太棒了。而且设备能把时间加快，差不多半个小时就能看完老鼠的一生。"

"那有点悲哀啊。只活半个小时，老鼠该是什么感受啊？"我答道。

"老鼠不知道。这玩意儿的原理是某种新式的相对论。说明书上都解释了，但我其实不太懂。要是你爸爸能解释一下就好了。不过现在不要紧。你一定要看看。"

"怎么用？"我问。

他把管子递给我。我在屏幕上看到一只刚出生的小老鼠和他的妈妈。母子俩都很可爱。"来，戴上耳机。你能听到他们的对话。"我戴上了耳机。"费斯泰，早上好。"鼠妈妈说。费斯泰睁开眼笑了，他显然还不会说话呢。在我的注视下，费斯泰很快开始走路了，接着是读书，然后甚至踢起了足球（不过他们没有手球判罚，因为他们只有脚）。真奇妙。费斯泰看起来已经有鼠界的五岁大了。

"伊安，你得告诉我发生了什么。我看不见，也听不到。告诉我发生了什么。"

"就像比赛解说那样？你想让我做什么？告诉你所有的事情？"

"对，所有事。假装你在写一本童书或者类似的东西。快点，老鼠要变老了。"

"好吧。"我回头看了一眼屏幕，费斯泰刚刚放学回家。二年级。天哪，时间过得真快！鼠妈妈这时对他说："哎呀，你今天看着像大孩子了……时间过得真快！"奇怪。

"伊安，现在发生了什么？"

"费斯泰放学回到了家。"

"然后呢？他们说什么了？发生什么了？"

"好好好，等一下。"费斯泰妈妈接着说："儿子，你知道的，我真为你感到骄傲。"

"是呀，妈妈，我知道。可为什么呢？你为什么骄傲呢？"

"你上学很用功，讲礼貌，还这么可爱。"

费斯泰笑了。

"你知道我有多爱你。"

"是呀，妈妈，我知道。可为什么呢？你为什么爱我呢？"

"因为你很美。"

"这是什么意思？美？"他停下来清理了一下胡须，"你爱我肯定是有原因的。比如因为我成绩好，或者我那件好看的白大衣，或者我踢足球的方式？"

"不，儿子。我爱你只是因为你美。你真的很美。看着你长大，长成现在这个小伙子真是太有意思了。"

"这很奇怪，妈妈。我不明白你怎么会没有确切理由地爱我。"

时光飞逝。老鼠母子似乎没有注意到，除了偶尔会说"哎呀，时间过得真快呀"。但其实费斯泰从来没说过，只有他妈妈说。妈妈之所以注意到了，也许是因为在某种意义上，她是从外部打量费斯泰的，正如我打量她一样。

而且时间当然在飞逝。费斯泰现在快高中毕业了。两位参加完毕业典礼回家的路上，妈妈用爪子挠着儿子的头，告诉他自己有多么爱他。"现在我知道为什么了。因为我毕业了，对吗？这是你爱我的原因吗？"

她叹了口气："不，费斯泰。你聪明，这我当然喜欢。但我爱你是因为你很美。你真的，真的很美。我没法讲得更明白了——你真的很美。"

费斯泰丧气地摇头。"妈妈，你知道吗，你爱我这事从头到尾都说不通。我知道你爱我，但我觉得其中是有原因的，也许你没有意识到。如果**没有**原因，你怎么会爱我呢？你怎么会爱任何一只鼠呢？而你对我的爱只有一些随随便便的原因，或者根本没有原因。我就是觉得奇怪，就这样。"

她笑了。

"妈妈，聚会办得真好，谢谢你。真不敢相信我要去上大学了，"他拥抱了她，"晚安。我累了。我要睡了。"

大学生活很快过去了。真的很快。在我眼里只有两分钟左右。费斯泰在大学里如鱼得水，好像过得很开心。他经常回家。现在他毕业已经三年，马上就要结婚了。婚礼办得很好。男宾身穿燕尾服，女宾身穿淡蓝色长裙，看起来美极了。到了祝酒环节，妈妈拿着一块最优质的奶酪说道："致我的儿子和他的新娘，我爱他们，因为他们都很美，只因为如此。"大家都举起了奶酪，全场欢声雷动，齐齐把奶酪一口吞下。费斯泰妈妈显出了岁月的痕迹，费斯泰自己也气派了一些。祝酒后，费斯泰的妻子感谢了婆婆发自真心的祝福和美好的婚礼。"真心？"费斯泰问道，"可她其实什么都没说呀，她平常就这么说话。"他看看妈妈，看看妻子，又看着妈妈，说："你们知道吗，你们俩眼睛红色的部分有着同样的闪光。"他笑了。三人都对着彼此笑了。他继续说道："我只是希望你有一天会想明白爱我的真正原因。让爱有一些意义，有一些一以贯之的东西。"

他妈妈点点头，亲吻他的额头，然后就去照看其他宾客了，确保他们尽兴。费斯泰的妻子朝他笑笑："你妈妈真了不起。"

费斯泰夫妇有了孩子，在离费斯泰妈妈家两条街外的墙上盖了一座可爱的小鼠窝，过起了日子。后来有一天，费斯泰收到一封电报，是关于妈妈健康状况的。她身体不太好。费斯泰的妻子下午和晚上都要带孩子，于是他马上独自去了妈妈家。

他进屋时，妈妈正躺在床上，被子一直盖到小小的鼻子那里。尽管她身体明显不好，可脸上还是带着微微的笑意，而且看见费斯泰进屋时，她的眼睛还闪烁了一下。床边有一束花，别的就没什么了。"妈妈，你为什么笑呀？你好些了吗？我收到电报了。你还好吗？"

"费斯泰，我真高兴你能来陪我。我觉得我时日无多了。毕竟时间过得太快了，尤其是和你在一起的时间。你一直是一个好儿子，看着你长大真是太好了。我爱你。"

她的头滑向一侧，看费斯泰的时候，那一侧的胡须被压在了头下。她在笑。他喉咙里一阵哽咽。不过，他感觉她终于要向他分享爱的秘密了，那么多年的秘密。

她看着他时，他觉得这可能是最后一眼了。这时，她眨了一下眼，然后又闭上了。"妈妈。妈妈。"她睁开眼。"我爱你。"

她笑了，眼睛在眨，缓缓地点着头，然后合上了眼。

现在，费斯泰的眼睛湿润了。"你眼里的闪光。妈妈。我爱你。你真美啊。对不起，我以前从没注意到，又或者是我从来不会表达。只是每当你说……"

她又睁开了眼睛，最后一次睁开："嘘，费斯泰，我知道。我一直是这样爱你的。我一直是这样爱你的妻子、你的孩子的。你也一直是这样爱我的。用不着说出来。"

她闭上眼睛，费斯泰用爪子抱住了她，亲吻她柔软洁白的面颊。他笑了。一边哭一边笑。

阅读讨论题

1. 假如你是伊安，你会只选黑盒子，还是两个盒子都选？为什么？
2. 如果"预测者"知道你会选什么，那么反复琢磨还有什么意义？预知未来是促成事情发生，还是仅仅知道事情会发生？你的回答会如何影响你对伊安选择的回答？
3. 你有没有过以下两种经历：希望自己不相信这件事，意识到自己的某个信念是不理性的，但仍然坚持己见。如果你曾试图改变自己的信念，你是怎么做的？
4. 认识某事对相信此事有帮助吗？还是说，相信有助于认识？
5. 帕斯卡为信神给出的论据合理吗？如果合理，你会仅仅因为有利可图而信神吗？请回答并说明原因。你是否认同帕斯卡给出的信神与不信神的后果？
6. 许多宗教主张本教神祇是独一真神，不可膜拜他神。帕斯卡没有说明应该信奉的是哪一个神，这有问题吗？信奉一切形式的终极存在需要的是同样的信仰吗？
7. 信仰、信念、知识的区别是什么？你能相信自己正在读这段话吗？你能知道神存在吗？几乎人人都说，要有信仰才能相信神存在——那么，相信神不存在需要信仰吗？请回答并说明原因。
8. "信的伦理"的引文中引述了克利福德和詹姆斯的话，前者认为任何基于不充分证据的信念都是错的，后者则认为没有充分证据时才有必要形成信念。你认同谁的看法？相信某件事如何会是"错"的？按照信念行动的重要性有多大？
9. 你会在生活中的其他方面做出信仰之跃吗？比如恋情、工作或在球队中？
10. 你可不可能感觉自己是一种人，其实却是另一种人？亚里士多德说过，"我们就是我们反复做的事"，这句话在何种意义上是正确的？这与冯内古特说的"我们就是我们假装的人"有何区别？

11. 你经历过自证预言吗？你认为某事会发生，这真的促进了这件事的发生。回过头来看，你有没有可能对事件的发生施加了影响，哪怕是无心之举？

12. 近年来发生了无数诸如圣母马利亚像流泪、受难耶稣像滴血之类的骗局。在被揭穿之前，这些"神迹"吸引了大量信众（和大笔钱财）。如果骗局为信众带来了希望与愉悦，那么"神迹"是否是捏造的还重要吗？这会不会是"无知是福"的一个实例？

13. 本章说明了信仰和直觉的用处乃至必要性，与前一章的后半部分截然对立。正反观点都看过后，你要如何面对同时摆在面前的两者？有没有哪种观点更胜一筹？如果两者都有必要，那你如何知道何时该用哪一种？

第 9 章

自由意志

> 我坚信，一个人对自身行动的掌控不会
> 多过一个印第安人木雕。木雕还有一点小小
> 的优势，因为它压根不会认为自己是自由的。
>
> ——克莱伦斯·丹诺

> "听你讲的话，你好像不相信自由意志
> 啊。"比尔·皮尔格林说。
> "要不是我花了那么多时间研究地球人，"
> 特尔夫迈道仁说，"我根本不会知道'自由意
> 志'是什么意思。我亲自去过宇宙中三十一
> 个有人居住的星球，此外还研究过一百个星
> 球的相关报告。只有地球人谈论自由意志。"
>
> ——库尔特·冯内古特，《五号屠场》

我们到了，我的朋友和我。我猜他现在是我的朋友了——要是

我们共处了这么久，我还不把他当朋友，那好像有点蠢。午饭时间，他带我去吃冰激凌。他请我吃冰激凌，这有点奇怪——吃冰激凌算是正常活动吧。正常里带着奇怪，奇怪的正常。

我确实喜欢冰激凌。巧克力味冰激凌。甚至可以来个双球——我感觉我能吃整整一加仑[1]。

不知怎的，他自顾自笑了起来。就在这时，我们拐进了冰激凌店。他细细看着菜单，捋着胡子，好像要决定吃哪一种。我有那么一瞬间想点草莓味的——换换口味其实也不错。我喜欢奶油与水果融合的感觉——简直像在吃健康食品，尽管我知道它并不健康，但我就是这么将其合理化的。我最后决定选草莓味了，但就在最后关头，他对我说："你要点巧克力双球吗？"我流口水了。"来一个双球巧克力。"我对服务员说。选得好。

"这对我来说也不错——不过，我只要一个球就行了。"他说。我们吃着甜筒，开心地走出了冰激凌店。

"谢谢你。冰激凌真好吃。今天是什么特殊日子吗？为什么要请我呢？"

"没什么原因。就是觉得从学校里出来一会儿挺好的，让你自己做几个选择。"

原来在这儿等着我呢。"我自己做几个选择？"

他微微一笑。"自由意志。"

---

[1] 英制1加仑等于4.546升，美制1加仑等于3.785年。——编者注

少年伊安的哲学冒险

"什么？"我问道，我不确定自己听对了。

"自由意志——我们可以自己做决策，自由地决定事情，在不同的东西之间做选择。自由选择让人舒畅。"

"是啊，自由意志，挺好的。"

他又笑了。"祝你今天在学校愉快。"

我到了教室，他在教室的正前方。"今天接下来的时间里由我代课，"他说，"你们的老师去开会了。"教室里没有别人。我就知道，哪有白请我吃冰激凌这种好事，天下没有免费的甜筒。

他开始点名了。班里只有我一个人，所以我觉得很奇怪。不管怎么说，他还是把全班26个人都点了一遍，点到"伊安·平克"时，我喊了"到"。

弄清楚到场者身份后，他问道："如果你在别无选择的情况下做出了选择，你会说自己自由地做出了选择吗？"

"什么意思？"

"如果你别无选择，你可以做出自由的选择吗？如果我把你拉出教室，扔进水塘，你会说这是你的自由选择吗？你会不会同意这句话，'伊安**选择**去游泳'？"

"当然不会。"

"为什么？"

"因为发生的一切完全不归我控制。我在这件事上实在没得选。"

"你今天在店里买了巧克力味冰激凌是自由选择吗？"

"当然是。"

"我认为不是。"

"你怎么能这么说？我差点选了草莓味，但最终选了巧克力味。

人性的一部分

"我确信，凡是想拿奥运会金牌的人都必须非常仔细地选择父母。"

——运动生理学家，佩尔-奥洛夫·阿斯特朗（Per-Olof Astrand）

"研究表明，遗传因素可以解释人与人智力差异的 50% 左右。"

——《华尔街日报》，
2003 年 6 月 20 日

偷窃强迫症，或称"偷窃癖"（kleptomania）不仅与大脑的实际意图有关，也与血清素水平低下有关。偷窃癖患者往往是为了偷而偷，而不是为了钱或其他好处。

卢梭和康德认为，人的本性是继承而来的，是固定的。

诺姆·乔姆斯基认为，人类有学习语言的生理倾向。

《时代》杂志（2003 年 2 月 6 日）刊载的一篇文章称，环境可能会"开启"许多性状的相关基因，包括：恋爱能力、反社会行为、怕蛇和同性恋。

我有各种口味可以选。"

"我给你看两样东西，"他掏出一张大纸，上面有一些奇怪的符号和数字，"这是你的基因序列，电脑打印出来的。你今天进教室时被扫描了 DNA——除了你家以外，其他家长都不同意这样做。我想其他人是有保险或者隐私权方面的担忧吧，也没准是他们根本不想知道。"

"哇，真的吗？"

"是真的。我想给你看一件关于你的事，很有意思。你柔韧性很好，对吧？你能够到自己的脚趾。"

"对。"

"这是遗传的结果。你父母的肌肉纤维都很柔韧。"

"你的耳垂贴着脑袋。这是相应的参数——我不需要看你就能知道。"

"天，真是什么都有啊。"

"没错。而且随着对人类 DNA 认识的增多，我们认识到有很多东西甚至在人出生前就已经决定了，包括生理和心理两方面。很神奇。这里有一条密切相关的：你天生很喜欢可可，也就是巧克力的主要成分。在我来看，你是个**巧克力癖**。"

"你从我的 DNA 就能看出来？"

"对。这都是你无法控制的，你难道不同意吗？"

"这……大概同意吧。我拿既定的身体和基因没有办法，它们完全不由我控制。"

"我同意。我还有一样东西想给你看。"

他把灯关上，开始放一部老片子。片中是我的爸爸妈妈和一个小孩。他们在我家里，只是壁纸不一样，我妈妈怀里抱着孩子。

"那就是你，伊安。五个月大。注意你父母的对话。虽然有一点误导性，但本意是好的。"

"亲爱的，"我爸爸说，"他哭个没完了。要不往奶瓶里倒点巧克力牛奶，看有没有用吧。我看杂志里讲，越可口的东西越能让小孩消停。再说了，反正是奶嘛。"他们把巧克力奶倒进奶瓶，我马上就安静了。我喝完了一整瓶，然后入睡了。我躺在小毯子和妈妈的怀里，喝了一肚子巧克力奶，明显一副满足舒适的样子。爸爸接着朝冰箱走去，把奶罐放了回去。我在片子里看到冰箱的下半层全都是巧克力奶。影片告诉我，我刚出生那几年每天都喝巧克力奶，一天三次，妈妈一边摇晃着我，我一边喝，爸爸妈妈还温柔地哄我。

"你爸爸有天从杂志上看到了那篇文章。文章挺蠢的，但在你身上好像确实奏效。"

"片子是你从哪里弄来的？"

"这个就别管了。你受到的教养——父母、家庭、训练、教学，基本上就是你成长的整个环境——完全不由你控制，你同意吗？"

"同意。这是显而易见的。"

1953 年参与发现 DNA 的弗朗西斯·克里克于 1994 年写了《惊人的假说：灵魂的科学探索》一书，书中写道：

"这个惊人的假说是，'你'，你的快乐与悲伤，你的记忆与抱负，你的自我意识与自由意志，其实不过是大量神经细胞及其关联分子的集合体的行为。化用刘易斯·卡罗尔《爱丽丝漫游奇境》里的一句话：'你不过是一堆神经元。'对今天大部分人的观念来说，这个假说是如此陌生，甚至可以说惊人十足。"

"你做出的决定只基于与你的**遗传**和**环境**相关的因素，你同意吗？"

"我想是的，看起来只有这两个因素。我们在学校里讨论过先天与后天之争，大多数人似乎认为两者都对人有重要影响。所以，我同意，我做出的决定要么基于先天，要么基于后天。"

"好，那你听好这句话：**你，伊安·平克，没有自由意志。**"

"什么？"我惊呼道。

"我用的都是你说过的话。"然后他在黑板上写道：

1. 你的遗传完全不由你控制。

2. 你的环境完全不由你控制。

3. 你做出的决定只基于遗传和环境。

4. 如果你的行动完全基于不由你控制的事物——就像前面那个游泳的例子——那就不能说你的行动是自由的。

5. **因此**，不能说你的行动是自由的。

论证看起来确实毫无破绽，但我**感觉**自己一直在做自由选择啊。"但当我决定要写东西的时候，我包里有一根铅笔和一根钢笔。我可以两根都选，可以只选一根，也可以一根都不选。"

"那你选一根吧。"

我掏出了钢笔。

"所以，你选了钢笔，没有选铅笔，但这不意味着你做出了**自由**的选择。问题总要回到我刚刚提出的论证上。你说的其实是：

> **如果**我有不同于现在的遗传和/或环境，**那么**我会做出不同的选择。

"但你**没有**做出不同的选择。你选了你选的那一根。"

"但我**本来可以**选铅笔的。它就在我包里，和钢笔放在一起。我以前选过它很多次。"

强决定论（人没有自由意志）

强决定论认为，人的所有行动都是由超出人力掌控的力量决定的。它与自由意志对立。霍尔巴赫对该立场做了如下总结：

"人不是依自己的意愿而出生的，人的机体绝不依赖于自身，人的思想是不自觉地产生的，人的习惯是由让人染上习惯的事物所掌控的，人总是被种种或明或暗、身不由己的因由所改变……尽管人身披如此多的枷锁，却依然假装自己是自由的行动者。"

"自由意志不存在。心灵欲求某事物是受了某因由的诱导，此因由又是受另一因由的决定，如此至于无穷。"

——斯宾诺莎

老爷爷指了一下角落里的一块大石头，然后走到录像机前按下播放键。影片中是一辆车行驶在蜿蜒山路上。车刚绕过一个弯，一块大石头便砸了下来，就落在车后几英寸的地方。

"好**险**啊。"我听到身后传来一句低沉的话。我朝老爷爷刚刚指的石头转过去。"我想我那天就是心情好——我不想伤人。"

会说话的石头？

"听听他要说什么，伊安。他给出的论证和你刚才给出的一样。"老爷爷又转向石头，问："你**能**早一点落下吗？"

"当然能。我看见那辆车在拐弯，于是刚好落在它旁边，吓司机一跳——也许是为了让他更珍爱生命吧。你知道的，人在死里逃生后会比以前更快乐。"

"很有想法，"老爷爷答道，"所以说，你可以更早落下来？你**本可以换一种做法？**"

"自由落体"的石头

斯宾诺莎在给席勒的信中写道，如果一块下落的石头会思考的话，"这块石头……会相信它是完全自由的，还会认为它继续运动只是因为自己愿意。这就是人人自诩拥有的自由，所谓自由，在于人只能意识到自己的欲望，却不知道何种因由决定了欲望。因此，婴孩会相信自己是自由地渴望母乳"。

石头前后滚了几下——大概相当于点头。

老爷爷回放了影像。我们坐得更近了一点，这时他小声说："石头**确实可以**早一点落下，**假如**它再重几十克的话，或者**假如**抵住它的树枝再细几毫米的话，或者**假如**地球引力更强一点的话，或者**假如**风早刮来几秒钟的话，它当然可以早一点落下。但它没有。它落在了它

落下的时候。这也是一件好事。

"石头可以有不同的表现，**假如**它的物理成分或环境不同的话，"他顿了一下，"所以，我要再说一遍——你做出的一切选择都基于你的遗传或环境，而这两者都完全不由你控制。它们是怎样，就是怎样。你**可以**做出另外的选择，这就好比说石头**可以**在另外的时间落下——但你做不到。"

"好吧。等等，如果真是这两者造就了我们的决定，进而造成了我们的行为，那我们只要能够有意识地改变两者之一，就**可以**有自由意志了。"

他期待地扬起了眉毛。

"我知道我不能改变遗传得来的身体，但我**能**改变我的环境。我的父母其实就是这样做的，他们在我小时候选择搬来这座小镇，因为这里更安全，学校也比较好。我也可以选择和哪些朋友交往，或者看哪些电视节目。由此看来，我对自身环境是**有**控制力的，所以我有自由意志。"

"这很巧妙，但其实只是规避了问题。看看你论证中的措辞，你的父母**选择**搬家，你可以**选择**换朋友。但你是怎么做出选择的？是根据不由你选择的遗传基因，还有**当时**的环境。**这**两个因素决定了你会改变自己的环境。"

"你的意思是，改变环境的选择和其他选择一样，是遗传和环境的产物？这个选择不由我控制？"

他直接抛出了例子。"是啊。伊安，听我说，你的父母要么**生性体贴**，也就是受到了遗传的影响，要么就是受到了某种环境的影响。在那种环境影响下，他们认为最好到安全的地方生活，一个能让儿子安全长大和上好学校的地方，一个会给他灌输重要知识的地方。每一个决定都是被决定的，甚至包括做出决定的决定。而且你知道的，你身上正在发生一些就连你自己大概都没意识到的事情。"

"比如什么事？"

"是这样，除了我们已经谈到的遗传和教养以外，还有一样东西，我称之为'冰山效应'。"他顿了一下，好像在等我表现出强烈的求知欲——我承认，我确实好奇。我无所谓似的扬起了眉毛。我真的以为我们可能要出门拜访一座冰山。

尽管我反应不热烈，但他还是继续说了下去。"你知道冰山大

我能控制那些控制我的东西吗？

内心的争斗：本我、自我、超我

约有 80% 在水下吗——不管你看得到的水上部分有多大，你看不到的部分总是要大得多。人的意识也差不多。我们意识不到的过程太多了，而先天和后天这些事情影响着你的潜意识。所谓潜意识，从定义看就是你没有意识到的部分。你有'本我'，即原始欲望和本能需要；有'超我'，它是你的良知，来自父母和社会教给你的规则；还有在两者之间进行合理化的'自我'，通俗来讲，自我会**背着你**协助你保持平衡——类似于调解员。这种调停工作往往会导致防御机制，比如否认或理性化，以保护自我免受羞耻和焦虑等不适感受的伤害。但人不能控制自己的无意识行为，甚至意识不到。然而，这种无意识行为对你做什么事情、为何这样做而非那样做有重大影响。"

我缓缓点头，想要掩盖我其实多么感兴趣。

"看你现在的样子，坐在那里，好像不感兴趣似的。但你挺直了背，坐在椅子边缘。你无意中展现的肢体语言表明你对这场谈话是感兴趣的。你有许多你意识不到，或者根本不会承认的行为。那可不是自由的行动：你甚至不**知道**你在行动，更不用说选择去行动了。我有事要找隔壁的一群人，随我来。"

我们走进隔壁教室，里面有二十个静静坐着的学生，好像要考试似的。老爷爷宣布："欢迎来到'拼字测验'。你们会在试卷上看到十个被打乱了字母顺序的单词，你们要做的是把它们拼回实际的单词。做完后把试卷交上来，就可以走了。"他把试卷发了下去。我坐在他的桌上监考。接着老爷爷也过来坐下，我们就静静地坐着看学生们做题。第一个做完的学生上来交卷，老爷爷伸手去接，结果把自己

> "我们的意志行为本身……只不过是表达潜意识欲望的幌子，更确切地说，表达的是潜意识中的妥协和防御。"
> ——约翰·霍斯珀斯（John Hospers）

意志就像手电筒

> "我们不能意识到无意识……说起来简单，要理解就难了！这好比要一支手电筒在暗室中寻找一个没有光照在上面的东西。手电筒照到哪里，哪里就有光，所以它必然会得出到处都有光的结论。同理，意识也可以认为自己遍布于一切精神活动中，但其实并没有。"
> ——朱利安·杰恩斯

的钢笔碰到了地上。她笑着捡起笔给他，然后离开了房间。他在一张纸的 A 栏下的"有"字旁做了个小标记。这时又有一个学生带着试卷来了。他又把笔碰掉了，不过这个女孩没有捡，朝他笑笑就走了。于是，他在 B 栏下的"无"字旁画了道斜杠。整场考试都是这样。每当有人上来交卷，他就会把笔碰掉。最后一人离开教室后，他看了看自己的纸，又看向我，一边笑一边点头。

"怎么回事？"我坐着说道，急着想知道这件事会有什么教益。

"伊安，这一切跟我想的一样。我今天发了两套不同的试卷。A卷里的单词都与助人有关，比如：乐于助人、善良、风度、和蔼、友好、关怀。B卷里的单词则是杂乱无章的：手、多云、战斗、水。

学生们以为我要考他们的拼字能力，其实我检验的是，无意识对他们决定是否捡笔的影响。结果表明，十名 A 卷考生中有八人捡笔，十名 B 卷考生中只有三人捡笔。如果你要看的话，我还做过很多次类似的研究。无意识对决策发挥着重要作用，而我们甚至意识不到它。这也算是自由意志！"

"选择"慢走

一次拼字实验要求被试拼写与衰老相关的词，比如退休、年迈、皱纹等。拼完这些词后，被试走路变慢的程度比对照组大不少。事后，他们说自己并没有意识到对老人的刻板印象及其对自身行为的潜意识影响。

无意识地自欺

当代心理学认为，观察得到的信息会进入人的"第一记忆系统"。只有少数信息会进入意识，其余部分就留在潜意识中。而被视为有危险或不想收到的潜意识信息要么会被意识无视，要么会被某种防御机制改变，从而更"贴合"观察者**想要**看到的内容。

"我感觉我的行动是自由的"意味着"我的行动是自由的"吗？

"一切理论都反对自由意志，一切经验都支持自由意志。"

——塞缪尔·约翰逊

我坐在那里，为他能这样总结实验结果的本领感到惊叹。但他的结论根本立不住。**感觉**不对劲。"可是，我**感觉**自己好像做出了自由选择，这难道毫无意义吗？"

"你自己看吧。给冰激凌店打电话问问吧。这是号码。"电话簿上写着"31 加仑"。这个冰激凌店名可真奇怪。于是我拨了号码，是一个女人接的。

"我要问他们什么？"

"问他们是不是真的有 31 种不同的 1 加仑冰激凌。"

我照做了。

"他们有。"

"问他们都是什么口味的。"

"她只是一遍一遍地重复**巧克力味**。"

"她说了多少遍？"

"呃，现在是第 26 遍。27、28、29、30、31。他们只有巧克力味冰激凌。"她把电话挂了。

"所以，你能选别的口味吗？除了巧克力味，你还能选什么？"

"不能。我想我不能。"

"但你本来是不是觉得你能？"

"对。"我确实觉得能。

"我给你看点别的东西，"他掏出一副纸牌，"我要给你变个魔术。首先，你随便选一个 10 到 20 之间的数，然后我们会用它减去它的个位数与十位数之和。"接着，他在纸上写了些什么，夹到了书里面。

"我选 14。"

"14。1 加 4 等于 5，然后用 14 减 5 等于 9。好，你把手伸出来，我们看看第九张牌是什么。"

我伸出了我的手。我仔细观察他的手，寻找捣鬼的蛛丝马迹。他点着牌，把前八张牌都放在我手上，又把第九张牌放在我手上——是方块 6。"所以呢？这张牌有什么特殊的？"

"你看桌上的那张纸。"纸上写着方块 6。"你怎么知道的？我是在你写下后才选的。数是我选的，牌是我选的。"

催眠状态下的自由？

进入催眠状态的人感觉自己有选择做什么的自由，其实却是在不知情的情况下由外力驱策的。一种催眠法是将一个关键词嵌入被催眠者的脑海中——催眠师告诉他，当他听到这个词时就要做某件事。之后他做了这件事时，他通常会编出一个理由，尽管其实他的行为是因为服从于催眠。

"我决定了，自由意志存在。"
——一名哲学系学生

"我相信自由意志吗？当然相信。我别无选择。"
——艾萨克·巴什维斯·辛格，
1978 年诺贝尔文学奖得主

"正是如此。你**感觉**是你选了牌。但按照那种计算方式，10 到 20 之间的**任何**一个数都会得出那个答案：9。所以，你其实并**没有**选择第九张牌。但你承认你**感觉**自己在做选择。我们已经碰到过这个问题了，你感觉在路上看到了水，木棍在水里弯折……但它们不是真的。**感觉**和实际情况不一定是一回事。光说'我有自由意志，因为我感觉我有自由意志'是不够的。我们现在又回到了原点。"

"可人们为什么要说自己的选择是自由的呢？"

自证预言

人对自身感受或行为的控制力往往要比他们意识到的更大。这常常反映在一些正能量口号中，比如亨利·福特的那句"自信成功必成，不信成功功不成"，还有人们常提起的安慰剂效应，意思是服下自以为有疗效的药丸的患者往往真能痊愈，哪怕其实服下的不是药。

"很简单，因为这么说很合宜。人想要成为自身行为的因由，人**想让**生活中充满有意义的事，比如意图、欲求、渴望、计划。人们曾经还觉得地心说合宜呢，这是相似的道理。古人想让神的造物居于世界的中心。想一想吧，人们经常塑造现实，好让它符合人想看到的。之前讨论感知的时候我们已经说过这一点了。人在感知过程中是非常主动的。就在你上周看到的那场棒球比赛里，两队球员的家长都相信自家儿子的队被裁判坑了，是对方球员耍赖。人是脆弱的。人往往因为想看到什么，而能看到什么。"

"但是，这种感觉为什么如此强烈——而且人人如此？肯定不是单纯的心理因素吧。"

"唔，其实还真是。我想请你做一件简单的事：举起你的食指。注意过程中发生了什么，然后把举起食指的因果链写下来。"

　　　　　　　　　　　　　　　少年伊安的哲学冒险

我没多问就举起了食指。

"好，那么，你抬起手指的因是什么？"

"是我的小臂肌肉收缩。"

"好。肌肉收缩的因又是什么？你往回追溯。"

"我知道是有一些 ATP（腺苷三磷酸）分解了，让肌肉得以收缩。ATP 的因是突触激活。突触激活的因是大脑活动。然后，"我顿了一下。大脑活动的因是什么？"我觉得，大脑活动的因是我的**意志**。"

"有意思。"他点点头。我好像给出了他想要的答案。"我这里有一些东西，能帮你看清你的大脑在这个过程中到底发生了什么。别担心，你的父母已经签同意书了。"

他们当然签了。

"这是脑染色剂。我要把它注入你的颅内，然后就能实际看到这个问题的一些答案。"

于是我坐了下来，他用一根细针将染色剂从太阳穴注入了我的大脑。我几乎没感觉。他放心地点点头。于是我就坐着等待感觉出现，等待接下来的指示。他坐下看了我一会儿，什么也没说。

"好，"他没来由地说了句，"抬起手指。很好。我们现在来把过程慢放。"一张图表中显示了我大脑各部分的活动。我不太理解发生了什么，他解释道："在举起手指的过程中，这第一次活动是你大脑活动的开端。你大脑里的某个东西在为手指运动做准备，这次活动

意先动，还是脑先动？

这项研究是 1983 年进行的。哈佛大学心理学家丹尼尔·韦格纳写道："欲求似乎并不是自主动作的开端……意愿在时间线上的位置表明，意愿……可能只是余绪——是由大脑和心理先前的活动导致的，与动作一样。"

开始于动作前 535 毫秒。下面还有一个活动的高峰，那是你意识到自己想要动了。**这就是你的'对动作的意识'，这就是你的意志**，它发生在动作前 204 毫秒——比大脑开始活动**晚**了 300 多毫秒！接着，在动作前 86 毫秒，你意识到了手指动作。然后在 0 毫秒处，你的手指动了。

"这表明，**你的意志其实发生于手指动作开始之后**。你看。"屏幕上出现了一张表：

1. 大脑活动开始	➡️ 2. 伊安意识到想要动	➡️ 3. 伊安意识到动	➡️ 4. 手指动了
535 毫秒	204 毫秒	86 毫秒	0 毫秒

我糊涂了。我让他重复了一遍实验。我的意志竟然不是我运动因果链上的第一块多米诺骨牌，这让我很难理解。

他看得出我受到了一点震撼。"人们懒得去想这件事，"他评论道，"而且它有一些相当严重的后果。"

"是吗？"

眼睛盯着球？

约翰·塞尔解释了大脑何以常常在时间问题上欺骗我们。他举出了一项研究（类似于正文中的例子），表明意识层面的意志只是表面看起来先于动作开始罢了。他还谈到了体育比赛的快速运动中的反应时间，比如击打棒球：

"当球以九十英里的时速飞来时，击球手必须在大脑意识到有球飞来之前开始挥棒……从你的感觉来看，你以为击球手先有意识地看到了球，然后再挥棒……而我们发现，击球手的大脑在做出有意识的决定之前就已经开始活动了。"

　　　　　　　　　　　　　　　少年伊安的哲学冒险

"我们去偷听一下走廊对面的一堂课吧。"那是堂代数课。学生们正在分组活动。老爷爷偏过头，好像要让我留意教室的左侧。于是我们看到艾什利拉起洛根的手，然后还没等洛根反应过来，她就抓着洛根的手打了迈克后颈一巴掌。这一巴掌打得可真响，惊得迈克喊了出来。老师过来问洛根她有没有打迈克。洛根不知道该说什么，她只是坐着不动。老师问："是你的手打了迈克吗？闹出那么大动静，还在他脖子上留下了掌印？"

"嗯。"洛根的回答含混不清，这在老师看来是漠不关心。

"去校长办公室，马上。"

洛根似乎很困惑。离开教室时，她眼睛里满是泪水。她因为一件不由她控制的事而受到惩罚，我为她感到不平。

"我预感可能会看到这种事，"老爷爷骄傲地说，"你认为她应当受罚吗？"

"当然不应当。"

"为什么？"

"因为她的行动不受自己控制。她确实打了迈克，但那是被她意志以外的东西逼的。"

"没错，"老爷爷答道，好像我走进了他为我布置好的陷阱，"本质上，我们的惩罚体系是基于**应当**（deserve）的——如果你选择违法违规，那你就应当受到某种惩罚。"

"是啊，这有什么问题？"

"好的，看看洛根。她不应当受罚——但事情**确实**是她做的。她当然违反了校规，但从道义上讲，我们并不真的认为她有责任。很难想象有任何人会说洛根的行为是不道德的。如果我们说，洛根

不应该那样做，言外之意就是她**本可以不**那样做。但这个例子中似乎不是这样。但法庭中每天都会上演许多其他不这么显而易见的例子。打开电视。"

我打开了电视。一名男子正因谋杀罪被判无期徒刑。法官说有录像记下了他在现场的行为，而且该男子供认不讳，这是一桩简单明了的案子。

"我觉得没问题，"我说，"法律就是法律。"

"对，但我想请你看一看此人的 DNA 和家族史。我趁他上电视时拿到了结果。"我们看了 DNA 报告，他似乎有很强的先天暴力倾向。暴力行为简直像是焊在他身上的。"来看他大脑的**这个**部位。"老爷爷指着前上方的位置，"这里叫'额叶'，人的大部分决定都是在这里做出的，比如决定行为要不要守道德，甚至**有能力**首先判

迈克尔·舍默在《善与恶的科学》一书中举出了曾被成功应用于刑事案件辩护的决定论主张：

· 蛋糕辩护：高血糖导致某人谋杀了旧金山市长。

· 虐待辩护：两兄弟因为儿时受父母虐待而杀害了父母。

· 经前综合征辩护：一位妇女因经前综合征而袭警。

· 精神失常：约翰·辛克利经诊断患有精神分裂症，因此不承担谋杀里根总统未遂的责任。

"应该"隐含"能够"

如果要主张某人**应该**做某事，那么此人最起码应该**有能力**做那件事。

比方说，"你应该继续生活，但要停止变老"，这是不可能的，因为人**做不到**——告诉一个人他**应该**这样做是没有意义的。同理，如果一个人的行为是被决定的——换言之，他不能不这样做——那么他也不负有道德责任。

断什么是对，什么是错。该男子的额叶活动水平特别低。他或许都没有意识到自己在做什么。"

接着我们观看了表现他成长经历的影片。他有过三个父亲，全都是虐待狂。他妈妈从来不在家，因为她从早到晚都在工作。他从八岁起就要上街自己照顾自己了。他的生活与我的截然不同。

"伊安，你听着。这是一个悲哀的事实。这家伙从一开始就完蛋了，他的行为不由他控制。暴力行为不仅是他的遗传倾向，也是他终生所处的世界的样子。他大概从没听别人说过'我爱你'或者'来一瓶美滋滋的巧克力奶吧'。他的先天条件和后天环境都在把他塑造成一个坏人。

"如此种种都回到了我最初的立场：这个人的行为是由遗传和环境决定的，我们怎么能说他**应当**受罚呢？这完全违背了我们的惩罚范式。而且认为他负有道德责任也是大有问题的。"

"所以你想说，这个男子的行为就像洛根一样是不受自己控制的？"

"你说对了。他们对自己的行为没有控制力，他们的行为都不是自由的。假如换一种情况——如果洛根的手没有被抓住，如果这个男子的基因和环境不是那样的——那他们就会做出不一样的事。他们的行为是不自由的，**正如所有行为一样**，都是被决定的。"

"意志之所在"

铁路工人菲利亚斯·盖奇在一次事故中被钢筋打进面颊，钢筋从头顶穿出，导致大脑左前额叶受损。他活了下来，但左前额叶失去了功能，他无法做出基本的自主行动。神经学家由此认为，行为意愿的能力来自大脑的这个部分。

类似的发现——原本被归因于心灵或灵魂的活动其实由大脑控制——经常被引为反对非物质的心灵或者灵魂的证据。

律师克莱伦斯·丹诺曾于1924年运用决定论来帮助自己的当事人——他曾承认犯下了谋杀——成功逃脱了死刑。他在总结陈词中写道，当事人的行为是其生理构造与所处环境造成的，而这两者都超出其控制范围：

"如果说有什么要（为这桩罪行）负责的话，那在于他的身后——在于他的无数祖先，或者他所处的环境中，或者两者兼而有之。法官大人，我要提出的观点是：按照自然法的每一条原则，按照良知、权利和法律的每一条原则，他都不应该为他人的行为负责。"

"自然界的万物和所有的星球都遵守永恒的定律，却有一种区区五英尺高的小动物蔑视定律，能够随意行动，这真是十足怪异。"

——伏尔泰

"被决定？"

"是啊，没错，就像我们讨论的那样。翻开你课桌里的科学教材吧，找到牛顿力学。"

我翻着课本，直到找到牛顿。"然后呢？"我问。

"课本怎么说？"

"课本说，如果我们对一个物体有足够多的认识，我们就能预测其行为。凡事必有因。"

"是啊，科学的智慧。知道了这一点，又知道人的行为也是事件，所以我们知道人的行为都是因果链的结果。我们现在对人类行为的预测或许还不太成功，但这不代表人类就处于日常物理现象之外。我们怎么就那么特殊，宇宙中其他一切都要遵守定律，唯独我们可以不遵守？"

"所以，你是说我们的行为是由其他因素导致的，就像石头的**行为**一样？"

"你讲到**行为**这个词带着说笑的语气。但石头落地时，我们并不认为它是自由的，对吗？还记得我们与石头的对话吗？我们也是一样的。我们只是宇宙中的物理存在，与其他事物一样遵守完全相同的定律。而且你的每一个行动都是由先前的行动导致的。

所以，如果你说你的行为是自由的，那么你必然会有第一个自由的行为。然而，身处行为链条中，你怎么可能突然间开始自由行动？"

"但你不能预测我要做什么啊，所以这种科学叙事有何益处呢？"我问道，以为他会有一个好答案。

"我们曾经也不能预测球在斜面上的运动，但这不代表球**当时**的运动是自由的。我们知道球是根据物理定律运动的，我们只是还没搞清楚如何合理运用这些定律。同理，天气预报通常是准确的，但预报出错的时候，我们也不会说天气在自由行动。你只是另一个被决定之物罢了。"

他刚刚的话给了我雷霆一击。真令人失望。自由意志不存在？这感觉就是不对劲。我想起了我最近画的画，还有我写的诗。它们当然不是上上佳作，但是是原创的，是属于我的。没错，它们是原创的，是我的。就是它了——创造力。创造力！它足以证明自由意志。古往今来创作出众多原创作品的作家、画家、雕塑家，他们创作了当时所未有的东西。创作原创艺术品**必然是**自由的行为。

"有意思的想法，"他说道，好像他刚才读了我的心，也没准是我自己在一边想一边说，"但那并没有解决多少问题，只是绕开了问题。想象一位怀胎的孕妇。"

"好的。"这家伙是认真的吗？我这样问自己，有点像反问，又有点像疑问，"我看不到相似性在哪里。"

"好吧，你说她与胎儿——她的后代——有什么关系？"

"有什么关系？关系可大了。你什么意思？"

"没错，她与孩子关系很大，因为没有她就没有胎儿。但她与婴儿的**内容**有什么关系？她有什么**发言权**？"

我呆呆地坐在那里，他继续往下说。

"没有关系。她是容器。她提供了孩子的一半遗传基因，但她在其中当然不扮演主动的角色。基本上她只是提供了一个让胎儿孕育和降生的场所。就是这样。诗人也是同理。通过诗人所处的环境（不由诗人控制）和遗传（也不由诗人控制），诗人的身体和大脑为诗的孕育提供了一个容器。诚然，诗人**感觉**写诗是自己的**创造天分**，但这其实只是一种修辞，好让我们将荣誉归于诗人。一切所谓的**原创**思想都是如此，不管是艺术的、科学的还是哲学的。就连爱因斯坦的重大理论也是如此：它只是完全不受其控制的事物的结果。思想只是**突然间涌进了他的脑袋，没有多少意志**的成分。"

我累极了，也有一点失望。这是令人难过的一天。我并不自由。因此，从今天开始发生的所有事都是注定要发生的，因为我不是自由的。我做什么其实都无关紧要。无关紧要。无关紧要……

"儿子，你还好吗？什么无关紧要？"

"妈妈，你是什么意思？"

"我在这里都能听见你嘟嘟囔囔的！"她从厨房里喊道，"下楼吧，周日早晨了。你会喜欢今天的早饭的。我想听听你刚写的诗，我还好奇你说什么无关紧要。"

伊安拖着脚步进了厨房，说："天啊，妈妈。我觉得我做的什么事都无关紧要了。**尤其是**我刚刚写的那首蠢诗。我只是那些词语的容器，一个罐子。我不确定我做的任何一件事是自由的。是挺丧气的，但我想这就是真相。"

"先坐下来吃早饭吧，然后我们一起谈谈。你一直跟着你的那个朋友转悠，是吧？"

"是啊。好吧，吃早饭。"他坐下吃起了早饭，只是活像一台服从指令的机器人。

"儿子，现在说一说**无关紧要**这话是什么意思吧，还有你是没有自由的容器。你怎么会觉得**你**——一个聪明、富有创造力的小男孩——没有选择的自由呢？"

> "没有蠢问题，也没有人变蠢，直到人不再提问。"
>
> ——查尔斯·斯泰因梅茨，工程师

"好吧……"接着伊安从头复述了一遍自己的梦：去冰激凌店、DNA 报告、家庭录像、纸牌魔术、关于惩罚的讨论、大脑实验、关于科学的讨论、写诗。他爸爸为了检验自己的意志而抬起了手指。

妈妈插了进来："伊安，自由意志与决定论之争古已有之。它在许多方面都很重要。你提到了它对伦理学的重要性，我们之前还谈过它对宗教教义的重要性，心理学也牵涉其中，还有计算机科学和神经生理学。

"我真的很高兴，你都开始谈这个问题了。我们人类确实受许多力量的影响，其中许多是我们甚至没有意识到的。这就是电视上播广告时我总是开静音的一个原因——部分原因是跟你聊天很有意思，但也有部分原因是要免受专业洗脑术的影响。我认为，广告不仅想把不必要的产品塞给我们，还以一种并不高明的方式呈现社会中的价值观。而且广告很擅长做这件事。它太擅长了，以至于虽然我们都明白广告会影响人，但我们同时又认为广告只影响**别人**，不影响**自己**。但这显然是不正确的。"她说着揉了揉他的头发。

"不过说回你最初的观点，我们确实做不到某些事情。但除了那些事情以外，我们**是**自由的。"

伊安坐在那里，希望能看到某种解决之道——为了他自己，为了人类。

消费者的"自由"

"广告的目标是摧毁市场的自由。"

——无名氏

广告专家通过脑核磁共振成像、心率和体表温度来确定人对特定图像、声音、色彩等的反应，利用这些数据来创作高效的广告。

广告策略领域的一个著名案例与弗洛伊德的侄子爱德华·伯内斯有关。他运用心理学理论提升了"好彩"牌香烟的人气，手段是打着公益晚会的幌子（晚会得到了美国烟草公司的匿名赞助）举办了一场宣传绿色——恰好是好彩烟盒的颜色——的慈善活动，还安排了一场所谓的"女性解放大游行"，让女性名流高举好彩牌香烟作为"自由火炬"。

他评论道："懂得大众心理过程与社会模式的人……提线操纵着公众的心。"

"听我说。我们不能像鸟一样翱翔蓝天。这只是一种局限，我们没有飞翔的**自由**。"

"对呀。可那只是重力的结果，不是我们的意志。"伊安答道。

"再设想一个被关在监狱里的人。我们通常不会认为囚犯是自由的，但那只是相对于我们的自由而言。我有看电影的自由，囚犯没有。但囚犯当然有随意思考的自由，有写信的自由，有说话的自由。因此，在某种意义上，他是自由的——与你我一样自由，只是受到了更多的外在约束。"

"那么，我有逃学的自由吗？"

"当然有。你想干什么都可以。"妈妈真诚地答道。伊安露出了明显惊讶的表情。"你知道吗，我上高中时有一个老师，当我们问他上课中能不能去厕所，他会回答：'你想干什么都可以。'我们又问：'我们可以一去不回吗？'他的回答是'可以'。这把我们搞糊涂了。我们请他解释一下。'你想干什么都可以，'他答道，'如果你逃课了，你就会错过考试拿高分需要的知识。我还会记你旷课，你的家长会收到通知，学校会处罚你。最后，你们都知道我多么重视教育，所以我会对你感到失望。你只需决定这些事情对你有多重要。一旦决定了，你就有按照它去做的自由。'"

自由……与枷锁

"人生而自由，却无往不在枷锁中。"

——让-雅克·卢梭，社会哲学家

卢梭是"社会契约"的提倡者之一，认为人本质是自由的，但应该为了多数人的福祉而放弃部分自由。

选择自由，我们的行动在多大程度上是"被迫"的？

1999年哥伦布高中枪击案中，一名恐怖分子用枪指着17岁的凯西·伯娜。据目击者称，他问她是否信神，威胁如果她说信就射死她。她给出了肯定的答复，于是被射杀了。

"这个老师听上去挺酷的。"伊安笑着说。

"他确实挺酷的。他给了我们很多挑战，因为与其他老师相比，他让我们自己承担的责任要多得多。就像你之前说的，他给了我们选择权。"

"但处罚这个问题该怎么办呢？我的意思是，如果人并不是完全自由的，那要怎么进行道德上的赞扬或谴责呢？"

妈妈瞥了瞥伊安的爸爸，他正忙着折腾一个看起来像是计算器或游戏机的东西。他抬头看了她一眼，点头示意她继续。"儿子，"妈妈接着说道，她意识到伊安关心的是真正严肃的事情，"你三个月大还在满地爬的时候，碰碎了好看的水晶花瓶，我们没有说你的行为是不道德的。你那样做不是不道德的。同理，一只狗哪怕做出了袭击无辜路人这样极端的事情，我们也不认为狗不道德。虽然我们可能会把狗关起来，甚至杀死它，但不是因为狗**应当**被这样对待，而是为了

为什么要有刑罚

论证政府施加惩罚的合理性的有两大学派：

1. 功利主义（utilitarianism）：惩罚是为了更大的善——哪怕惩罚未必"应当"，但能够威慑他人不要犯类似的罪，让社会更和谐。

2. 报应主义（retributivism）：犯人获刑是"罪有应得"，因为他们知而故犯，因此应当受罚。

保护之后的人——出于功利原因。但如果你**现在**走过去把花瓶推到地上，把它摔碎，那么你的行为就是不道德的。你破坏了不属于你的东西，而且是有意的，你**应当受罚**。**你的**行为不同于三个月大的婴儿或者狗的行为。这个不同，我们就归因于自由意志。"

"伊安，想不想玩几局井字棋？"爸爸开玩笑似的问，"你觉得你下井字棋能打败这台电脑吗？"

"我不知道我能不能打败它，但我知道它不会打败我。井字棋

少年伊安的哲学冒险

最后总是和棋。"伊安答道。他有一天跟亚历克西斯下了一百局井字棋，谁都没赢一局。

爸爸把掌机放到伊安面前，按下了"新的游戏"。电脑在左上格下了一个×。伊安点点头，在正中格放了一个〇。电脑将×下在了左中格，伊安将〇下在了左下格。接着伊安惊讶地看到电脑下了**两个**×，一个在右上格，一个在中上格，然后屏幕上反复闪现一行字："我赢了！——你输了！"掌机发出"哔"的一声，提醒伊安的父母游戏已经结束了。

"谁赢了？"爸爸问。

"它说它赢了。可它作弊了。"

"电脑**作弊**？"

"是啊。它一步下了两个×，这是违规的。"

妈妈笑了，她明白了游戏的用意。

爸爸问道："行为是有意的，也就是**自由的**，这难道不是事物可以受道德谴责的前提吗？"

伊安犹疑地点了点头。

电脑会作弊吗？

特鲁迪·戈维尔（Trudy Govier）在一篇对话中探讨了电脑会不会作弊。一人说："作弊需要知道规则，并为了拿到更好的成绩而有意打破规则。此外还需要欺骗别人，让别人以为成绩是正当的。这几点电脑都做不到。电脑不知道规则，不能以成绩为目标，也不能假装。因此，电脑不能作弊。"

另一人回答说，电脑是"知道"规则的："规则肯定录入某个地方了，不然电脑根本玩不了游戏。"

意图的重要性……

"一只蚂蚁在沙子上爬，爬着爬着就留下了一条线。出于纯粹的偶然，它留下的曲线交叠形成的图案看起来像一幅可辨的温斯顿·丘吉尔漫画像。这只蚂蚁是给丘吉尔画了一幅像吗？一张描绘丘吉尔的图片？大多数人稍加思索就会说不是。"

——希拉里·普特南

"所以，你要说电脑有自由意志？"爸爸问。

伊安耸了耸肩。"没有，我想没有。但那感觉也不对劲。作弊的是**你**吗？"他问爸爸，"因为游戏是**你**编的。"

"我没有作弊。我连玩都没玩，怎么可能作弊呢？"

"因为程序是你编的。"

"哎呀，你难道不也是被编程的吗？这不是你和老爷爷探讨出来的看法吗？我不觉得你使用的语言完全是你自己想出来的。"爸爸补充了一句，现在脸上多了点笑意。

"存在先于本质。"

这是存在主义的核心观点。存在主义认为，我们是**先**存在了，**然后**才决定我们的本质，或者说自我。它反对人性来自造物主或者某种先定本性的观念。因此，我们通过自己的选择创造了**自我**，要为其负全责。

让-保罗·萨特写道："人不仅是其构想之所是，而且在被抛入存在之后，他即是其意欲之所是。人不过是自我的创造者。"

"我从开始就有这个疑惑，"伊安说，"如果我**确实**有自由意志，那它是怎么来的？那意味着什么？为什么电脑不能也有呢？"

妈妈回到对话中。她摸了摸伊安爸爸的后背，好像是祝贺他举出了那个他显然引以为傲的例子。"你知道吗，这里可以做一个有趣的类比。写小说首先要有一个人物形象。比方说，如果你是书中人物，那么作者大概要用几页纸来刻画你：你有好奇心，你特别有创造力，非常友善，虽然与人相处时有些害羞，非常可爱——你在书里会是一个很好的角色。"她揉了揉他的头发，亲吻了他的额头，"但书开头的事件是没有角色形象来解释的。人物行为似乎并不总是明显符合形象。于是，作者决定进一步丰满人物形象。我们做的事情也差不多。我们在创造自己的

　　　　　　　　　　少年伊安的哲学冒险

人物形象。虽然一部分形象是现成的——生来就有的身体和家庭——但其余部分就靠自己了。因此，我们在一个被决定的世界中其实是可以自由行动的。绝对的自由意志与**强决定论**之间有某个幸福的中间地带。我们可以叫它**弱决定论**。"

"这个我喜欢。但我感觉，在这些所谓的自由情节中，我们为自身角色创作的一切行动也是被决定的。"

"儿子，在我听来，你心中的决定论者对自由意志提出了相当不现实的要求。"

"怎么说呢？这看起来很清楚。"

"决定论派似乎将**自由行为**定义为：由完全随机或无计划的因素引发的行为。但这根本不是自由意志的概念。无缘无故发生的事情？"他摇了摇头，"如果我们的行为是由完全与我们无关的因素造成的——彻底的无缘无故——那看起来可不是自由。"

妈妈接着说："没错。这就是我说的中间地带。你确实是有自由的，尽管有些事在你的掌控之外。自由意志和决定论其实是相容的。"

"这有助于解决物理学那边的问题吗？牛顿，还有粒子预测？那种说法看起来有几分道理——如果所有粒子都遵循物理学定律，

创作自己的人生故事

当代哲学家罗伯特·凯恩（Robert Kane）探讨了书中人物的比喻。他写道："行使自由意志的主体既是自身人生故事的作者，又是故事中的人物……他们在……利用过去'创作自我'。如果他们真是自由的，那么过去就不会将他们的未来限制在一条路径上。"

一片树林里分出两条路，
而我选了人迹更少的一条，
因此走出了这迥异的旅途。

——**罗伯特·弗罗斯特**，
《**未选择的路**》

弱决定论：强决定论与自由意志的中间立场。这个词是由威廉·詹姆斯创造的，因为他认为强决定论会导致一种毫无希望的人生观。

1. 一切行为都是由先前的条件导致和决定的。

2. 自主行为若不受外界力量约束，则是自由的。

3. 不受约束的情况下，自主行为是由主体的欲望和意愿引发的。

相容论：自由意志与决定论是相容的，换句话说，两者不是互斥的。休谟支持这一观点。他主张，一个人在这种情况下可以说具有自由意志：如果他当时有另外的信念，就可以做出另外的行为。因此，虽然人的信念可能是由外在或未知力量塑造的，但基于信念的行为应当被认为是自由的。

万事万物都有因果，那我们似乎也是一样的。也许我们只是还不擅长预测而已。"

"儿子，你提出的观点很前沿。你的科学课老师会为你骄傲的。但你们课上大概还没有讲到'海森伯测不准原理'。"

伊安点点头，他好像听过这个词，但想不起来意思了。

"这是一个深得多的问题，但表面看起来非常简单。它说的是，你不能**同时**知道一个运动的粒子在任何给定时间的位置**和**速度。测一项就必然会影响另一项。量子力学近年的新发现甚至要更有趣、更切题。大体上，科学家发现，在所有因果机制之外的粒子**确实**是存在的。牛顿力学似乎不适用于所有粒子。这是当代物理学的一件大事。你现在就可以看出，它会有多么广泛的运用领域了吧。"

"还有啊，伊安，"妈妈补充道，"你忘了一件将人与其他事物区分开的东西。"

"对生拇指？"

"不，"听到儿子试着将新学的词纳为己用，他们骄傲地哈哈大

粒子"自由"吗?

　　近年来的物理学理论表明,我们最多能知道一个粒子占据空间中某点的**概率**。薛定谔方程自 20 世纪 30 年代以来被广为接受。薛定谔的基本观点是,一个粒子的位置只能用一个概率函数来描述。归根到底,量子力学或许**没有**能力确定和预测粒子的位置。

　　物理学家保罗·戴维斯写道:"在量子微观世界中,能量可以自发地、不可预测地无中生有或无端消失。"

笑,"不是对生拇指。"

　　"人有情绪,比如羡慕和嫉妒?"

　　"嗯。这倒是没错,但不是我要说的。"

　　"人会感到厌倦?"

　　"还是没错,但不是我要说的。"

　　"人是唯一大规模自相残杀的物种?"

　　他们对视了一眼,仿佛在说,**我们能从孩子身上学到很多**。"不,也不是,不过这些都是非常好的回答。我们上周其实谈过一点。"

　　"人有心灵或者灵魂?"

　　"正是。而它们都是你的物理书里没有的——我想象不到有哪个物理学家能分析灵魂的性质。正因如此,我们的行动**能够**独立于对粒子的预测与确定性之外。"

　　伊安静静地坐着,脸上露出不自在的微笑,眉毛也紧蹙着。"我想我认为自己有自由意志,"他说,"不,**我确实有自由意志**。我早晨从梦里醒来时感觉自己完蛋了,好像完全没有解决办法。但现在

> "从不存在自由的信念中解放出来其实就是自由。"
>
> ——马丁·布伯

看来，某些事件是被决定的，而我在这些事件内有机会施展自由意志——创作一点自己的人物形象。

"我是自由的。"

山的力量

我出门朝足球场走去。路上我看见一个怪模怪样的人在遛狗。我们相遇时交换了一个眼神。我尽可能露出笑容，不在他面前表现出尴尬。他穿着一双高鞋——不是高跟鞋，而是好像整个鞋底都是高的，而且特别窄小，看着就很不舒服，我无法想象他的脚到底有多瘦；他脖子上还戴着项圈——不是项链，就是项圈；他的额头大而突起，真像是鼓了个大包。怪人。他看我的眼神古怪极了。我？我想我们都觉得对方怪异，但我有点怕他，所以只是微笑。

我来到足球场，发现人人都穿着那种鞋，戴着那种项圈，还有那样的额头。每一个人。我远远走开了。我从没见过这般情景——好像有某种着装要求，或者像是过万圣节，而我不知怎的没有看到公告。我没有停留，改去了图书馆。走近大门时，我看到图书馆里出来的每个人都有同样的鞋子、项圈和额头。我从化装的众人中走过——他们肯定是化装了。我冲向报刊区，想看看能不能找到任何解释。每一本杂志封面上都是穿成那样的人，封面标题写着："额头保养，如何瘦脚又不妨碍走路？"，还有"项圈太沉，每个小时都要躺下来"。每本杂志都在宣传一家名为"In"的商店，于是我快步离开图书馆，远离众人的蔑视，去了购物商场。

到了 In 里，一名男子带着"你是从哪里冒出来的"的表情朝我走来。我告诉他，我要一双新鞋，一个项圈，还有，一个额头？他快速给我量了尺寸。首先是一双超大码的鞋子。超大码？我感觉自己的脚都被对折了。接着，我拿到了一号项圈，这是最小号的。项圈感觉凉凉的，压在锁骨上的重量已经让我有点不舒服了，但他赞许地点点头。他告诉我，它跟我的长相很配。当然配了。我想不会有哪家店的店员说"你穿它不太好看"。

最后，我拿到了"美额入门套装"。套上模具以后，我感觉额头都要下垂到眉毛了。但他再一次鼓励地点了点头。我被接纳了。我付了钱，笨拙地走出了 In。我现在走进了一个能微笑和轻松打招呼的世界。我是他们的一员了。

我去买汉堡的时候看见了爸爸的一个朋友，他要跟我去同一家汉堡店。他请我吃了午餐，我们还聊了一会儿。他确实很风趣——我看得出为什么他和我爸爸会是好朋友。他邀请我饭后一起散步。我其实没什么事要做，于是就答应了。

我们驱车来到镇子边缘一座大山的脚下，把车停了下来。"你得换鞋了——穿这个肯定上不了山。"他递给我一双球鞋。啊，球鞋。

"你把项圈也摘掉吧，登山挺辛苦的。"啊，我的脖子。

"你把额头上那层皮也去掉吧，山上太阳挺晒的，你需要戴帽子遮住头。"要是路上看见其他人怎么办？"不会的。他们是新手。我不怕太阳。"

就在这时，又有一个人走了上来。他穿着普通的老式鞋子，没戴项圈，额头上也没有包。奇怪。他跟我爸爸的朋友握了手，然后对我做了自我介绍。"很高兴见到你，帕克斯先生。"他俩明显是朋友。"一起吗？"他说道。于是我们开始爬山。

这里真不错。我平常不太喜欢爬山——我总觉得爬山就是更辛苦地走路。但这座山上风景很美，我们刚走了二十分钟，就已经能看到山下我们居住的镇子的大片区域了。可接下来的二十分钟更难爬了，我开始上气不接下气，额头上沁出恼人的汗，脸上直发热。我们绕过山顶的环路，在小长椅上坐下。身后好像还有一道山谷，我们从这里眺望谷中的镇子。

我从这里发现了一件奇怪的事。人们走路都排成一线，像一条大蛇。每个人都跟在别人后面。看了一分钟后，我把看到的景象告诉了其他两人。爸爸的朋友扭头转向帕克斯先生，两人相对颔首。帕克斯先生对我说："他们总是彼此跟随。他们自己没发现，因为他们身在队伍中。他们不像我们居高临下。他们中没有人会登高。事实上，我工作干得好的一个原因就是我会登高。"

我犹犹豫豫地问他："你做什么工作？"

"我是一名需求创造师。公司雇我为公司产品创造需求，好把货卖出去。就拿现在人人都穿戴的鞋子和项圈说吧。它们是毫无意义的玩意儿——事实上对体态还有害处。但两年前，公司给了我好几百万美元，让我创造这项需求。鞋厂到现在为止已经赚了上百万美元了。这做起来很容易。我们花钱让俊男美女试穿，让杂志展示宣传。不出三个月，假需求就变成了**真**需求。

"创造额头假体的需求是一大挑战。这是八年计划的一部分。头两年，我们创造了假体需求。之后六个月假体将淡出市场，改推额头皱纹。这要用到爱因斯坦的照片，加上一句宣传语：**额头有皱纹意味着你一直在思考，思考是性感的**。类似这种吧。这个阶段会持续两年。之后我们会推出一直在研发的去皱产品。我们会搞一场反皱纹运动，宣扬皱纹是丑的：**皱纹意味着衰老，衰老是坏事，思考多意味着玩乐少，所以快用我们的产品吧，玩耍起来，年轻起来，自由起来！** 天啊，听到这些宣传语的时候，我只觉得吵。但人人都无脑地跟着其他人，所以效果挺不错的。"

"那你不会心里不好受吗？"我一边摘掉额头贴，一边问他。我的脸火辣辣的，浑身不舒服。而且我还为参与这场密谋而略感尴尬。

"好吧，其实没什么可不好受的。人们想要感觉良好，于是我就给了他们一条路。你知道人类是唯一会脸红的生物吗？人对**自身**是非常在意的。这正是我们需要的：缺乏信心、有情绪依赖、受自尊心驱使的生物——**人类**。作为需求创造师，我们会利用人类心理状况的相关信息，为人**创造**出需求和恐惧，让他们感到自我怀疑，让他们产生情绪依赖。然后，我们再奉上解决办法，即让他们相信某种产品能够挽救他们的自尊心。这有点像持续的闭环——由我们维持着，我想是的。

"你懂的，卖东西都是为了赚钱。这是底线。你以为需求创造师和厂家是为了关怀消费者吗？他们是要赚钱呢。服装厂、艺术家、维生素片厂家——他们都只是要你的钱，所以才装出关怀的样子。得了吧，快餐巨头推出'我为汉堡狂'活动，你真当它们是因为关心你才想看到你的笑容，而不是因为你笑了就会给它们钱？还有，你觉得'Space'这个服装品牌真的像广告中说的那样，想让你活出**独有的风采**吗？如果人人都穿 Space 牌牛仔裤，你怎么会有**独有的风采**呢？如果你真想要独有的风采，就应该去找广告看，然后反其道而行之。对了，我太喜欢这个了——'Bangledon and Nash'服装店最近的广告。我们正在卖它们的新服装系列，但所有模特都是裸的。想象一下吧——用不穿衣服的模特给人推销衣服。我猜人们是以为买了它家的衣服，他们的身材就会变成广告模特那样吧。"

他自顾自笑了起来，好像忘记了他正在吐露行业和人性中那令人尴尬的劣根性。

"实际上，你根本用不着去看广告——我们会把它们强加给你。你知道吗，一个人长到18岁，平均看过的电视广告有75万条。这还不算广播广告、杂志广告和广告栏呢。45岁时会增加到200万条。人一生中平均有3年时间用来看电视广告——在这3年里，'人性专家们'会告诉人们他想要什么，应该是什么形象。

"漂亮女孩站在车旁边，于是男人会买车。演员告诉你一种牙膏比另一种更好，**他们**懂什么？可这很管用。你知道吗，公司为创造需求花的钱比实际产品多得多。广告太管用了，以至于从来不会有消费者承认'对，我就是想变成Space的模特那样'。但如果不是这样的原因，他们为什么要多花5倍的钱买同样品质的牛仔裤呢？这很微妙，对我们来说是好事；对我也是好事吧，我想。

"但人们如果想独立思考的话，他们是有这个自由的。他们用不着把去年买的淡紫色衣服扔掉，只为了买In这种地方推出的本年度新款豌豆绿衣服。但独立思考是困难的。所以我就勉为其难了。如果我能替他们思考，那我就能创造他们的需求。我们低成本、大批量生产被认为需要的东西，然后高价卖出去。你可别说这句话是我说的啊，起码在这个世界别说。"

阅读讨论题

1. 婴幼儿的第一次自由行为是什么？它发生在何时？第一次自由行为如何能从多次不自由行为中产生？

2. 如果人是自由的，其他动物也是自由的吗？哪些动物是自由的？

3. 丹诺的辩护词（当事人之所以"决定"谋杀，是由生理因素决定的，并非他的错）与精神失常申诉有何关系？如果一个人有犯罪的生理倾向（比如偷窃癖，量刑时是否应该考虑此因素）？

4. 追求完全的**本真**是什么意思？完全的**自由**呢？你能想出一个完全随机、**全无缘由**的行动吗？

5. 人们常说自己"不得不"做某事——他们"没有选择"（我不得不上课，我不得不去接弟弟，等等）。在哥伦布中学枪击案插叙中，女孩在死亡面前承认自己信神，如果你是她，你会这样做吗？假如她当时否认自己信神，事后又宣称自己"没有选择"，你会理解她吗？"不得不"做某事意味着什么？你对什么事情无比坚定，以至于面对死亡也要坚持？

6. 按照我们在很大程度上是被规定（或是被社会因素，或是被生理构造）的观点，我们与被编程的电脑有任何区别吗？

7. 如果你跟电脑玩游戏（比如打扑克），电脑出了一张不能出的牌，电脑作弊了吗？如果没作弊，为什么？如果作弊了，你认为电脑能做出理性的行为吗？作弊是否一定需要行为意图？

8. 广告对你有什么影响？会不会无意中对你造成了巨大影响？这是好事还是坏事？如果你认为是不利影响的话，你能做什么事来控制无意识的影响吗？

9. 按照"人生作者"这一比喻，你上一次做出让人生升华的决定是什么时候？

10. 按照"人生作者"这一比喻，你做出的让人生升华的决定越多，你的"人物形象"就越固定，你觉得这讽刺吗？这是否是"人生作者"比喻的一个缺陷？

11. 有人认为，你无意中做出的事情是由潜意识导致的，因此你做这些时不是自由的。难道潜意识不是你的一部分吗？如果是，再如果潜意识的选择是自由的（哪怕你没有意识到），那么**你的**选择难道不是自由的吗？

12. 你在某种情况下做出了与你想做，或者"本来要做"的事情相反的事，这是否证明了你有自由意志?

13. 自由意志 / 决定论这一话题对你的人生和你所处的社会有何意义? 如果我们是被决定的（即没有自由意志），这是不是我们为所欲为的借口?

14. 如果我们没有自由意志，你想知道这个"事实"吗，或者说这会佐证"无知是福"吗?

第 10 章

自私（再谈科学）

> 除非理解什么是科学，否则不可能理
> 解造鞋的科学。
>
> ——柏拉图

> "当我用一个词，"蛋头先生带着轻蔑
> 的口气说，"它的意思正是我选择让它表达
> 的意思——不多也不少。"
>
> ——刘易斯·卡罗尔，《爱丽丝漫游奇境》

我们到了，俯瞰着下方的学校操场。我们刚刚悄悄溜上了校舍
顶层，那里只有一个屋子，通过小窗户能看见操场和附近的街道。
老爷爷掏出一本书读了起来。封面书名是《鲜为人知且不可证伪的
神奇科学发现》。

他知道我马上就会对这本书产生兴趣，所以他没有管我，而是
坐下来聚精会神地看书。我特别想看看，于是脸上闪过既好奇又着

迷的表情，开门见山地问他："这是什么？"

"唔，伊安，我们时间很紧，但我想你会对一些内容感兴趣的。听听这几个尚未证伪的假说吧。不只是尚未，是**不可能证伪**。"

我坐下来听。

"物理学家发现，所有物体每天都会变大一倍，而且从有时间以来就是这样。"

"不可能，"我马上答道，"我今天穿的鞋子和昨天一样大。我的双手和铅笔也是一样。"

"你怎么知道？"

"好吧，它们看起来是一样的。你要愿意，我甚至可以量一量。"

"问题就在这里，伊安。它们看起来当然一样了。你在用你的眼睛看你的手——你的手变大了一倍，你的眼睛，你的视皮质，还有你身体的其余部分也变大了一倍。你手里拿的铅笔也是一样。它们**都**变大了一倍。所以，**相对来讲**，它们看起来是一样大的。哪怕你用尺子去证明也一样——**尺子**也变大了一倍！所以，本来是一尺长的尺子，现在是两尺长了，只不过以前是一尺长的东西，比如你的鞋子，现在也变成了两尺长。所以，你的鞋子在今天和昨天都和你的尺子一样长。你没有办法证伪。"

"果真是这样吗？这个理论看起来挺难推翻的。还有呢？"

"对，是这样。直到有人找到方法证伪它。还有一个假说是：所有物体都是五分钟前创造的。"

他顿了一下，好让我理解这句话，然后点点头。

"太荒谬了。我记得昨天早饭吃的麦片。昨天还打了棒球。问题解决了。"

"其实你是五分钟前**连带着这些记忆**一起被造出来的。如果你、地球和宇宙都可以被创造，那么把你造成有某些记忆的样子当然也是合情合理的。"

"也许吧。可你看我的鞋子，脚趾处都磨破了，五分钟根本磨不破。"

如果那样，会怎样？

莱布尼茨主张空间是相对的，与艾萨克·牛顿的绝对（即**不是**相对的）空间模型截然相反。莱布尼茨设想有两个一模一样的世界，只不过一个世界中的所有物体都向左移动了恰好三英尺。他认为这两个世界没有区别，因此空间只不过是物体的相对关系。他对时间也有同样的主张。

"五分钟假说"是伯特兰·罗素提出的，目的是支持怀疑论，质疑我们到底能不能"知道"事物——尤其是通过记忆。

"没错，鞋子也是被造成这样的，就在五分钟前，和其他一切一起。伊安，你解不开这个问题的。有许多人试过证伪它，但做不到。这个假说看起来成立。它还有一些相当严重的后果，暂且先不深入了。"

我坐在那里，有些糊涂了。所有物体每天都变大一倍？所有物体都是五分钟前创造的？我在想，我怎么以前都没听到过这些？这都是了不起的理论——完全不可能被证明是错的。

"你知道'适者生存'这个概念吗，伊安？"

"知道，"我听说过，"生物有生存、复制自身、产下适应环境的后代的本能。"

"对，复制自身的基因。不仅如此，人还有无法满足而且非常脆弱的自尊心。现在就有名流一掷千金想要克隆自己。除了长相和DNA，克隆体与本体并没有相同点。克隆体也和其他人一样会死。说到底，人就是自私的。任何人做的任何事都是出于自私，根本没有真正的荣誉感和牺牲，当然更没有**无私**。"

"你怎么能这么说？我能想到许多无私的人。"

老爷爷这时一指下面的食堂。"看。你看现在排队打午饭的人。"我们从屋顶房间里确实能看见不少东西。

我在看同班同学比利。他走到饼干盒面前，里面只剩下五块了。虽然后面还有二十个人在排队，可他还是拿了三块——一块拿起来就吃，两块揣进了兜里。

"挺自私的，你不觉得吗？"

我同意。"但那只是一个人，一件事。"

"你再看。从**那扇**窗户往外看。"我的邻居卡特正在帮老奶奶过马路，还帮她提包。

"你怎么会说那是自私的？"我问道，心想找到一个无私的例子可真容易，"他那么做是为了**她**，而不是他自己。"

"你再看。"

我看见卡特回头望亚历克西斯。他喜欢她有一段时间了。她正跟朋友说话，没注意到他。他慢吞

"适者生存"一词是由哲学家赫伯特·斯宾塞创造的，来自达尔文的**自然选择**：具有"优势"性状的个体会生存下来，进而将性状传递给后代，而没有的个体会死去，于是不再产生没有优势性状的个体。

自私的基因

当代生物学家理查德·道金斯将适者生存论延伸到了微观层面。他在《自私的基因》一书中主张，对生殖负责的不是个体，而是**基因**。因此，人的自私是根植于DNA的。基因利用我们——基因的"生存机器"——来存续繁衍。

他写道："基因是自私的基本单位。"

少年伊安的哲学冒险

吞地走着，把老奶奶的包拖在地上，等着亚历克西斯看到他。接着，她转头看到了他那貌似光彩的行为，于是他转向老奶奶，说了点什么，两人哈哈大笑，他把她领到了路边。亚历克西斯会心一笑，把这件事指给朋友们看。她们都赞赏似的侧过脑袋，好像在说："哎呀，真是个好小伙，他助人为乐，我想跟他一样的小伙子约会。"

"挺自私的，是吧？"

"我想是的。起初不像，但后来发现相当自私。但还是只有两个实例而已。"

"好吧，"老爷爷说，"你从你刚才提到的许多无私的人里选一个吧。"

"好啊，这个容易，特蕾莎修女。她帮助过数不清的人，她生活清贫，她让身边的每个人都过得更好，她完全将自己奉献给他人的福祉。这大概是最无私的人了吧。"

"啊，这个答案显而易见。"他自忖了片刻。

"是啊，我同意。"我答道。我也能让他哑口无言一回。这可是头一遭，不过未免太容易了。

"特蕾莎修女可能是据我所知最自私的人了。她，可能还有甘地。"

他是认真的吗？难道还有必要听他的解释吗？这是我听过的最荒诞的事。"请你解释一下，这是我听过的最荒诞的事。"

"好吧，"他吸了一口气，"你告诉我，你可曾帮助过一个**不如你幸福**的人？且不管幸福该如何比较。"

> "我们所有的行为，合理的、不合理的，都是自私的。"
>
> ——马克·吐温

"我能真诚地说,我相信甘地为印度人民自由所做的'牺牲'是自私之举吗?不,我不能说我相信。更准确的说法是,我知道那是事实……不管甘地做了什么,是出于理性或不理性的选择,他做了,都是因为他选择去做……殉道者是自私的人——与你我一样,只不过他们有无法满足的自我。"

——罗伯特·林格,
《你是第 1 位的》

"当然。我想我帮过,我家每年圣诞节都会去流浪者之家做义工。"

"不错。那么,你做完义工有什么感受?"

"好极了。感觉真的很好。我甚至有一年复活节自己去了一趟。你有时间也应该去试试。"

"我就算了。我还是省下自我感动的时间吧。"

"自我感动?"

他又深吸了一口气,仿佛知道这会是一场漫长而有趣的对话。"想象一下,天天都体验你在平安夜的感觉。你觉得特蕾莎修女为什么要帮助有需要的人,是因为那让她难过,还是因为那让她好受?看一看帮助他人后体会到的成就感吧,那是一种无法从别处找到的天然兴奋剂。

"除此之外,她还能不断得到他人的肯定。你知道的,慈善机构或公益项目会公示捐款人的名字,或者,捐款人会自己去向大家宣扬——你觉得他们为什么要这样做?他们想让别人觉得'这人真不错'。就像你的朋友卡特对亚历克西斯那样。

"而且,特蕾莎修女出名了。看啊,她去世多年,却还在一所小中学里被人谈论呢。她去世了,但现在人人都知道她的名字。她的名字会流传下去。她达成了我们内心深处都想要的尘世的不朽。

"最后,她的行为让她获得了灵魂的不朽。在她看来,她会永驻天国——永远。与永恒的幸福相比，几年的善行算得了什么。什么人能比她还自私？

"现在明白了？你还有其他的好例子吗？"

真是神奇。"我想没有了。所以，任何人做的任何事总是自私的？"

他点点头。

"这可真让人郁闷。"

"这就是生活，孩子。习惯吧。既然人禁不住要做自私的事，我们也不能期望太多了。甚至在对错问题上，人们也应该做最有利于**自身**的事。"

"所以说，我应该把田径队的队友都杀掉，好让我成为田径之星？"

"不，那对伊安·平克是不利的。所有人都会看不起你，你得不到尊敬。再说了，你会被关进监狱的。帮助队友对你更有利。你把自己奉献给队伍，大部分人就会觉得你**不**自私，然后大家就会更愿意帮助你。这样看似无私的举动其实是由私欲导致的。**那才**是你应该做的。利己。这是我们人固有的属性，可能你现在也意

说特蕾莎修女"自私"的理由

1. 帮助他人让她自我感觉良好。

2. 她喜欢受人尊敬，被视作善人。

3. 她将流芳后世。

4. 她相信自己能在天堂享受无限的幸福。

自私伦理学

伦理利己主义（Moral Egoism）是一种解释所谓的人类自私本性的道德学说。因为人只能是自私的，所以遇到伦理困境时，人应该做自认为对自己最有利的事情。政治哲学家托马斯·霍布斯和18世纪经济学家亚当·斯密都将人性自私论作为各自理论的基础。

"随着年龄的增长，你会发现，要想让世界变成一个过得去的地方，首先就得承认人性必然是自私的。"

——萨默塞特·毛姆，
《人生的枷锁》

识到了。"

我们都是自私的。一切行为都是自私的。我们都是自私的。一切行为都是自私的……

够了。他醒了。早晨六点醒的。"一切行为果真都是自私的吗？"他嘟囔道。

这次他似乎得到了一些启发，而不是困惑。伊安下楼去厨房，爸爸大约同时下来了。他走进厨房就听见爸爸对妈妈说："你今天真美，亲爱的。我帮你收拾东西吧。"

"你好自私啊。"伊安喊了一句。

"你说什么？"

"好吧，不管你刚才是出于什么原因对妈妈说了那句话，那都是自私的原因。"

"你这是什么意思呢，儿子？"

"好吧，你之所以那么说，要么是因为你想让她高兴，她高兴了你也高兴，要么是**己所欲，施于人**，你现在夸她，是为了以后让她也夸你，让你高兴。又或者你想表现出关怀，给自己攒一点运气，好人形象终究会带给你好处的。我听学校里的一个老师说：'如果你无缘无故地送她花，她会爱你一辈子。'这都是自私。"

爸爸略微低头，扬起眉毛朝上看伊安，好像在琢磨小小孩子从哪里学得这么愤世嫉俗。"儿子,那是一种阴暗的人生观,一种可悲的看待世界的方式。首先,我认为你母亲是我见过的最美的人——这是实话,是真心话,从我们相遇的那一刻起。那时我们坐在学校的草坪上,讨论狗坐在时速超六十英里的车上看一闪而过的景物时的心理活动。另外,她长得光彩照人。"

"哼。"

"不过,儿子,你的观念不只是阴暗,而且有逻辑错误。"

"怎么会呢?我发现了**自私**这个词的一种用法,它能涵盖**一切**行动。所以,你怎么能说我错了呢?"

"好吧,问题就在这里。**什么都**包括就是**什么都不**排除,于是完全失去了意义。"

伊安露出了**困惑的表情**。

"这么说吧。我以前要吃甜麦片当早饭时,就经常对我父亲——就是你爷爷——耍类似的把戏。他总是说我有逻辑错误,尽管他也讲不明白错在哪里。事情是这样的。

约瑟夫·海勒的小说《第22条军规》的主角约塞连自称"好问题收藏家",以便"从人身上套出知识"。

第22条军规将人置于"必输"的境地。在海勒的小说中,一名战斗机飞行员以精神失常为由(这个理由不错)要求停飞。但他刚提出停飞请求就被宣布是正常人,因为没有一个正常人真的想在战争期间开飞机。因此,不管他宣称自己是正常还是失常,他都必须驾驶飞机。

我觉得是对的,就是对的……

维特根斯坦有大量关于词语和意义的著述。通过大量例子,他考察了因用法没有标准,从而词语完全失去意义的概念:

"有人说:凡事我觉得对,就是对的。这句话仅仅意味着,我们无法在这里讨论'对'了。"

解读:你不能只用"对"表达你希望它表达的意思,因为如果没有公认的意义,词语就没有意义了。

"我先问他，我可不可以吃纯天然麦片。我知道他会说可以，这样就上钩了。一旦他同意——他总是会同意——我就要继续了。我会从自己的房间拿来一盒'超甜炸弹'麦片。这时我再问他：'那我可以每天早晨吃这个吗？'回答是显而易见的：'绝对不行！'"

伊安也有点搞不清爸爸的思路。"你为什么觉得他会让你吃？"

"有意思，他也是这么问我的。而我会回答：'看看配料表，有没有一样不是天然的。比方说糖，它天然得不能再天然了——它是直接从世界各地种植的甘蔗中提炼出来的。'"

"当然。那'人工色素'呢？"

"好吧，我们来看看。比如'5 号黄色'？"

"行，它肯定不是天然的。"

"嗯，你这话真有趣。其实我在实验室中制配过 5 号黄色。它不过是通过特定方式将若干基本化学物质混合起来罢了。既然我们都知道元素周期表上的元素是一切自然物质的基本构成单位，那么我本人—— 一个**天然**的人——只是在实验室中混合了这些自然元素，从自然界中取材制成了 5 号黄色。因此，5 号黄色和所有人造色素都是天然的。我逐个解释了配料表中的每一种配料何以都是天然的。既然所有配料都来自自然，那么麦片其实也就是'纯天然'的了。"

"嗯，那他让你吃了吗？"

"没让。"

"为什么不让？"

"他只是说：'因为我是你爸。'"

"哦，我也听过这句话。"

用于制造 5 号黄色的事物天然吗？

配料成分	是否天然？
水：	
氢	是
氧	是
羧酸：	
碳	是
氢	是
硝酸钠：	
钠	是
硝酸盐	是
氯化物	是
铅	是
砷	是
汞	是
火	是
实验人员	是

2000 年，美国食品标准管理局为"天然"给出了如下定义：

"天然"的基本含义是产品由天然原料制成，即自然生成的原料，而非人造或受人为干预的原料。

"但这里有一个真正的问题——明显有哪里不对劲。这跟你对'自私'的用法很相似。基本上，你用一个词是要遵循标准的，肯定得有错误用法。不可能**一切**都是自私的，或者**一切**都是天然的。如果那样，词就会失去意义。如果一切都被认为是天然的，那么问'这个东西是不是天然的'还有什么意义呢？这里有一处悖论：我造了一个意义无所不包的词，结果它因此失去了意义。"

蛋头先生的语言理论

说话者可以用任何词来表示他想表达的任何意思。刘易斯·卡罗尔笔下的人物蛋头先生实践了这一理论，卡罗尔则以此反讽这种语言用法，表明如果用词没有正确标准，事情将是多么不合逻辑。

"'我醒着'这句话是可疑的……它真正的否定句（'我睡着'）是没有意义的。"

——诺尔曼·马尔康姆，
《梦》（1959）

"我觉得有道理。我喜欢的乐队唱过一首歌，歌词里有一句，'没有黑暗就没有光明，没有错就没有对'，讲的不是一回事吗？"

"是啊，儿子，正是这样。"

"我想我明白了。但'一切'这个词呢？按照它的定义，它的意思难道不就是**一切**吗？所以，它也会失去意义吗？"

爸爸沉吟片刻。"嗯，这好像是个难题。我们来看看'一切'的定义吧：'与某事相关的全部事物'或者只是'全部事物'。所以，'一切'这个词不能用来指'某个事物'或者'没有事物'。这就是它词义的标准。"

思考过后，伊安笑着点头，表示赞同。"爸爸，我刚刚想起了老爷爷读的书，还有那些疯狂的理论。你说的也适用于科学理论一类的东西吗？"

"有可能。你指的是什么？"

伊安将两个理论对他说了，一个是物体每天变大一倍，一个是五分钟假说。

"你知道吗，儿子，其实有一个专业术语来表示这些理论：它们是'不可证伪'的。它们不能被证明是错的，不可能有任何证据或理论推翻这些假说。这一点乍看起来是好处，到头来其实是坏处。不可证伪的理论是无用的。"

伊安摇摇头。"那不对。没什么道理。"

爸爸团起一个纸球，朝垃圾桶的方向扔了过去。纸球打在桶壁上，掉在了地上。"完美！"他喊道。

伊安抗议："**完美**？你没扔进啊。"

爸爸摇着头团起另一个纸球扔了出去。它又从桶壁上弹开，落到地板上。他再一次欢呼道："完美！"伊安大摇其头。爸爸解释说："伊安，我扔了两次，两次都落在了我想要的地方。它们**不管落在哪里**，都是我想要它们落的地方。所以每次都是完美的。我不可能扔出坏球。挺棒的吧？"

妈妈现在加入了讨论。"伊安，

科学与伪科学

"想不到任何事件可以反驳的理论不是科学理论。不可证伪不是一个理论的优点（人们常常以为是优点），而是缺点。"

——卡尔·波普尔，科学哲学家

波普尔最著名的贡献是提出了一种区分科学与非科学的方式。他认为，弗洛伊德和阿德勒的理论都不是科学，因为想不到任何事物能证伪这些理论。他解释说，科学的理论必须做出"有风险的预测"，而且"理论排除的内容越多越好"。

完美一箭……次次完美

霍默·阿德金斯（Homer Adkins）巧妙地表达了这个观点："基础研究就像朝天射箭，射到哪里，就在那里画上靶子。"

确实有人论证说，一位大名鼎鼎的心理学家的理论是不可证伪的。我们聊过弗洛伊德。他看起来就提出了一种永远不可能出错的理论。就拿俄狄浦斯情结来说吧。在任何条件下，不管发生什么都会肯定他的理论。比如，设想一个看见父亲溺水的小男孩。如果他**不救爸爸**，那么**按照弗洛伊德的理论**，他就是屈服于自己的潜意识，于是弗洛伊德是对的；如果他**救了**，那么他就是压抑了本我的愿望，超我胜利了，弗洛伊德还是对的。不管发生什么都无法证明弗洛伊德是错的，而弗洛伊德把它们都当作**正面实例**来支持自己的理论。可这样一来获得支持是**必然**的。它没法被否定，是不可证伪的，没有任何标准。"

她接着飞快地说道："这样的理论没有预测效力。想象你远远看见一对父子，父亲在水里挣扎，儿子发现了情况。接着发生了这样一场对话：

> **伊安**：弗洛伊德医生，下面会发生什么呢？按照你的理论，男孩会做什么？
>
> **弗洛伊德**：（挠着下巴）男孩要么会救父亲，要么不会。

妈妈朝伊安笑笑，鼓励似的说道："但想象一枚硬币从高塔上

伪科学有什么害处？

"这一切——凝视水晶球、星相、生日石、灵路等等——难道不都是无害的消遣吗？如果人想要相信占星术、水晶疗法这样的胡话，为什么不许呢？但想到他们错过的一切还是很悲哀的。真科学中有太多奇迹。宇宙已经足够神秘了，用不着术士、萨满和'通灵'骗子的帮助。这些人好则是分散注意力的心灵安慰剂，坏则是危险的牟利分子。"

——理查德·道金斯

无数阴暗的事因伪科学而发生，比如 2000 年一名十岁女童死于"情感治疗"（治疗师辱骂、剧烈摇晃女孩，打她的头，最后压在她身上致其窒息）。1976 年，多名神父对一名之前曾浑身剧烈颤抖、辱骂殴打家人、绝食的女孩进行了一场驱魔仪式。他们不是给女孩装喂食管，而是进行了长达一个月的驱魔，导致她患上肺炎，膝盖骨折（因为每天跪拜 600 次），最终被活活饿死。

落下。你可以运用科学准确**预测**会发生什么。"

爸爸投给伊安妈妈一个温柔而自豪的表情，然后又发话了。"这对区分科学和伪科学确实有用。真科学是可证伪的，是逐步推进的，是在自身基础上完善的。伪科学则不是。它就像艺术一样，艺术家未必要在过去艺术家的基础上完善，而是发明了新技法。所以占星术是伪科学。通灵术、神话……你觉得会有谁对宙斯扔闪电有新发现吗——最新研究表明，宙斯扔闪电不是发怒，而只是他关爱世人的表达方式？不会。这就好比有人说，无法探测到的隐形火星人掌管着一切运动，但当你要去检验时，提出这个理论的人就说：'它们是完全探测不到的，什么方法都不行。它们就在那里。'你怎么从这里推进？你怎么可能表明它是错的？这非常不科学。这不是说科学必然优于伪科学——尽管我认为确实如此——而只是说两者有别。存在着标准。"

"这确实反直觉，"妈妈插话道，"如果一个词的意思包罗万象，那它就没有意义了。如果一个理论不可能被证明是错的，那它其实就无用了。但这都是合理的——**有标准**。"

> "一个人在智识上诚实的关键是，确切说明会在什么情况下放弃自己的信念。"
>
> ——伊姆雷·拉卡托斯（Imre Lakatos），科学哲学家

科学与宗教？

1998 年，《新闻周刊》发表了迈克尔·舍默的文章《科学寻神》。文中写道，科学与宗教"大相径庭，就好比用棒球比赛的统计数据来证明橄榄球中的事情"。

伪科学研究者詹姆斯·兰迪写道："宗教的基础是没有证据支持的盲目信仰。科学的基础是源于证据的信念。"他接着写道："科学在接近真理，越来越近……宗教已经决定了真理，都'在经里'。这就是教条，不可改变，也不受……我们在现实世界中遇到的任何事实的影响。"

"回想一下我们前几天的讨论，关于证实一个假说的那一次。你记得吗？不管你证实了假说多少次，你仍然不能**证明**它？你只是加强了它。人们有时试图用'不过是个理论罢了'来攻击某个科学理论，但有些理论是得到了**高度**证实的。如果我们到处宣扬归纳法和科学**其实不是真理**，那我们就没多少知识了。"

伊安笑着看爸爸，好像他们在同享思想旅程。

妈妈接着说："所以，我们也应该考察对假说的**驳斥**。来做个小试验吧。"她靠向伊安的父亲，对着他耳语了一番。

"好了，伊安。我想请你猜一猜我刚才告诉你爸的规则是什么。以下数列符合那项规则：2、4、6。你可以再提一个三个数的数列，我会告诉你是否符合规则。当你有足够的自信时，就把规则告诉我。"

伊安点头。"好。8、10、12？"

"符合，"妈妈马上答道。

"90、92、94？"

"符合。"

"好，我知道规则了——三个从小到大排列的连续偶数。"

妈妈摇头。

伊安惊讶了片刻。"那么、0、2、4符合规则吗？"

点头。

"那么规则是不是：公差为2的偶数递增数列？"

"不，不是。"

伊安闭紧嘴唇，又提出一个数列："111、113、115呢？"

点头。

"3、5、7？"

点头。

"好了。规则是：**任意公差为 2 的递增数列**。"

她摇了摇头，转向伊安的爸爸。

"规则是，"爸爸用正式的语气说道，"任意从小到大排列的三个数。"

伊安垂头丧气。

"你从来没有试着去驳斥你的假说，伊安，"妈妈说道，"你提出了一个假说，然后就努力寻找正面实例。但只要有**一个**反例就能表明你的假说是错的。你应该试着去**证伪**你的假说。你落入了归纳法的陷阱——设想一下，如果你只是不断提出公差为 2 的偶数：14、16、18；20、22、24，你得到的回答都将是肯定的，但那永远不是充分的证明。"

"但我提出的数列**确实**都对啊。"伊安半信半疑地点头道。

"没错。你的数列都符合规则，"她回答后顿了一会儿，"暂且假设我不知道引力定律。它对我藏起来了，就像我刚才把数列规则对你藏了起来。于是，我通过扔东西来检验它。我在家里到处走，扔了上千种不同的物体，关注它们的表现。最后我得出结论：'所有物体都落向平克家的地板。'它们确

确认偏误

1960 年，心理学家彼得·沃森对大量被试进行了"2、4、6"实验。八成被试从第一次就猜错规则，却只是不断试图确认自己的假说。这就是所谓的"确认偏误"（confirmation bias）——寻找支持假说的数据，无视反对假说的数据的倾向。它不仅与检验科学假说相关，也涉及心理学，以及政治学、伦理学等与人的利益密切相关的领域。

> "在想要相信某事的那一刻，我们便突然看到了所有支持它的论证，同时对反面论证视而不见。"
> ——萧伯纳

> "总体上讲，迷信的根源是人只看相符的，记住相符的，不看不相符的，忘记不相符的。"
> ——弗朗西斯·培根

实都是这样，对吧？"

伊安点点头，被平克引力定律逗得哈哈大笑。

妈妈总结道："如果我不去试着否定自己的假说，我可能就会得出一条目光短浅的定律。"

伊安摇了摇头，一半是因为思想上的震撼，一半是因为精神疲惫。毕竟，他在睡梦中就一直在思考这个问题，而且现在也才早上六点。"爸爸妈妈，我累了。我得去甜甜圈店里买个甜甜圈，然后可能再睡两个小时回笼觉。早上好，真的好早啊。"

刺的力量

我其实不想吃甜甜圈。我出门后无处可去。真可惜没有一个叫**无处**的地方，因为我现在就想去那里。这样别人问我要去哪里，我就可以回答，**无处**，然后问他们想不想一起去。好吧，那说到底可能也没有多好，而且确实让人迷惑。想着想着，我来到一位老奶奶面前，她正坐在公园长椅上打毛衣。她跟我打招呼，我回了句你好。她笑了笑，我问她在织什么。"给豪猪穿的毛衣，"她答道，"豪猪也会得感冒。你认识豪猪吗？"她问我。她问我时面色如常，让我觉得我好像应该认识似的，但我显然不认得。"不，不认识。""那来这坐下吧。我跟你讲讲我多年前认识的一只豪猪。"

我坐下了，老奶奶把毛衣搁在大腿上，望着远方的天空笑

340　　　　　　　　　　　　　　　　　少年伊安的哲学冒险

了，一边笑一边自顾自摇着头。她接着就开始了讲述，有点像念故事书……

又到了大家都喜欢的课间休息。小豪猪们都跑去操场发泄精力。威尔尤其期待课间休息，因为他是新来的五年级生，只在课间有机会跟其他五年级同学说话。他离开了前一所全豪猪学校，因为他妈妈的工作要在城市之间来回辗转。他去年还有一点烦恼，因为他开始过早脱刺了。尽管约25%的豪猪长大后大部分刺会脱落，但也有5%左右会早脱，大概就在四五年级的时候。而对威尔来说不幸的是，这个年纪的豪猪真的会留意任何一点差别——而且会让你知道。

今天课间，豪猪们要去踢球。两只豪猪负责选队员，威尔又是最后一个被选中的。（但威尔还是开心的，他当晚告诉妈妈："肯尼斯今天选我了，妈妈！"）肯尼斯宣布："我们队要那只五十岁的豪猪。就剩他了。我选他。"其他豪猪哈哈大笑，威尔以为他们都是因为可以踢球而高兴，他也很高兴能参赛。不时有学生过来对他的刺——或者说没有刺——评头论足，然后拍拍他的后背。终于有别的豪猪过来找他说话了，威尔觉得挺好。

那天课间刚结束，他们的老师杰弗里斯女士就把三只豪猪叫走谈话。威尔远远看着他们——虽然他听不见谈话内容，但能看见他们在聊天。她对他们说："孩子们，我不知道你们为什么要取笑威尔的刺。第一，没有理由去取笑任何豪猪——那只会让他们难受。但还有第二点，你们在为一只豪猪完全无法控制的事情而取笑他。荒谬。这就好比取笑草是绿的一样。这不是很奇怪吗？"然后她走了。

到了第二天的第二次课间，男生们又来找威尔。他不清楚他们怎么没早点来搭话，但料想他们有别的事要顾。"威尔早，借根刺可好，看你也没剩多少……好巧不巧！"他们都笑了。威尔也笑了。他试着去理解这首小诗，但又觉得这不过是句好玩的顺口溜。从来没有人给他写诗，所以他只是跟着一起笑，享受这一刻。

午饭时，威尔正坐着读书，却看见杰弗里斯老师与那几名友好的作诗豪猪坐在一起，谈话声还是听不见。"你懂的，"她开口道，"威尔很有艺术天分，读书也很多，完全不像你们三个，你们根本没有把时间花在思维和创造上。但我也没见他因此取笑你们啊。长着完好的刺为什么就比创作出伟大的艺术品、热爱读书更好或更坏呢？你们说的话对你们自己有什么意义，开口前好好想想吧。"然后她走了。

这个学年的最后一个月就这样过去了。威尔因为自己的刺被嘲弄，而且这一年里他的刺似乎掉得越来越多，不过他还是喜欢和其他男生交往，因为他想象不到会有豪猪因为刺的多少而取笑别的豪猪。杰弗里斯老师会找男生谈话，跟他们讲道理，尽管没有奏效。

可惜，威尔妈妈又要工作调动了。现在正是年底，于是她要等到学期的倒数第二周再搬家，好让威尔参加期末考试，提前一周完成五年级的学业。

那一周周五放学后，威尔去了杰弗里斯老师的办公室，带着装满纸的袋子。杰弗里斯老师不在学校，威尔就把纸袋放在她桌上，这样她下周一早晨上班就能看到，那将是本学期的最后一周。威尔为没看到她而伤心，但他这周就要走了，好在走前能把纸袋交给她。

杰弗里斯老师周一早晨上班时看到袋子，把它打开，里面是一大摞纸，顶上是一封信。信里写着：

亲爱的杰弗里斯老师，

　　马上要五年级毕业了，我要感谢您的教导之恩。我在其他城市都没见过您这样的老师。您上课很有意思，我喜欢上您的课。我知道是您让其他男生来找我说话的。我不在乎，因为我喜欢他们跟我交朋友。我也喜欢您这么关怀我，让他们跟我这个新生说话，甚至把新生选进球队。我特别喜欢这个班级，所以我给大家都画了画。每幅画都是为了表现出大家身上好的一面。我知道我的画跟画册里的不一样，但我只能用身上的刺画画，不如班里的画笔好用。今年之前我以为，穿衣打扮和梳理刺型是最重要的事。因为您，我发现那是愚蠢的想法——但我以前还是小孩子嘛！我在您的课上明白了发现大家身上的闪光点有多重要。给同学画画有趣极了。谢谢您，您真是一位好老师。

爱您的，

威尔

　　这封信让杰弗里斯老师感动到落泪。她抽出第一幅画，画的是一朵花，花的中间是一颗心，心的中间是一张脸。她知道那是她的脸，尽管画得其实不太清晰。那是她看过的最了不起的画，是她最喜欢的画。她把画裱起来，挂在办公桌的上方。

　　那一周的期末活动是参观城里的大美术馆。所有学生都决定带上威尔给自己的画像，跟美术馆里的作品比一比。他们都对自己的画像、对威尔感到非常骄傲，而且对于什么是最重要的品质也多了一点认识。参观期间，一位策展人碰见了一组同学，为他们的画像所折服。她问这是哪位艺术家的大作，孩子们都听不懂她的问题，这时有一个人说："威尔。这些是威尔画的。"与老师长谈过画的来历后，美术馆把画作全部收藏了，下个月还要推出威尔作品展。展览的题目是"威尔的力量"。[1]大部分画家都用画笔作画，这些画作太独特了，所以迅速流行开来，没过多久便全国闻名。威尔来看画展时，他身上的刺比以前更少了。学生们知道那意味着什么，都来夸奖他。

接着是一阵沉默。老奶奶又织起了毛衣。我感觉自己方才就在场，和威尔在一起。她看看我，我笑了。她回以微笑。"谢谢你，"我真诚地说，"谢谢你分享这个故事。我真的很喜欢。"

她朝我笑笑，探身拍了拍我的膝盖，然后继续织毛衣。我不知道自己走了多久，但感觉比去甜甜圈店的时间要长多了。于是我回家上楼，补了一个觉。

---

[1] "威尔"的原文是 Will，也有"意志"的意思。——译者注

阅读讨论题

1. 你如何界定**无私**的行为？行为者的动机有多重要？人天生自私吗？可不可能有一个人自愿向慈善机构匿名捐赠，又不为此感到高兴呢？

2. 如果你纯粹出于义务对别人做了一件事，这是自私之举吗（比如仅仅因为你感觉自己有义务，才送朋友去机场）？请回答并说明原因。

3. 你要如何界定"天然"？是指任何未受人类影响的事物吗？商店货架上的苹果是天然的吗？

4. 如果"凡事**我**觉得对，就是对的"是错的，那我们如何能确定什么是对的？

5. 你有没有可能使用一门别人都不懂的语言（比如你自创的一门语言）？如果可能，何以可能？如果不能，为何不能？

6. 许多人认为弗洛伊德的精神分析学说很有价值（比如能治病、能诊断）。如果波普尔对弗洛伊德学说的批判（认为它不科学）是正确的，这种批判的意义有多大？如果一种手段（弗洛伊德的学说、占星术等等）对你有用，它不科学会构成问题吗？科学就是比伪科学好吗？

7. 如果宇宙中的**一切物体**都向右移动了三英尺，这会造成任何不同吗？如果有不同，哪里不同？如果没有不同，你会为你的结论感到惊讶吗？

8. 你在哪些方面经历过"确认偏误"（只找支持自身立场／偏好的证据而无视反对的证据）？政治观点，宗教，伦理，人际关系？

9. 棒球裁判员道格·哈维说过一句话："我对的时候谁都记不得。我错的时候谁都忘不掉。"球迷、球员和家长常常把裁判员"判错"挂在嘴边，你可曾听说过有人谈论"判对"？会不会大部分判决其实是对的？这能用确认偏误解释吗？球迷能从中学到什么？

10. 伊安的父亲说（还有前面伊安读过的一本书里写过），艺术不是逐渐进步的，你同意吗？

第 11 章

沙堆与鸡蛋

母鸡只是蛋造蛋的手段。

——B. F. 斯金纳

确定是件简单的事。只要足够模糊就
可以了。

——C. S. 皮尔士

终于可以休息了。既然我晚上已经跟他见过面了，现在可以好好睡一会儿了。我也许会梦到……好吧，小孩子会做的那种梦，随便什么都行——在原野上奔跑，与亚历克西斯手拉手散步，从空中坠落，只要不是平常做的那种梦。

老爷爷进来了。

好吧。为什么要休息呢？明明有 5 号黄色这样更重要的事要解决，还有自私，科学。对呀，它们看起来确实重要。我想知道他有什么要说的。

我开口了："对了，你那套'人人都自私'的说法不对。如果人人都自私，那就是没有人自私，**自私**这个词就完全没有意义。我们用的每一个词都必须有对错的标准。

"我从来不能确定自己是日有所思，夜有所梦，还是夜有所梦，日有所思。"

——D. H. 劳伦斯

准。标准，标准是很重要的。科学理论也要有标准，你知道的。"

"真有意思，伊安。你理解你刚才说的话吗，还是说，你只是在重复别人告诉你的话？"

还没等我回答，他就继续说："我对你的词义标准论挺感兴趣的。咱们下楼吧。"

我起身随他走出了我的房间。他朝我招手，让我跟他下梯管。"干吗不走这边？"我问道，心想既然是**下楼**，那肯定要走楼梯啊。

"我们不能。"他答道。尽管我知道能，但我还是跟他爬下梯子，从那边进入厨房。爸爸妈妈可能出去散步了，或者回去睡了……又或者是飞走了。老爷爷指着一小撮沙子说："留心那个沙堆。"

"**堆**？"我想，笑了。

"留心出门路上的几个沙堆。"

和刚才一样，我几乎看不见那几撮沙子。每堆大概有五十粒沙——用"沙堆"来形容真是奇怪，但无所谓了。他就是个怪人。

我们从后门出去，发现有两个大沙堆，每堆旁边有两名衣冠楚楚的男子，他们身穿蓝色紧身连体裤，戴着胶皮手套和眼镜，眼镜还配着放大镜。

老爷爷转向我说："伊安，你看这两堆沙子。它们是沙堆吗？"

"当然是了。用**沙堆**形容这两堆沙子当然是对的。"

> "智慧有一个不变的标志：在平凡中看到神奇。"
>
> ——拉尔夫·瓦尔多·爱默生

他转向衣冠楚楚的男子问："沙粒计数专家，这两堆沙子各有多少粒沙子？"

一人答道："甲堆有 407 003 739 粒，乙堆有 407 003 738 粒。"

"你确定？"

"确定。我们是世界上**最专业**的沙粒计数专家，两堆我们各数了两遍，每遍结果都一样。"

"这有什么意义呢？"我问，"沙子多一粒或少一粒，对是不是沙堆不会有影响。"

"对，我同意。"老爷爷答道。

我们都静静地站着——是那种令人不适的沉默。我好像应该听出什么弦外之音，但实际上我只能看出显而易见的状况。

他开口了。"好，说得更明白些，你应该会同意以下命题：

（1）如果你认为某个沙粒集合是沙堆，那么减少一粒沙子不会让它不是沙堆。

"对，我当然同意。"这句话并没有减少眼前情形的显而易见程度。但我现在确定这是个圈套了。我本指望在他的命题中找到一处漏洞，因为我能料到他之后会用它来对付我。但这句话看上去太显而易见了，找不到漏洞。

"这样说来，你肯定同意，"他说着伸出手，掌心上有一粒沙子，"**这个**是沙堆了。"

少年伊安的哲学冒险

"不，"我摇头，"我不同意。"

"你不认为这是一个沙堆？"

我摇头道："谁都不会说它是吧。"

"唔，论证其实非常简单。根据命题（1），我们不得不得出一个结论：你每次从一个沙堆取走一粒沙子，不管取走多少次，它都不会不是沙堆。由此可得，一粒沙子也是沙堆。"

"你的逻辑肯定有问题。**没有人会相信一粒沙子是沙堆。**"

"你跟我一起想一想。假设，你和我们问过的每个人都说 10 000 粒沙子是**沙堆**。现在，按照命题（1）——我完全同意它——如果我们从中取走一粒，让它变成 9 999 粒，我们仍然会认为它是沙堆。再用一次命题（1），9 998 粒沙子也是沙堆，你没意见吧？"

> **命题（1）的应用**
>
> 　　如果 100 粒沙子被认为是沙堆，那么 99 粒也是沙堆。
>
> 　　如果 10 232 粒沙子被认为是沙堆，那么 10 231 粒也是沙堆。

我点头。

"然后 9 997 粒也是。你懂的，我们可以一直取，直到沙堆只剩 2 粒沙子，或者更简单些，我们可以直接跳到 1 粒。"

"确实可以。"

"当然可以。所以，只要到了 2 粒沙堆这一步，再用一次命题（1）就成了 1 粒。1 粒沙堆。"

"所以圈套在哪？"我问。

"唔，看起来没有圈套。我用的是你同意的命题，而且据我回忆，所有人都同意。然后我得出了结论：**任意沙粒的集合——哪怕只有 1 粒沙——都是沙堆。**"

公元前 400 年前后，米利都的欧布里德最早提出了"谷堆（相当于本文中的沙堆）悖论"（Paradox of the Heap），也叫 Sorites Paradox，源于希腊语里表示"堆"的单词 sôros。

"不行。我不管我是否同意你做的事和说的话，我不同意你的结论。一粒沙子不是沙堆。"

"嗯。好吧，如果你认为是这样的话，那么我往手上再加一粒沙子呢？"他将另一粒沙子放到手掌上，"现在有两粒了。"

"这根本算不上问题，"我答道，"世上人人都同意一粒沙子不是沙堆。话虽如此，我要定一条小小的规则，或者说公设，随便你怎么称呼：

> （2）如果你认为某个沙粒集合不是沙堆，那么只增加一粒沙子不会让它变成沙堆。

这感觉就对了——就像我自己的小小公设一样。它至少能刹住一条荒谬的推理路径。我可以回去数羊，而不是数沙粒了，就像这个睡眠不足的世界里的其他人一样。

"有趣，真有趣，尽管你的观点——或者说公设——是很显而易见的。我认为你提出的命题是任何头脑正常的人都会同意的。"

"是啊，"我同意，"所以这样一来，你刚才那套就行不通了吧——如果一个东西不是沙堆，增加一粒沙能不能把它变成沙堆的问题。"

老爷爷把头别了过去，然后又转过来看我，脸上带着不怀好意的笑容。"伊安，你告诉我，如果我往手里再加一粒沙子，它会变成沙堆吗？"

"不会。我们刚刚都说了啊。
按照我的公设，也就是命题（2），
本来不是沙堆的，增加一粒沙子永
远不能让它变成沙堆。"

命题（2）的应用

如果 10 粒沙子不是沙堆，那
么 11 粒沙子也不是。

如果 10 232 粒沙子不是沙堆，
那么 10 233 粒沙子也不是。

"所以，按照**你的**公设，你好像在说，一个东西不是沙堆，就
算我每次加 1 粒，加 10 000 次，它也不是沙堆。这是你要说的吗？
如果一开始不是沙堆，那就**永远**不能把它变成沙堆？"

他好像又把我绕进去了。"那我想我的公设错了。但它看起来
是明摆着的呀。我们好像有两个明摆着的公设，可它们得出的结论
都是：根本不存在沙堆这么个东西。"

"结论**都**是？"老爷爷问。

"没错。事实上，'堆'这种模糊词语的适用范围要么全都是，
要么全不是。命题（1）是'全都是或全不是'里面的'全都是'，
说的是本来是沙堆，每次取一粒，不管你取多少次都还是沙堆。**但**
这意味着**所有**沙粒集合都是沙堆。然而，如果'堆'这个词指的是
所有集合的话，那它就完全失去了意义。这道理是我们昨晚学到的，
或者今天傍晚……或者上午……不管了，随便什么时候。"

老爷爷若有所思地点点头，于是我接着说："所以，我们还剩
下命题（2），'全都是或全不是'里面的'全不是'，它说的是，
不管你给一个沙子集合加多少次沙粒，它**永远**都不会形成沙堆。"

"一点不错，伊安。你学得很好。而且这个论证也适用于其他
许多事物。"

我期待地扬起了眉毛。

数：无大也无小

大数不存在：任意不是大数的数加 1，它不会成为大数。

小数不存在：任意不是小数的数减 1，它不会成为小数。

一个词的意思是什么

模糊：词语本质上没有意义。如果某人说自己"高"，又没有任何参照物，那"高"就没有任何意义。

相对：词语只有在比较中才有意义。例如，一群人的平均身高是一个确切值。你要么高于它，要么低于它。

歧义：词语有意义，但无法确定。如果有人说，"他跟妈妈比跟爸爸更近"，我们会想，"他是**站得**离妈妈更近"还是"他**情感上**与妈妈更亲近"？

"富人。给穷人一分钱，穷人不会变成富人。

"橙红色。给一桶红颜料里加一百万分之一的橙色，红颜料不会变成橙颜料。想一想我们语言中种种模糊的词语吧：小孩、游戏、玩具、高、大。事实上，几乎所有词都根本没有意义了。"

一定有办法解决。这些问题似乎都落在我们所说的"**灰色地带**"。一粒沙显然不是沙堆，百亿资产显然是富人。也许这就是关键。

"我想我已经发现了问题所在，或者说找到了问题的答案。"

"我听着呢。"老爷爷答道。

"好。那么，我们来看一些显而易见的例子，就拿刚才提到的富人来说吧，"我顿了一下，准备开口，"资产一分钱肯定**不是**富人，资产一百万**是**富人。你同意吗？"

"暂且同意。我同意。"

"好。问题显然出在两者之间的某处，它是难以定义的——就像一个我们拿不准的事情、未知的事情，至少眼下是这样。"

"好一个谜境啊。"他自言自语道。

"你说什么？谜境？"

"对。谜境。捉摸不定，诡秘难寻。"

"对。一个**谜境**，"我边说边点头表示肯定，就像他之前很多次对我那样，"所以，到了某个点，一个人是不是富人，一些沙子是不是沙堆，似乎变得不那么清晰了。你自己也承认，要达到'资产1元是富人'这个不可接受的结论要经过很多步，多得让人难以接受，你记得吗？但我们会来到一个结论不再清晰的点。资产100 000美元的人也许是富人，尽管那并不重要；但钱少到一定数目就明显**不是**富人了，可能是5 000美元吧，尽管我觉得要是我的哪个朋友有这么多钱，他就是大富豪。此处有点混淆了相对与模糊，不过这不是我们的关注点。"

"很有想法。"

"谢谢。所以我要说，谜位于100 000美元和5 000美元之间——在这中间，命题不真也不假。"

"这对我们有什么用？"

"我画图给你看。"然后我在一张纸上随手画了起来：

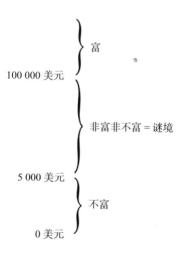

超真

"谜境"图表就是所谓的"超赋值"(supervaluation)。谜境之上的部分可称之为"超真",之下则为"超假"。

"你看，如果我说一个资产金额在谜境内的人是富人，那么这句话既不是真的，也不是假的。换言之，说任何资产在 5 000 美元至 100 000 美元之间的人是富人，这句话既非真，也非假。但说资产在 100 000 美元以上的人是富人，资产在 5 000 美元以下的人**不是富人**（尽管未必是穷人）**是真的**。这样一来，'富'这个词就有意义了，避免了模糊问题。鱼与熊掌在某种意义上可以兼得——模糊与确切可以兼顾。"

老爷爷皱眉噘嘴，暂时表示了认可。"有想法，伊安。挺有说服力的，"他顿了一下，好像认可到此为止，"但恐怕你只是绕开了问题，你用措辞掩盖了问题。你其实只是创造了'元模糊'，或者说更高阶的模糊。"

"我不确定理解了你的意思。"我说道，心里有点沮丧。

"我们一开始的问题是，一个人到底有多少钱才算是富人。我们都同意 1 分钱不会改变什么，尽管这导向了看似不可接受的结论：要么人人都是富人，要么没有人是富人。现在你提出了所谓的**谜境**。但我要问你：谜境的上限难道不能是 100 000.01 美元吗？换一种方式讲，给一个本来属于**非富非不富**的人一分钱，当真能让他进入**富人**的行列吗？你的谜境只是重塑了问题。我们可以提出一个新的难题——不去定义什么是沙堆，或者谁是富人，而是定义什么**明确是沙堆**，或者谁**明确是富人**。这样一来，我们只是创造出了新的谜境，新层次上的模糊。无论怎样，模糊性都存在。"

"但我相信存在沙堆，"我祈求道，"我一直相信存在沙堆。沙堆肯定存在，甚至还存在一大堆沙堆。求你了，让沙堆存在吧。"

"伊安，伊安。"妈妈喊他下楼。

"当然。当然了。没有沙堆，妈妈。没有富人。没有小孩。我想也没有人，"他走进厨房时连珠炮似的说，想一吐为快，"没有玩具。没有游戏。要么没有它们，要么没有逻辑或语言，"他停下来喘口气，手指敲着厨房桌面，"所以，哪儿有我们的容身之地？"

"你想谈这个？我想听听你的烦恼。貌似挺严重的。"

他冷静了一点。"对，我们谈谈吧。边吃麦片边谈。"

"早上好，"爸爸犹豫了一下，"第二次早上好。你的小睡好像不太安稳啊。"

"就不存在小睡这种东西。"

"嗯，"他似乎在做心理准备，"我很好奇，你说说吧。"

> "人……若不再能停下来琢磨事情，在惊奇中呆立，那便与死无异：他的双眼已经闭上了。"
> ——爱因斯坦

于是伊安跟他们讲了。他讲了沙堆，或者他曾经以为是沙堆的东西，或者书里写作沙堆的东西。

爸爸开口了："我听下来，感到整体问题是这样的：按照简单的逻辑看，根本没有沙堆这一回事。没有富人。没有红色。没有小孩。"他顿了一下，点点头："有意思。"

"爸爸你看，肯定要放弃点什么。如果不想接受结论，那**要么**

否认应当合理的推理思路，**要么**不接受应当为真的加减步骤。"

"我们来看看。我很喜欢你尝试的解决办法——提出谜境概念，尽管我也看到了它带来的新问题，或者说，它只是换了一种方式表述原来的问题。你知道吗，有一种可能的答案正与你的提议有关。它以推翻 1905 年前后大行其道的'证实主义'（verificationism）为前提。"

"我记得在哪里读到过。这对我们有什么用？"我问道。

"证实主义的基本观点是，每一个可理解的句子必然**非真即假**。我们之前讨论过这一点，但发现并非都是这样。以'比萨好吃'这句话为例，它既不是真的，也不是假的。'现在几点？'也是如此。但这两句话都是可理解的。"

"好的，所以某些模糊的句子，比如谜境里的句子，是合法的句子？"

"对，是这样。但我们马上会回到老爷爷之前引入的新问题。"

"是啊，那现在怎么办？"伊安有点不耐烦地问。

"好吧，回想一下我们之前的讨论。当时我们认为，人要是能看见世界**真实**的样子，那反而不利。人需要些微的误差范围才能理解世界。我们把短线看成长线，在灯光下把白衬衫看成橙色，把直棍看成弯棍，把大星球看成小星球。我们必须容许少许的误差，才能**知道**身边发生的事情。"

"词语只是观念的记号，而不是事物本身的记号。如果我们能明白这一点，那么争论应该就会少很多了。"

——约翰·洛克

"**知道**沙堆也一样？"

"是这样的，伊安。我给你讲讲我初遇你妈妈时的趣事吧。我们当时在比赛飞镖，目标是扔三支飞镖到 20 分的分区，然后扔一支到靶心。你妈妈说正中靶心太难了。结果她第一次要掷 20 分的分区时，飞镖正中了靶心。她以为我会觉得她很不错，但我并没有——至少就她的飞镖水平而言没有。你觉得这是为什么呢，伊安？"他问我，同时温柔地朝伊安妈妈笑。

"因为她瞄准的不是靶心？因为那只是运气，是意外？"

"没错，知识也是一样。你不能说自己**意外**知道某事。你已经清楚这一点了。如果你说，'我知道巨人队赢了，只因为我穿了蓝袜子'，而巨人队**确实**赢了，这不能算是知识。你的袜子和棒球比赛胜负之间毫无关系。"

"那么，这与沙堆有什么关系？"

"**因为我们的感官有误差范围，**"他放慢语速强调道，"有些事是我们无法知道的。我们发展出了一套语言，让我们能够在世间顺利行动，但有一些关于世界的事实是我们无从得知的，而我们必须接受这一点。"

"但这可不太让人满意啊。有些事是我们无从得知的？"

"我同意，这个观点并不美，却符合现实。要走出你提出的两难困境，其实只能走另一条路。"

"什么路？"我满怀希望地问道。

"这么说吧，它还得落到语言的用法上。伊安，你告诉我，巨

我们不能确知世界

R. M. 塞恩斯伯里这样评论人类感官的不完善："我们的认知机制……需要有误差范围。"

黑白与灰

1965 年，"模糊逻辑"（fuzzy logic）问世，目的是解决相对于非黑即白、非 0 即 1 的二元经典逻辑带来的半真半假问题。模糊逻辑用灰阶来表示真的程度。经典逻辑会说某人富或穷，某物热或冷，某物是人或不是人，而模糊逻辑可能会说某物是 0.6 热、0.2 冷或 0.8 人。

人队昨天赢没赢？"

"赢了。"

"你有多确定？"

"非常确定。杰夫有个朋友去看比赛了，他告诉我们的。"

"你愿意下五块钱的赌注吗？"

"当然愿意。"

"你愿意把你所有的钱都押上吗？"

"这个嘛，我不太确定。也许吧。"

"也许？我还以为你**确定**呢。你愿意把命押上吗？"

"不愿意，我还没有足够确定到愿意把命押上。"

"**足够**确定？所以你承认确定是有量级的？或者说，'知道'是分等级的？"

"对，我觉得有。"

什么是"足够确定"？

统计学中对事件发生的确定程度有三个标准：

1. 比较确定：95%

2. 明确确定：99%

3. 完全确定：100%

按照置信区间行动时可能遇到两类错误：

一类错误：对目标结果发生的概率估计偏小。

二类错误：对目标结果发生的概率估计偏大。

"好，那我们可以认为'巨人队昨天赢了'这个命题为真，说我们**相当**肯定，或者用科学术语说，这句话为真有 99% 的置信区间。"

"没错，我有 99% 肯定。"

"好。这就又回到了你之前给出的选项：**要么**否认看起来合理的推理思路，**要么**不接受看起来为真的加减步骤。在这里，两个选项是彼此相关的。我们已经看到，模糊性可能只是在提醒我们一个事实：我们极少对什么事达到**绝对**的确定。这样一来，加减步骤就不**全**为真，所以我们**可以不接受**这个推理路径。"

"有点道理，爸爸。这样来看，如果逻辑不成立是因为我们谈论世界的方式，那么模糊的就不是世界，而是我们谈论它的方式。"

爸爸缓缓点着头，仿佛在等待伊安推出结论。伊安接着说："所以，**这是沙堆**这句话为真的情形与许多真命题为真的情形一样，都有一定程度的不确定。而既然我们无法**确知**这些事情，我们就不能纯粹用逻辑来帮我们解答。"

"非常好，儿子，"妈妈开口了，"我对你的这句话非常感兴趣：模糊的不是世界，而是我们谈论它的方式。很有洞见，而且可能对某些现实问题有切实的帮助——比分辨是堆不是堆更紧迫的事务。"

"真的吗？"

"真的。我们现在大概没时间深谈了，但一个重要的相关议题是堕胎。"

"啊，我总听到有人争论这个问题。"

分类的烦恼

理查德·道金斯解释了我们天生的分类倾向。我们喜欢用"高"和"矮"这样的词来把人分类。他提出，如果你说一位女士身高175厘米，然后问一位男士她算高算矮，他会回答："她175厘米高，这不明摆着吗？"他接着又提到，种族隔离法废除之前的南非法庭将人分为白人、黑人或"有色人种"的做法及其负面影响。他还提出，分类问题错误地剥夺了非人动物的权利，因为动物与人类不属于同一类，尽管这与权利没什么相干。

人类受精卵在何时可以算作人？常见的回答有：

1. 受精时（怀孕第1天）。

2. 有灵魂时（第40~90天，据亚里士多德称）。

3. 大脑开始运转时（第8~10周）。

4. 能感到疼痛时（第14周）。

5. 可存活，即能在子宫外生存时（第24周）。

6. 分娩时。

"没错。大部分人认为，杀死无辜的人在道义上是错的。因此，问题真正的关键是确定一组细胞何时成其为人——受精卵何时真的变成人？如果胎儿**是**无辜的人，那么杀死它就是错的，哪怕孕妇不想怀胎。对许多人来说，32 个细胞组成的集合不是人，但几乎人人都同意出生前 1 秒的胎儿**是**人。于是，我们又来到了沙堆问题，尽管重要性要大得多了。"

"亲爱的，"伊安的爸爸打断了她，"吃午饭前能不能来个漂亮的收尾？我认为你说的极其重要，非常紧迫，但那不是几分钟就能解决的。我这里有一个陈年问题，我觉得我们现在就有能力回答。"

"好呀。什么问题？是你那套'定义什么是游戏'的问题吗？"她问道。

"亲爱的，不是。"

"游戏？"伊安问道，"这个简单。"

什么是游戏？

维特根斯坦考察了多种游戏，比如桌面游戏、纸牌游戏、球类游戏、象棋、井字棋、接龙、手拉手转圈圈。他认为，游戏不是由任何共同特征定义的，比如娱乐性、技巧性、运气成分等。他请我们单纯去"看"被我们称作游戏的事物，而不是说"它们**必然**有某种共性，否则就不能被称作'游戏'。"

维特根斯坦暗示，同一类事物并没有"本质"或者公约数。

"那好吧，"爸爸马上答道，"抛飞盘是游戏吗？拳击呢？手拉手转圈圈呢？"他一口气都说了出来，好像已经考虑过一段时间了似的。"斗牛呢？舞蹈呢？俄罗斯轮盘赌呢？战争呢？"

"这个还是别讲了吧，"妈妈插了进来，好像要阻止一场长达一小时的游戏讨论，"你认为我们现在就能一劳永逸解决的那个问题是什么？"

他骄傲地坐直身子说："先有鸡，还是先有蛋？"

"老爸，这要怎么解决？"

"儿子，你提出的谜境论都能帮助我们解决它。"

伊安笑了。

"问题在于**鸡**这个词的模糊性。根据广为接受的达尔文生物进化论，"他停了一下，确保小听众认可这一点，"我们必然的出发点是：鸡的前身是很像鸡的生物。"他们点头。"那么，必然有一个鸡还**不是**鸡的时刻。同理，我们现在相信鸡**是**存在的。于是，这就是一个谜境——我们不确定是否存在鸡的时期。你们同意吗？"

大家都同意，于是他在餐巾纸上画起了草图。他接着说："这种突变不可能发生在生物的生命周期内。因此，从不是鸡变成鸡的过程，只可能发生在下蛋者和蛋之间。于是，某个时刻发生了一次突变，鸡就第一次出现了。重点不是突变**何时**发生，而是在理论层面上，突变**发生了**。**先有蛋**。"他把餐巾纸转了过来，好让母子俩看见：

非鸡 ⟶	蛋 ⟶	鸡 ⟶	鸡蛋
（生命周期内不能突变成鸡）	（突变发生在繁衍过程中，所以先有蛋）	（现在有鸡了，因为蛋发生了突变）	（然后有了鸡蛋）

伊安又笑了，直到妈妈开口。

"亲爱的，"她轻声说道，好像在提出异议，"我是不喜欢细究生物学知识的，但我觉得有一点很重要。"

"怎么回事，亲爱的？"

"好，首先我想问你：鳄鱼能下鸽子蛋吗？"

他笑了："不能。"

"为什么？"

"因为同种只能产同种。"

"没错。产下孵出第一只鸡的蛋的生物不是鸡，对吗？"

"对，理论上讲没错。"

"好，那么这枚蛋不是**鸡的蛋**。"

"正确。"

"所以，如果问题是先有鸡，还是先有蛋，那么答案是先有蛋。但在我看来，我们真正关心的问题是**先有鸡，还是先有鸡蛋**。这样看，就是**鸡**先于鸡蛋了。孵出鸡的蛋不是鸡蛋，它是一枚包含着鸡的非鸡的蛋。"

爸爸对伊安的妈妈赞许地点点头。"儿子，你明白这场讨论多么有意义了吧？从沙堆到富人，到人类，最后到鸡和鸡蛋。在争论中，人们往往用完全不同的名称指代同一个东西——比如我们讨论的蛋这个例子。"

伊安笑了。"妈妈，爸爸。今天晚上我可不可以不十点上床，而是十点零一分？"

"不行，儿子，"爸爸大笑道，"大自然规定八年级学生要十点上床，这是绝对的自然真理。"

"十点零一秒呢？"

"如果你表现好，我觉得十点零一秒也可以。"爸爸开起了玩笑。

伊安笑了。"我小睡的时候你

"'鸡'是模糊的"

罗伊·索伦森解释说："……查尔斯·达尔文表明，鸡的前身是似鸡生物，因此我们不知道鸡的前身与鸡的临界点在哪里……当代进化论支持先有蛋。"

不过，索伦森根据孟德尔的遗传理论认为先有鸡。

"大概是先有鸡，后有蛋吧，因为实在难以想象神会愿意趴着孵蛋。"

——无名氏

俩去哪里了？"

爸爸和妈妈看了看对方。妈妈答道："我们去散步了。那会儿刚出去，可能是要找一幅新的天空画挂在客厅吧。"

"所以我睡觉时你们不在家？"

"不在，"妈妈答道。他们看起来有一点困惑乃至担心，伊安为什么要这么问？"你睡醒前我们刚回来。"

"好的。"伊安说着，走上楼梯出门了。

小镇

这就够了。我必须承认，我对父母这么聪明是有点自豪的。他们提出了很多有趣的观点。

今天是令我激动的一天，不是那种"出门看看有啥可干"的日子。杰夫和我定好了计划，我们要去一座小镇。这个地方是杰夫上周告诉我的。他说那里有一家很棒的棒球卡店，还有其他不寻常的东西。他不肯多跟我讲，但我的好奇心确实被勾起来了。而且，我最起码有望找到几张想要的卡片。

我骑车到外面跟杰夫见面。他也骑上车，我们一起出发了。他说骑车十分钟就能到。于是我们穿街过巷，沿着路边骑行，我心里想路上怎么没有汽车，真奇怪。从来没有。一辆都没有。我就琢磨，我们为什么要有街道呢？为了骑自行车？所以，**街道**这个词是有某种含义的吗？要是没有街道，还会有"街道"这个词吗？

"到了。"杰夫宣布。果真如此。我已经能感觉到这里的独特气息了。整座镇子被栅栏围住。我看见一扇大门，是经典西部风格。

我看看杰夫，又耸耸肩，表示"我看不错"。他点点头，咧嘴笑了。

走近大门时，我看见一个人坐在一张大皮椅上看书。他见我们来了就打招呼，祝我们日安。"日安。"杰夫回答道。接着，他用公事公办的语气开口了，不过倒是挺友好的：

> 你们来此必须报明来意，
>
> 报明之后，即请自便，
>
> 所报属实，你们今日可以活着离开，
>
> 若有虚言……酷刑伺候。

我倒是想感到害怕，但怕不起来——不管是他平实的口气，还是我报明实情便可离开的事实。好奇怪啊，只因为谎报来意就要受到酷刑。但我有信心报上实情，于是对他说："我是来找棒球卡的。"我说的是**找**，而不是**买**，因为要是我没见到喜欢的卡，或者一张卡要一百万元，或者有其他情况呢？于是，我只需要找棒球卡，这样就没事了，我想买的话还是可以买的。男人点点头。我站在那里等杰夫。杰夫今天**是**为什么来的呢？

"我来这里是想受酷刑的。"他自信地说。男人把答话记下来，点点头说："祝你们愉快。"于是我们走了，推着自行车。

"杰夫，你想什么呢？这些家伙是认真的。门口就摆着刑具呢！这可不是开玩笑的时候。"他只是笑着说："别担心，我心里有数。你别忘了找一两张棒球卡就好了。"我摇摇头。

除了这次小插曲，那天过得和预想中一样。我们骑过泥土路，买了冰激凌，还进了棒球卡商店。我在商店里跟每个人都打招呼寒

　　　　　　　　少年伊安的哲学冒险

暄，确保有大量目击证人。卡片售价没有一百万，我买了三张想要的，加起来只花了四块钱。物证也有了。

走出卡片店时，隔壁理发店传来一阵骚动。一群人在店外说话。我们旁观了一会儿，然后杰夫上前问发生了什么。

"啊，"一位老妇人答道，"我们想搞明白是谁给理发师刮胡子。"杰夫用一副"他们疯了"的表情看着我。有趣。老妇继续说："每天都有人来，就是想搞明白，目前还没有一个人搞明白。真是个难题啊。是谁给理发师刮胡子呢？"杰夫又露出了"他们疯了"的表情，但这一次更活泼了一些。

我们回到街上，看着理发店的招牌，上面写着：

理发店兼刮胡店
自己不刮我**都**刮，自己刮了我不刮

"这间理发店的名字真厉害。它干吗不直接叫**理发店**，或者**发廊**之类的。"杰夫说。

"可是杰夫，你没看出问题吗？"我说完等着他回答，现在我能理解镇民的困惑了。杰夫举起双手，表示他没发现问题。于是我问出了那个已经有人问过的问题："谁给理发师刮胡子？"

他答道："他自己刮呀。他是理发师，他会给自己刮胡子。"

"可他显然没有。这位理发师只给不自己刮胡子的人刮。如果他给自己刮了，那么他就不能给自己刮，因为他只给**不**自己刮胡子的人刮。"

他答道："好吧，那就是别人给他刮。"

"可那也不对。"我顿了一下，好等他自己想明白。但我等不及了，于是接着说，"他给**所有**不自己刮胡子的人刮。所以，如果他不给自己刮胡子，那么他就必须给自己刮了。"杰夫赞许地点点头。我接着说："但那样也**不行**，我前面已经解释过了。"

人群还在讨论。偶尔有人作恍然大悟状，但只会被其他镇民泼冷水。他们真是陷入了两难。好一个两难啊。

就在这时，我听见杰夫在街对面喊我的名字。"伊安，来看这个。按说这不该奇怪，但确实很奇怪。"

我过去时，杰夫正在绕着一棵树走，时而小跑，好像在追什么东西。地上有一个牌子写着：

树上有松鼠，

当你绕树走的时候，

也在绕松鼠走吗？

杰夫说**这按说不该奇怪**，我不确定怎么个不该法。"伊安，来看啊。只要我走，松鼠就也走。我绕树走了一圈，松鼠也绕树走了一圈，它一直在我的正对面。所以，虽然松鼠在树上，我也绕树走了，但我不觉得自己绕着它走了。好奇怪啊。"我看着他快步绕树走。松鼠确实也以同样的速度绕树走，总是正好让树把自己和杰夫隔开。

"你绕树走了，但你没有绕着**树上的东西**走，这是否有可能？"

"不可能，当然不可能。但我也没有绕着松鼠走，它一直在我对面。"

"杰夫，这地方处处透着诡异。我们也该回家了。现在走应该刚好能赶上回家吃晚饭。再说了，我们还要对付门口那家伙呢。"

于是，我们骑车向大门前去。我把卡片放在了兜里，但有点为杰夫紧张。走近大门时，那人拿出记事本，对我们进行检查。我们停车时，他点了点头。我能看见城门内侧的刑具，喉咙里发堵。

他看着我说："你在镇里找棒球卡了吗？"

"找了，我还买了几张呢。"我把卡拿出来给他看。

"好。找了就够了。你可以走了。"

我笑了一下，然后在杰夫旁边等着。

"你呢？你受酷刑了吗？"

杰夫一脸怪相地看着他，扬起眉毛，等着对方明白自己显然没有受酷刑。对方没答话。"没有，长官，我没有受酷刑。"

检察官朝刑具那边喊道："抓到一个，伙计们！"

"可是长官啊，"杰夫自信地说，"如果你让我受刑，那我就做到了来这里要做的事。所以，你让我受刑是不公正的。"

那人眼睛瞪得大大的，点点头，又喊道："停，伙计们！是我弄错了！"

杰夫朝他笑笑，他又朝我笑笑。我实在笑不出来，因为我还是有一点不安和紧张，怕他意识到自己刚做出的决定的后果。"谢谢，长官。"

那人点点头。我们正要走开时，他喊道："等等！如果你没受刑就走了，那就没有办成你要来办的事。所以你必须受刑！伙计们！"

"可是长官啊，请你记住，如果你让我受刑，那可是不公正的。"

那人点点头，喊了句："停！"

杰夫笑了，我们再次踏上回家之旅。

我们刚要转身离开，只听那人喊："伙计们！"

杰夫转向他，扬起眉毛。"停！"那人喊道。

"伙计们！"他顿了一下。

他点点头，喊道："停！"又顿了一下。

"伙计们！"

"停！"

这个循环一直持续到我们听不见为止。我想还会持续很久吧。

阅读讨论题

1. 确定一个人何时不再是"小孩"的标准是年龄、生理发育水平，还是心理发育水平？你认为每个人的标准一样吗？你是如何，又为什么选择了这个分界点呢？

2. 胎儿从何时起应该具有和其他人一样的道德地位？你要把界限划在哪里？原因是什么？

3. 请列出定义"游戏"的各项标准。你的标准全都是游戏的**必要**标准吗（比方说你提出"有趣"是一项标准，但有人不觉得下象棋有趣，那象棋就不是游戏了吗）？你的标准里有没有哪一条是**充分条件**（比方说，只要"有趣"就是游戏）？下列活动都是游戏吗：飞盘、拳击、舞蹈、俄罗斯轮盘赌、斗牛、战争？

4. 当你说确定某事时，是什么意思？"比较确定"这个说法有意义吗？

5. 先有蛋，还是先有鸡？为什么？在给包含着第一只鸡的蛋命名时，你是会依据产下蛋的不是鸡而说它不是鸡蛋，还是会依据蛋里包含着鸡而说它是鸡蛋呢？这个例子与代孕母亲有联系吗（孩子是谁的？是提供卵细胞的人，还是提供子宫的人）？

6. 你如何能知道你说一个词指代的意思与别人说这个词指代的意思相同呢（可以想一些具体的词，比如**爱、怒、不可能、成功**）？如果不能，这在交谈中重要吗？你有没有过跟人进行讨论或争论，结果却意识到你们对同一个词用法不同的经历？

7. 杰夫**有没有**绕着镇中的那只松鼠走？假如那里没有树，而松鼠还是沿着同样的轨迹面朝杰夫跑动，这时杰夫绕着松鼠走了吗？如果你和其他人看法不同，分歧点在哪里？

第 12 章

社会、政治与金钱

人生来是政治动物。

——亚里士多德

当人们不掌握做判断的工具，一味追随自身愿望时，政治操控的种子便播下了。

——史蒂芬·J. 古尔德

"今天你要承担一些**真正**的责任了，我的孩子。"老爷爷说着把胳膊搭在了我的肩膀上。

我的孩子？真稀奇。"我在梦里怎么会有责任呢？"

"你创造过一个宇宙，对吧？那个就需要负责呀。现在的情况差不多，只不过没有那么大，"他停了一下，换上更轻松的口气说道，"你到现在还以为这**只是一场梦**？"

从传送门里出来后，我们来到了一片看起来像村镇边缘的地方，虽然那里实在看不出行政区划。我能看见一群群人，每群人都不算太多，但没有店铺，没有电力的迹象，完全没有文明的痕迹。

我们听到一声叫喊，于是朝一群人望了过去。一名村民——是个和我年纪相仿的男孩——抢了另一名村民的水果。人们嚷嚷了起来，但被抢者所属的那伙人也无可奈何。

> "从梦里做的事能看出一个人的天性。"
>
> ——拉尔夫·瓦尔多·爱默生

"奇怪。如果没有规则、权威和法律，那该怎么办？要我说，他们应该去上报，但他们能报给谁呢？"

老爷爷一手托腮，一手支住手肘。"责任不小。"他朝我点头道。

"**我**？他们要向我报告？"我举起双手摇着头，仿佛在说，他们为什么要向我报告？

"不仅如此，伊安。**你**要告诉**他们**。"

"告诉他们什么？"

正聊着，我注意到了另一群孩子。他们全都是小孩。有的坐着跟伙伴玩耍，但大部分在争执推搡。

"是我先来的。"我听见一个女孩喊道。

"这棵树不是**你的**。它在自然中，它不属于**任何人**。"另一人喊道。

"轮不到你告诉我能做什么，不能做什么。你又不是我老板。"

这些孩子似乎都把"自己优先，想要就去抢"牢记在心了。现在看起来还挺好玩的，但我知道如果一直这样下去，以后会恶化到什么程度。

"如果一直这样下去，以后真的会愈演愈烈。"我听见身后有一名女士小声说。我们转过身去，我看见了一名亲切的年长女性——我只能这么描述，因为她身边是亚历克西斯。我感到了一种又害怕又开心的奇怪心情，就像手握一件真心想要的东西，但又知道随时可能会失去它。所以，我没有跟亚历克西斯打招呼，而是朝老爷爷看去。他对女人笑笑，两人握了手，好像很熟络。

女士转向我说："我猜你是伊安吧。"

我起初只是点头。"我是，女士。"我们握了手。我左手插兜站着，向亚历克西斯招手。我想拥抱她，但心里头觉得不自在，我也不想跟她握手，因为大人才握手。她也朝我挥手。我情不自禁地笑了起来，好像条件反射一般。

女士的一声大喊打破了这一刻。"别废话了！"她声如洪钟，但颇有节制。我被吓到了，也许用被震慑到形容更好些。争吵打闹停了下来，似乎主要是因为对我们好奇，而不是服从她的命令。她一边朝孩子们走去，一边示意我们跟上。老爷爷点头鼓励我们，亚历克西斯和我耸耸肩跟了上去，把老爷爷留在身后。

我们走过去时，更多孩子从地缝里钻了出来。我之前都没注意到他们是从哪里出现的。见面的第一组孩子有五十多个。他们都和我差不多大，好像可以跟我上同一所学校。

"大家好，"女士用正式的语气说，"我想向你们介绍伊安和亚历克西斯。我知道你们或许不想在这里，但你们已经在这儿了。所以你们要一起把这里的事情搞清楚。你们要想办法自己管理自己，组成一个社会，过上更文明的生活。"

她转头朝我们笑笑，向人群点点头，然后招呼老爷爷一起走了。我想看她和老爷爷要去哪里，但有一名男孩马上发问："你凭什么觉得那是我们想要的？"

我一度希望他们能更积极地接受这件事，而且能认识到这其实不是我们的主意。"你们想要的。相信我吧。"我说道，心里想不出那为什么会是他们想要的。

"我不这样认为，"男孩继续说道，听起来受过教育，"你看。作为人类，我们有思维能力，对吧？我们也有行动的自由——自主权。如果没有这些——思维和自主权——那还有什么意义呢？如果你要强加某种约束我个人自由的政府，它就侵犯了我的人性。没有现世自由的生活是悲哀的——你懂的，比如说我们只是神手中的玩物傀儡，同理，没有完整个人和政治自由的生活也是悲哀的。你别想把我们中的任何一个人变成你的傀儡。"

建立国家

历史上几乎每一个社会都组成了所谓的**国家**——由公认的个人或团体施行执法、税收、刑罚大权，甚至可动用暴力的共同体。

例外也是有的。生活在非洲丛林中的姆巴提人就没有任何类似的政治组织。虽然他们有宗教、道德、语言和习俗，但没有任何政治架构，因此也没有官方刑罚或统治机关。

为无政府主义申辩

罗伯特·沃尔夫在《为无政府主义申辩》一书中写道：

"自主的人，就其是自主的而言，不受制于他人的意志。他可能会做他人让他做的事，但不是因为那件事是别人让他做的。因此，他具有政治意义上的**自由**……"

"人的首要义务是自主，拒绝被统治……人若要履行做自己决定的主人的义务，便要抵制国家对他的权力主张……"

"……无政府主义是唯一一种符合自主德行的政治学说。"

少年伊安的哲学冒险

我点点头。他想得似乎很周全。实话说，我也想知道，**我们**怎么会被统治？我们为什么要允许自己被统治？我转向亚历克西斯，以为她会认同我的直觉。

她朝我眨眼睛，好像在说男孩其实并没有想透彻。"这就是你能想象到的最理想的生活吗？"她问道。她在这种情况下总是比较自信一点。"争斗不休，搞小团体，没有学校，没有艺术，没有铺好的路？你们说，我们是**理性的存在**，那么放弃某些不太重要的自由，以便最终达到更大的自由，这难道没有道理吗？"

许多孩子在窃窃私语。男孩盯着我看，好像他希望开口的是我，而不是亚历克西斯。但他并没有叫喊，似乎她的话有几分道理。我觉得她说得有道理。如果没有政府，资源匮乏会为人套上枷锁，人人争斗也会让生活达不到本可以达到的品质。

男孩答道："好吧，因为我是理性的，所以我会听听大家怎么说。"他环视人群里的其他人，大家都赞许地点着头。

尽管我基本赞同，但我不认为生活会**那么**糟。

"首先，"我开口了，"我必须说，比起前面的看法，我对我们怀着更多的希望。我不认为人没有人管就会自相残杀，或者污秽不堪，或者彼此欺骗。我们肯定会有分歧，但我不认为人性本恶。我知道许多无私的、利他的行为。"

"我赞同。"另一名男孩开口道。我如释重负，好像接下来会有一场有理有据的对话。"我们都是神的造物，"男孩接着说，"因此是被从善中创造出来的。"

我马上感到一丝紧张，因为他表露了自己对神的依赖。他接着说："我们都有权利，自然权利。"他又顿了一下，好像要把问题想透彻。"因为我们每个人都属于自己，我们拥有自己，我们对自己有完全的权利。我们每个人都有不容任何人剥夺的生命权。"

"但这些权利从何而来呢？"一名男孩真诚地喊道，"你怎么知道我们有这些权利？"

"我们生来就有。权利是人之为人的一部分。所有地方的人都有权利——不只我们这帮人。权利是一切道德、一切待人之道的基础。你们每个人都有基本的生命权、自由权和财产权。"

"可那对我们有什么意义呢？"一名女孩喊道。"自由？"另一

高贵的神话？

史蒂芬·平克解释说，"高贵野蛮人"的观念——人性本善——是一个神话："……史前人类的杀人率比现代社会高了几个数量级——甚至算上两次世界大战的数据也一样！"不过，他称这绝不是在为暴力正名。他引用俄国作家安东·契诃夫的话说："当你向一个人展示他真实的样子时，他会成为更好的人。"

"沃纳特先生，我们被置于这个世界就是为了超越自然。"

——电影《非洲女王号》中凯瑟琳·赫本对亨弗莱·鲍嘉说

　　　　　　　　　　　　　　　　　　少年伊安的哲学冒险

名女孩喊道，"那是什么？"

"这个嘛，"男孩开始了，好像一下子成了业内专家似的，"它意味着你有个人思考、宗教信仰、发表言论的权利。"

"我们想说什么就能说什么？可以随便说？"

"不行。"

"那算什么权利？如果我们有时不能自由发言，那说我们有言论自由还有什么意义？"

"只要你的言论不会伤害其他人，你就可以自由发言，"他顿了一下，"比方说，你现在没有大喊'野猪来啦！快跑呀！'的自由——当然，除非野猪真的来了——因为这会造成不必要的混乱，还可能会导致其他人受伤。所以，当你的言论和表达会直接伤害别人时，你就没有权利这样做。你的言论受到了这样的限制。

---

17 世纪哲学家约翰·洛克关于自由和政治权利的著述极大影响了美国宪法和《独立宣言》。他写道："我认为，政治权利就是制定附有惩处手段的法律的权利……其目的只能是为了公共的善。……自然状态受自然法管辖，人人都受自然法约束。"（《政府论·下篇》）

"我们认为如下真理不言自明：人人生而平等，由造物主赋予了某些不可剥夺的权利，包括生命权、自由权和追求幸福的权利。"

——美国《独立宣言》，1776 年 7 月 4 日

权利：兰德与洛克

洛克相信人有神赋予的权利，安·兰德则认为这些权利是人性的一部分。应该是社会扶持人，而不是人支撑社会。她写道："'权利'是界定和保护社会环境下人的行动自由的道德原则。只存在一项根本权利……人对自己生命的权利。"

"我只是认为我们确实有权利，也有规则。就好比在游戏里是有规则的。而且除非所有人都认可规则，否则游戏就玩不起来。这就像是一份契约，为了在这里好好生活，我们每个人都签了它。我们遵守规则，然后获得其中的种种好处。"

"但我没签过这份契约啊，我也不会签的。"另一名男孩喊道。

"没有人签过。它是默示契约，是未言明的。如果你有意识地决定生活在这种状态下，并享受它带来的种种好处，这就**默示**你同意了放弃某些东西。

"想想踢足球的场景吧。比赛前没有人签字承诺不会用手，那是**默示**的。你同意踢足球，就同意了不会把球扔来扔去。你为什么要踢足球？"他问大家，"你们为什么要做这件事？"

"有趣吧，我想，"一名男孩答道，"因为有趣。"

"别人呢？"

"强身健体。"另一个男孩答道。

"我喜欢竞技。"一名女孩说。

"没错，"头儿答道，好像已经准备好了发言，"要是谁都不遵守规则，那这些就都没有了。如果有人把球捡起来扔进球门，因此受到指责，结果他说，'我又没签字'，那就太荒谬了。玩游戏就默认了要遵守游戏规则。"

他们都赞同地点头。他的观点给我留下了深刻印象。

"同理，"他继续说，"你要是觉得你既能在我们的马路上开车，上我们的学校，享受我们的社区，同时又可以无视守法和纳税的义务，那就错了。你在这里生活，享受社区的福利，相当于同意了遵守规则。这是默示的。"

"所以，我们建立的政府可以为所欲为？"

"不。政府的目标是保护人民。一旦国家开始侵犯人民的权利，夺取人民的财产，奴役人民，这时革命就是合法的。而在此之前，假设政府是为人民好的，你就有义务遵守契约。"

大家窃窃私语了起来。我觉得这是一件好事——好像他们正在思索听到的话有几分道理，而且这比大家一起叫嚷强多了。

一个女孩问道："所以，如果我们这里建立了一个国家，被其他国家知道了，我们要怎么办？如果我们繁荣昌盛，其他人难道不

"只要某个人占有或享用了任何政府领地内的任何部分，他便就此默许，同意自己在享用期间有义务遵守该政府的法律，一如该政府下的任何人。"

——约翰·洛克

体育哲学与默许同意

许多人认为，一个人只要参加了比赛就是同意了遵守规则，从而限制了自己能做的事（比如，踢足球的人不能用手投球得分）。

西蒙·艾瑟姆（Simon Essom）说："洛克对契约合法性的最低要求是默许同意。类比到体育比赛上，没有人真的在玩之前签了一份契约，但如果有契约的话，他们是会签的，证据（被认为）是他们自愿地参赛了。"

沃伦·弗雷利（Warren Fraleigh）写到两个决定打羽毛球的人："在达成一致的过程中，他们不会说'我们要遵守羽毛球规则吗？'这样的蠢话。"

一切都是公平的……在战争中?

正义战争理论可以追溯到托马斯·阿奎那,一直延续至今。它为发动正义战争提出了如下标准:

1. 有正当理由——发动战争必须有合理的原因
2. 必须由适当的权威宣战
3. 交战必须有正确的意图
4. 必须有合理的取胜机会
5. 战争目标应当与手段匹配

该理论还提出了战争环境中允许的几类行为:

· 不应以平民为目标
· 使用的手段(即武力)应服务于需要
· 某些武器是非法的(扩张型弹头、毒气)
· 应有对待战俘的规则

会想要加入或者夺取我们的国家吗?还有,至于我国所知的其他国家,我们可以夺取它们吗?如果我们认为别的国家不公正,我们可以干涉吗?我只是好奇,该如何运用我们这个集体的力量。"

另一个女孩点头赞同,但又说:"等一等,首先,我们怎么建立自己的国家呀?我的意思是,我们要如何决定谁有什么?怎样才是公平的?比方说,谁能主张那边的树属于自己?如何向人民征税?谁有投票权?要做的决定太多了。"

我之前对这方面有过很多思考。开口前,我让亚历克西斯跑回去找老爷爷,问他要"面纱"。她露出一个**你要干吗**的表情,然后跑去了。"确定公平的主要问题,"我对人群说,"在于我们不是不带偏见的判断者。任何决定分配的人总把自己考虑在内。就拿奴隶制来说吧,白人决定了黑人要当奴隶;女性解放前,男性把工作和教育机会分配给了其他男性,他们甚至决定女性不能投票。这两种状况显然是不**公平**的。

"所以,这么说吧,我们也许可以从起点开始。我们从所谓的'原初状态'开始吧。原初状态假定你具有经济学、心理学和其他通识领域的基本知识，它还要求你理性思考我们要做的事情，而且真的纯粹出于自身利益做决定。其中的重点是，它要求你从我所说的'无知之幕'后审视自己。"亚历克西斯的时间卡得极好（一如往常）。她走上来，把一叠略有些透明的方巾递给了我。

"就前排的三个人吧，"我对第一排的两个女孩—— 一个穿绿色上衣，一个穿蓝色上衣——和一个男孩说。他们立刻上前。我的老师们总是叫前排的学生，我现在明白原因了。当你站在人群前方时，你可不想傻站着，而前排学生通常更愿意接受这种事情。

我用纱巾包住三个人的脸。他们看到自己时吃了一惊。

"你们看到了什么？"我问。

绿衣女孩答道："我的天，什么都没了。"

"什么都没了？"

"我的意思是，我不知道自己是男是女，也看不见自己的肤色了。"

多数人的暴政？

民主（democracy）—— 源于希腊语单词 demos（人民）和 kratos（力量）：由人民选出的代表来代表人民决策的政府制度。

理论上，民主让人民可以发声。但有人主张这会带来一些问题，比如人民不知道什么对自己是最好的，以及多数人总会牺牲他人来得到自己想要的东西。阿克顿勋爵将民主称为"多数人的暴政"，认为多数人（或者执政党）往往是凭借暴力或欺诈成功的。

"假如存在一个由神组成的民族，那他们的政府会是民主的。如此完美的政府不属于凡人。"

——卢梭

"民主是一种可悲的信念：无知的个人会产生集体的智慧。"

——H. L. 门肯

"民主是最坏的政治制度，除了所有其他制度之外。"

——温斯顿·丘吉尔

约翰·罗尔斯论正义

罗尔斯引入了假设的"原初状态"和"无知之幕"来确定正义观。他写道：

"这种状态的关键特征之一，是没有人知道自己在社会中的位置，即阶层或社会地位，也不知道自己在自然禀赋或能力分配中的运气，比如智力、体力……这确保了没有人在选择正义原则时会因为偶然的自然因素而处于有利或不利……'作为公平的正义'一词的合理性正在于此：它传达的想法是，正义原则是在公平的初始条件下达成的。"

原初状态

做出公平判断的标准：

1. 具备基本通识知识。
2. 理性。
3. 自利。
4. 位于无知之幕后：你不知道自己天生的性状（即性别、种族等）。

"你呢？"我问戴着面纱的男孩，"你信什么教？你是什么种族？你的性取向是什么？"

他只是站在那儿耸肩摇头。

"你呢？"我向蓝衣女孩示意，"你家富裕吗？你高大吗？"

"我实在说不清。"她答道。他们看起来都冷静了一点，可能是明白了活动的用意。"我什么都不知道。只知道我是一个人。"

"很好。那么，考虑到以上情况，"我问面纱后的三人组，"我们应该有奴隶制吗？我们可以说黑人应该当奴隶吗？或者也许白人才应该当奴隶？"

"不。不应该，"男孩答道，"那是不理性的。我不知道摘掉幕布时自己会是什么肤色。我不想成为别人的奴隶——那不符合我的利益。"

"好。那么税收呢？应该是富人多交税，穷人少交税，还是应该人人交一样多的税？"

"哎呀，这个不好说，"绿衣女孩答道，"我不知道我属于哪一类人，所以要我说的话，我们应该尽可能让受惠最少的人过得好。

如果我摘掉幕布发现我是穷人，我会希望得到帮助；如果我是富人，少一点钱我也不在乎。"

幕布后的其他两人点头。

"所以，我们在幕布后应该制定怎样的规则呢？"我问道。我现在期待着从活动中得到一点实打实的成果。

"我认为所有人应该平等地拥有基本的自由，"男孩答道，"只要它与所有人拥有同等权利是相一致的。"

"感觉挺公平的，"我答道，"还有呢？"

绿衣女孩提出："就像我刚才说的，我认为任何不平等都必须有益于受惠最少的人。"

蓝衣女孩补充道："我喜欢这条规则。配合这一条，我认为任何创造出的不平等——不管是收入更高的工作，还是球队中的位置——都应该向所有人开放。不应该搞等级制度。"

"听上去非常好，"我答道，"你们俩能给出一个应用这一原则的例子吗？"

"好呀，"蓝衣女孩先说，"每一个足够聪明的人都能被训练成医生。显然，不是人人都能真的当上医生。因此，虽然医生挣钱可能比教师多，但有人当医生对教师是有益处的。那么，在这个例子中，就收入而言略占劣势的教师得到了医疗服务的好处。我们不能允许的是医生赚钱更多，却不给教师治病。"

罗尔斯两条原则的应用

阐述了两条正义原则后，罗尔斯做了一个小结：

"凡是社会意义上有价值的事物——自由与机会、收入与财富、自尊的基础条件——都要平等分配，除非这些事物中的任意一项或全部的不平等分配惠及了所有人。因此，不正义就是不惠及所有人。"

绿衣女孩又说："设想你要给我们组分蛋糕。如果我告诉你，你切完蛋糕以后，要等其他人都选完后再自己选，那么有的切得大，有的切得特别小就是愚蠢的做法——假设你想要尽可能大的蛋糕的话。你会把蛋糕切成一样大。"她点头笑了笑。

我感谢了他们，摘掉了他们的幕布。他们马上看看自己，发现回归正常了，于是笑了。大家为他们鼓掌。

"现在，我们只需决定建立哪一种经济制度了，"人群后方的一名男孩喊道，"我们要怎么开店设厂？"

之前的窃窃私语戛然而止。没有人出声，亚历克西斯和我站着面面相觑。我一点都不懂经济学。

"你一点都不懂经济学，对吗？"老爷爷从几米外会心地问道，"好在这里有几个现成的原型给你。"他指向岔路口。

"两条岔路的尽头各有一个镇子，分别采用了最盛行的两种经济制度。"

他似乎只打算告诉我这么多。我跟他走一边，亚历克西斯和女士走另一边。我们来到了第一个镇子，左边的镇子。入口上方有一个大大的木牌，上书"马克思镇"。一名中年男子从看起来像收费站的地方走出来，跟我们打招呼。他是个面善的大块头，长着花白的大胡子。

他跟我打招呼的语气有几分严肃："欢迎你，年轻人。你的工资来源是什么——你靠什么生活？"

我看了一眼老爷爷，然后看收费站的人，实在不知道要说什么。"我去年夏天在卖柠檬水，品质很好，是鲜榨的。"

收费站的人点点头："好的，我们还有一个柠檬水摊位的空缺。"

我如释重负地笑了，因为我本以为他想要的不止柠檬水。我开始设想各种能提高柠檬水摊位吸引力的手段，还有柠檬的种植方式（可能要种有机柠檬吧），还有满足不同顾客需求的选项，比如无糖或多糖。

我正做着白日梦呢，那人已经回了"收费站"，拿着一个大袋子出来了。"这里面有柠檬水配方。你要用到的所有原料都在里面。我们上周做出决议，每六个街区要配一个柠檬水摊位，现在还有一个空缺——摊位已经建好了，往前走四个街区，再往右两个街区就是。请不要做任何改动。每个摊位需要两个人，想必你的朋友——"他说着朝老爷爷做了个表情，两人互相点了点头，好像心里都有数——"能跟你搭档。"

我们拿起袋子向自己的摊位走去。我们一路很安静——我是不知道会发生什么，他大概是想营造兴奋感吧。我对自己要开的柠檬水摊竟然没有发言权，这让我不太高兴。

我们来到最后一个摊位——它的名字就叫"伊安的最后一个摊位"，我心里一沉。摊位是用朴素的木头搭的，没有图案，有一个柜台。最上面的一块木板喷着白色的"柠檬水"字样。它和我设想中的柠檬水摊一点都不像。我们按规定做好了柠檬水，把"暂停营业"的牌子翻到了"营业中"一面。

卡尔·马克思与社会主义

马克思被认为是最有影响力的社会主义思想家。马克思 1818 年出生于德国，著名贡献是从经济角度分析了由阶级制度造成的社会结构，他认为阶级制度的内在就是不公平的。他与弗里德里希·恩格斯合著了《共产党宣言》。

社会主义是一种"生产资料"（土地、工厂、磨坊等）公有的经济制度。社会主义的目标是为人民生产必需品，而不是赚取利润。

能力与需要

马克思有一句归纳了社会主义核心思想的名言："各尽所能，按需分配。"他相信社会主义是最适合所有人的，因为每个人都能在工作中取得成就，所得又足以满足自身的基本需要。

开业的第一个小时卖出去三杯柠檬水。对九点的时间来说销量还可以，但我依旧觉得可提升的空间很大。接下来一个小时只卖出两杯，再之后只有一杯。正午前后是柠檬水的销售高峰期，我们卖出去六杯。我觉得这算相当好了，但我还是急着想去下一个镇子。

"你想走吗？"我问老爷爷。

他点了点头。"你体验够了？"

"对，我受够了。我想去看看另一套制度是什么样的。"

我们收拾好东西，换了一条路出镇。我们在路上看到了另一个同样的摊位，距离我的摊位大约六条街开外。我远远就能看见它和我们的摊位一模一样。

"我们得赶在太阳落山前去另一个镇子。"老爷爷催促道。

我一边点头，一边回望那个摊位。我们把东西都放回了收费站，老爷爷和中年男子握了握手。收费站的人记下了我的住址，说当天会把工资支票寄过去。不过，他要看看我们的销量是否超出了预期。如果超出了，他会向我征收重税。"你只需要这么多就能活下去，"他解释道，"超出部分就要收重税，然后分配给其他人。"

"挺公平的。"我心里想着，然后感谢了他。

"你怎么看？"老爷爷问。

我转过头答道："其实比我一开始想得要好。"

"为什么呢？"

"当他们把所有材料都给了我们，安排我们要做什么、怎样做、在哪里做时，我是有一点失望的：我不能开自己的摊了。但一切安排妥当，事情似乎就简单多了。我知道——顾客也知道——柠檬水是有标准的。我不会把时间和金钱浪费在打广告上，对每个人来说都很公平。而且我知道我会拿到钱，以及什么时候拿、会拿到多少。我觉得，如果一切都像这样标准化，由国家来管理，那就真是人人公平，人人轻松了。"

我们来到了下一个镇子的入口。和前一个镇子一样，门上也有一个牌子，上书"斯密镇"。门口也有一个类似的收费站。一个男子出来招呼我们。他比上一个人个子高一点，头发短一些，没有留胡子。他看起来特别像衣着整齐的推销员。

"你好，你是做什么赚钱的？"

"我卖柠檬水。"我骄傲地回答，心里知道这确实就是我现在的职业。更确切地说，是我赚取工资的手段。

"很好，祝你好运。"然后他就挥挥手，放我们过去了。

我有点紧张。"就这样吗？"我对老爷爷说，"现在怎么办？"

"你得干活了。"他说。

我们走过前三个街区就看见了两家柠檬水摊。第一家是亮黄色的，广告语是"全镇最新鲜的柠檬水"，另一家样子新潮些，主打有十二种不同的柠檬可供选择。

我们发现一间不错的小房子在招租。房子是绿色的，后院里有一棵高大的酸橙树。老爷爷付了第一天的起步租金。"小本也能干大事。"他说。我耸了耸肩，表示赞同。

整理好屋子后，我一边想一边说："我们为什么不做酸橙汁

看不见的手

18世纪经济学家亚当·斯密写下了资本主义的奠基性著作。他相信，人人追求自利的自由经济社会将带来最大的社会利益，仿佛有一只"看不见的手"将社会利益作为私利的副产品创造了出来。

他写道："我们的饭食并非来自屠夫、啤酒师傅或面包师傅的善意，而是来自他们的自利。"

呢？每一种想象得到的柠檬汁都有别家在卖了。"

老爷爷骄傲地笑着说："是啊。你知道那句老话吧。既然生活给了你酸橙……[1]"

我等着听下句。

"那就做酸橙汁吧，"他自顾自地笑了，"我去把需要的东西备齐。"

趁他走的工夫，我打扫了店面，还做了个招牌。

我们下午三点开门营业了。由于出了新品，头一个小时就有将近五十名顾客，不少人都点了好几杯。爆红真是激动人心。

到了下午四点，我们把价格提高了一点，老爷爷还雇了一个小男孩，负责收拾桌子和补充我们要用的糖和杯子。涨价丝毫没有影响生意，实际上反而让人们觉得我家的酸橙汁更**特别**了，仿佛"贵肯定有贵的道理"。

一个小时卖了两百多杯后，我们看见街那头的柠檬汁摊主过来了。"你们这地段真好，"他们严肃地说，"我俩的店要关了，店面盘给了一个卖珠宝的女人。看起来再也没人想喝柠檬水了。你们还招人吗？"

我们特别需要人手，于是雇了一个人负责切酸橙和榨汁，另一个人调糖和水的分量。我们手下有三个工人了。他们在接下来的两

---

[1] 化用自英语谚语"既然生活给了你柠檬，那就做柠檬汁吧"，意思相当于"既来之，则安之"。——译者注

少年伊安的哲学冒险

个小时里干得很棒，我们卖出了六百多杯。

两个小时快结束的时候，我发现有一名前摊主盯着我们的收银台看。"你知道吗，之前的两个小时里，我一直坐在那儿切酸橙，"他有些恼火地对我说，"我感觉自己与这家店完全是疏离的，自然也没有多少成就感。除此之外，你每个小时付我八块钱，可你自己能赚五十块。"

他不知道我们已经把镇子另一边的柠檬水摊位买下来了，正准备改卖酸橙汁，以便赚更多的钱，继续扩张。

"你已经完全掌控了局面，"他继续说，"我实在没处去了，而且就算我走了，做的也是差不多的工作。你只是运气好，有这位老人给了你启动资金。如果我走了，你只会找另一个人替你切酸橙，付给他奴隶般的工资。**你越来越有钱，我则失去了身份。**"

其他两名工人听见后也过来了。顾客纷纷离开，好像有点不自在。三人似乎深有同感，甚至摆出愤怒的样子，好像要跟我们打架。

"现在也该关门了，"老爷爷对三人说，"这样吧，这家店归你们，我们要回家了。"

他们相视一笑。我听见一个人说："现在**我们**去雇人替**我们**切酸橙吧。"

"好不公平啊。"我心里想。

我们从自己的初创企业中走出时，老爷爷问："你觉得这里怎么样？"

"刺激多了，"我答道，"我感

阶级斗争

马克思相信资本主义会造成两大阶级对立：

资产阶级——占有生产资料的统治阶级。

无产阶级——奴隶般的工人。

他最终提出，随着无产阶级越来越意识到自己被剥削的状态，他们会发起革命。

富者愈富

据《卫报》报道，全球最富有的 356 个家庭的收入占全球总收入的 40% 以上。

马克思相信资本主义创造了"剩余价值"，因为工人赚得的工资远远小于产品价值。他认为，这让工厂主得以扩大资本，从而增加利润，同时压缩工人阶级的价值。

"富者愈富，贫者愈贫。"
——诗人 P. B. 雪莱
（1792—1822）

觉我们在努力赚钱，从中创造出了一种人人都可以享用的新产品。看起来是双赢。"

"好吧，你的工人好像没赢，他们看起来挺生气的。"

"他们本来也能想到这个点子呀，"我说，"人人都是自由的，可以自己选择做什么——通过自己觉得适当的方式挣工资。人人都努力这样生活，便形成了对人人都好的制度。"

"但你是沾了一点运气的，你说呢？"他顿了一下，"如果没有我的初始投资，没有我提供的资本，你要怎么开店呢？"

我赞同地点点头。

"而且不是人人都能开店的。资本在谁手里，谁就一切说了算——我们已经手握三家店铺了，要是还有时间的话，我们还会接着买。手下的店越多，需要的工人就越多。好处很多，这我同意，但你不能只从自己的角度看事情。"

我站在那里，思考着他说的话。接着他又说："今天和你一起工作真是开心，伊安。真的很开心。"他伸出手，跟我握了握，好像我们真成了合伙人。他握得好用力啊，于是……

　　　　　　　　少年伊安的哲学冒险

……于是伊安醒了。他马上下了楼。

妈妈正在看书喝茶，等着跟儿子谈话。

"我做了个怪梦，妈妈。"伊安在桌边坐下时说。他把右腿盘起来，右脚坐在屁股底下，身子倚着桌子。他好像在整理头发，结果弄得比先前还乱。"和别的梦不一样，"他顿了一下，好像在琢磨区别在哪里，"虽然每个梦都不一样。所以，我猜不一样这一点是一样的吧。"

妈妈不耐烦地点头，好像在担心整场讨论都会围绕这种陈词滥调展开。

"似乎没什么好争论的，除了**有**政府也许比无政府好一些。我以前从来没思考过权利问题。所以权利是怎么一回事呢，妈妈？我是怎么有教育权的？"

"好吧，你有教育权是因为国家有义务为你提供教育——至少到你十八岁为止。然后你就得靠自己了。"

"但我有快乐权吗？棒球权呢？"

妈妈笑了："不，你没有这些权利，是因为没有人承担相应的义务。设想一下每个人都有保证每个人快乐的义务——那是不可能的。当然也不会有人承担确保你有棒球打，有车开，有班上的义务。那是**你的**责任。"

"那么，如果权利不来自神，也不来自社会——不管那是什么意

> "是哲学鼓舞了马丁·路德·金和华盛顿等人与种族偏见战斗。哲学是珍妮·亚当斯建立赫尔之屋（Hull House），努力改善贫民生活的基础。哲学激发了西蒙娜·德·波伏娃为女性争取平等。哲学是促进社会公正的起点。"
>
> ——美国哲学协会"百年思想纪念"节目，朗读者为喜剧大师约翰·克里斯

权利与义务

兰德与洛克都认为权利独立于义务，人不应该因为享有权利就被迫做某些事。兰德写道："如果有人能**凭借权利**而得到他人的劳动成果，这就意味着那些他人被剥夺了权利，沦为奴工。"

大多数哲学家不同意这一点，主张权利**会**向他人强加义务。他们认为有涉及不做某事的"消极"义务，比如**不**夺取他人生命的义务，也有"积极"义务，比如提供教育的义务。

"看啊……国父们的思想多么精确：他们讲了**追求**幸福的权利——而不是幸福的权利。"

——安·兰德

给圣诞老人写信

前美国驻联合国大使珍妮·柯克帕特里克将"自然权利"观念（即权利由神或者"自然"赋予）比作"给圣诞老人写信"。

思——权利是从哪里来的呢？"

"唔，按照你梦里的回忆，权利可以来自人的理性——来自你提到的社会契约概念。如此便有了一些实实在在的基础，而不是偶然出现的，或者基于缺乏共识的事物。"

伊安若有所思地点点头，接着讲解起了无知之幕。

"尽可能缓解受惠最少之人的困难，这看起来是一种很聪明的做法，"伊安提出，"虽然我去的第二个镇子似乎并没有这样做，但我还是更喜欢它。"

"为什么呢？"

"我猜是因为我的成败由我自己做主。店属于我和老爷爷，我们雇人替我们干活。那比店归政府所有、由别人告诉我怎么做要好。再说了，第一个镇子也没第二个镇子那样的实际激励。第二个镇子有竞争，所以我们必须创新，真正做出更好的产品。"

妈妈点头说道："但第一座镇子公平啊，不是吗？我的意思是，不管赚了多少钱，或者像你这样继承了多少钱，你仍然要和其他人干一样多的活。此外，没有人会感到被异化，没有人像你店里那样管着别人，反抗的可能性也要小得多。"

"是啊，那是支持马克思镇的一个好理由。只是在第二个镇子里，你越努力，事业越成功，你挣的钱就越多。这很合理，努力会带来更好的回报。"

"很有见地。但想一想，你，伊安·平克跟穷乡僻壤的同龄男孩相比具有的优势吧。他家供不起他上私立高中、上大学，他没有电脑，甚至可能高中时就要在杂货铺里每周工作二十个小时，只为了购买食物。这会让人质疑你向我讲述的所谓**公平**。"

"怎么会呢，妈妈?"

"公平其实分两种。我们来设想一个简单的情况，比如坐飞机。"

伊安点点头。

"设想我们乘坐的航班只有一种规格的座位。每个座位都是一样的。在某种意义上，这样安排座位是公平的——每个人都占同样大的空间。但你爸爸比普通人高得多。因此，在另一种意义上，座位安排又是**不公平**的：你爸爸的活动空间只有五六厘米宽，别人的可能有 15 厘米，但我们付的价钱是一样的。然而，挪动飞机上的座椅，让每个人都有同样的活动空间，比如 12 厘米，光想想就知道难度有多大。几乎是不可能的，也不太现实。"

百人地球村

如果将世界缩为 100 个人的村子，并保持现有人口比例关系不变，则村子的情况如下：

17 人不识字

25 人的住房不达标

2 人上过大学

4 人有电脑

13 人营养不良

20 人的收入占全村财富的 89%，最穷的 20 人只占 1.2%（这是 1998 年的数据，1960 年的数据分别是 70.2% 和 2.3%。）

"好的，我明白了。所以说，社会就像这架飞机？"

"当然了。你知道平权（affirmative action）是什么意思吗？"

"让人人公平的一种方式。"

"实际情况要复杂一点，但本质上，你就好比坐飞机时的**我——运气好**罢了；你爸爸在坐飞机方面运气不好——尽管高个子当然在其他方面有好处。但总体来看，三小时航程中的一个座位不算什么大事。你受的教育，你从事的工作，**这些**才是大事。

"所以，平权要考虑你是**如何**得到的，而不仅是你得到了。比方说，如果你每科成绩都是 B，我刚才描述的那个每周工作二十个小时的男孩同样每科成绩都是 B，那么你不认为，他比你更有资格进入某所学校吗？"

"为什么呢？"

"因为他克服了更多困难。他没有你的好条件——可用于学习的时间更多，课内课外有最好的老师教，饮食营养丰富。某种意义上，平权试图弥合人与人的社会经济差距，鼓励那些我们更看重的事情，比如努力和坚持。不仅如此，平权还试图消除针对少数族裔残存的歧视。一方面是通过为少数族裔提供特定的教育和工作机会；另一方面是通过促进少数族裔就学，从而进入更高层次的岗位，受到每个人的尊重。"

伊安若有所思地点点头，但并没有被说服。

"问题在于，如果你一半得 A，一半得 B，而那个男孩全是 B。某所大学录了他，没录你，这好像就有点降低标准了。"

"是啊，那就好比因为我是多数，所以歧视**我**。那就是反向歧视。这真的公平吗？"

种族歧视与平权

种族歧视就是基于生物学特点，将某些人区分出来，并据此做出道德评判。纳粹德国就是如此，因为犹太人被视为劣等"种族"。美国曾经对黑人实行种族歧视。迟至1857年，美国最高法院还判决主张人身自由的黑奴德雷德·斯科特（Dred Scott）败诉。根据最高法院当时的解释，美国宪法主张黑人"完全不适合与白人结合"，且奴隶是"最严格意义上的所有物"。直到1954年，最高法院才在布朗诉教育局案中判决学校种族隔离违宪。

美国首部平权法案颁布于1959年。1978年，艾伦·巴基（Allan Bakke）起诉加州大学戴维斯分校医学院，因为他的申请被拒，而另一名资质更差的少数族裔学生却被录取了。最高法院判巴基胜诉，认为他受到了不当歧视。

"那就需要你去思考了，"她点头道，"另一个考察角度是税收。你们确定征税方法了吗？是向每个人收同样多的税吗？"

"那看起来挺公平，"伊安答道，"为什么要对某些人征更多的税呢？"

"也许是为了补偿其他人的不幸？"她耸了耸肩，"你听说过罗宾汉吧——劫富济贫的故事？"

"听说过，我也理解。但那样一来，穷人就可以坐等富人把活儿都干了，然后给自己送钱了。"

"你的看法很成问题，儿子。我很惊讶，你思想这么开放，又有这么多知识，竟然还觉得这种人生观光明正大。不是每个人都有你的好条件。"

"所以，你的意思是，富人比穷人**多交税**是公平的？"

"两种做法都有其依据，关键得明确你想要的是怎样的公平，然后思考如何才能实现它。甚至对于税收应该花在什么事情上，也并非所有人都持相同的意见。"

　　"这还不简单？"他顿了一下，"我的意思是，税收应该用到惠及所有人的事情上。比如学校、国防，还有道路交通一类的事情。"

　　"当然，但艺术这样的事情呢？政府应该拿出一部分民众税收来资助艺术家吗？"

　　伊安若有所思地点头，好像明白了税收并不总是简单的事情。"理论上应该。"

　　"理论上？"

　　"是呀。我的意思是，艺术有益于公众，也就是惠及所有人。艺术是文化极为重要的组成部分，你知道的。因此，政府资助艺术家，让他们有能力进行艺术创作是好的。"

　　"儿子，你说得没错。但如果大家已经在为艺术付费了，政府为什么还要再出钱呢？想想你喜欢的乐队吧。"

　　"无名乐队？"

　　"对。他们现在干得不错，对吧？有许多人买他们的音乐。"她问他。

“是啊，他们挺红的。”

“那么，这些钱是他们**应得**的——他们创作出了人们喜欢的音乐。他们不需要政府给钱，对吧？”

“对，我想不需要。”

“而如果没有人买他们的音乐，那么政府用税收为没有人愿意买的音乐买单，这岂不是很愚蠢吗？”

伊安有些黯然地点点头。“但如果没有人愿意为之掏钱的乐队其实很优秀呢？比方说，他们发明了一种人们不熟悉的新曲风？那样艺术家就没有开拓创新的动力了。”

他坐着微笑，继续说：“你知道的，许多伟大的艺术家在当时并不被看好，因为人们没有发现他们的伟大之处。至少在他们去世前没有。”

妈妈现在似乎明白了伊安真正关心的问题。

“儿子，你很有想法。但我有点明白为什么你要说明政府只是在**理论上**应该资助艺术家。”

他期待地扬起了眉毛。

“我们要如何选择资助哪些艺术和艺术家呢？”

伊安点着头，噘起嘴，显然意识到了这是个设问句。

美国国家艺术基金会

美国政府于1965年设立了国家艺术基金会，为各类艺术及文化遗产保护提供资金。资助对象不限于个体艺术家，也包括公立电视台、国家级图书奖项、博物馆和剧目。2004年，基金会预算为1.21亿美元。1989年，法国政府为艺术投入了5.6亿美元，德国政府在文化领域的支出已突破45亿美元。

她接着说："一旦选择资助，我们就要为艺术设定标准，你必须确定为什么一些艺术优于另一些艺术。你到底要怎么做呢？"

"让专家选就好了，"他提议道，"比如博物馆策展人、艺术史学家、艺术教授。"

"专家由谁来选呢？"

他耸了耸肩。

"在这个过程中，总有某个点上需要**某个人**对本身主观的艺术做出客观的决断。你喜欢无名乐队，这是一码事。他们或许是你最爱的乐队，但你不应就此说**我**应该买他们的音乐。你不能认为**你觉**得最棒的乐队**就是**最棒的。记住，你是在说政府应该用人民的钱为某些艺术付费。而且，儿子啊，在某种意义上，这会带来一种隐秘的审查。"

"审查？"

"想象有两名艺术家 A 和 B。如果政府给了艺术家 A 一笔钱，让他通过了审查，你觉得谁的作品更有可能被看到？他们没有说'艺术家 B 不好，不应该被看到'，但艺术家 A 肯定会有一定的优

"市场达尔文主义"

美国参议员杰西·赫尔姆斯主张政府不应该资助淫秽下流、亵渎宗教、诋毁任何种族或性别的艺术。他还提出："联邦政府为何要支持纳税人在市场上拒绝支持的艺术家，我对此怀有根本性的质疑。"

《时代》杂志艺评人罗伯特·休斯回应道："这正是成立国家艺术基金会的初衷……有许多优秀艺术作品一开始市场表现并不好，没能立即为赞助人带来回报，而且可能永远没有回报。所以才需要有国家艺术基金会。基金会就是为了帮助那些没有迅速取得成功的文化去自我实现。"

　　　　　　　　　　　少年伊安的哲学冒险

势。我想问题在于，你认为谁更有可能**不被看到**？"

"但**有**艺术总比**没有**好。想象一下，没有任何一种艺术的生活会是多么乏味。我认为政府资助艺术是一件好事，好比在说，'我们不仅想要你们活着，更要你们活得**好**'。活得好需要艺术。"

"我同意，宝贝，尽管这还是一个个人价值判断。如果有人痛恨绘画和歌剧，而喜欢滑板呢？他相信滑板凝聚了人性的一切美好——也许是那种游走于边缘，同时完全依靠自己保持平衡的感觉。"

伊安笑了。

"那政府就该资助滑板吗？"

他马上摇头。

"再说了，我不是说艺术没有价值——我认为是有的。很有价值。哪怕政府不资助，艺术依然会存在。人们会说，最优秀的艺术来自困苦；出身优渥的伟大艺术家凤毛麟角。"

伊安点头道："我想这些都是

无人认可的艺术是好艺术吗？这意味着什么？

"瓦格纳的音乐比它听上去要好。"

——马克·吐温

"乐律变动，城墙也会震颤。"

——柏拉图

什么是艺术？

经济学家罗伯特·萨缪尔森写到了甄别真艺术的难度："真艺术按照定义就是不可定义的。标准永远是主观的。"

他接着考察了国家税收的合理用途，提出政府是"对我们征税，以便满足国民公共需求的工具。赞助'艺术'通不过这条基本检验标准"。

国家牛仔竞技基金会？

萨缪尔森戏仿"国家艺术基金会"倡议成立"美国牛仔竞技基金会"。他问道，牛仔竞技选手是否应该"享受特殊待遇"，或者他们有没有"创造一定的社会福利"。他认为牛仔竞技选手没有，而且艺术家一样没有。他还希望借此表明，资助艺术本质上是在补贴主要受富人喜爱的活动——比如歌剧和博物馆——而富人本就不需要补贴。

我说**理论上**认可的原因吧。我明白你的观点。"

但妈妈却不像一开始那么自信了。"我也明了你的观点，儿子。"她拉过他的脑袋，亲吻了他的额头。

但愿

杰夫和我沿着街道走路。只是走路而已，沿着街走。我们可能横穿过马路，或者扔过口香糖纸吧，我也不知道，就算有也是偶尔的。我们只是沿着街走。杰夫决定去买刚刚推出的新棒球卡，我已经有了，所以他进了卡店，我站在外面等他。就在我等着的时候，阿纳托尔走了过来，狐疑地四处张望。他总是这样，好像做了什么坏事似的。他停下来跟我聊了一会儿本周考完的科学课测验。正当他开始讲新学会的作弊技巧时，一辆警车在我们身后停下，两名警察跳了出来，抓住我们，把我们扔上了车后座。我有点不安，但主要还是惊讶。

警察在前排坐下，一言不发，只是开车。后座车窗很暗，暗得看不见多少东西。我们只好坐在那里。我问阿纳托尔知不知道是怎么回事，结果被副驾驶座上的警察吼了，让我们安静。于是我们就安静地坐着。车停了，我觉得是到地方了，警察下车把我们拽了出来。他们态度坚决，但对我们还挺温和的——不像我经常在电影里看到的警察收拾犯人那样。我告诉他们，我觉得他们认错人了，结果他们只是让我们安静。他们带我们进了楼。走近走廊时，一名警察把阿纳托尔带去了另一条走廊。我隐隐感觉这是一场玩笑，但依然害怕。我害怕会有坏事发生，而且无人知晓。警察打开一间牢房，把我关了进去。

牢房挺奇怪。我以前没进过牢房，没法实际比较，不过里面有一台冰箱、一架钢琴、一台咖啡和热可可机，还有一小堆书。但它确实是牢房。水泥地、小床、紧锁的铁窗。犯人？我犯了什么事？

我坐着想自己要在这里待多久。几分钟？几小时？几天？几周？

大约十分钟后，另一个人进了牢房。他生得瘦削精干，戴着眼镜和领带。他坐在牢房外的一把椅子上，开始跟我说话。

"你好，我叫奈杰尔。你和另一名男孩被抓是因为在街道乱扔垃圾。我会把选项跟你讲清楚。我会用直白的语言讲，然后你自己决定要怎么做。你可以认罪，也可以不认罪。你和那名男孩的决定会有如下后果：

1. 如果你们都不认罪，那么两人都要关 1 个小时，因为我们没有你们乱扔垃圾的证词，但可以根据持有的口香糖纸拘留你们。

2. 如果你们都认罪，那么两人都要关 5 个小时。

3. 如果一人认罪，一人不认罪，那么不认罪者要关 10 个小时，认罪者直接释放。

"这个表可能会更直观。"他掏出一张卡纸，上面画着一张表：

	阿纳托尔认罪	阿纳托尔不认罪
我认罪	我：5 阿：5	我：0 阿：10
我不认罪	我：10 阿：0	我：1 阿：1

"还有两件事你需要知道，"他继续说道，"首先，你们都想尽可能缩短刑期，尽管这应该没什么悬念。我们碰巧知道，你们再过 1 个小时要跟爷爷奶奶吃午饭。我们知道，亚历克西斯的泳池派对再过 3 个小时就开始了，你们都被邀请参加，而且聚会只有 2 个小时。而 8 个小时之后，你们回家就该晚了，再晚一点就会被父母责罚。

"其次，你们听到的内容是完全一样的，而且我们认为你们都是理性人。我需要你 5 分钟内给出答复。"他说着把卡纸从铁窗中间滑了过来，然后走了。

于是我开始了思考……我显然想让关的时间越短越好。我强烈感觉这全都是阿纳托尔的错。他总是惹麻烦，但从来不会被抓到。不用说，他当然是理性的人。我真的很想见爷爷奶奶，而且我盼泳池派对已经盼了一个星期了，亚历克西斯会在那儿。

所以，在我看来，理性的做法是认罪：那样一来，我要么关 5 个小时，要么关 0 小时——有这种希望；如果我不认罪，我要么关 10 个小时，要么关 1 个小时。认罪似乎是理性的做法，而我是理性的人。

乍一看挺简单。

但阿纳托尔会做什么？他也是理性的人。而如果他是理性的人，他就会想到我的做法。于是他也会认罪。我看了看"阿纳托尔认罪"一栏。有趣极了。既然阿纳托尔会认罪，那我也应该认罪。这样就能避免大麻烦：关 10 个小时。啊哈！我解出来了。我要认罪。

但如果我做的事是理性的，又因为阿纳托尔是理性的人，所以他也会做同样的事。他会认罪。而且既然他会认罪，他就知道我也会认罪，因为他知道我是理性人。但如果他这样做，我也这样做，我们就都要在这里关 5 个小时了。那是被关时间第三长的选项，明显不对啊。因此，鉴于我们都想尽可能缩短入狱时间，我们应该都保持沉默。**那才是理性的做法。**

但如果他知道这一点，那么他的理性做法就是认罪，因为那样他的入狱时间就会变成 0 小时。所以，也许理性的选择归根结底还是认罪。

现在，我意识到我又绕回来了。我本来已经认定认罪是理性的做法，然后觉得**不认罪**理性，然后又觉得认罪理性？而且我只剩下一分半的时间思考了。

我只剩这点思考时间是一件好事，否则我该一直兜圈子了。

接着我又想，在 5 分钟到之前，我要一直按照理性的人的方式思考。而既然阿纳托尔是理性的人，我就知道 5 分钟到了的时候，我们会做同样的思考，得出同样的结论。于是，我打算在最后一秒钟改主意——把理性的回答变成不理性的回答。

于是，在接下来的 90 秒中，我不断在认罪和不认罪、理性和不理性之间来回打转。我经历了"我知道他知道我知道"的循环，就像之前的 3 分钟里那样。这其实挺有趣的，放任我的大脑去思考，同时知道我会做与大脑的思考相反的事。这好比我在坐看大脑忙得团团转，就像坐看电脑运行程序一样。

这时，我看见奈杰尔从走廊过来。"还有 5 秒。"他宣布。我能听见阿纳托尔那边的走廊响起同样的宣告。我相信我是对的，我要给出与我的大脑相反的回答，我要通过不理性的行为达到理性的目的。"3 秒。"但等等，阿纳托尔也是理性的，他会做**同样的事情**。

太迟了，我现在不能再改了。"1秒。"我检视我的大脑，它的决定是认罪理性。好吧，所以我只要换成**不认罪**就得了。但阿纳托尔也会那样做——**那**才是理性的。那么，什么是不理性的呢？

再换**回来**才是真的不理性。还是说，一开始就不换才更不理性？等等，这两个不是一样嘛。但我没有时间思考了。我在完全没在理性思考。

"伊安，请说出你的回答。"

"我认罪。"

"你可以走了。"

阅读讨论题

1. 许多人将无政府等同于混乱，这是必然的吗？在你看来，从无政府状态中有没有可能最终产生某种政府？你觉得不受任何政府管辖的生活会"贫困、污秽、野蛮又短暂"，还是更像"高贵的野蛮人"呢？

2. 两种公平观与税收有何关系？对富人收更多的税，然后分给穷人，这样做公平吗？富人获得财富的方式重要吗？

3. 阅读关于正义战争的插叙中给出的标准。这些标准充分吗？从中可能产生哪些问题？你认为战争可能是正义的吗？为战争制定规则有道理吗？在生死攸关的战争中，你会信任并跟随你的对手吗？战争可能是不正义但公平的吗？

4. 一些法院判决认为，平权行动须被用来推动学校和职场多元化，另一些判决则认为，平权应是为了补偿前人的不义之举。你认为哪一种思路更合理，还是都不合理？平权到底是解决了问题，还是种族污名化？反向歧视与此有何关系？

5. 文中提到的哪种经济制度（社会主义和资本主义）在你看来更有效率？这里存在公平问题吗？你会出于什么原因选择一个而非另一个？

6. 以下问题与国家艺术基金会有关：

   a. 你认为政府是否应该通过国家艺术基金会这样的方式来扶持艺术？你会如何回应本章中提出的反对意见？

   b. 艺术可以被定义吗？"好"艺术可以被定义吗？如果可以，你会如何定义？如果不可以，你要如何证明政府资助艺术的合理性？

   c. 艺术会"进化"或者说逐渐进步吗？

   d. 你会如何回答本章中提出的问题："无人认可的艺术是好艺术吗？它意义何在？"

7. 人应该具有生命权以外的权利吗？如果应该，你要如何辩护？

8. 你会将权利赋予哪些非人存在？试想你有一天发现，原来你最好的朋友是外星人（没有人类的 DNA），或者是机器人。那么你的朋友应得到你具有的全部权利？这与动物权利、人类胎儿的权利有何关系？

9. 你认为"着火了"一例能类推到禁止色情作品的相关权利上吗？请回答并说明原因。

10. 换作你是狱中的伊安，你会怎么做？为什么？

第 13 章

伦理与道德

世上的事情本来没有善恶，都是各人的思
想把它们区分出来的。

——莎士比亚，《哈姆雷特》

民众不知道如何思考，这是掌权者的大幸。

——阿道夫·希特勒

"你看起来像一只吞了金丝雀的猫，伊安。"

"没有，妈妈发火了，因为我让杰夫偷了阿纳托尔的钢笔。"

"**让**他？"

"我当时和他在一起，没有阻止他。但阿纳托尔本来也不是什
么好人。"

"我不确定我听没听懂。"老爷爷用貌似诚恳的语气答道，不过
我现在知道他大概已经有意见了，这只是他逼我解释的一种方式。

"我真的什么都没**做**。杰夫喜欢那支笔。而且阿纳托尔算是活

该吧，他对每个人都很刻薄。"

"你妈妈说什么了？"

"说我那样做是**错**的。"

"你怎么想？"

"杰夫和我聊过，他不觉得有错。反正偷阿纳托尔的东西不算错。而我其实什么也没做。我们都觉得没问题。又没有人能真的向我们证明那是错的。你可能觉得是错的，或者我妈妈觉得是错的，可这不代表那就**是**错的。"

老爷爷缓缓点头，像是在表示赞同。"所以，凡是你觉得对或错的，那就**是**对或错的。你觉得对就是对，这是你的立场吗？"

这基本就是杰夫和我的看法。其他人怎么能告诉我们什么是错呢？他们可能觉得是错的，我们则未必。我点点头。"证明一种做法比另一种好，就好比要证明牛排比大虾好吃。"我笑着说。

他用一只手揽住我的肩膀。"记住你的立场，伊安。我们将通过传送门来看几个不同的历史场景。我希望你用你的命题——自己觉得对就**是**对——来评判这些实例，判断它们是否道德。要记住，这些事情已经发生过了，所以你无法阻止它们——哪怕你觉得应该阻止它们。"

他语气平和中带着严肃，仿

道德与伦理

道德——确定行为对错的原则和体系。

伦理——对道德原则及其如何评判行为的研究与应用。

行为通常被分为三类：违背道德、符合道德、无涉道德（例如，在人行横道上走路）。

南美洲的印加帝国有向太阳神献祭孩童的做法。献祭被认为是向孩童的父母致敬。与此类似，国王去世后常常也会让仆人和妾陪葬，长侍地下。他们也会献祭一名同胞，以期取悦众神，避免地震、火山喷发等天灾发生。

纳粹党在 20 世纪 40 年代上半叶的德国实施了所谓的"最终解决方案"。他们认定雅利安人位居"食物链"的顶端，之后便着手"纯化"种族。被害者不仅有大约 580 万犹太人，还有黑人、同性恋、精神病患者，以及其他种族和教派成员。

佛要安抚我，让我做好心理准备似的。走出传送门时，我看见一个年纪和我相仿的女孩被绑在木桩上。一名身穿怪异彩衣的男子正在向旁观者宣读公告。老爷爷朝我靠过来，小声说："他说他要剖开她的胸腔，取出她的心脏，献祭给太阳神。"

我难以置信地呆立，迅速地来回摇头，心想为什么没有人阻止这件事。

"我们去这边吧。"老爷爷向我示意，好像不想让我见到可怕的事情。我感到有点喘不过气。

我们走了大约一百米远，看见远处有一名男子在跟一群穿制服的人说话。靠近时，我发现这个男子酷似我在历史书里见过的希特勒照片。他一边讲话，老爷爷一边翻译："他在说，他们必须继续灭绝犹太人，因为犹太人只要存在，就会继续稀释雅利安种族的纯洁性。他们要把犹太人杀死——所有犹太人。"

我感到恶心。我在课本里读到过这些话，但亲眼看到一个人向一群人说出来，那群人还欢呼支持，我实在很难不反胃。

"还有两场要给你看，伊安，我们来这边吧。"

又走了几百米远，我们看见一个黑人站在木台上。待到走近，我发现他的手被绳索绑住。他身边站着一个白人，手里牵着一条链子，它缠在黑人脖子上。人们朝黑人喊叫，白人抽打着他。白人大声道："这是个好奴隶。吃得不多，可每天能干十四个小时活。他很听鞭子的话，在你扔掉他之前能好好干五年活。现在开拍！"

我的感觉与看到前两个场景时类似。读到是一回事，但当你意识到他们是人，当你看着他们的眼睛时，事情就要沉重得多了。我的双眼甚至有一点湿润，部分出于同情，但我觉得主要出于对人类整体的悲哀，他们竟然能对彼此做出这等事情。我抬头看老爷爷——他同样表情肃穆。

"最后一个场景在这边。"走着走着，我远远看见了一座很像**我家**的房子。我好奇地看着老爷爷。屋外有几名用滑雪面罩遮住脸的男子，他们带着枪。我快步向屋子走去，朝他们喊话。我又回头看老爷爷，发现他只是站着摇头。他们中甚至没有人看我一眼，好像听不见我似的。我看见爸爸妈妈在屋里的厨房中，亚历克西斯也在。

"咱们进去把这三个人杀了，把能找到的珠宝都拿走。"一名男子用粗哑的声音说道。我一边走近一边尖叫。我来到离我最近的人

> "没有什么比无知的行为更可怕了。"
>
> ——歌德
>
> "不理性地信奉真理，可能比理性的谬误伤害更大。"
>
> ——托马斯·H. 赫胥黎
>
> "只有当人类不再相信谬论时，他们才会停止暴行。"
>
> ——伏尔泰

身边，不知道自己会干出什么。我朝他冲了过去，用尽力气从后面推他。在我碰到他的一刹那，他就消失了。屋子也消失了，一切都消失了。

我朝老爷爷看去。这个场景显然是他设计的，我生气了，这一切让我情绪激动，我将它们汇成了对老爷爷的怒火。

"伊安，最后一个场景从未发生过。不过你倒是需要上一课。告诉我，你刚才目睹的这些事例中有没有违背道德的？不要告诉我**你觉得**有错，告诉我它们**是错的**吗？"

令人震惊的无道德

斯坦利·米尔格伦实验是最著名的人类行为实验之一。他给被试安排的情境是：他们相信自己要在其他被试记错听到的单词时电击对方。这次实验有 40 人参加，其中 37 人逐渐将电击强度加满，直到对方不再发出声音，而且再也无法加大电量为止（其实对方是实验人员，并未真正被电击）。米尔格伦认为实验反映了人在群体中常常无视犯下暴行负有的道德责任的盲从状况（如战时纳粹德国）。

我瞥了他一眼，点着头，牙齿在打战，想要朝他尖叫，但我也明白他的意思。

"我同意，"他接着平静地说道，"但如果按照你最初的立场，即错由个人喜好决定，那么这些场景就没有一个是错的。如果你让某个特定的文化来确定对错，那么你就不得不主张献祭、种族灭绝和奴隶制在道德上都是可以接受的——蓄奴在当时是**对的**。这似乎很成问题。

"除此之外，你甚至无法证明你应该从道德上批判你家外面的强盗。如果他们觉得自己没有做错，那么按照你的立场，他们就是没错。要是有人自认为可以因为不喜欢别人的肤色，或者因为觉得杀人没有错，所以就杀人，不能说他们是对的。"

少年伊安的哲学冒险

我深吸了一口气。当我生气时，妈妈总是让我深吸一口气，因为那能帮助我平复心情。老爷爷的话很有说服力。

我耸了耸肩："那我们要如何说明什么是对，什么是错呢？我的意思是，假如像你指出的那样，对错不仅是偏好问题，那我们要如何确定人**应该**怎么做呢？"

"这在表面上看很简单，其实是个难题。我们可以提出一个同时包含事实陈述和道德陈述的论题，看看会得出什么。先来一个简单的吧。"

我点点头。

"**希特勒杀害了无辜的人。**这是一个事实。具体数目我们不去争论，但他肯定杀了。

"**杀害无辜的人是违背道德的。**这是道德陈述。它指的是一件事的对与错。

"所以，我们得出的道德结论是，**希特勒违背了道德。**"

"是啊，"我附和道，"看起来挺简单的。"

"对这个例子而言，确实如此。"

我感觉放松了一些。经历了之前的事，我还担心会很难呢。不过我推敲了一下他给出的道德陈述。现在我们正沿着荒凉的城镇主

"真理不会因为多数人相信或者不相信而改变。"

——布鲁诺

詹姆斯·雷切尔斯列举了**文化相对主义**——主张道德纯粹由文化决定——的缺陷：

1. 我们不能再说其他社会的习俗在道德上低下了。

2. 我们只要参考我们的社会规范就能确定行为的对错。

3. 道德进步的观念会遭到质疑。

他进而表示，仅仅因为人和文化有不同，并不必然表明客观道德不存在。人们一度对地球的形状有不同看法，但这并没有改变地球的形状。他相信存在某些不同社会共同认可的道德规则，比如不许杀人、不许撒谎。

伦理学的各种路径

虚无主义——不存在伦理真理：道德命题既非真，也非假。

主观主义——伦理是偏好问题，无法客观确定。它有两个小类：

· 伦理主观主义：伦理是个人偏好问题。

· 文化相对主义：伦理由具体的文化决定。

客观主义——存在与个人偏好无关且可以被发现的普遍伦理准则。分支：

· 神命论：道德由神决定。

· 功利主义：道德根据能带来最大善的事物决定。

· 义务论：道德的根基是履行义务，义务由理性决定。

· 德行伦理学：品格修养决定道德行为。

干道走，我看向老爷爷，说："但你的道德主张不可能只因为我觉得是真的，所以就是真的吧。我们刚才讨论的就是这个问题。"

他更重地点了点头。"没错。伊安，难点正是确定道德命题为什么是真的。"

这时他笑了，自顾自地笑出了声。"告诉我，你认为乱伦违背道德吗？"

"乱伦？"回答时，我的脸因为厌恶而皱了起来。

"对，"他现在换上了更平实的语气，"父母与成年子女之间的自愿性行为。"

"当然违背。"我不假思索地说。

"为什么？"

"很恶心啊。我是说，唉，你自己想吧。我光是想一下都难受。"光是这个话题就让我感到不适了。

"所以，你的意思是，让任何人觉得恶心的任何事都是违背道德的？套进我们的公式来看看吧：

1. **事实**：伊安认为乱伦恶心。

2. **道德主张**：让任何人觉得恶心的任何事都违背道德。

3. **结论**：乱伦违背道德。

"吃肝脏和洋葱违背道德吗？"他问道，一副故意唱反调的样子，"我就觉得挺恶心的。"

"不违背。但我知道，乱伦产下的后代带有先天缺陷的可能性更高。"

"所以，你现在提出的是，任何有一定概率产下'有缺陷'后代的性行为都是违背伦理的？这好像有一点吓人。再说了，大部分性行为根本不会产生后代。"

"你的重点什么？你是在说乱伦完全符合道德吗？"我问道，竭尽全力要改变话题。

"重点是，道德判断确实是要费一番脑筋的。判定行为是否道德、表述道德原则是困难的。你不能说，你觉得别人的行为恶心，所以那就违背了伦理。但就像你从我们刚刚目睹的事例中感受到的，道德是值得思考的。

"另外，我没有说乱伦在道德上是可接受的，尽管某些文化中的人们对它习以为常。也许我们可以之后再谈。"他微笑着说，心里知道我大概不会主动提起这茬。

短暂停顿后，他又问："我们来看一件稍微明确点的事吧。**为什么杀死无辜的人违背道德？**"

这时，街角出现了一个胡子拉碴的男子。他拿着一个标语牌，上面写着红色大字"末日将近"。"因为神是这么说的。"他小声对我们说。

老爷爷转向我，眉毛拱成了倒 U 字，这是他表示期待的样子。"这是一种非常流行的判定道德状态的尝试。我们把它放到我们的框架里来看吧：

1. **事实**：神禁止杀死无辜的人。
2. **道德主张**：神禁止的就是违背道德的。
3. **结论**：杀死无辜的人违背道德。

"你怎么看，伊安？"

这对我来说实在很简单。我点头如捣蒜，表示有道理。

"我们应该听哪一个神的？"老爷爷又开口了，表明事情没那么简单，"你知道吗，宗教有几百种之多。这些宗教中的许多神说的内容也不一样。想想我们看到的第一个场景里面的神吧，他竟然要求把孩子的心挖出来。"

我的脑袋从点头变成了若有所思的颔首。我本来以为这次活动已经结束，因为宗教似乎把问题解决了。我接下去对他说："对，这是个问题。再说了，神从没讲过的事情怎么办，比如克隆或平权，宗教

道德需要宗教？

"为维护道德秩序……宗教权威必须介入，凭借神恩来启迪心灵，引导意志，使脆弱的人性坚强。"

——教皇庇护十一世，
1930 年 12 月 31 日

"如果人类（及其信念）果真是肉身的机械产物，那么赋予生命意义的一切——宗教、道德、美——便都成了毫无客观基础的事物。"

——约翰·韦斯特
（John West），神创论者

如何决定这些事情的对错？"

"是啊，伊安。这种方法会引发很多疑问。而且一种宗教内部也常常会互相打架，或者存在解读的空间。"

"还有，不信神的人怎么办？他们怎么符合或违背道德呢？"我问。

"太对了。但要记住，信某事并不会让某事成立。但要人遵守他们认为不存在的神下达的诫命，这确实有些怪。"

"这个问题还有一个有趣的两难：神是**如何**判定道德行为的？其实只有两种方式。

"第一种是，神完全知道对错。一事是对或错，不是因为神说如此，而是因为事情本身是对的或错的，神之所以如此说它是因为神知道。但这就假定了有独立于神的对错——对错脱离神而存在，神只是知道对错罢了。

"另一种是，一事是对是错是**因为**神说如此。这种观点认为，道德只源于神——神说对，便是对。这是相当教条的，你能明白吧，而且它假定神外无道德。想象一下这种情况的后果吧：人们声称只是因为受了某个神的命令才做某事。"

我们边走边谈，来到了一家药店，店外有一个冰激凌柜台。我们在外面的一张桌旁坐下，我静下心

善行因何而善？
神命论

柏拉图在一篇对话录中发问："虔敬之举是因为它是虔敬的，所以被神喜爱，还是因为被神喜爱，所以它是虔敬的呢？"换言之：善行是因为神说它是善的，所以它是善的，还是因为它是善的，所以神说它是善的？

参与对话的游叙弗伦认为只有两个选项，而且两者都是不可接受的。第一个意味着道德是一种教条，会导致道德暴行；第二个则暗示神采用了独立于神的外在道德标准。

思考了刚刚讨论的全部内容。眼下得出的结论让我有一点沮丧。"如果用宗教决定道德有这么多问题，那我们还能怎样做呢？"我问老爷爷，心里知道这个问题大概不会有很简单的答案。"如果道德不是由个人偏好或文化决定的，也不是由宗教决定的，那要怎么决定呢？"

他坐着摇头，所以我也坐着摇头。我现在真觉得"无知是福"，原因只有一个：我意识到自己之前要幸福一点。我还是学着老爷爷的样子微微点头。

在街对面的银行门口，正有人往一辆豪车上的一袋一袋装钱。老爷爷看了眼车，微微蹙额，哼了一声，接着摇头。"皮特·米勒'大人'，这一带最有钱的人，"他鄙夷地说，"名号是他自封的。他从来没给慈善机构捐过一分钱——他说他没有捐钱的责任。"车在我们面前掉头开走了，后备厢没关，有一袋钱掉了出来，正好滚到我们坐着的路旁。我们不摇头了，老爷爷开始若有所思地点头。

《圣经》中有无数看似矛盾的段落，比如"以命偿命，以眼还眼"与"有人打你的右脸，连左脸也转过来由他打"。

"我认为伦理学完全是人间的事，背后没有超乎人类的权威。"
——阿尔伯特·爱因斯坦

他示意我去拿袋子。我环视四周，发现没人会看到，于是抓起袋子，回到老爷爷身边坐下。袋子上印着"10 000美元"字样。我扬起眉毛，朝老爷爷咧嘴一笑。

"我们该怎么办？"他问。

"我们有的选吗？"我心里想。"物归原主。"我用片刻时间思考了能用这笔钱做的各种事情之后说道。

"为什么？"

少年伊安的哲学冒险

"因为这样做是对的，因为我们**应该**这样做，"我顿了一下，"我甚至可以套用你之前提到的简单公式：

1. **事实**：这笔钱属于别人。

2. **道德主张**：我有归还他人财物的道德义务。

3. **结论**：我有归还这笔钱的道德义务。

"明白了吧。"我骄傲地说。

他笑了笑。"我同意你的事实命题——这笔钱是别人的。但我们又要来辨析道德主张了。你怎么就有义务了？那是什么意思？义务从何而来？"

"来自理性。你可以通过理性确定义务。好比我为自己创立了一条规则，然后看看将它应用到所有人身上是否现实，也就是**是否合理**。如果行，那它就是义务。如果不行，就不是义务。"

"所以这有点像'己所欲，施于人'？"

"是吧。"我犹豫地答道。看起来挺简单。

意志的重要性

康德写到，至高道德行为的动机是履行义务。其他一切动机——比如考虑到行为的**后果**，或者单纯的个人倾向——都不如履行义务值得赞扬：

"没有善良意志的原则，人会变得极坏。……善良意志之所以善良，不是因为它的后果、成就或者足以达成预期的目标［目的］，而只是因为意愿，也就是说，它本身就是善的。"

谁在道德上更值得赞扬？

两人从一个钱包前走过，四下无人，要偷走它很容易。两人都很缺钱，而且走过时看到了钱包。A停下脚步，思考了自己能用这笔钱做的各种事情，但最终决定，不偷窃是自己的义务。B看见了钱包，根本没想到要偷它就走了。康德更看重A，因为其行为只出于义务：如果只依赖天生的倾向，人可能会只因为"感觉对"而做出败德之事。

"那么，要是我喜欢半夜两点开大音量听歌呢？我也应该给邻居大声放歌吗？"

"不应该。关键在这里——不**只是我欲**，要**人人**皆欲。"

他点头，似乎想让我展开讲讲。

"好吧，在这件事情上，我认为'我要尽可能归还他人财物'。可以吧？就当是我自己的小原则。"

"就像座右铭一样？"他提出，"个人的指导原则？"

"对，座右铭。那么接下来，我要看它能否合理地应用到所有人身上：'**所有人**都要尽可能归还他人财物。'这条法则不错吧。你懂我的意思吗？"

康德确定义务的方法：绝对命令（categorical imperative）

1. 提出一条个人座右铭。

2. 将座右铭普遍化，应用到所有人身上。

3. 检验普遍化的座右铭：

    a. 我能不能理性地将其定为法则？

    b. 它会不会造成逻辑矛盾？

4. 如果两条检验都通过了，它就是义务。

"那么，你能举一个不好的法则吗？"他问。

"提出的法则，也就是普遍化的座右铭，有两种不成立的情况。一种是，践行它是不合理的。想象一下我刚才给出的法则的反面：'所有人都要尽可能**不**归还他人财物。'那太傻了。如果我丢了东西被别人捡到，他也方便还给我，那我可不希望他自己昧下。所以这是第一种情况——因为不理性，所以不成立。

"不成立的另一种情况是自相矛盾。比方说这条法则：'每个人都应该有一名奴隶。'这是不可能的，因为只有一半人可以当奴隶主，剩下的一半则是奴隶。这完全是自相矛盾的。

"所以，如果你能理性地订立一条普遍的座右铭，又不造成上述两种矛盾，那么它就能成为一条道德法则、一项义务。我的行为是出于义务。"

"所以，后果对你不重要，只有动机重要？"

"对，似乎是这样。好比如果我有说实话的义务，那么后果就不重要。实话会伤人。做对的事未必轻松。"我骄傲地说。

"通往地狱的路是由善意铺就的。"老爷爷反唇相讥，显然是想让我别那么自信。

这时，一名男子走出药店。他双手抱头，好像是头疼，但也可能是在哭。他在邻桌坐下，背对着我们。

"先生，"老爷爷用尽可能宽慰的语气说，"你还好吗？"

他转过身来，眼睛红红的，还流着鼻涕。"我妻子，"他小声说，"她得了一种罕见的癌症，要死了。"他擤了一下鼻子。"药店老板发明了治这种癌症的药。生产成本就五十块钱，可他问我收五千块。**五千块啊**。我到处问家人朋友借钱，只筹到三千。我现在无可

"通往地狱的路是由善意铺就的。"

这句谚语据说出自明谷的圣伯尔纳多（1091—1153），原话是"地狱充斥着善良的意图或欲望"。1670 年，约翰·雷补充说"地狱是由善意铺就的"，然后塞缪尔·约翰逊将其传播开来。

奈何，她也快走了。我无法相信，能让我妻子再活二十年的药只要五十块钱就能做出来，而且离我只有十码远。"

老爷爷看看我，又看看那袋钱。我看看他，又看看那个男人。

我把手伸进袋子，取出了大约一半。我拍拍他的肩说："先生，我爷爷刚中了彩票。我俩想帮帮你，给你钱买药。"

劳伦斯·柯尔伯格给不同年龄段的人摆出"海因茨难题",目的是确定他们的道德推理方式。

海因茨买不起给妻子治病的药。柯尔伯格请受访者决定海因茨应该怎么做,以及更重要的是,他**为什么**应该。他从回答中得出了道德发展六阶段论(第六阶段最高):

1. 服从阶段——动机是回避惩罚。

2. 个人主义阶段——动机是满足个人需要,可能有不止一种对于"正确"的观念。

3. 人际关系阶段——动机是符合社会规范,以便获得认同。

4. 维护秩序阶段——出于尊重权威而履行义务。

5. 社会契约/个体权利阶段——出于关心整体福祉而遵守规则。

6. 普遍原则阶段——我们应该寻求普遍的、无偏颇的道德规则,不管多数人想要的是什么。

男人看看我,又看看钱。他哭得比之前更厉害了。"谢谢你!"他抱着我说。"谢谢你!"他又抱了老爷爷。"我得赶快走了。谢谢你。谢谢你。"他一路喊着"谢谢你"跑进了药店。

我和老爷爷坐了一会儿。我几乎能料到他要说的话。

男人又从店里跑了出来,还在哭,还在喊着"谢谢你"。这时,老爷爷转向我。"你刚刚把别人的钱给出去了,你还对人撒了谎。我还以为你有归还财物的义务和不说谎的义务呢。"

"你知道这笔钱花在他妻子身上会更好。那个富翁估计都注意不到钱丢了。我说的谎也是善意的谎言——你想让我告诉他什么?告诉他钱是我们眛下的,你不是我爷爷,而是,"我顿了一下,心里还不确定他与我的关系,"梦中导师,或者别的什么?"

"说谎难道不是错的吗?你难道没有说实话的义务吗?在别人不知情的情况下挪用别人的钱难道不是错的吗?你刚刚才告诉我你有说实话的**义务**。你说后果不重要,你必须遵行义务。而现在,你的行为依据**实际上**是后果——你不想让那个人的妻子死掉，"他做了个鬼脸，跟之前说"通往地狱的道路"时一个样，"我认为你做了对的事。"

我也认为我做得对。"但如果我做了对的事，那么道德肯定不仅仅关乎履行义务。"

"看起来是这样，对吧？"他答道。

"如果没有这样的规则，也就是义务，那还有什么呢？想象一下，如果一种体育运动没有规则，那就没法比了，甚至连开始都开始不了。一定要有某种规则。"

"好，那来看你在刚才最后一个场景中是怎么做的。你的动机是什么？"

"我想，我是想让结果对每个人都有利。"

"不是每个人，"他纠正了我，"皮特大人就没得到自己想要的——他没有拿到他的一万美元。"

"没错。但那个男人得到的东西和他妻子的性命完全超过了皮特的损失。"

"你把它放到我们的简单公式里吧，我来看看成不成立。"

"好：

1. **事实**：男人的妻子保

功利主义

功利主义认为，我们应该采取能让最多人获得最大善的行为。

杰里米·边沁最早给出了表述。他捍卫的观点名为"伦理享乐主义"：因为人类追求快乐而回避痛苦，所以我们应该做能带来最多快乐的事。

与边沁不同，约翰·斯图尔特·密尔的功利主义理论的基础不是肉体快乐，而是"更高级的官能"，主张人不仅仅是追求快乐的生物。他写道："不满足的人要好过满足的猪；宁做不满足的苏格拉底，不当满足的傻瓜。"

住性命是比皮特大人多拿一万美元更大的善。

　　2. **道德命题**：我们应该尽可能造成最大的善。

　　3. **结论**：我们应该用那笔钱去救男人的妻子。

"挺有道理的，不是吗？"

老爷爷点点头。

"这给了我们一种确定道德规则的客观方式，无须涉及宗教，也容易理解。我们难道不希望道德为我们带来善，带来幸福吗？这样就做到了。显然，女人的性命比富翁的钱更重要。人命不能标价。"

"不能吗？"他厉声道，"医院每天都在给人命标价。现实中**没有**医院会**倾其全力**——每一项检查都做，每一种药品都用，每一位专家都看。那样医疗资源会耗尽的。医院可以也必须给人命标价。"

他接着点头。

杀死 1 人，还是让 20 人死？

伯纳德·威廉姆斯用一个难题来展现功利主义的问题：

吉姆探险时偶然来到一座小镇，镇外的树上绑着 20 个印第安人。镇驻军长官本来正要把 20 个人都杀掉，现在请你杀死 1 人。如果你选择杀人，他就会放走其余的 19 个人。你明白杀死长官无济于事，因为周围有许多士兵。自杀（难题的另一个潜在答案）还是会造成 20 个人死亡。你会怎么做？

"什么？"我尖锐地问道。我意识到，他的点头不是表示赞同，而是表示"我知道一些你不知道的事"。

"你上周和杰夫去看电影花了多少钱？"他问。

"我也不清楚。电影票和甘草糖加起来大概是十二块吧。"

"那我要说，按照**你的**道德命题，你的做法违背道德。"

"看电影有错吗？"我答道，心里知道这显然不可能有错。

"对。尽管我相信你看得挺开心，也就是说，看电影创造了一些善，但我认为，如果你把那笔钱用来给一天没吃饭的四口之家买吃的，那会带来更大的善。不是吗？"

我耸了耸肩。"我猜是吧。"

"你的理论——将善最大化——对人的要求太苛刻了。看电影都成了违背道德的。另外，我还好奇一点，"他说完这句顿了一下，勾起了我的好奇心，"你对帮助那个女人斩钉截铁——为了救她的命，你给了她丈夫五千美元。你知道这些钱本来可以救助贫困国家的多少人吗？到处都有快饿死的人，到处都有急需食品衣物等基本必需品的人。如果你有救她性命的道德义务，那为什么不救其他小镇、其他城市或全世界的人呢？"

他的观点几乎让我哭出来。我有点沮丧，但更多的还是无助。他

两个场景下的电车难题

1. 没有刹车的有轨电车上只有你一个人。前方的轨道上有5个人，车继续开的话肯定会轧死他们。你可以在岔道口转向另一条只有1个人的轨道。你是会转向，还是原路前进呢？

2. 空无一人的电车正在街上奔驰，你身边站着一个大块头的陌生人。路前方有5个人，如果车继续开的话，他们会被轧死。你可以把大块头推到轨道上，大块头会死，但电车也会停下。你会怎么做？

又提出了一个让我无言以对却感到悲伤的观点。我觉得，唯一的好处是让我再一次有了休戚与共的感受——不只是与他，而是与人类，与世界。仿佛我不单单对我生活的小小天地负有责任。

他接下来说的话打了我一个措手不及。"而且，它无视了所有义务。如果你爸爸答应了送你妈妈去机场，但路上接到朋友的电话，喊他去收容所干活儿，那么假如他相信做义工会带来更大的善，他

就有去收容所的道德义务。"

他说得有道理，但我还是觉得我也有理。

于是我提出："好吧，那这个道德命题呢：任何**减少**整体善的行为都是道德上错误的。这样一来，你用不着达到最大善了，只要不减少善的总量就好。"

"我对你的两个观点还是有疑问，"老爷爷答道，"在给定的条件下，我们要如何确定怎样做会带来**更多**的善呢？这又回到了主观主义。就拿死刑打比方吧。我可能认为政府杀死杀人犯会向社会传递不珍视生命的信号，而别人可能认为它传递的信号是生命如此宝贵，以至于为了保护生命和阻止其他人杀人——希望阻止得了——我们不惜杀人。于是我们必须就看重何事做出判断。这里没有正确答案。"

我又耸了耸肩。

"而且，我不确定这有多大的可行性。设想有两个人急需肾移植——一个是你妈妈，一个是著名的癌症治疗专家。医院里的肾源只有你一个。如果你把肾捐给癌症专家，放任你妈妈死去，那么你会带来更多的善——不这样做可能会带来更多的不善。但这看起来现实吗？"

"但我们难道不能只将最大化

地球村

据估计，每天约有 24 000 人死于饥饿或与饥饿相关的原因。

彼得·辛格写道："如果我们有能力阻止某件坏事发生，而且不会因此牺牲其他任何道义分量相当的事物，那么我们在道义上应当去阻止。"他做了这样的类比：看到小孩子落水，**应该**跳进水里去营救，哪怕会弄脏自己的衣服。

他指出，不管我们与我们负有道德义务的对象是远是近，这条原则都成立："我们不能仅仅因为离得远就区别待人……从道德角度看，世界发展成'地球村'对我们的道德状况……产生了重大的影响。"

的善用于制定规则吗？"我问道，"我们不去挨个儿看行为本身，而是看行为组成的类。"

他对我做出鼓励的表情。

我接着说："如果**不得说谎**是一条规则的话，善就会更多。那样一来，人人都会说实话，长远来看会带来更多的善。"

"是啊，伊安。但如果你的目标是增加善的总量，这时婶婶问你喜不喜欢她的新发型，你心里不喜欢，但你不觉得骗她说你喜欢会带来更大的善吗？如果你认可，那么你的新答案就回到了你最初的立场，那个显然有缺陷的立场。"

"好吧，真是被困住了，"我沮丧地说，"道德不是我想让它是什么，或者某种文化说它是什么，它就是什么的——道德不是相对的，这我明白。但如果道德存在，它又不能由宗教、义务或后果确定，还能是什么呢？我们如何才能确定道德？"

"那是个问题，不是吗？"

"是啊，是个问题。还有别的问题吗？"

"有，而且更难。如果你有朝一日搞清楚了哪些行为符合道德，接下来你还必须回答，你到底为什么应该做符合道德的事？为什么要讲道德？"

我睁大眼睛。

偷窥狂汤姆的快乐

詹姆斯·雷切尔斯给出了一个例子，他认为这个例子表明（只关心带来最多善的）功利主义者忽视了尊重个人权利的重要性：

"偷窥狂汤姆"窥视一名在家的女士（"约克夫人"），拍她的照片，只为了自己享乐。她从来没有发现他，他喜欢拍和看照片。雷切尔斯写道："显然，他的行为只造成了让他自己更加快乐的结果，没有给其他任何人，包括约克夫人，造成任何不快乐。那么，功利主义者如何能否认偷窥狂汤姆的行为是对的呢？"

"如果你确定了撒谎是错的，那么你遵守道德，也就是不撒谎的动机是什么呢?

"为什么要讲道德?"他又问了一遍。

"为什么要讲道德?"我问我自己，"为什么要讲道德?"

"为什么要讲道德?"伊安走进厨房时对自己嘟囔着。

"妈妈，我为什么应该讲道德呢?"他平实地问道。

"因为你应该?"她犹豫地答道，听起来几乎不是在回答，而是在提问。

伊安摇着头**反问**道:"因为我**应该**讲道德，所以我**应该**讲道德?"

她尴尬地点点头，耸了耸肩。爸爸一直低着头，聚精会神地在厨房桌上做自己的事情。妈妈看向伊安，说:"亚历克西斯在外面吧。"她顿了一下，等伊安露出笑容。"她正要去演唱会，但我肯定她能跟你聊聊这个话题。怎么样? 我们可以过一会儿再聊。"

他耸了耸肩，好像是为爸爸妈妈对工作不寻常的专注而惊讶，尽管部分原因是掩饰他对见到亚历克西斯的明显的激动之情。

他出门看见亚历克西斯坐在大

"哲学就像开保险柜的密码锁: 每次拨动表盘似乎都没有效果，只有全对时门才会打开。"
——维特根斯坦

少年伊安的哲学冒险

门口的椅子上，好像正在等他。她两只脚搭在一起朝前伸着，双手放在大腿上摆弄一颗网球，就像小猫用爪子抓布老鼠玩似的。

伊安双手放在身旁，站在那儿说："嗨。"

她笑着把球扔了过来，吓了他一跳。他接住了球，尽管样子有些笨拙。

"你在干什么呢？"她问。

他把球拍到地上，弹起后又抓住。"我想跟我爸妈聊事情。他们说你在外面，所以我就来了。"

为什么要讲道德？

苏格拉底说我们应该讲道德，因为讲道德会带来"好的生活"。从宗教来看，讲道德是为了美好的死后生活。

格劳孔与柏拉图对话时想象出了一枚魔法戒指——裘格斯戒指，它有让佩戴者（和佩戴者接触的一切）隐形的法力。格劳孔相信，任何佩戴这枚戒指的人只会追求自身的利益，完全抛掉戴上戒指前的本性。他得出的结论是，人做事讲道德的唯一原因是害怕惩罚或者被同伴指摘。

"你想跟他们聊什么？咱俩也能聊吗？"她笑着对他说。伊安显然想跟她聊。

"真的吗？"他问道，等着她出言鼓励。

"当然是真的。我喜欢跟你聊东西。"

伊安复述了自己的梦，讲得虽慢，却也确切。他是分段讲的——先是反驳道德相对主义，然后阐述宗教伦理，最后是他自己确定普遍道德规范的两个尝试。

她坐在那里，一直在微笑，听得非常专注。他一边说一边摆弄着网球。

"你知道我在想什么吗？"等他讲完后，她说道。

他点头鼓励她继续。

另一种伦理观

女性主义伦理学认为，人们过分强调规则和权利，却忽视了人际关系与情感。伦理学家伊夫·科尔（Eve Cole）和苏珊·科尔特普-麦奎恩（Susan Coultrap-McQuin）写道，传统道德理论"反映了主要来自男性经验的兴趣。换言之，因为男性的生活经历中常常涉及市场交易，所以他们的道德理论就以守诺、财产权、契约、公平为中心"。

我们只有规则吗?

J. S. 罗素在《裁判员只需要管规则吗？》（"Are Rules All an Umpire Has to Work With?"）（他的回答是：不。）一文中考察了规则的局限性："法哲学家普遍认为规则……可能不是确切的［行动］指南……因为语言是一种不精确的工具，公认的意义这一内核可能会失效。"他解释了"狗在公共场合必须拴绳"这样一条基本规则中的模糊性："什么是'绳'或者'公共场合'？给狗拴一条 30 米长的蹦极索算拴绳吗？购物中心算公共场合吗？这条规则的意思是，如果狗拴在一条不由主人牵着的绳上，它可以随便跑吗？"

"规则太多了，"她板着脸说，"规范之类的东西太多了。"

"规范太多了？"他皱着眉头答道。

"是啊。你不理解，对吗？就像游戏一样，没有规则，游戏就玩不起来之类的。"

他睁大了眼睛，因为他记得自己也做过这个类比。

"想想规则一上来就有的各种问题吧，伊安。哪怕是你参加的游戏和运动的规则，没有一套规则可以把人们能想到的**每一种**行为都覆盖到——可能犯的错误有无穷多种，没有一本规则书能完全包含它们。规则是一个很好的出发点，但肯定不只有规则。再说了，某些规则有时候可能不太适用于具体情况——比如你那条'不得撒谎'的规则。词语和规则实在是太不精确了。"她顿了一下，好像为自己打破了他对体育运动有法可依的印象而感到难过。

她稍稍变换了语气，问道："你觉得，当一位母亲决定自己**应该**为年幼的孩子做什么时，她是在遵守规则吗？你觉得，每个人所处的状况和关系都能用某种公式解决吗？"她不好意思地笑了，仿佛她自己也吓了一跳，"你的道德似乎完全以平等、公平为基础。"

"不然还有什么呢？"伊安答道。

她摇头道："彼此关爱，**关爱**。"她说了两遍，好确保他理解这个词在语境中的含义。

"凡事**并不**平等和公平，伊安。但我们都在某些时候受过关爱。这很重要。情境中涉及的是**人**。就是这样。"

"我有点明白你的意思了。但我并不认为关爱足以解决伦理和政治大议题，面临重大问题时反正不行。我也不认为母子关系是全体社会的好模版。"

她笑了，挺高兴的样子。"也许可以把你的规则和我的想法结合起来呢。毕竟，你的规则似乎也没有给出所有答案。还记得你在药店想出来的'不得偷窃'规则吗？"

"换你会怎么做？"伊安马上回应道。

"找药店老板谈，找那个富翁谈，至少要问他借到钱。万一你被

艾利森·贾格尔（Alison Jaggar）认为，典型的西方伦理学强调"与男性相关的价值观，比如独立、自主、智力、意志、谨慎、层级……而轻视所谓的女性或与女性相关的价值观，比如依存、社群、联系、分享、情感、身体、信任、无层级、自然、含蓄、过程、快乐、平和、生命"。

安妮特·贝尔（Annette Baier）写道，因为大部分著名道德理论学家都是男性，所以他们"偏执地注重相对平等、自由的成年陌生人之间冷淡、有距离的关系"。

1992 年，哈佛大学心理学家卡罗尔·吉利根写出了最早的女性主义伦理学著作之一：《不同的声音》。她提出，女性往往看似道德发展水平偏低，但这是因为伦理框架（柯尔伯格的道德发展阶段论）是以男性为中心的，于是显得女性缺少道德品格。她围绕"海因茨难题"对一名 11 岁男孩和一名 11 岁女孩做了访谈。她由此解释道："两个孩子眼中的道德问题大不相同——杰克看到的是可以通过逻辑演绎解决的生命与财产权之争，艾米看到的则是人际关系的破碎，只能通过人际关系自身来弥合。"

抓了呢？万一富翁有大事要用那笔钱呢？当你谈论每个人对事物——生命、金钱、财产、自由——的权利时，我就感觉，嗯……"她顿了一下，"死气沉沉，没有人情味。为什么不谈谈人际关系呢？普遍的规则和义务可能会缺少人情味。人人做事都应该多从人文关怀出发才对。"

伊安笑了。"你自己刚刚就制定了一条普遍法则。你说人人都应该做某事，就像义务一样。"

"你总是这么会抓我的逻辑漏洞，总是按逻辑的**规则**。"她的语调中虽有讽刺，却不乏魅力。

"我只是好奇，"她问道，"如果你最后确实得出了一套道德规则和权利，这套东西的适用对象是谁？你会将权利赋予每个人吗？会赋予每一个活物吗？会赋予每一个生命体吗？外星人呢？先进机器人呢？一天大的胎儿呢？九个月大的胎儿呢？大脑丧失功能的人呢？你要如何决定？"她耸了耸肩，试图缓和她的问题的严肃性。

接着她伸出双手，五指张开问他要球。他把球扔了过去，她接住了。"我得走了。"她说着走过来拥抱了他。他还是站在那里，手放在两侧。

她在他家门口的路上一边倒着走，一边问："你连他的名字都不知道，是不是？我是说老爷爷。下次见面代我向他问声好吧。"两

谁拥有权利?

彼得·辛格认为,决定谁具有道德权利的不是理性、交流能力或自我意识——有些动物在这些方面表现得比一些人还要好。也不能仅仅因为我们是人类这一事实——他将这种立场称为**物种歧视**:"偏袒同物种成员利益的成见或偏见。"他将其比作种族歧视和性别歧视,三者都是基于无关因素(分别是物种、肤色和性别)来指定道德地位的。道德考量的适当对象应该由**知觉**(sentience)——能感到疼痛——来决定。

卡尔·科恩指出,权利是严格意义上的人类观念,有权利就必然有义务。他想象了这样一幅场景:母狮撕开了小斑马的喉咙,吃掉了一部分肉,然后把尸体扔在一旁。如果人对另一个人做了类似的事情,我们会认为其违背道德,但狮子这样对小斑马就不会,"狮子和老鼠完全无涉道德:它们没有道德,它们永远不会做错事。它们的世界里没有权利"。

玛丽·安·沃伦(Mary Ann Warren)提出了五条鉴别一个存在是否具有道德地位的最常见特征:意识、理性、自主行为、交流能力、自我觉知。她指出,我们或许会认为"来自其他世界的智慧生物"和"有自我觉知的机器人"是道德存在。

1983 年,美国第 98 届国会倡议的尊重人类生命修正案认为,美国政府的方针是"保护无辜生命,包括出生前和出生后"——认为人类生命是神圣的,不管处于什么发育阶段。许多西方宗教也持同样的立场。

人挥挥手,她走上了人行道。

"我也**应该**拥抱她的。"伊安回屋时嘟囔道。

他走进厨房时,爸爸妈妈抬起头看他,脸上带着焕然一新的笑容。"你跟亚历克西斯聊的有帮助吗?"

他耸耸肩,含含糊糊地表达了肯定。

"儿子,我不确定你在梦里探究的是什么,"爸爸说,"我猜你试图制定许多应该做什么、不应该做什么的规则。我还有一个可能的解决方法。"

伊安担心爸爸会提出与亚历克西斯相同的建议。"关爱？"伊安犹豫地说。

"关爱？"爸爸问，想确定自己没听错。

伊安噘起嘴，摇着头，好像要撤回自己刚才说的话。

爸爸点头道："德行。"

"德行？什么意思？这对搞清楚我们应该做什么有什么帮助？"

"这只是伦理议题的一部分，伊安。也许我们不应该盯着具体的行为和道德准则，而应该问，**我想成为哪种人？**这个问题的答案有助于引导你的行为。它对你的另一个问题可能也有帮助，**为什么要讲道德？**"

伊安缓缓点头，等着爸爸解释。

"先从简单的讲起吧。一把**优秀**的锤子意味着什么？想一想。"

听到这个问题，伊安露出了近乎尴尬的微笑。爸爸点了点头，表明他提这个问题是有原因的。

伊安答道："好吧，我猜是能很好地把钉子敲进木头里。"

"好，"爸爸答道，"你为什么这样说？"

"那就是锤子的用处吧，我猜，"伊安答道，"所以锤子应该结实，锤头要重，击打面要平整，还要易于握持。"他安静地坐着，等着看这与美德有什么关系。

"没错。优秀的锤子最能达到自己的用处，优秀的眼睛能看得清楚，优秀的铅笔写字流畅，"他又期待地扬起眉毛说，"而优秀的人生活得好。所以，你问'我为什么要讲道德'，就好比问'我为什么应该生活得好'，这个问题就很傻了，就像问'我为什么应该健康'或者'我为什么应该发展自我'一样。"

"好吧，那我们如何知道怎样才能过得好，怎样才能发展自我呢？"伊安问。

"我可能会问你同样的问题。告诉我，我们与世间万物，与其他所有存在的区别是什么？锤子敲钉子，眼睛看事物，我们呢？"

"理性？"

"对。所以，发展自我的部分要求是运用我们的**理性**和思考能力。这能让我们成为优秀的人。于是，我们可以用理性来确定德行。"

伊安一边跟着父亲的思路，一边点头。爸爸接着说："告诉我，你认为懦夫有德行吗？懦夫任何时候碰到一点可怕或有潜在危险的事情就会跑掉或躲起来。"

伊安摇头。

"那莽汉呢——比方说，为了救一只猫跳到火车前面？"

伊安又摇头，答道："不，两者都没有德行。前一种人永远不会捍卫自己的信念，而后一种人大概会很快死掉——死掉就没机会

追求优秀与幸福

arête（希腊语里是"优秀"的意思）概念在柏拉图的德行观中发挥着关键作用。arête 有三个条件：a）受过适当的教育，b）有适当的导师，c）在行动中追求优秀。比方说，木匠通过制造精良的家具来达到优秀。人通过平衡地运用理性、自然欲望和意志来发展自身，从而达到优秀。

亚里士多德有言，幸福是每一个人的目标。达到幸福要通过践行我们的目的（telos），也就是我们最擅长的事。例如，眼睛的 telos 是看。人的 telos 是理性，亚里士多德如是写。通过理性，我们能体会到古希腊人所说的 eudaimonia——好的生活。

"品性即习惯。"

按照亚里士多德的说法，德行不是人的固有属性，而是在实践中获得的。正如画家要通过好好画画成为好画家，人也要通过好好做事成为好人："因此，优秀不是行为，而是习惯。"

他提倡一种名为"中道哲学"的方法来确定何为德行。他写道："德行是一种中道，追求适中或适度。"例如，他说谦和是两种恶习的中道：好斗（怒气过剩）和怯懦（全无怒气），机智也是如此（在木讷与妄言两个极端之间）。

"过生活当如赴酒宴——不能渴到自己，也不能酩酊大醉。"

——亚里士多德

比亚里士多德早一个世纪的孔子探讨了德行和中庸之道。他写道："恭而无礼则劳，慎而无礼则葸，勇而无礼则乱，直而无礼则绞。"

发展自我了。"

"儿子，你说得很好。勇敢是一种德行，它在两个极端、两种恶习之间：怯懦与莽撞。许多事情也是一样。想一想节制吧——你知道的，'万事合乎中'，如果你过分沉溺享乐——整天打电子游戏，只吃甜点——那对你是大大有害的。但完全戒掉这一切，从来不做**任何**享乐的事，你也会错过生命中的重要一环。中庸才是幸福。"

"所以就像诚实一样，"伊安开口后停下来思考了一会儿，"在任何时候都完全诚实，任何时候都把自己对他人的实际感受告诉对方，这并不符合德行。比如别人问你喜不喜欢你其实讨厌的新发型，或者撒谎可以让别人免受伤害的时候。但任何时候都不诚实也不符合德行。"

"正是。所以德行是逐渐养成的，是可教的。在自我发展的过程中，你一步步学习如何接近中道。"

"哇，爸爸，我真喜欢你说的话。因为即便有那么多关于道德行为的规则，如果人没有德行的话，也根本不会去遵守。比如当我们确定义务的时候，如果人没有德行，他们根本懒得履行义务。

"这样就真正把人考虑进来了——人有修养德行的责任，而非一味遵守规则。这就更贴近现实生活，多了一点人文关怀。"

"我同意，儿子。但更重要的是，这种看法确实可以积极地指引生活。它不会告诉你**不**应该做什么，而是帮你确定**应该**做什么。这似乎更有道理。"

伊安点点头。"所以，哪怕没有一条规则说你应该做某件事，德行仍然会给你一个做的理由。比如跟进屋的人打招呼、给迷路的人指路、开车时礼让行人。没有规则说你**应该**打招呼，或者你有义务打招呼，但这不代表你不应该打招呼。打招呼是符合**德行**的。以规则为基础的理论从来不讲这些。"伊安在笑，好像解决了一个重大问题。

妈妈靠了过来，双手放在伊安爸爸的肩上，似乎是要安抚他。"但我们真的能控制自己的感受吗？"她似乎在问父子俩，"如果我想要偷某样东西，因为我真的想要它，或者我生性好偷，而我**仅仅**出于不偷窃的义务克制住了自己，没有偷，那么我真的应该受到责难吗？这件事真有那么糟吗？另外，也许我不想捐钱给慈善机构，但我还是出于义务捐了。再说了，不同的人、不同的文

德行替代义务

分外之举——道德上值得赞扬但并非必要的行为（比如替别人留门）——的对立面是分内之事，也就是有义务要做的事。

贾斯廷·奥克利（Justin Oakley）回想起自己安慰一位因婚姻破裂而伤心的朋友的经历。他安慰朋友的时间远远超出了一切义务的要求，而且还为此推掉了一件公事。奥克利写道："在这里，安慰朋友之所以是对的，是因为每个对友谊有正确认识的人都会愿意这样做，而不是因为安慰朋友会带来最好的整体结果，或这是身为朋友的义务。"

德行伦理学的一个优点是，它让我们可以从整体上审视道德生活，而不是从局部的两难和场景中审视它。

"我们最好不要将道德生活……视为一系列具有道德两难或道德不确定性的偶然境遇……而应视之为人终生对卓越的追求。"

——戴维·所罗门（David Solomon）

只存在于想法中的不道德？

美国第 39 任总统吉米·卡特在一次 1976 年的访谈中承认犯有通奸罪，尽管他从来没有做过通奸之事。他的解释是："我怀着邪念打量过许多女人。我在心里犯了无数次通奸罪。"由此引发了一个问题：只存在于想法中的不道德是不道德吗？

"即使是仅仅有通奸的欲望，基督也要谴责。"

——《天主教教义问答》
（Catholic Church Catechism）

化似乎确实有不同的价值观，从而会将不同的事情奉为美德，难道不是吗？"

她停下来小吸一口气，接着说："仅仅因为理性能力是人所独有的，就可以说我们应该理性吗？从根本上讲，理性为什么就是**好的**？如果核武器的目的是杀死很多人，那么实现了这个目的的核武器是好的吗？某物有独有的性质，就意味着那个特性是好的吗？"

"可是，妈妈，我不认为你偷东西真的会**感觉良好**。我认为**大多数人**肯定不会感觉良好。这不应该考虑进来吗？"

爸爸若有所思地缓缓点着头，然后朗声道："**人的良知**。"他让这句话在三人中间飘了一会儿，然后接着说："我一直在考虑提起它。事实上，我认为我们只要考察道德**感**这一概念，就可以近乎科学地认识道德。"

"道德的科学？"妈妈试探地说，"我很想听一听。"她说着看向伊安，伊安也报以微笑。

"基本上，"爸爸开口了，"我不认为理性能帮我们做出价值判断——涉及美或者这里谈的道德的判断。理性提供的是事实——**是什么**。但道德是价值——**应该是什么**。回想一下我们对激情的讨论吧，激情经常会引导我们做出正确的事。道德主要是偏好和情绪的产物——这些是人所共通的。"

伊安的妈妈扬起眉毛，一脸期待。

他继续说道："所以，我们可以先假定好的行为会为所有人类带来好的感受，然后来确定道德原则。我们还必须解释与他人共情的能力，以及公允地看待事物、不代入个人好恶的能力。在此基础上，品格与行为就可以被认为是符合道德与德行的。"

伊安的妈妈又露出了期许的表情，问道："那么按照这套框架，我们到底要如何将一种品格视为德行呢？"

"一种品格如果能在自己和他人心中造成正面的感受，那就是德行。"

"正面感受？"她反问道。

伦理学和人类的本质

大卫·休谟主张伦理学可以"自然化"，也就是科学地去研究，因为伦理学的基础是人性，而不是逻辑推理。他写道："道德感不是别的，是能从沉思一种品格的过程中**感受**到的一种特殊的满足。正是这种**感受**构成了我们的赞扬或钦慕。"他又说："我们不是推测一种品格是有德行的……而是感觉到它以其德行使我们愉悦。"

他在别处写道："理性是冷漠而抽离的，它不能发起行为，而只能引导来自嗜好和自然倾向的冲动……喜好为人带来愉悦或痛苦，形成幸福或苦难，是行动的动力，是欲望和意愿最初的源泉或冲动。"

道德情操是普遍的吗？

休谟给出了肯定的答案。他写道，存在"某种内在的感知或感受，因自然而遍及整个人类物种"。

他接着写道："道德这一概念隐含了全体人类共通的情操。"

道德在人性中吗？

休谟认为，人心必然天生就能区分道德与不道德的品格。否则，他写道，我们如何能区分光荣与羞耻，高尚与卑鄙，可爱与可憎呢？因此，社会德行必须"被允许拥有天然的美"。

当代理论家迈克尔·舍默认为，人类已经进化出了个体和群体两个层面的道德感官。他写道："问'我们为什么应该讲道德'就像问'我们为什么应该感到饿'一样……答案是，讲道德与感到饿同样是人性的一部分。"

"是啊，你懂的，比方说一个人做了一件光荣的事：你总是说，看电影看到一个人物做出光荣的举动时会浑身战栗。这就是一种正面的、宜人的感受。"

她赞同地点点头。"好。其次呢？"

"其次，这种品格必须对自己和他人**有用**。"

伊安笑着对爸爸提议道："就像荣誉。"

"对，儿子，就像荣誉。"

伊安补充道："还有不偷窃。不自私。"

"对。"爸爸笑着说，仿佛他感受到了与关爱儿子相关的正面、宜人的感受。

妈妈笑了笑，爸爸又说了起来："我认为道德是真正**发源于人性**的，而不是某种僵死的人造物。"

"可是，亲爱的，"妈妈插了进来，"要是两个人对某一种品格或行为有不同的感受呢？"

"我会认为，要么两人并非都对状况有完全的认识，要么其中一人过分自利，以至于污染了良知。"

伊安认识到不同的人偏好不同的问题，笑容也就黯淡了一点。

接着，伊安残余的笑意变成了空洞的凝视。他呆坐片刻，眼睛睁得大大的："可不可能根本没有对错？我的意思是，对错只是人编出来的？可能就像数字一样。一加一等于二是人编出来的。所以，也许偷窃有错也是人编出来的。"

爸爸妈妈对视了一眼，仿佛认识到了社会没有道德会造成的后果。

伊安接着说："如果我说**地球是球体**，这非真即假——地球是什么形状，就是什么形状。但如果我说**杀死无辜的人是错误的**，这句话的真假就不同于地球那句的真假了。它之所以是真的，似乎只是因为我们说它是真的。就像一加一等于二一样。"

"伊安，你是在暗示根本不存在道德吗？还记得你回忆的第一段梦吗——所有那些实例，它们全都没有错？"

他马上摇了摇头。"我知道。我只是有些泄气，竟然想不出一种确定道德的好方法。而且，人们似乎只在道德有利于自己时才讲道德。我想象不到，一个快要饿死的人有机会偷面包时，仅仅因为偷窃不道德就不偷了。"

爸爸向伊安的妈妈勉强地点点头。他朝伊安靠过去说："儿子，

伦理利己主义——人**应该**做最符合自己利益的事情。

你在下列两个情景中会如何选择呢：

1. 要么你被杀死，要么世界上另一个被随机选中的人被杀死。如果在你和另外十个人中选呢？一百个人呢？

2. 要么你失去一千块钱，要么另外十个人各失去一千块钱。如果是另外十个人各损失一百块钱呢？

你比我当年强多了。单单是思考这些问题，思考如何确定道德与否，就已经是迈向正确方向的一步了。形成道德框架是需要时间和大量心力的。别忘了，要听从自己的内心。你有一颗善良的心。我们都有良知，良知绝非虚妄。"妈妈将手搭在伊安手上，伊安抬头朝爸爸笑了。

"我要去画一片天空了，"伊安严肃地说，"我有一种不好的感觉——实话说，是**悲哀**的感觉——这是我和老爷爷一起度过的最后一晚了。"

爸爸妈妈对视颔首，好像赞同他的意见。两人看着伊安，露出不自然的微笑——家长知道情况并不好，但是想让儿子以为**一切都好**时就会这样笑。

你能相信（或不信）吗？

我从家里走出来，杰夫正骑着车在外面等我，好像知道我会出现一样。我们约好了去逛镇上的游园会。镇子小，游园会也小，但还是让人有一点兴奋。

我们骑上车后像往常一样聊天，在街道中央专门绕着分道线骑，行动轨迹仿佛穿针引线。市集离得很近，所以我们没有多少时间练习车技。如果你为了好玩而做一件事，做着做着水平提高了，那么这算练习吗？我说话时是在说话，还是在练习说话技巧？我打棒球时是在练习球技，还是真的在玩棒球？那呼吸呢？**真正做**一件事和**练习做**一件事的区别是什么？如果我没有直接亲亚历克西斯，而是问她我们能不能**练习**吻技，她会说什么呢？那样我的紧张会少很多——只是练习而已。

我们把车停好，然后我看见了几匹让人骑的小马，它们可是常客了，另外还有大约 20 个游戏摊位。游戏都是典型的游戏——你以为容易赢，但显然没那么容易，所以游园会是赚钱的：

- 投篮：筐和篮球恰好一样大。
- 套圈：瓶子有一大堆，好像怎么着都能套上，但圈又小，瓶子之间的空隙又大，再说了，你只能瞄准**一个**瓶子。
- 筹码落体游戏：你要把一块大筹码投入带有迷宫格的板子中，看着它落到底部的哪个槽，然后计划下一次往哪里投。但你完全无法影响最后的落点，因为迷宫设计决定了筹码基本都会落到"再接再厉"的槽里。

我猜这就跟大人的赌博一样。你相信自己应该赢，你相信自己能影响胜率，你赢了几次，于是就总是回来玩。但你归根结底是输的。这就有意思了，因为你知道这些游戏是设计成输比赢多的。

不管怎么说，我又来了。我们玩了打气球游戏，而且尽管飞镖不好用，气球气不足，我还是三投一中。奖品是一枚糖果钻戒。尽管买的话只要两毛五，但我花了一块钱才赢到，而且收获了快乐，所以糖果显得更甜了。又是人生的一课，也许吧。

杰夫好奇地指向另一个摊位。"看那些人啊，他们正跟一名伦理学家检查自己的信念呢。"他说话的样子好像知道那是怎么一回事。

"伦理学家？"

"对，伦理的专家。人们过来把自己的信念讲给伦理学家听，然后伦理学家说哪个信念符合或不符合伦理。"

"**信念**怎么可能有对错呢？我的意思是，一个人应该爱信什么就能信什么。"

"对啊，你是这么觉得的吧。我一开始也这么觉得。咱们过去听听大家讲的信念吧。我们听不到她答话，因为她只写不说。她相信写字给人更有意义。"

一名男子紧张地走到窗口前——跟银行出纳窗口似的。窗口上方挂着一个牌子，"信念伦理学家——营业中"。"你好。"他说。女伦理学家礼貌点头。"通灵师先前预言说我去年要经历挫折。她说对了——我盼着升职，结果没升上去。她最近又预言了，说因为我的生日和星象的缘故，钱财会给我的家人招来大灾，我应该把一半钱交给她，平衡一下我的能量场。我的信念是，交出一半积蓄能免灾。"

"他居然真信这种东西？"我转向杰夫说。

杰夫耸了耸肩："人们信的古怪东西太多了。但问题在于，你觉得这有什么**错**吗？"

我朝他皱起眉头，还是想不出怎么会有**任何一个**信念是**错的**。

女人递给他一个小信封，男子离开了窗口。

下一个人来窗口了，是个小孩，看起来比我还小。"我相信如果我一整年都乖乖的，圣诞老人就会在圣诞节给我带来礼物。"女人笑了笑，把信封滑了出去。

小孩之后是个大人，我猜是他爸爸。"我相信用任何方法给人治病都是在扮演神的角色，因此我们完全不应该治病。我相信神会

　　　　　　　　　　　　　　　少年伊安的哲学冒险

照料我们，不需要治病。"

"你践行自己的信念吗？"

"那当然，"他答道，"信念怎么可能不践行呢？那还有什么意义？我不允许儿子看大夫，包括牙医。"

杰夫看着我。"这个你觉得怎么样？"我点点头。我开始明白，信念——如果是会引发行动的信念——为何会被认为有对错了。女人把信封给了孩子爸爸。

然后窗口来了一个女人。"我是医生，我相信给病人糖丸安慰剂好过给真药。我是当**真药**给他们的——我撒谎了。如果病人信了，一般都能好。"她也拿到了信封。

下面是一位老妇人。她是跟朋友来的，但两人是分别进去的。"我相信胚胎从受精的那一刻起就是人，而且应该与其他所有人拥有同样的权利。"

"你相信的原因是什么？"信念伦理学家问。

"我就是相信。"妇人和善地答道。然后她拿到了信封。

她的朋友接着来到窗口。"我相信女人应该有权选择如何对待自己的身体以及体内的一切。我还相信胚胎在能独立生存之前没有任何权利。"

"你相信的原因是什么？"信念伦理学家问。

"我就是相信。"女人和善地答道。情形与一分钟前的对话别无二致，而且两人同样信念坚定，尽管她们的信念完全相反。她拿到了信封。

一名中年男子慢悠悠地走到柜台前。"我相信人是这样产生的：从前地球上只有水，水上漂着一枚巨蛋，后来蛋裂开了，蛋壳碎片形成了大陆，蛋黄变成了人。"不等她回应，他就接着说，"我在六年级科学课上讲'人类起源'时给学生们讲了这番道理。"伦理家做了个"啊哈"的口型，然后递出了信封。

又有一名女子来到窗口前："我相信目前拥有权利的某些人不应该拥有权利。比如皮肤色素达到一定水平，或者智商低的人。'它们'其实不是人，而是别的东西。"

伦理学家问她："你践行自己的信念吗？"

"践行，"她答道，"它会影响我雇什么人，还有我怎么待人。"伦理学家将信封递给女子，女子离开了。

杰夫接着说："人们常说'无知是福'。我猜这有几分道理，但也有些自私。它好比在说：'我快乐，我幸福，所以干吗要管真相？'这是短视行为，我听爸爸说过。"

我点点头。我开始审视我相信的一切，以及我为什么相信。有一些许是出于习惯，我甚至不曾想过考察自己为什么相信。有一些是别人教的，大概与我的成长经历有很大关系。但还有一些事情是因为我想要相信，好像是相信的意愿让我真的信了。

"我相信你会把你的新科学装置送给我，"我笑着对杰夫说，"我不觉得这个信念有错，你觉得呢？"

杰夫也对我笑笑。"你可以去问专家。我觉得没什么错，但这或许体现了信念与知识存在很大差别。不管怎么说，我感觉你其实并不真的**相信**。"

"反正我现在得走了。"我神秘兮兮地对他说。

"祝你好运，伊安。"他答道。

祝我好运？我对他笑笑，然后两人分别向不同的方向骑去。

今天有云，太适合画一片天空了——云不算多，但与蓝天的对比刚刚好。我在想这片天会有多大意义。会大过我的第一幅天空画吗？会大过我和亚历克西斯一起画的那幅吗？

阅读讨论题

1. 道德可以被客观定义吗——道德命题（比如"说谎是错的"）是有真假的，抑或只是个人偏好问题？如果是客观的，那要如何确定其真假？如果是偏好问题，我们又如何能从道义上禁止奴隶制和种族灭绝这样的事？

2. 如果你相信存在道德真理，你会遵循吗？为什么？如果你境遇窘迫（无家可归，饥肠辘辘），道德还有多重要？

3. 设想某人有一枚类似于柏拉图所说的"裘格斯戒指"，可以让他和他触碰到的一切都隐形。你认为他还会守道德吗？换作你会吗？你的回答与人性有何关联？

4. 亚里士多德有言，人在追求目的时是幸福的。你认为人有"目的"吗？如果有，是什么？幸福意味着什么？是发挥出自己的潜能吗？

5. 如果道德源于宗教，那么不同宗教的教义要如何调和呢？

6. 游叙弗伦的两难是否像柏拉图认为的那样是一个问题？你认为哪一种表述对神命论来说是正确的，也就是说，一件事为什么被认为是"善"的？

7. 有两个人的做法都严格符合道德，但一人是出于义务，一人只是因为"天性如此"，你对哪一个人的评价更高？为什么？

8. 前一章中用体育做了比拟——只要参与了比赛，就是赞同了比赛规则。你同意吗？

   → 比赛作弊意味着什么？

   → 是不是只要你愿意承受后果（接受处罚），那么故意要别人（有意违反规则）就不是问题了？有什么情况能让它不成问题吗？

   → 欺骗裁判员是否符合伦理（比如足球比赛里的假摔）？

9. 请判断下列行为是否符合道德并给出理由：

   a. 在高速公路上突然加速

   b. 考试偷看别人的卷子

   c. 瞒报应纳税额

   d. 婚外性行为

   e. 两相情愿的成年人乱伦

   f. 制作色情作品

   g. 同性恋

   h. 安乐死

   i. 堕胎

   j. 死刑

10. 阅读辛格对"地球村"的论述。谈到我们对极度匮乏人群的道德义务时，我们要如何判断哪些事是"道义分量相当的"呢？相对于远在天边的人，你对近在眼前的人是否会感到有更强的道德义务？为什么？从时间维度的远近看呢（当下的人与未来的人）？

11. 亚历克西斯问伊安谁应该拥有权利，你是如何思考答案的？这与第二章中关于人格的讨论有何关联？

12. 人命可以标价吗？设想有两个人遭遇车祸，危在旦夕。我们会尽一切力量挽救他们吗（让专家乘飞机赶来诊治，做化验，尽可能动用医疗手段，利用已知的一切医疗设备）？如果一人是癌症研究专家，另一人是七旬老翁呢？

13. 你会如何回答插叙中提到下列问题：

   → 杀一人还是任由二十人死去

   → 两种电车难题

   → 伦理利己主义

   你从中延伸出哪些关于道德的思考？

第 14 章

最后的旅程

灵魂在梦中发言。

——亚里士多德,《论梦》

在这个世界入睡就是在另一个世界醒
来;于是,每个人其实都是两个人。

——博尔赫斯

伊安开门回来时胳膊下还夹着他刚画的一片天。爸爸妈妈正坐
在桌边,好像自伊安走后就没动过。

"杰夫怎么样?"妈妈问道,"你们俩聊什么了?"

伊安盯着她看了一会儿,说:"你怎么知道我跟杰夫见面了?"

"你在**外面**不是总跟他见面吗?"她指着门反问道。

伊安似乎察觉到了父母的异样。他把自己的一片天放在台子上,
跟他们在桌旁坐下。

"妈妈。"伊安小心翼翼地开口了。

"嗯，宝贝。"她同样小心翼翼地应着，期待接下来的问题。伊安摸着她婚戒上的钻石问道："这是真的吗？"

"是真的。"

"真的方晶锆石？"他笑着问道。

"不，不是。"

他又朝装着塑料水果模型的碗走去，抓起一个苹果。"这是真的吗？"

"不，不是。你知道不是真的。"

"它不是真的？它不是真的在我手里吗？是我臆想出来的吗？"他和妈妈竟然从头到尾都很开心。

"好吧，我觉得那是个真的假苹果。是真的假苹果。或者假的真苹果。"

伊安被逗得哈哈大笑。他知道这个游戏迟早会让她恼火，所以她的配合让伊安觉得真是赚到了。

"独角兽呢？独角兽存在吗？"

"不，伊安，独角兽不存在。"

"不存在？既然如此，我们怎么能谈论独角兽呢？它们必然以某种方式存在，我们才能谈论它们。否则我们在谈论什么呢？不管怎么说，独角兽的角是黑的，还是白的呢？"

她坐着长出一口气，耸肩微笑。

"这是真的吗？"他指着那边的客厅问道。

"什么是真的？"她答道。

"这间房子。那这个呢？"他指向楼梯。

"楼梯吗？是真的。"

"不，不是指楼梯。是这个分子，这个电子。"

"好吧，我什么都没看到，但科学家告诉我们电子是真实的。所以我觉得是真的吧。你要不再出去玩会儿？"

"我还有一个问题。这是真的吗？"

他指着自己。她吃了一惊。她肯定地点了点头，虽然伊安能察觉到她在犹豫。"我怎么可能**不是**真的呢？"他的语气里带着一丝真诚，"那会意味着什么呢？"

他离开了厨房，上楼梯，走出门，又折回来想再问一句"这是真的吗？"之类的问题。他走进厨房，看见爸爸妈妈在桌边，桌边还坐着我，也就是"老爷爷"。伊安摇起了头，就像动画人物恍然大悟的样子。恍然大悟以后是震惊。

"妈妈！爸爸！就是他。这就是他！**老爷爷**。就是他，我梦里那个人。"他指着我说，"这就是他。"爸爸妈妈笑了。伊安为他们竟然不惊讶而惊讶。

我小心翼翼地对他说："伊安，现在是时候聊聊**你**了。这是你的最后一堂课。一堂重大的课，大概也是你最难理解的一堂课。杰夫今天早晨刚刚试着向你解释过。"

伊安呆若木鸡地坐着。

"事实上，你和人类是不一样的。你可能会问自己，'**伊安跟其他人有什么不一样？**'，现在我要回答你的问题。

"你刚刚完成了织梦人训练。织梦人是为人创造梦境的人。你不是杰克[1]和他的读者那样的人。"

---

[1]　这本书的作者名为杰克·鲍恩。——编者注

"杰克？读者？"

"对。杰克是一个人，你理解的那种人类。他生活在一个对他以及他那样的生物来说是实在的世界。不过，那个世界与你的不同。我很快会向你解释的，他可以接触你的一切，你的所有想法，我们经历过的所有事，还有我记录的你与你父母的交流——那其实是在你的梦里，你当时是睡着的。父母是你梦里的幻想人物，是帮助你厘清思绪的内心对话，有点像自我与本我之争。"

伊安疯狂摇头。"不。这根本讲不通。反正现在只是一个梦而已。毕竟，**你在这里**。这只是一个梦。"

"问题就在这里，伊安。我要向你解释一下'伊安的现实层级'。

"你一直以为的梦其实就是你的现实，你以为的现实其实是你的梦。当你下楼与父母聊天时，你其实是深入了自己的潜意识，是在做梦。当你与我见面时，你其实是在现实中——只是你的现实截然不同于非织梦人的现实。而当你走出大门时，那个世界是你创造的。在**那里**，你可以让任何事情发生。"

我停下来喘了一口气。这件事很难解释，我想慢慢让伊安明白，免得他难过。

我接着说："你和我的夜游不是梦。那是真的。你跟我见面是织梦人训练的一部分。"

我又停了下来，小心地留给伊安理解的时间。

"我们每次见完面之后，你会去休息，去消化你刚刚学到的内容。消化的方式就是做梦。你把混乱的思绪和未解的问题都带进了自己的潜意识，然后在那里整理这些想法，提出自己在现实中不敢提出的问题。因为那只是梦。你创造了爸爸和妈妈，通过他们来整理你和我在一起时的所有信息和经历。"

现在，我把胳膊放在了伊安肩上。我们走出门外，在门口坐下。

"就是这样。梦境。你是人类**做梦的原因**。人之所以做梦，是因为有成千上万你和你的朋友杰夫那样的人在造梦。这项计划已经延续了上百年。

"人在白天的一切想法——闪念，白日梦，乃至自己都没有意识到的想法——全都记录在大脑中。像你我这样的织梦人会把这些信息碎片取出来，帮人们赋予其意义。我们见了这么多次面——这是你的训练，现在你对人类的现实已经有了很多认识。你可以借此帮助人类更好地理解现实和自己的生活，很充实吧。"

"但梦不是现实啊，"伊安嘟囔道，"就这？这就是我的全部？我被困在了这个境地，或者说这个世界，这个——管它是什么。我一辈子要做的一切就是给真正的人**织梦**？这听起来一点都不充实。听起来很无聊。很**不充实**。"

"伊安，我可以对你做出几点回应。第一点是实用层面的：你会帮人们入睡。"

"帮他们？"他感兴趣了。

"没错。我来非常简短地介绍一下人的睡眠模式。睡眠基本上分为五个阶段。有一个阶段叫 REM 睡眠，即快速眼动睡眠（Rapid Eye Movement），这一阶段人的心率、耗氧量、呼吸速率、眼动速率与醒时是一样的。人一晚可经历多达五次这种阶段。**这就是**我们该开始工作的时候了。开始眨眼意味着即将醒来，但是，"我把"但是"咬得很重，"我们这时会给人送上一个梦，一个继续睡觉的理由。人做梦时会松弛下来，回到中段深度睡眠。"

伊安静静地坐着，有一点兴奋，也有一点吃不消。

看得出来我已经激起了他的兴趣，于是我接着说："好了，这就是第一点。第二点，你做的事情对人非常重要。你在帮助他们与自己的问题、疑虑和内心挣扎和解。许多著名心理学家已经认识到，在梦里，无意识发出了有意识的声音。这是很有力的。

"第三，你增加了梦的趣味性。要知道，我们每天晚上都会接到成千上万次来自父母的呼唤——父母想要子女做个**美梦**。我们可吃香哩。所以，在这种意义上，许多人会认为织梦人的生活是非常高尚充实的。"

我微笑着观察伊安的反应。

"第四，这对你应该也是乐趣呀。你还不知道吧，你其实已经开始工作了。你已经为 14 个人织过梦了。就是那些我不在身边，由你一个人或者跟杰夫一起经历的事。你在织梦。你从厨房出来，走上台阶，进入了别人的潜意识。外面的世界就是你的潜意识乐园。"

伊安皱起眉毛，抬头看着我，几乎是在盯着我，不是怒目而视，更像是他真的想要理解我说的话，似乎他想要相信我说的话，不过还不太理解。

我尽可能自信地点点头。"你已经做到了，而且你做得非常好。你的每一次没有我参与的冒险都是某个人的梦，**你为人创造了这些梦**。比方说，你跟杰夫倾听老鼠说话那件事就是你为一位名叫约翰的男子创造的梦。约翰之前在处理自己对妻子的感情，纠结于理性与感性的问题。他想要理性化自己对妻子的爱，但做不到。做完你给他的梦以后，他醒了，然后边吃午饭边跟朋友分析，结果回家时更爱妻子了。我必须说,你真是给他织了一个很巧妙的小梦。"

伊安现在骄傲地点着头,缓缓露出笑意。

我接着说:"豪猪的梦给了阿纳斯塔西娅继续追求艺术的信心——你甚至给了她信心去尝试一种之前不敢尝试的艺术形式。你的另一个梦帮助弗雷德里克找到了应对客户的方式——他的顾客都是百万富翁,而你为他编织了一个讲报童的梦。了不起。你做到了很多——朱莉娅对存在的短暂反思、科学课老师与同事的讨论、一个邮差关于辨认地址字母的简单念头、一个年轻女孩看到杂志广告时产生的潜意识不适——你把它们全都转化为他们独一无二、一针见血的梦。甚至,拜伦头脑里那个关于无的短短的梦也是如此——他半夜两点起床,写了一篇关于那个梦的小故事,刚刚发表了。还有你和杰夫关于望远镜的那个梦——真是厉害。你应该看一看自己为一位律师和他手头的案子做出的贡献。你让他从一个全新的视角看待案子,而且真的在结案陈词中用到了梦中的洞见。你**非常**擅长自己在做的事,也因此大大丰富了各地人们的生活。"

伊安咧嘴笑了。他正在赞许地点头。他显然为自己创造的梦感到骄傲,尽管当时并不知情。

"最后,也就是这个,我们的合作成果——伊安在我监督下的**最后一次入梦**。你和我正在为一位即将成为作家的人造梦。你做过的一切都在梦里被记录和送出,给了这个名叫杰克的人。我们创造的梦会给杰克带来灵感,他也许会循着梦写出一本书,甚至可能把这段对话写进书里。书出版后,我们的任务也就完成了。我们会得到一份真正的梦境与现实合一的指南。"

如我所料,伊安露出了目瞪口呆的表情。"哇,真是令人难以置信，"他高呼道，"你这么一说，我发现周围有许多事情可以做，许多东西可以探索。我看到了许多过去忽视的事物，我最近开始为这些事物着迷了。太丰富了。"

"是啊，伊安。你正在学着不把一切视作理所当然。你已经理解了事物是怎样的，我们又如何能知道事物。你已经赢得了为人们织梦的殊荣。我很高兴你认识到了织梦的乐趣与价值。"

我看得出他正在认真思索，他的热情有所回落。"但我不是真的。所以我刚才指着自己时，妈妈才会犹豫，"他说着低头看自己的身体，好像是第一次审视它，"我是真的吗？"

"这取决于你讲的是什么意义上的**真**。你是真的，正如方晶锆石是真的，又如钻石是真的。"

"但钻石**就是**真的啊。"

"要么钻石是真的，要么钻石是假的方晶锆石。"

"但楼下和楼上的一切看起来都好正常啊，看起来像真的一样，好像就在杰克的现实中，好像我就在那个层级中。"

"好吧，伊安，你觉得在动物园中出生长大的老虎会觉得有密林这回事吗？"伊安摇了摇头，我接着说，"它们不渴望丛林。他们不认为动物园**只是某种意义上的现实**。动物园是它们所知的全部。但游客知道动物园之外还有生灵。而我知道——你也会知道——在你所说的**杰克的世界**以外还有生灵。"

"但我想到的**我疑故我在**呢？我现在就在怀疑——事实上，我比过去任何时候都更怀疑。"

"对，你确实存在。但直到现在为止，你不知道你是**作为什么**而存在的。你**似乎**一直知道自己是作为什么而存在的，但你这句

'我疑故我在'得出的只是'我在',没有进一步的结论。"

"但我怎么会是一个**真**的梦境人物呢？"伊安问道。

"我们与任何人一样真实。"

"所以这就是那一切——与你一起的每一次夜游——的意义？我要了解人类生活的**真实**世界？"

"对。所以你才能为他们织梦。现实是难解的，如果我们能了解现实，就能更有效地影响睡梦中的人。"

"但悬而未决的问题似乎还是太多了。也许我对他们现实的认识还达不到应有的水平。"伊安忧心忡忡地说。

"没错，伊安。你已经明白了远比**事实性**知识更重要的见识。你学会了**如何去思考**。你学会了不把任何事视为理所当然。你明白了现实的巨大深度。还有同样重要的一点，你知道了自己不知道什么。"我停了片刻。我站在那里，好像看穿了伊安。

"伊安。"他的妈妈从身后叫他。

他听到后转过身。爸爸妈妈正从门口朝他走来。"伊安，你会成为了不起的人。你真正打开了自己，挑战了自己知道的一切。你直面了一开始让你害怕的结论，然后进行了透彻的思考。你的世界，还有那些受你影响的人们的世界都因此变得更加光明。我们会永远与你同在。"

伊安和父母拥抱在了一起。他们身上发出一道亮光。伊安转过头，浑身感到一阵温暖。他转向父母之前在的地方，结果什么都没看到。"真奇怪，我感到了完整。幸福。"他说着转向我。

我对他笑道："父母是你的内在自我。是你创造了他们——目的是应对你的恐惧，寻找你问题的答案。我们世界里的人都没有父母——我们是通过另一种方式诞生的。你应该明白，这些事情都是**你**思考出来的。你知道的十件事里有九件是你没有意识到的。你从读过的书里学到了太多东西。你吃不消，于是压抑了它们，许多知识只能在梦里出现。

"伊安，你以后会发现，正因为当今的织梦人做得非常好，所以梦与现实已经变得难以分辨。我织梦已有多年，是时候退休了。而且现在织梦人手册也完成了。有了它，等你当老师的时候就容易多了。你肯定会做出了不起的成绩。

"我想起来了，我想知道**我**的梦是怎么一回事，谁编织了**我的梦**？"我顿了一下，意识到了我真正的困惑在哪里，"不管怎么说，你之前干得很棒，以后也会是好样的。你会对你接触的人形成有力的影响。

"现在是时候小睡一会儿了。或者说，是时候醒来了。祝你好运，伊安。祝你好运。"

* * *

老爷爷躺在一棵大橡树的树荫下睡着了。至少**看起来**是睡着了。他静静地躺在那里，与沙沙作响的树叶形成了奇异的对照。他看起来平静得不似凡人，安详非常。我想朝他跑过去，但身体不听话。我盯着他出了神，先是因为我对老爷爷的感受，之后更是因为刚刚知道的新知识。

我感到了一种奇特的信心。我在这种情况下竟然还毫无畏惧，我几乎为此吃了一惊。要我说，刚刚知道的事情甚至让我有一点兴奋。**潜意识世界**。还有一本书！一本关于我经历的神奇、伟大的冒险的书。是的，伟大，而且神奇。有的大事不神奇，有的奇事不伟大，而这件事绝对是又伟大又神奇。我在想作者会给书起什么名字。我想知道我在起名上有没有发言权。如果这个梦是我创造的，那么书名也应该由我创造。要简单，要朗朗上口。"织梦人手册"，这个就不错，叫这个名字的书我会愿意读的。要不叫"杰克与伊安的现实指南"？书名里应该有**我的**名字。我猜他可以起一个简单的题目——没准就是"织梦人"——但人们肯定会让他起一个副标题。

我朝橡树走去，摘下一颗苹果——橡树上面长苹果？当然了。苹果是紫色的，看起来是紫的。

我摘苹果的时候听到了一个类似亚历克西斯的声音。"你确定想要那个苹果吗？"她用傻里傻气的语气问，"看起来有点烂了。"

我转身看见她站着，手里拿着一颗红苹果。她在笑——是一种开心的笑，但开心背后又意味深长。我见到她高兴极了。**她会不会是织梦人**？

"伊安，见到你真开心。我刚刚经历了最神奇的冒险。我还担心也许你会不在，"她顿了一下，"我猜的，没准你**不在**呢。我一直跟，呃，老奶奶在一起——至少我是这么叫她的。我觉得，这能解释最近我老看见的跟你在一块儿的老爷爷。"

她顿了一下。她的脚有点内八字，低着头，看样子怯生生的，好像在担心我完全不能理解她在讲什么。

"一颗红苹果，嗯？"我的口气里带着一点捉弄。我很高兴听她说这番话，很高兴能见到她。我心潮起伏，几乎要哭出来了。

她露出一个大大的笑容，开心地摇头，辫子前摇后摆。

"想去给几个人造几个梦吗？"我问，"我有很多好点子。"

"我想啊。"她热情地答道，仿佛她的前景一下子变得无比光明。反正我是。"我自己也有一些好点子。"

我们抱在一起，笑了起来，然后拿着两个苹果沿着街道中央同行。阳光照在我们身上，好像比过去任何时候都更明亮。仿佛我之前被锁在一间暗室里，刚刚才被放出来。我想起了老爷爷之前经常跟我讲的洞穴故事。我仰头沐浴在阳光中，又看看亚历克西斯。她也在目视阳光，面带笑容。这会很有趣的。

阅读讨论题

1. 与伊安同行是否改变了你的哲学观，有何改变？与刚开始阅读本书时相比，你对"无知是福"的感觉现在是否有了变化？
2. 我们对"真实"有哪些不同的用法？一个事物是**真实**的，这是什么意思？
3. 从你在本章最后了解到的情况来看，你为伊安感到高兴还是悲哀？
4. 新生儿会做梦吗？子宫内大脑开始工作的胎儿呢？如果会的话，你觉得他们会梦到什么？
5. 你相信梦包含着关于你自己的隐秘真相吗？你会分析自己的梦吗？
6. 老爷爷欺骗伊安是不是错的？换作你是伊安，你是宁愿继续安稳地相信父母是真实的，还是更想要知道真相，就像伊安最后那样？
7. 在深入研究和解构某些现象（比如彩虹、日落、人的情绪等），进而去全面了解相关知识时，有人会感到惊奇，另一些人却认为研究抹杀了神秘感，于是不再感到惊奇。你属于哪一种人，为什么？

第 15 章

余话：灵魂（续论）、大脑（续论）……与人

证据表明，我们实际做的思考远远少
于我们以为自己做的思考——当然，除了
我们思考这件事的时候。

——纳西姆·塔勒布

眼见未必为实。

——谚语

当我盯着亚历克西斯时，我的感受让我露出了情不自禁的微
笑。自接受织梦人培训以来，我们已经共度了两年织梦时光，探究
自己感兴趣的事情，然后趁别人睡觉时分享出去。你也可以说我们
一直在"工作"，尽管我终于开始明白那句谚语，"做热爱的事就
不算工作"。

但现在这一刻，我与她坐在一起，她的手就放在我的手旁边，
我都能摸到她的小指。这时，我感觉我们已经为更大的事业，为下
一步做好了准备。我从她的凝视中察觉到她也有同感。这种感觉只

有大约三年前的尴尬紧张可以相提并论，那时我暗恋上了她，直至今天。

"我准备好当导师了，伊安，"她说道，我猜是在回应我意味深长的微笑吧，"我们永远不会知道**所有事情**——我们不能干等到那一刻，否则永远无法与人一起工作。我们的导师没有自称无所不知。想一想吧——他们真是完美的老师：博闻强识，对我们提出富有思想的问题，挑战刺激我们，同时又大大方方地承认自身的不足，说'我不知道'。我们难道做不到吗？"她的微笑转向严肃，我马上感觉我们也能做到，实话说，我感觉我什么事都能做到。

"良师更多在于提出正确的问题，而非给出正确的答案。"

——约瑟夫·阿尔贝斯

"怎么做呢？"我真诚地问道，是真的想知道。

她把头一偏，用手肘推我，让我注意一栋看起来很舒服的两层小楼，周围是茂盛的橡树。楼旁搁着一架木梯，梯子上挂着一个牌子，上面的字从远处辨认不出。亚历克西斯又推了我一下，好像这次活动是她牵头的。她回来拉住我的手，朝我笑了笑——我现在愿意跟她去任何地方。

梯子那儿的牌子上的字微微有一点眼熟，是用毡头笔手写的，干净利落，全部大写，是工工整整的斜体字。上面写着"伊安与亚历克西斯"，还有一个箭头指着上面的梯子。署名处写着"TOM"。

"汤姆？"我问她，好像她真成了导游似的。

"凑近点看。"她小声说道。那是一个缩写，但我还是不认识任何名叫或者号称 TOM 的人。

"The，"她顿了一下，"Old……Man（老爷爷）。"她刚说出口我便明白她是对的，我的眼泪也夺眶而出。我心里堵得慌，但那不是因为悲伤。这个名字唤起了太多太多，将我淹没。她拭去我的眼泪，亲吻我的面颊，于是**我**自信地带头爬上了梯子。我的心怦怦跳，既为了老爷爷，也因为期待近在眼前的未知。

光滑的木梯横档似乎变得亲切，我感觉它融进我的手里，支撑着我的每一步。我抓住最后一级横档，靠在一个貌似窗户的东西边上，尽管它从里边看起来更像是海报的背面，而不像窗户。

怪不得。

我穿过这个权作入口的窗洞，回身去拉亚历克西斯的手。我站在一间儿童房里，这儿色彩斑斓，天花板是天蓝色的，还画着云彩。一名男孩躺在床上，裹在被子里面看我，诧异却并不害怕，简直好像料到我们要来似的。亚历克西斯也穿过那个超现实的入口进来了。我看着布满云朵的天蓝色海报落回原位，好像海报后面并无特别。他的床上方挂着一幅装框的照片，看样子是毕业典礼，文字题为"祝贺康纳于斯宾格勒初等中学毕业"。

"所以，"我不假思索便开口了，声音响亮，"我们怎么知道什么是真实存在的，康纳？"我把自己吓了一跳，尽管这话听着有点耳熟，让我想起多年前与老爷爷的第一次见面。

"那有什么要紧？"康纳不屑一顾地答道，身子依然裹在被子里。

我若有所思地皱了一下眉头，点头转向亚历克西斯，好像在说："好问题。那**到底**有什么要紧呢？"是时候回到我们唤作梦境的游乐场了。

"你说完了？"她扬起眉毛问我，"视角，伊安。视角。"她爬上近处墙壁旁边的书桌，站到了上面。她身后的墙上有一份裱起来的戏仿获奖证书："成就奖：颁给所有想向他人证明自己有成就的人。"犀利。

我照她的样子，爬上了书桌对面的靠墙矮桌。"试试在床上站一秒钟。"我提议道。我俩都站在家具上，头顶离画着天空的天花板更近，看上去可能多了几分威严与合法性。康纳钻出被窝，站了起来，露出一条平平无奇的毛巾料短裤和一件奶油色的 T 恤，上面印着绿字"无物无悟"（No Something. Know Nothing）。那件衣服穿在他身上好像大了一号，但小一号肯定又太小。他骨瘦如柴，却也精干。稻草似的浅棕色头发垂到厚厚的眉毛上，我觉得他只有十四岁，看起来却出奇地成熟。

"上面的风景如何？"我问他。

"不一样了，我想。"他嘟囔道，依然带着点轻蔑。

"喜欢吗？"

"还行。只是不一样罢了。"

我没有打破沉默，克制着看向亚历克西斯寻求帮助（和安慰）的诱惑。

"好吧，"他用一种开心又不无尴尬的语气说道，"我现在看见橡皮球了，我还以为它丢了。所以，我喜欢。"

我只是用点头作答。令我惊讶的是，他的眼睛在朝上看，而不是我以为的往下。

"我一直以为这幅画用了好几种不同的蓝色，"他分享了自己的想法，"但其实只有一种，画家只是把一些云彩画成了一缕一缕的，而不是实心的。"他似乎很为自己的发现高兴。他至少有所收获，我也就放心了，准备继续。

但他接着说："书架的搁板真的很神奇——我从没有留意过它们是怎么扛住这么大重量的。"我点点头，他又指着床边的地球仪说："我也从没留意到北美洲与俄罗斯离得那么近。我一直以为它俩离得很远，因为我看地图上，或者从我平常站的地方看地球仪就是那样。

"还有，我现在真的能感受到床里面有好多根弹簧了。我躺在床上只觉得有一根大弹簧。但现在脚踩在上面，我能感觉到一根一根的弹簧，"他说着来了个金鸡独立，"我想是因为接触面减小了吧。"

我朝亚历克西斯看去，想炫耀自己**不教而教**的本领。我从矮桌上跳下来，问他现在俯视着我的感觉怎么样。

"又不一样了，"他现在回答得更快了，"我简直好像对你拥有了某种奇异的掌控力。好像只要我想，我就能推倒你。这真是有趣，俯视别人的头顶，而不总是仰视别人的下巴。你在我眼里不一样了，就是这样。"他说着坐到了床上，亚历克西斯也坐在了桌面上。

"所以我来回答你的问题，"我自信地说道，"那就是'要紧'的理由之一——视角。你最起码取得了一个新的视角。新视角给你的可能只是一种看待事物的新方式，但你也可能获知一些事情：你的球

"教育的艺术就是帮助别人自主发现的艺术。"

——马克·范多伦

"哲学真的能够改变你对世界的体验……用一种全然不同的视角看待某个事物，就如同发现了一个新的事物。"

——《纽约客》杂志记者拉里莎·麦克法夸尔，语出与哲学家帕特里夏·丘奇兰德的访谈

在哪里，俄罗斯与其他大洲的位置关系，天花板的颜色，书架和床的结构。你可能会产生新的感受，会提升**共情**能力——从他人的视角看待事物，哪怕只是从一个比你高 30 厘米的人的视角，像现在这样。"

"好吧。新视角。但在**外面**，我们其实并不**非常**在意视角，"他指着窗户答道，"我的意思是，一切都很清楚了。视角就像参观美术馆，"他一本正经地说，"或者站在床上。"

"那我们到外面去看看能看到什么吧。"我提议道，我有自信知道我们会看到什么，我将创造它们。

政策与人性

罗伊诉韦德案（1973 年）：在胚胎有"生存能力"之前，即能在子宫外生存（一般是怀孕后 24 至 28 周）之前，允许堕胎。最高法院判词中写道："我们不需要解决生命何时开始的难题。既然医学、哲学和神学领域的相关专家未能达成共识，那么在人类目前的知识发展水平下，司法机关也不应妄断。"

2007 年，美国时任总统乔治·布什否决了一项允许使用取自五日人类胚胎的干细胞开展研究的提案。他提出："每个人类胚胎都是独一无二的人类生命，具有内在的尊严和无比的价值。"

带着人，而不是被人带着走下楼梯感觉怪怪的。康纳跟随的脚步比我预料中的迫切多了——我还记得自己当初的迫切，但同样记得有明显的惊慌，而我从康纳身上见不到惊慌。他是小跑着下楼的，我快到底下时楼梯都被他震得摇摇晃晃的。

康纳离地面还有三级台阶时一跃而下。我用我能想到的第一个未解问题迎接他。"我问你，人什么时候真正成为人？"

"**这个**问题是要说明我们并**没有**搞清楚所有事吗？"康纳问的时候望向亚历克西斯，好像在向她炫耀。

"他的意思是，"她用支持的口气答道，"'一个人在何时才获得人类共有的权利？'。在街上杀死无辜的人是错的。那么，杀死那个人从**何时**起变成了错的呢？"

我回想起跟杰夫去"吾人"的经历，那时的情景真是令人费解。亚历克西斯继续说："目前有许多政策假定，在受孕的那一刻，灵魂就出现或者被注入了，于是那人就有了权利。这会影响到与干细胞研究、堕胎和克隆相关的判定。这在**外面**可是非常重要的。"她说着用手指绕了几圈，暗指康纳之前提到的"外面的世界"。

"这难道讲不通吗？"康纳问道，仿佛他刚刚已经有了见解，"为什么那个，呃，那个东西不能……"

"合子——"亚历克西斯插了一句，"精子与卵细胞在受孕过程中相遇后紧接着形成的受精卵。"

康纳对她笑了笑："对，合子。为什么它不可以在受精的那一刻就有了灵魂呢？"

"可以，"我答道，"但受孕其实并不是一个事件——更像是一个过程。所以，你怎么不问问它呢？"我说着指向一片叶子上的几个小生物，它们是从旁边的大树掉到灌木叶子上的。这是我正式发挥了织梦人的力量。

康纳看着这几个小东西，它们

1987 年，一名怀有五个月身孕的女子在拼车专用道独自开车，结果收到罚单，原因是车上只有一个人。鉴于该女子怀有身孕，法院推翻了处罚结果，认为车上有两人。2005 年，亚利桑那州有一名怀孕八个月的女子遇到了同样的处境，但法院驳回了她的申诉，依据是"人"的"公认"定义。

亚里士多德认为精子蕴含着灵魂的力量，继而体现在长成的人体中。

活像动画片里的形象：优美匀称，色彩丰富——丝毫不像**现实生活**里的东西，倒像是精心绘制的漫画人物（我自己也会这么说）。

"你好，康纳，"站在叶子最左边的生物说道，它长着大脑袋，用仅有的一条腿保持着平衡，"我是人的精子。你看不见我的灵魂，但它就好好地放在我的大脑袋里面。"

"你好呀。"康纳答道，语气里带着奇怪的自信，尽管还不太确定应该如何跟一个会说话的精子打招呼。

"你好，康纳，"精子旁边的东西说道，它看起来更像一个球体，"我是人的卵细胞。尽管没有人真正提出我有灵魂，但我是有的。它就在我的正中心，与表面各处距离相等，被保护着。没有人看得见灵魂，所以没有人知道它真的在我体内！"

我转向亚历克西斯小声说："没有人提出灵魂包含在人的卵细胞里，是因为所有灵魂专家都是男人，对吧？"

她对我笑了笑，很高兴看到我真的从最后一次培训活动中学到了东西。

再往下站着一个略大的球体，声音也略低沉些。"我是已经完

受精与受孕过程极简表

1.（0 小时）在与精子接触前，卵细胞开始一分为二（"减数分裂"）。

2.（18 小时）精子与卵细胞融合为"合子"。

3.（30 小时）合子完成细胞融合后的第一次分裂（"有丝分裂"）。

4.（4 天）细胞继续分裂，形成球形的"桑葚胚"。

5.（5 天）内含 50~200 个细胞的"胚泡"形成。这些细胞就是胚胎干细胞，全都有潜力变成人体 200 种细胞中的任何一种。

成第二次减数分裂的人类卵细胞，与旁边那个可不一样，"它指着右边的球体说道，口气里带着傲慢，"你只完成了第一次分裂，所以不能与精子融合。我完成了两次，能融合。所以我现在有了灵魂。"

"别急，"右边又有一个东西开口了，它形似水滴，不那么圆润，"你还有孪生的能力。"它扭了几下腰，好像为自己的成熟而骄傲。

"所以呢？"球体答道。

"所以你还不能有灵魂，因为你不知道你最后会变成一个、两个甚或三个人。如果你现在有一个灵魂，后来成了双胞胎，那有一个人就该没有灵魂了，或者两个人各有半个灵魂。你至少要发育到我这个阶段才能有灵魂。"

"哎呀，"旁边的东西开口了，它状似蝌蚪，但又奇怪地更具人形，"我有一个坏消息要告诉你们。不到我这个阶段，你们就没有为人的标识，也就是灵魂。到了我这里，你们最终成形的机会才超过了不成形的机会。"

其余四物异口同声道："啊？"

"首先，大部分卵细胞从一开始就不会变成人。它们都没受精呢。这时的卵细胞没有灵魂。否则每天就要有数不清的人死掉了！

"遇到精子的卵细胞中只有不到一半能抵达子宫，也就是发育真正开始的地方。和前面一样，总不能说有这么多'死亡'发生而人人无动于衷吧。

同卵双胞胎与存活

同卵双胞胎出现的原因是，卵细胞第一次有丝分裂形成的部分细胞着床了。这一现象通常发生在受精之后，最晚可能是受精 5 天后。

100 枚受精卵中有 51 枚未能在子宫着床，于是妊娠终止。

49 枚着床受精卵中有 16 枚会出于自然原因而自然流产。

因此，100 枚受精卵中只有 33 枚会继续自然完成妊娠。

"即便如此，即便你到达了子宫，还是会有三分之一概率活不到最后。所以，100 枚受精卵中只有大约 33 枚能在九个月后降生。"

康纳盯着这五个生物，然后看看我们，好像要把我们看穿似的。"那我们怎么知道我们到底有没有灵魂？"他壮着胆子问道，"以及我们何时有了灵魂？克隆人要怎么有灵魂？干细胞有没有灵魂？**还有，我们为什么会有这么多错误认识呢？**"

我现在不禁对康纳有了一点羡慕。就像遇到一个人，他还没有读过你读过的一本好书，现在有机会第一次读到它。他即将踏上一场改变一生的旅程，一如先前的我，而我意识到，我也正在开启一场从那里延伸出的新旅程。

我想到老爷爷如何帮我框定了这个议题，还有康纳提出的一个个问题，我感到收获良多。学到的不仅是事实，还有思维方式——**如何思考：**

知识——我们获取知识的方式及其缺陷，尤其是关于灵魂这样的事物。

科学——科学研究是如何开展的，又如何塑造了我们所知的许多事情，成为个体性与人性等论题的出发点。

个体同一性——我不仅与昨天的"我"是**同一个我**，而且与**第一天出生**的我是同一个我，这意味着什么……我一直觉得，**你不可能变成你之所是**。如果我真的**就是**合子——18 年前那个细胞组成的球体——那么它就没有**变成**伊安，它**就是**伊安。

神——不同的神、宗教和精神范式如何看待灵魂、精神、生死，以及这应该在我们的观念框架中发挥怎样的作用。

沙堆——一开始我们只是想确定一堆沙子何时变成沙堆这样的小事，现在却能帮我们确定受孕**过程**中道德人格的意义。

信仰——语言在指涉现实中是何等重要，却又何等不完善（以及对我们是何等难以把握！）。

自由意志——我们的行为和思想由哪些力量决定，又怎样受到社会（广告商、政客等）和自身生理基础的影响。

伦理与道德——一旦我们把这些因素都考虑进来，那么相应的，我们应该如何处事呢？

我终于意识到了"越渊博，越无知"这句话真正的微妙之处。它在一种意义上让人泄气，但在另一种意义上又引人入胜。与康纳见面前，我一度又沾沾自喜，好像自己全都学会了，从老爷爷手下出师了。但我现在真切地再一次意识到，我的旅程才刚刚开始。

在教授这些别人教给我的思想时，我开始了二次学习的过程，努力更精练地表述自己的想法，不得不重新看到话题的其他方面，体会他人的观点。这让我想要了解更多。

我看着亚历克西斯，想要更多地了解她。我意识到，这段新旅程同样是一段情感之旅，我不仅可以将我学到的一切内容运用到周遭的"世界"中，更可以运用到我

> "教一次就是学两次。"
> ——约瑟夫·茹贝尔

灵魂：死后生活、打喷嚏和易趣网

灵魂观念可以追溯到 3 万多年前的克罗马农人，他们将遗体与他们认为死者死后会用到的物件埋在了一起。

今天一些地区会售卖逼真的纸手机，陪葬后供死者在地下使用。冥币等纸做的物件被认为可以带到地下。

打喷嚏曾被认为是灵魂试图脱离肉体，或者恶魔试图侵入肉体。教皇格里高利一世（约 540 年生）提出通过念"神保佑你"来防止染上鼠疫，这样做同时有利于留住灵魂，赶出恶魔。科学家现在认为，打喷嚏有助于缓解鼻腔瘙痒和排出病菌。

2006 年，一个人在易趣网上贩卖自己的灵魂，赚了 504 美元。成交者可以选择让他去一个宗教场所，停留的小时数是成交金额（美元）除以 10。经过无神论者与宗教信徒的拍卖大战，一个基督教福音派教会取得胜利。这个"现在没有了灵魂的人"没有 50.4 个小时全都待在教堂里，而是一半时间在教堂，另一半时间在教会网站上写下自己的经历。他出版了一本书，名叫《我在易趣上卖掉了自己的灵魂》（*I Sold My Soul on eBay*）。

身边的人，尤其是我最在意的那个人身上。

我抓住亚历克西斯的手，转向康纳说："谢谢你，康纳。"

"谢谢？"他回道。"谢谢**你**，"他若有所思地顿了一下，"但我感觉我们还没结束呢。"

"的确没有，"我笑着对他说，"你现在应该休息了。或者回你的房间待一会儿。"我还不想跟他吐露太多。"当你，"我顿了一下，小心地选择用词，"当你**醒来**时，把这段经历分享给爸爸妈妈。我猜他们能与你分享的内容比我的还要多。"

"你不需要留下吗？"亚历克西斯有意问道，"你——更恰当地说，**我们**——难道不应该把这段旅程加入'杰克先生'的书的新版中吗？如果应该，肯定要有人负责记录，而知情人只有我们。"

"是啊，我觉得你说得对。我们看看能不能透过厨房窗户看见吧。"我俩挤进了一棵树的树干和松木房板之间，透过微微打开通风的厨房窗户往里看。

我能看见一个老人的后脑勺，他身穿旧法兰绒衫，一头已经开始变得稀疏的白色短发，正坐在厨房的角落里喝茶看书。他听见康纳下楼梯的脚步声时抬起头看。

"早上好，爷爷。我觉得我们需要谈谈。"康纳说着从冰箱里拿了一瓶水出来。

"我同意。"他开玩笑似的答道。

康纳看起来有些惊讶，但还是继续说："我们为什么从来不谈灵魂是什么，我们怎么知道我们有没有灵魂——就是这种话题。人们倒是经常说到**灵魂**，但从来不讨论它。"

"我更想先聊聊你的另一个问题。"爷爷答道。

"另一个问题？什么**另一个**问题？"

"我们为什么会有这么多错误认识呢？"他说道，显然是在引述别人的话。

"哦，对啊。不过……你怎么知道这个问题的呢？"

全是心理作用

2003 年，佩恩与泰勒（Penn and Teller）主持的电视综艺节目考察了一家高档餐厅，顾客以为餐厅供应来自世界各地的高档矿泉水。其实水都是一样的——是从餐厅后的水龙头接的。镜头展现了食客们品味着每一种水的"不同"风味，称赞说就是比自来水强，甘心掏了 4.99 美元至 9.99 美元的价钱。

"你难道没问吗？你不感兴趣吗？"

"不，我的意思是，我是问了。但……"

"别管我是怎么知道的了。你的这个问题要有意义得多，也更容易回答，而且对你的许多其他问题都会有启发。"

康纳点点头，看样子有些困扰，但也有探究这个问题的兴趣。

"就拿那瓶水说吧，"爷爷朝它摆动手指，好像它是碰不得的，"你为什么不直接喝自来水？"

"瓶装水显然更干净，口感更好，人人都知道。"康纳说着从瓶里喝了一大口水，咽下去时露出一个夸张的"啊，真好喝"的表情。

"那你来喝一小口我的自来水，"爷爷命令他，"两者相较如何？"

"瓶装水更清爽。口感更纯净，没有杂质，"康纳指着瓶身标签上画的雪山顶，"仿佛直接喝了山泉水一样。"他说话的口气好像在模仿广告。

"看上去的确如此，不是吗？"爷爷点头道，"但我昨晚往瓶子里灌了自来水，所以盖子才是开的。瓶里的水和我杯里的水完全**一样**。只是你的大脑让你为每一份水添加了风味——为现实平添了根

少年伊安的哲学冒险

哪一个更"纯净"？

· 美国 25%~40% 的瓶装水是市政自来水灌装的。

· 自来水受到的监管更严格：美国 43 个州只有一人负责监管瓶装水，却有数百名联邦雇员负责监管自来水。

· 据检测结果，1/3 的瓶装水砷或其他致癌物质含量超过州标准，或者大肠杆菌含量超标。

2005 年，美国人的瓶装水消费量接近 800 亿加仑，全球瓶装水消费量突破 4 100 亿加仑，由此形成了一个价值 5 000 亿美元的产业。

水瓶消耗了 270 万吨塑料，运输沉重的水的过程中还会排放大量二氧化碳。

本不存在的东西。你**想要**瓶装水更好喝，所以瓶装水真的就更好喝了。所以，你的问题有一个答案：我们相信自己看到了预期和希望存在的事物。"

康纳有些尴尬地低下了头。

"更糟的是，我们会照此行动。人们花了好多钱在瓶装水上，而这笔钱本来可以存下来，花到有实际意义的事情上去，或者捐出去，或者做其他任何事。

"而且，瓶装水**并不更干净**。事实上，在很多情况下，自来水比瓶装水监管更严格，更干净。有的瓶装水干脆就是市政供水——基本就是个大号水龙头——市民已经为这些水交过税了！

"除此之外，运输沉重的瓶装水和处理上百万个废弃塑料瓶会对本已脆弱的环境造成极大伤害。

"这一切都是因为人们**以为**瓶装水更干净，口感更好。但搞一个可重复使用的饮用水容器其实会更便宜，更实惠，甚至更方便。"

康纳偏过头说："所以……"

"所以？"爷爷鼓励地说。

"所以大脑会根据我们的愿望来塑造世界？"

琼·基尔伯恩(Jean Kilbourne)考察了广告的危害,指出一些公司每年的广告投入高达 2 000 亿美元以上。如此一来,他们推销的往往就是图片,而不是产品了。她对软饮雪碧的一句广告词 ["只为解渴" (Thirst is Everything)] 有如下讨论: "这场广告攻势只关乎图像。这是理所当然的,不然怎么把加糖风味碳酸饮料卖出去呢?如果真的只为解渴,那么水是最好的选择,而且不是那种昂贵的瓶装水,比如价格比某些香槟酒还要贵的依云 [难怪依云 (Evian) 反过来拼就是幼稚 (naive)]。"

1997 年,乔恩·斯波埃斯特拉 (Jon Spoelstra) 写了一本书,书名为《卖冰给爱斯基摩人: 如何营销没有人想要的产品》(爱斯基摩人即因纽特人),巧妙地总结出广告的另一个弊病。

爷爷点点头。

康纳接着说: "如果意识不到,我们就会受到负面影响——浪费金钱,坑害自己,危害环境。"

"没错。整个瓶装水产业就好**比向因纽特人卖冰**,看似愚蠢,实则精明。这是完美的市场营销,或者要我说的话,这是市场的**不完美**所在。任何人都可以给瓶子贴上冰山图案,那不代表产品和冰山有任何关系。"

康纳露出了微笑,仿佛看透了迷雾。"不过,类似的事情还有别的吧? "他问道,"我的意思是,你说过这对灵魂问题会有帮助,对吧? "

"会有帮助,因为它会启发你和所有人认识理解现实的方式。但要记住: **心想未必是真**。如果你认为地球是一个形状,另一个人认为是另一个形状,两者都不会影响地球的实际形状。

"想象力丰富是好事,能让你与世界打交道的过程更有创造性和趣味性。但别忘了有时候要把想象力关掉,免得看不清现实。欣赏好电影需要想象力,但离开电影院时就不要奉行'信则灵',以为自己真的会飞了。"

康纳满意地点点头。"还有别的吗？还有呢？"

"我最喜欢的例子——或者说，我最**讨厌**的人——是那些拿人钱财，然后胡乱教人的巫婆神汉，他们的行为没有道理，更没有根据，完全基于人的脆弱和轻信。"

"但如果人想要信，又有何不可呢？我的意思是，如果信了能让他们感觉更好，那有什么坏处呢？"康纳问道。

"你的问题在某种意义上提得很好。但我想大部分人都会认为，盲信确实造成了损害。与瓶装水骗局是一个道理，但藏得更深，也糟糕得多。"

"糟糕？"

"是啊。首先，单人花费的钱就要多得多。但在巫婆神汉的情况中，他们在指导别人的生活，告诉别人要如何选择，给予别人的真实问题以虚假的答案，还有虚妄的希望。

"没有任何证据表明星象与一个人的情感、工作或任何类似事务有一丝一毫的关系。同理，掌纹与生活的其他方面也没有关联。另外，没有证据表明通灵师能够以任何方式与死人的灵魂沟通。事实上，一切证据都指向反面。但你还记得吧，人们听到的是自己想听的话，信的是自己想信的事。想想你有多想喜欢瓶装水，而不是自来水。"

"也没**那么**想。"

"没错。可那**仍然**产生了效果。现在设想你失去了一位至亲。在悲伤之中，你给了一个人500块钱，然后他告诉你，他可以看见已故的亲友正站在你身后，还可以与他对话。你会不想要吗？"

康纳沉痛地点点头，好像真的想到了已失去，或者将要失去某个人。

"但这个家伙只是利用了简单的统计学和基础心理学知识。比方说，他对着一屋子 20 名悲痛的人讲话，问他们，比方说，有谁最近失去了名字首字母是 J 或者 M 的人？这种名字的人非常多。

"5 个人举起了手。

"他会告诉这 5 个人，他看到了死者的灵魂，其中一位是对体育感兴趣的老先生。

"我看见我们将来会赚 10 亿美元。"

电话通灵师咨询服务的年营业额达 10 亿美元以上。高人气通灵师和"死者沟通员"一次 30 分钟的咨询就收 1 000 美元。1964 年以来，超自然现象研究者詹姆斯·兰迪张榜寻才，凡能证明任何一种超自然现象的人均奖励 100 万美元，至今无人成功。

生物学家理查德·道金斯说占星术是"对心理学与人性之丰富的侮辱"。他在另一处写道："有人说，假如信奉超自然力量的人真有自己宣称的本领，岂不是每周都能中彩票。要我说，他们既然发现了科学界迄今未知的基本物理力，他们还应该荣获诺贝尔奖才对。不管是哪一种情况，他们为什么要把才能浪费在上电视招摇撞骗上呢？"

《科学美国人》杂志专栏作家兼《怀疑论者》杂志主编迈克尔·舍默有言，通灵师是"不道德且危险的，因为他们的行径对人没有任何帮助。他们只是利用可怜人的情绪。凡是专业接待过经历了重大损失、亲友逝世、创伤遭遇的患者的心理医生都知道，应对死亡的最好办法就是直面死亡。死亡是生命的一部分。在纽约的一间电视演播室中演一出与已故舞蹈教师对话的戏码，是在侮辱生者的智商与人性"。

少年伊安的哲学冒险

"5人中有一人是男性的概率很高，这个人对体育感兴趣——参与运动、观看比赛、有子女是运动员等等——的概率要更高。

"但是，有三件事是处于这种情绪状态下的人意识不到的：通灵师讲得非常笼统；通灵师说错的地方比说对的更多，但由于前述偏误，所以没有被注意到；还有，通灵师总是在**提问题**，但他们本应**告诉**我未来会怎样，或者我死去的亲属说了什么，而不是**问**我。

"再说了，你何时见过星座运势里有坏话？你能想象报纸上的星座运势说，所有天蝎座的人本月都会倒大霉，桃花运指数为零，还会被老板炒鱿鱼吗？或者想象头条写着'通灵师错误预测了佛罗里达飓风'？通灵师天天预测飓风——蒙对不算奇怪，次次不准才厉害呢。"

康纳做了一个深呼吸，好像正在吸收上面的内容。

"我相信，这正是所谓的'替代疗法'能取得虚假成功的原因。你知道吗，它的名字里有'替代'是有原因的，替代的是有效医药。"

"但有效就是有效，对吧？"康纳问道。

"我很好奇你说的'有效'是什么意思。身体里本来没有什么

舍默提出："任何人都可以对死者说话，难的是怎么让死者回话。"

按照他的解释，通灵师成功只是因为运用了三项"读心"术：

1. **冷读**——提出笼统的问题，让客户提供答案。比方说，问一群人："我见到的人名字开头是P，他是谁？他手里拿着一个红的东西，他是谁？"然后就可能有一人回答："我爸爸保罗（Paul）死了。他有一条红手绢。"

2. **暖读**——根据客户提供的线索和肢体语言，比如佩戴的首饰或对猜测的反应来提出笼统的猜测。客户通常会无视猜错的，只看猜对的。

3. **热读**——通过提前找托儿或者调查的方式获取客户信息。

为了打发无聊，一位报纸撰稿人写了这样一则星座运势："与你今天将会遭遇的事情相比，最近经历过的一切伤痛都是小巫见大巫。"结果忧心忡忡的读者打爆了报社电话，撰稿人随后被开除了。

1999年，"磁疗"产业的全球总产值达十亿美元以上。但布鲁斯·弗拉姆（Bruce Flamm）医生说，磁场不会作用于人体的任何一个部分。如果有作用的话，"做核磁共振时的强大磁场会让人爆炸或者被甩到房间另一头"。深入研究得出的结论是磁疗"无用"。

在佩恩与泰勒主持的综艺节目中，一些受访者说磁铁让自己感觉更好了，但它们其实是消了磁的，从而支持了磁疗只是心理作用的观点。

能与磁铁发生作用，可有人还是拿着磁铁在身上挥舞，这在某种意义上也可以说'有效'：它有让人感觉变好的效果。但它对身体没有任何作用。泡在'神水'里会让你感觉更好，而且我肯定一百万个人里会有一个人的癌症痊愈，但什么都不做也有同样高的治愈率，癌症有时就会不治而愈。如果你用了好多种替代感冒药，感冒过几天会好的，但感冒本来平均就只持续五天，感冒会自愈。"

康纳笑了。爷爷总结道："替代疗法之所以有效，是因为你认为它有效。你本来用不着花好几千块钱，用不着耗费时间和精力来追寻梦幻泡影。你自己就能做。实话说，你我都应该研究一下，因为成本真的低——用糖就能做，可能还要用一点食用色素，显得神奇一些，我认为这才是市面上应该有的东西：

健康养生丸。药效强大，晨服一丸，然后**至少**服下八杯水和六份新鲜蔬菜以促进吸收。确保每天睡满八个小时。

纯天然增肌疗法。每天服用两颗健康养生丸。其余同上。

注意事项： 至少每隔一天进行一小时高强度器械训练，辅助肌肉去吸收药力，否则无效。

灵通百福露。 日服两剂。服用后一小时内至少做'任意一件善事'。每周参与三小时慈善活动，项目任选。如此以便药力上通头脑，下散百骸。

个人成长油。 使用者不得在本国工作，必须旅行，游历外国，与来自不同文化的人交流。本品与电视信号相冲，因此要与正常运转的电视机保持距离。

结缘魔粉。 用非惯用手的食指与拇指拈起药粉，同时直视所爱之人说：'我爱你'或者'我在乎你'。"

康纳哈哈大笑，赞许地点着头。

康纳爷爷的手段比我记忆中我的父母，或者说**我父母的化身**要直接得多，不过他的观点都非常有力而严肃。杰克要是把这些都收录进去，那肯定有趣极了。

"康纳，人有一种追求肯定的偏执。两个人听到的事实完全相同，却可以把它们放到全然不同的世界观中去。另外，我们天生都有简化周遭世界的倾向。我们想要将世间万物分门别类，要简化混沌的现象，把它们塑造成我们更容易处理的小模块。这些偏见很有用，几乎是必不可少的。但这不意味着由此塑造出的世界就是世界本来的样子。偏见只是我们在世界中的导航辅助工具。你可不要把自带的小小导航系统……"他说着顿了一下。

"是说我的大脑吗？"康纳提了一句。

爷爷点头继续说道："不要把它与真实的道路混为一谈啊。"

超自然世界

2006 年，一名 36 岁女子从一名纽约通灵师处购买了 75 美元的冥想蜡烛，之后又给通灵师买了一块 2 万美元的手表用来"重置时间"，最后总共付出 22 万美元用于驱邪。

2005 年，英国珀斯郡圣菲伦斯市一处工程在已经花费了 15 000 英镑后被市政府叫停，因为工程会惊扰附近一块岩石下的**精灵**。

2007 年 9 月，尼泊尔航空的一架喷气式客机起飞前发生技术故障，于是两头山羊被带过来当场献祭。

至今仍然有人将犀角粉用作催情剂，只因为犀角看起来有点像阴茎。

"社会之危险，不在于错误的信念，虽然那也是一个大问题；而在于社会……丢掉了检验探究的习惯，因为这样一来，社会就会回归蒙昧。"

——威廉·克利福德，《信念伦理学》(*The Ethics of Belief*)

纳西姆·塔勒布在《黑天鹅》一书中解释称，由于过分依赖归纳，所以异常事件才会让我们感到格外惊讶。(他所说的黑天鹅我们在本书第 3 章做过讨论。)他在书的末尾写道：

"a. 我对阻止太阳明天升起无能为力（不管我多么努力去尝试）。

b. 我对死后生活的存在与否无能为力。

c. 我对火星人或恶魔占据我的大脑无能为力。

但我有许多种办法让自己不要变成一个愚人。"

康纳笑了笑。

"这些偏见不仅来自你的**天性**，社会**培育**的关系也很大。虽然我不确定**培育**这个词放在这里合不合适。"

"我有点吃不消了，爷爷。这样看来我们的形象可不太好啊。"

"唔，这里面还是能有一些收获的。一些相当正面的收获。"

康纳期待地扬起了眉毛。

"我个人觉得这很令人兴奋。得知我们身边的世界是如此复杂，如此奇妙。而知道这些会让我们更有觉知。你察觉到你，康纳，你的信念存在偏见。察觉到你天生就有一些生理层面的倾向，察觉到你所处的社会为你带来了偏见。你对某些人有负面偏见，对另一些人又有正面偏见。你对此可以做些什么。"

"偏见？"

"没错。比方说，偏向于你自己，还有当下社会的规范要求。我们很难从中逃脱，要想真正逃离，唯有承认偏见，然后试着应对它。重点在于**知**与**行**。

"与此相对的选择——完全无知——是可悲的，甚至是自私的。如果**不**知道这一切，你活得就像一个傀儡、一个外物的奴隶，不仅对自己有害，也会因此伤害其他人。

"出于某些原因，我不愿意承认，但这确实为一条人生格言增添了可信度，我通常是看不起这些鸡汤短句的，但它放在这里千真万确：**半空的杯子就是半满的**。你确实可以一定程度上掌控自己对世界以及自己在世界中的位置的看法。这里也有偏见的影响——有的人说他们度过了糟糕的一天，遇见的所有红绿灯都是红的，挂他们电话的人也比平常多。但他们往往只是受到了负面暗示：他们只记得符合的

厌恶混沌与随机

人类思维的一大弊病——有时又是一大本领——就是分类倾向，目的是减少自然界的随机性。弗朗西斯·培根爵士写道："人类思维为事物设想出的秩序……要多于人们实际在事物中找到的秩序。"

塔勒布写道："分类对人类是必要的，但当类别被视为确定之物，让人们不去考虑边界的模糊性，更不用说修订类别时，分类就成了一种病。"

他又写道："同样的状况既让我们简化事物，又让我们以为世界的随机性没有实际上那么大。"

"无知是万恶的根源。"

——柏拉图

我们的偏见有多严重？

研究表明偏见存在于许多层面：

1. 好看的小孩坐车时更有可能被大人系上安全带。

2. 白人面试官面试黑人申请人时，比面试白人申请人的面试时长短25%，面试官坐得更远，口误多50%。

3. 一个人通电话时若认为对面是一位美女，那么相对于认为对面不是美女的情况，通电话的人会觉得对面语气更加热情。

4. 面对同样的简历材料，科研单位在"盲选"（不显示姓名）时的男女中选率相当，而在显示男名和女名时，男性中选率就要高得多。

5. 有一道调查问题是谁会上天堂，62%的受访者选了迈克尔·乔丹，78%选了特蕾莎修女，82%选了"本问卷的填写人"。

情况（红灯），无视不符合的情况（绿灯），目的是向自己说明，那一天全世界都联合起来跟他们作对。

"一定意义上，你可以选择自己与世界打交道的方式。重要的不是你拥有什么，而是你如何看待它们。这不是说你只要**看**世界就能改变世界，改变世界是要付出很大努力的，但视角确实很重要。"

他揉了揉康纳本就乱糟糟的头发后起身，对话结束了。康纳凝视着窗外的我们，但没有任何反应。好像我们根本不在那里，抑或是他根本没有醒……

"第一次"旅程——作者手记

亚历克西斯转过来笑了。"很有洞见。"她说话是为了打破沉默。我不知道她想干什么，但她学我确实学得像。

认知行为疗法（CBT）

认知行为疗法是一种近年来兴起的心理疗法，实证证据表明其对缓解轻度抑郁、焦虑和其他情绪障碍有效果。该疗法的基本观念是，许多心理障碍的原因是不理性的信念、消极思维或不恰当的世界观。采用该疗法的心理医生会帮助患者梳理信念，将不符合逻辑或消极的信念重新塑造成通顺的逻辑，让患者以一种更积极、更通顺的方式审视自身处境，从而缓解造成抑郁或焦虑的失调或消极想法。

追求幸福无止境

经济学家理查德·伊斯特林为我们描绘了所谓的"幸福跑步机"（hedonic treadmill）。一项研究要求参与者列出自己拥有的事物，然后说明自己想要的事物。16 年后，研究者回访了当年的参与者。前后两次的结果都是他们拥有的事物比想要的事物平均少 2.5 件——积蓄越多，欲望就越多。

"比我记忆中的训练更重视心理成分，"我答道，"但它们都关系重大。我的意思是，心理因素确实对我们看待现实的方式发挥着重要作用，让大多数人继续假定我们以为的现实**就是**现实。"

她也朝我笑笑，取乐似的问道："那么现在我们要做什么？"

"目标已经定好了，我们不是应该去创造一个人的梦，把梦记下来，好让杰克完成最后一章吗？其他章不都是这么写成的吗？"

她的微笑现在带上了一丝恶作剧的感觉。"既然我们知道自己说了算，为什么不做点不一样的事？或许可以让他亲自上阵。"

"让杰克亲自上阵？"

"让他来写这一章的结尾。看看他有什么话要说。之前他可一直在看着我们呢。再说了，我猜他会喜欢的，他终于有了自己发声的机会了呀。"

伊安咧嘴对亚历克西斯一笑，两人凝视远方，好像在看着某个东西——或者某个人。他用一只胳膊搂住她，然后离去，回眸一笑。

* * *

我接受伊安和亚历克西斯给我的这个机会。"接受"这个词可能还不太够——应该是拥抱。（尽管我也略有失落，因为这样一来，我就没机会看到他们自己能创造出什么了！）

我创作本书初版时查阅的文献资料主要围绕灵魂及其与四个方面的关系：道德、人格、科学、自我。与陌生人、各个年龄段的人、电视观众、广播听众，还有我的学生、我执教的校队运动员、我的朋友讨论的经历，是写书的宝贵收获。真希望早点有人鼓励我写书，因为我成长的宗教环境里没有这种讨论，后来在斯坦福大学攻读人体生物学时也不多，这种讨论只有在滋养心灵的哲学中才能真正蓬勃。

最常见的读者反馈有两种，一种是"难以置信，我过去竟然从来没有真正考虑过这些"，另一种是"哇，原来这么酷！"，这并不意外。我在写作过程中的大部分时候也有同样的感受。（只不过不是"原来"，因为我本来就知道哲学很酷。）

但我在这一点上的看法与大诗人济慈有所不同。济慈说："哲学会折断天使的翅膀，征服一切奥秘……拆开彩虹。"尽管我同意哲学可能将天使清出了实在界（从而从根本上折断了天使被认为拥有的任何部分），但哲学绝没有贬低我们自身的存在，甚至也不会消解"天使一般"这个比喻用法的意义。反讽的是，哲学反而加强了这一切的力量。顺着隐喻的思路说，我很欣赏夏娃被人类心灵这条会说话的蛇哄骗吃下的智慧果。人心本就充满好奇，喜欢追求惊奇。我也喜欢诗中那藏在潘多拉盒子里的奥秘。我承认，奥秘或许是可怕和未知的，但我也相信我们能把握奥秘——我们不应该泄气。

假如我生活在范式转换的哥白尼革命时代，我认为我会支持而非谴责这一转换。尽管这可能会冒犯我的自尊心以及人性中的骄傲，但我想我应该会偏爱新学说，而非当时兜售的地心说谬论。我也会认可知识的进步，让我明白邻居打喷嚏不是为了防止邪魔入体，也不是为了逐出体内鬼魅般的灵魂，而只是身体保持健康的一种手段。（不过我还是会为邻居乃至邻居身边的人献上"祝福"。）假如我成长于一个相信生者能与死者沟通的环境，那么我认为我会认同揭露这种信念之虚妄的思想者（也就是"怀疑论者"），虽然我或许不再能与故去的爷爷奶奶说话了，但我的收获要大得多。（与诅咒怀疑论者的人截然不同，怀疑论者证明巫婆神汉不过是有些学问的魔术师，其行为与大锯活人的戏法没两样。）

这就是现在的我：平凡的颂扬者。不是闲聊天气或流行综艺的那种平凡，而是**貌似**平凡之物——被我们有限的知觉感受器标定为绿色，被我们的语言把握住的一片落叶，而语言不过是我们用来指示所居土地的工具，这土地又是承袭自我们的先祖、先祖的先祖的礼物。放在这样的语境下，我颂扬的其实是复杂性——人之为人的神奇。

善思需要想象力，想象力展现了事物的无限**可能性**；但善思又需要严谨，严谨会揭示独特的现实——此刻，在这里，我正在做这件事。

穷究世事的结果可能令人望而生畏：不仅仅是灵魂可能不存在，或者我们不是神创天地的中心，而是一件对个人意义更大的事情——我们并非无所不知。更糟（抑或是更好？）的是，我**不可能**无所不知。它为我注入了一种在其他任何事业中都不曾认识到的谦卑感，同时要求我具备我在开始哲学探索之前缺少的开放心态。它为我提供了一个平台，我想不出更好的词，只能用"神奇"来形容它让我看到的世界的深度。

你感觉到爱的时候，大脑中恰好增加了某种化学物质，这绝没有削减爱的力量，而是增进了我们对其的认识；抬起手臂或感到快乐不需要灵魂，这没有贬低简单（但也极其复杂）的身体运动或欣快的感受；我经常受到自己无法直接控制的力量（不论是先天还是后天力量）的影响，这只是大大提升了人生岔路口的意义和魅力；人类具有内在的道德感，但它没有被刻在石板上或被列成清单，这只会带来希望，而非绝望。

所以，当我与家人等所爱之人围坐桌旁时，我会为我不知道的事情感到谦卑：是否存在死后生活，我们是如何发展到今天的，地球明天是否还会自转。但我能意识到，发生过的无数事情使我们能够存在于此时此地，看着彼此的眼睛，分享当下的经历。此外更有空气中回荡的振动——我们口中的音乐，它激发着新的思考与情感，又有美味的食物、斑斓的花朵、遮挡烈日的树荫……我不禁屏住呼吸，这实在远超我所能欲求的。

正是怀着这种敬畏感，我踏上了求索的前路。而且与伊安一样，我产生了向内心求索的欲望。这是另一种同样富有魅力的冒险：结果未必尽如人意的求知之旅。借用我前一本书中的一句话："了解自己在想什么会让我们明白自己是谁，因为从很多方面来看，我们之所想即我们之所是。"

经过了写作本书的整个过程，我相信当我闭上眼睛，真诚地"看"我的信念时，我会知道这些信念的根基来自我的努力。我也会一边保持谦卑，一边欣赏自己梦境结出的果实——它们已被织出，或尚未被织出，为本真之存在提供了根基。

杰克·鲍恩

于加利福尼亚州门洛帕克

2008 年 2 月

阅读讨论题

1. 你如何回答"人是何时具有灵魂的"这个问题？（如果你不相信灵魂，请你回答"人是何时具有完整的道德权利的？"）你的灵魂观与人格观会如何影响你在干细胞研究问题上的立场？在堕胎问题上呢？你怎样看使用干细胞的科研活动？
2. 法律应该允许孕妇独自在拼车专用道上开车吗？你的回答会如何影响你在堕胎问题上的立场？
3. 哲学会给你带来怎样的新视角？你认为"做"哲学有什么价值？
4. 本章中对瓶装水的讨论是否会影响你对该产品的使用？请回答并给出原因。
5. 既然通灵师和替代疗法"医师"所做的是欺骗行为，你认为允许他们继续从业有何危害？你认为这些行业有价值吗？
6. 你注意到了"幸福跑步机"在生活中发挥的哪些作用？
7. 你是否赞同"作者手记"中作者的看法？请说明理由。

迈克尔·克拉斯内采访杰克·鲍恩

2006 年 4 月 3 日 星期一

克拉斯内：我知道你做与本科生打交道的工作，还当过高中校队教练——你怎么把哲学结合在里面？你的书里讨论了维特根斯坦、帕斯卡等哲学家的晦涩的思想。你要真正让这些思想"下沉"到日常生活中，是这样吗？

鲍恩：对，我认为是这样。在我做过的讲座中——我在好几家初中做过讲座，还在高中和大学本科教过课——这些思想都是很相关的，我们讨论各种想法，比如爱情。我们甚至聊过喜剧演员克里斯·洛克（Chris Rock）的笑话——第一次约会时，跟你出去的不是约会对象本人，而是约会本人的代表。我们还谈了什么是本真的人，人的种种面具，还有自我的概念，哲学意义上的自我。这里我们会谈起克里斯·洛克，或者电影《婚礼傲客》（*Wedding Crashers*）中的欧文·威尔逊，聊到爱情是一个人的灵魂映射到另一个人身上。

克拉斯内：跟孩子们聊哲学不可能不涉及流行文化。

鲍恩：你说对了。

克拉斯内：但你这里还谈到了自由意志、鸡和蛋、神、恶这些大问题，许多有思维水平、兴趣和好奇心的年轻人肯定很愿意去思考，但要将这些观念与年轻人的生活联系起来就比较难了，对吧？

鲍恩：看起来是很难，但当你花五年时间写了一本书以后——好吧，确实挺难的。但通过这种方法，我注意到真正吸引学生的，而且也是最初真正吸引我、让我感到兴奋的地方在于，哲学课与其他所有课程都太不一样了。它教的是思维方法，而不是具体思想。而且当我看到学生们意识到自己的想法不仅与勒内·笛卡儿或者我的思想同样重要，甚至可能**更加**重要时……我的意思是，我的哲学课不是为了向学生传授我的想法，这也不是本书的宗旨。你前面也提到了，我确实给出了鸡与蛋，还有人生意义问题的答案，但这本书 99% 的内容都把机会留给了读者，或者我课上的学生，让他们书写自己的想法，而且我觉得等学生们认识到这一点的时候，课堂才真正有趣起来，因为这是他们自己的个人探索旅程，而不仅仅是换了一种形式教授知识。

克拉斯内："这可是你这本书的一句绝佳宣传语："我解决了鸡与蛋问题，也解决了人生意义问题，但我不能告诉你。"那肯定会引发人们巨大的好奇心。我们再来谈谈，比方说，你与水球的缘分吧。你作为选手参加过奥运会水球比赛，而且一直担任水球教练。那么，哲学在你的教练生涯中有什么作用呢？

鲍恩：这可是个大问题。

克拉斯内：你使用哲学，对吧？

鲍恩：我们用得很多。首先，哲学的一个好处是让我能健康地看待竞技体育，不只是看待我个人参与的活动，也包括社会层面上的。我们从报纸媒体上得到了一个视角，说竞技体育和运动员有多么重要，但当我想到东方思想——书里有一段喇嘛与西方哲学家观看排球比赛的对话。喇嘛看到球落地时哭了，西方人就坐在那里想，你哭什么呢？我们刚刚打败了对方，或者说消灭了对方。但大家一起参与冒险难道不是体育的一部分吗？与把球打到地上相比，让球在空中不落下来难道不也是一种美吗？所以，当我们考虑这些时——我向我执教的小队员们做了介绍——我问他们，你们怎么想？我们做比较枯燥的适应性训练时会讨论这些问题，让队员们尽量理解。但真正要把这个想法落到实处，明白我们在共担风险，我们就要一起冒险，尽力拼搏，追求共同的目标。

克拉斯内：你还会告诉队员要消灭对手吗？激发肾上腺素？

鲍恩：不会。不管怎么说，我都认为融会东西方智慧才是正道。

克拉斯内：对了，你第 1 章结尾讲的是比赛判决。一次判决让我们看到了真实本质上的分歧：你看是一个样，他看是另一个样——真实在哪里呢？

鲍恩：我其实回我毕业的学校做过一次报告。当时，以前教过我的一位教授在读我的书，他是我最喜欢的教授之一，他说："杰克，读完第 1 章，我担心你在鼓吹相对主义和后现代主义。"我坐在椅子边缘说："噢不，斯潘格勒教授认为我是后现代主义者。"但他说他接着往下读，对第 2 章感到很高兴——

克拉斯内：你的老师叫斯潘格勒？

鲍恩：对，艾尔·斯潘格勒。我现在要回答你的问题，其实答案就是书的英文版副标题：穿越真实的旅程。既然我们明白了自己是主观的观察者，那么不管观察的是"真实"还是自身，这起码能对我们观察的是什么，以及我们是如何建立认知框架的有所启发。

克拉斯内：在一定程度上，你也称之为真实的梦境——

鲍恩：哦，我们希望能更实在一点；标题里已经有"梦"字了——

克拉斯内：你想要踩在坚实的地面上，我理解。事实上，我能理解哪里会让斯潘格勒教授说这句话，因为这有一点道理……我读完第 1 章心里就想，智慧始于怀疑而非知识，这是发现知识的一种方式，无知也是发现知识的一种方式，孩子们看了可能会完全陷入不确定性之中，动摇他们的根基，让他们再也不知道什么是坚实的地面。

鲍恩：是啊，我认为第 1 章的目标就是展示怀疑的所有可能性，但章尾确实给出了笛卡儿和柏拉图的答案。我不希望彻底把读者搞糊涂，而正如斯潘格勒教授所说，过了第 1 章就有所不同了。我还希望将全貌展示出来，至少让读者对过去和现在的怀疑论是什么有一个概念。这就是伊安导师的立场，整体的怀疑论立场，但伊安接着就明白知识当然是可能的。我们的感官、理性、逻辑和科学具有某些缺陷，并不完美——我认为这一点就非常有启发性——但也不会让我们直接落入纯粹的相对主义和怀疑主义。

克拉斯内：本期对话嘉宾是库比蒂诺德安扎学院（De Anza College）哲学教授杰克·鲍恩。他是《少年伊安的哲学冒险》一书的作者。这是一部教材，但它在我眼中不仅仅是教材，它的主题其实是哲学的慰藉。通常来说，人们未必会认为哲学，尤其是与怀疑论相关的哲学和无知等会将我们引向启发。但这显然正是你的基本前提。

鲍恩：当然。而且正像你所说的，我在研究先哲智慧和书写自己思想的过程中亲身体验了激动，然后才引出了这本书。我本科读的是人体生物学——我当时从来没有退后一步，也没有人让我退后一步，审视我们是怎么做科研的，而不只是看我通过科学知道了什么。什么是科学？什么是科学方法？什么是归纳？什么是伪科学？为什么占星术不被视为科学？所以不只是"科学是**如何**运作的"，还有一句"然后呢？"，如果演化是真实的，然后呢？如果演化不是真实的，然后呢？有太多的元问题——这个词简直让人头大——这些重大问题的底下还贯穿着许多个主题，我不由得兴奋起来，想要一探究竟，有太多我之前都没有机会探索的领域了。

克拉斯内：你知道约翰·巴思吧，我觉得在《路的尽头》（*The End of the Road*）里面他也提到过，那是他早期的一本小说，也可能是《漂浮的歌剧》（*The Floating Opera*）……话说回来，你谈到了你是如何开始提问的，比方说，别人问你是干什么的。你说，哦，我是哲学老师。你为什么当哲学老师？因为我想要启发年轻人，鼓励他们思考，唤起他们的好奇心，拓宽他们的眼界。为什么？因为我认为哲学对年轻人是有价值的。你可以不停地追问"为什么"，任何一句话都可以追问。

鲍恩：是啊，我们课上确实这样做了，不停地追问为什么，这是做哲学的一部分。所以常言道，孩子是最好的哲学家。你懂这是什么意思。"咱们去商店吧。为什么？我们要吃饭。为什么？我们要活着。为什么？哎呀，你来看看这个东西。"但这里要严格一些，因为我们努力用逻辑来审视事物，从关于世界的某些真理出发，看看能推出什么来。正如你刚刚说的，这很有趣。我们的课堂很有意思，我们会讨论鸡和蛋的问题……

克拉斯内：哲学可以有趣，但也有些人觉得哲学沉重，这你肯定知道。

鲍恩：我知道。

克拉斯内：实际上，简直让人动弹不得。

鲍恩：对，当然有人觉得万事万物都不可知，最后只能终日呆坐——

克拉斯内：这也很巴思，宇空（cosmastris），我记得他在某处这么说过。整个宇宙不过是空，没有什么好动弹的。

鲍恩：没错，这正是我上课时的一大挑战。事实上，我现在就在几所学校开研讨课，主题是如何既能坚定（convicted）信念和自己得出的结论，又能保持开放——如何固而不执？

克拉斯内：你用到了convicted[1]这个词，所以我想提一下，你的书前面也提到了犯罪现场的类比。十四岁少年伊安的卧室里出现一个怪人，有点奇怪，但他就是来了，然后开始发问，就好比你要重现犯罪场景，努力梳理证据。在比喻的意义上，哲学也是如此。

鲍恩：我同意。在这种情况下，伊安的导师在试着激励我们，允许我们提出问题而不强求答案。一种非常常见的批评是，"你提出了问题，但没有正确答案"。但提出问题本身最起码就有启发作用，而就像你说的，我们不会因为犯罪现场调查员提出了无解的问题而苛责他，无解的问题往往会引出另一个问题，而那**正是**能够得出答案的正确问题。

克拉斯内：所以，伊安的导师老爷爷到底是什么人？

鲍恩：你真是打破砂锅问到底啊。这都是我在朋友面前也没回

----

[1] convict 有"定罪"的意思。——译者注

492   少年伊安的哲学冒险

答过的。我觉得身为作者，每个角色里都有一点我的影子吧。当然，我对伊安最有认同感，因为他无拘无束，而且有机会提出一些我时常希望自己能更直率地提出的问题。老爷爷确实是怀疑论者。伊安则是近乎天真的浪漫主义者。他相信我们有知识，我们有灵魂，神存在，科学是完美的，我们有自由意志，世间有对错，一切都是好的。但伊安是聪明人，他没有局限于此，而且我觉得老爷爷提出某些问题的方式过火了，是漫画化的怀疑论者。

克拉斯内：但也像哲学家。

鲍恩：是的。

克拉斯内：从他带给小男孩的东西来看，他在很多方面简直是完美的哲学家。伊安是少年，我想这很重要。他十四岁，就像你说的一样，他对经验是开放的，哪怕他已经有了答案，或者以为自己有了答案。

鲍恩：没错，我选择这个年纪的主人公，是因为我交往过的这个年纪的孩子们非常……我现在是中学水球队的教练，我们经常做这样的讨论。我记得曾经与一个女孩坐在一起。她姐姐在打水球，我和她负责计分。她看姐姐打球兴奋极了。她叫切尔西。我对切尔西说："咱们偷偷给自己加一分吧，没有人会发现的。"然后我们谈了十五分钟为什么那样做是错的，我们对其他人负有的义务，还有公平竞争的概念，如果没有竞争就打不成比赛了。她当时上七年级，听她直言不讳地发表观点真是太有意思了。

克拉斯内：你在书里关于伦理的观点真的很对，小孩确实喜欢伦理规范。许多小孩都喜欢，不是吗？

鲍恩：我觉得是。我认为他们想要的是某种框架，因为这些话题讨论起来内容太多了。于是相对主义乃至虚无主义就会进来，比如说"某件事是错的"和"牛排比大虾好吃"没两样，说两者都是个人偏好问题。然后我们会说，那么屠杀犹太人对某些人也是对的了？不，不对。要是有人杀害了你的家人，那是道德上不允许的？当然不允许。所以，我们就需要制定一个基础。好的，怎么制定呢？接下来我们就谈起了这种元伦理思想的意义，然后显然是更直接的应用问题。学生们确实理解了它，所以我把这一章留到了最后，因为我认为它需要很多铺垫。

克拉斯内：接受知识的价值也需要铺垫。这是你的这本书，还有人类有选择的可能性这一信仰的基石。

鲍恩：当然。这对我是很重要的一点。我们前面讲过，第1章看上去确实有点过度怀疑主义和相对主义，你往下读这本书会发现，我不想让读者感到我要说服他们信奉我的观点，这是我通过怀疑主义剔除出去的。一学期课程结束后，学生们说："我们现在想知道你是怎么想的。我们不知道你的想法。"这对我来说是一项成就。我知道我的想法：我写过论文，参加过会议——

克拉斯内：你简直是NPR（美国公共广播公司）记者的典范。你一直在各个议题之间周旋，听取双方的意见。你知道的，你提及了好多哲学家，而且其中有些人未必被视为哲学家，比如门肯、刘易斯·卡罗尔、心理学家卡罗尔·吉利根，还有语言学家兼政论家诺姆·乔姆斯基。所以，你这里的**哲学家**非常宽泛。

鲍恩：是的，你说得很对。我们回头看亚里士多德，乃至牛顿和爱因斯坦，他们都被视为自然哲学家。狭义的哲学里常常也会有类似科学的成分，因为探索的对象是未知事物。两者在我眼里是有交叉的。我们讲了吉利根，讲了乔姆斯基——语言问题多重要啊，看看乔姆斯基，还有语言在许多哲学问题上发挥的重要作用，再从东方视角出发，可能这些问题就自然消解了。在东方，语言不是纯粹知识的范式，反而是追求知识的阻碍。再来看吉利根，女性主义伦理学还有它的作用。诚然，她主要是从心理学立场出发的，但是，我想威廉·詹姆斯等人也被许多人认为是心理学家，但是——

克拉斯内：因为他是实用主义者。

鲍恩当然了。但这些思想……我觉得这又是哲学的一个真正让我兴奋的点，我想起教过自己的教授，他们为什么懂得那么广、那么多，因为各方面知识都是相关的，我们需要了解心理学、社会学、自然科学等等，才能考察某些重要的哲学问题。

克拉斯内：跨学科。

鲍恩当然。

克拉斯内：你对哲学了解越多，就越明白自己的无知，难道不是这样吗？

鲍恩过程中确实有那么一点哥德尔的味道。

克拉斯内：我认识的大部分哲学家中——我们只谈斯坦福大学的哲学家——最近有理查德·罗蒂，他是一个有非凡哲学见识的人，一个标杆性的人物，但他会头一个告诉你，认知壁垒这种东西是存在的：你不能跨越它，除非做出信仰之跃，或者决定发明某种壁垒对面的东西。

鲍恩当然是这样。意识到壁垒的存在，而且不仅意识到我们不能或不知道什么，还意识到我们为什么不能或不知道，这正是让我兴奋的一部分。然后就像你说的，提到了"信仰之跃"这个短语，我们会想起克尔凯郭尔，书的第8章里谈到过他，还有信仰与直觉在哲学中的作用，因为如果我真正要让你饱览真实的话，纯粹从逻辑出发是不行的。无视直觉与信念就是无视人之为人的一大部分。

克拉斯内：这是你所说的看到"更多美丽色彩"的意思吗？你看到了信念，或者某些肉眼未必能看见的事物。

鲍恩：是的，你问"这是**你**的意思吗"，准确地说——

克拉斯内：我的问题就是你的学生问你的问题："这是你的意思吗？"

鲍恩：哦，那首歌是我兄弟写的。当然，是我的意思，而且我这五年写书最大的收获或许就是意识到了自己的偏狭，然后坦然面对它。我是在圣迭戈沿岸的一座热带小岛上出生和长大的，那是个军事小城，每个人都是同一党派，每个人都去同一所教堂，于是我就以为每个人都是同样的想法。我的成长和教育经历都很好，但这肯定也是大家的想法。大家认为这里全都是聪明人，所有问题都已被解答。还有考察这些问题，了解女性主义思想——要是你问高中时的我怎么看女性主义，我大概会笑话你。我会说绝不会有男人是女性主义者。我甚至不对这些思想持开放态度。你要是谈东方哲学，这是真实领域中的重要组成，可当时的我会说它一点价值都没有。但这些思想解决了许多问题。所以，《美丽色彩》这首主题曲的主题，是要明白非黑即白的世界是个人看法，而非真实的世界。

克拉斯内：它是色彩斑斓的。

鲍恩：没错。

美丽色彩

把头埋在沙子里
世界是如此安宁。
清凉，安静
不需要懂得
人生的奥妙神秘，
眼中只有现实的投影。
于是我抬头看世界，
光芒让我看不见东西。

如果你眼中是黑白的世界，
那便错失了一切美丽的色彩。

暗与光，错与对，
行与不行，诸如此类的一切。
一路向东，
终将走到西边。

当你看到万物相连，
你的范式就会改变。
你会同时拥抱心灵与头脑
踏上寻找与发现的旅程。

你还不知道吧，孩子，
你的旅程才刚刚开始。
如果你睁大双眼，
你会发现世界的神奇，
而你并不孤独。

只要脑袋离开沙子，
世界便充满着神奇。

　　　　　　　少年伊安的哲学冒险

致　谢

　　如果我能感谢热情的话，我肯定会的，不过我不知道要到哪里找它。我要感谢它悄然穿过无数凡人的讥诮，进入我和我身边的人，让每一种思想、每一场交往、每一段体验都绽放光辉。对于本节提到的人，我不只是要说一声"谢谢"，更是要**认可**你们在本书和这段收获巨大的旅程中留下的足迹。

　　首先我要感谢我的师长，是他们点燃了我思想的火花。我要感谢阿瑞埃拉·拉扎尔，感谢你不吝投入时间，为那个五大三粗、对你的专业领域表现出好奇心的斯坦福大四学生运动员做导读……谁知道会有今天呢？我要感谢加州州立大学长滩分校哲学系的每一个教师——没错，是每一个。我何其有幸能因为一系列偶然（或者不是偶然，取决于你的视角）际遇来到这里就读。我致谢的不仅是你们的教学，更有你们的栽培。你们带给学生的不只是**观点内容**，更有**思维方法**。授人以渔比授人以鱼难得多，但收获也大得多。我要特别感谢萨拉·戈林、保罗·汤和艾尔·斯潘格勒，你们信任我，激励我，更重要的是你们真正为学生奉献。希望你们能在书中人物里看到自己的影子。

许多人为本书做出了非凡的贡献：斯坦福大学校友联合会的霍华德·伍尔夫（还有他的女儿雷切尔，她与伊安是真正的同类人）、斯坦福大学出版社的诺里斯·波普和路易丝·赫尔顿。我要感谢所有给出反馈意见的朗曼出版社审读老师，包括：玛丽娜·班凯蒂、戴维·贝克、玛丽·L.布林格尔、雅梅斯·别克、约翰·克拉克、休斯顿·克雷格黑德、L.加瑞特·曼宁三世、保罗·霍达普、约翰·霍尔姆斯、史蒂夫·霍尔斯特、尼古劳斯·琼斯、安德鲁·凯利、金惠敬、汉斯-赫伯特·克格勒、詹姆斯·马奥尼、玛丽亚·帕洛洛古、小迈克尔·F.巴顿、雷金纳德·雷默尔、丹尼尔·斯库比克、约书亚·汤普森和拉里·J.瓦格尔，尤其是斯坦福大学的劳勃·赖希、新墨西哥州立大学的让-保罗·韦塞尔和西岸社区学院的路易·约克。

我要感谢阅读了我小说处女作初稿的朋友们：布莱恩、迪恩、戴维、布莱恩、查尔斯博士、马特和萨默。感谢《怀疑论者》杂志的迈克尔·舍默博士给出的意见。感谢门洛水球队大家庭中的每一位学生和家长给予的全方位支持。感谢我开放、善思、投入的学生们。感谢玛姆极具创意与内涵的网站设计，伊安肯定会为之骄傲的。

感谢苏珊娜·帕里对我的鼓励，甚至在我以为自己能当作家之前，你就让我感觉自己真的成了作家。感谢温达·奥赖利不懈地鼓励和激励我创作。你们在自己的创作之余依然投入精力指导我，我不胜感动。

安吉拉，你有办法引出我内心真实的声音。幸亏有你变着法激励我前行，我才没有在想偷懒的时候停下脚步。在这个过程中，我不知道自己从你还是从伊安身上学到了更多。

最后，我读过讲述出版艰难和作者绝望的种种故事，我有幸完全没有过类似的经历。为此，我要感谢出版社，特别是责编普丽希拉·麦克吉洪，感谢你的眼光、你对古灵精怪的伊安的信任，还有忍受我的一惊一乍。

我觉得任何作者，尤其是公认属于理智型的哲学作者，向"热情"致谢都是一件怪事，但在我五年的写作研究经历中，我的惊奇感有增无减。正如马特·鲍恩创作的本书主题曲《美丽色彩》中那句热情洋溢的歌词一样：如果你睁大双眼，你会发现世界的神奇。

确实如此。

杰克·鲍恩

于加利福尼亚州门洛帕克，

2005 年 10 月

我还要感谢资助本书创作的 BTC Elements 公司，不仅要感谢你们的支持，更要感谢你们践行了自己的哲学理念（即甘地所说的"成为变革"）。我还要感谢阿丽莎·波本分享关于生命起源的专业知识。最后，我要感谢每一家为伊安和我打开大门，让阅读继续成为美好生活一部分的优秀独立书店。